PRATIQUE DU MARCHÉ DES CAPITAUX DANS L'UEMOA

Modou DIENG

Babacar SENE

Mohamed Lamine MBENGUE

PRATIQUE DU MARCHÉ DES CAPITAUX DANS L'UEMOA

Préface

Adrien DIOUF

Directeur général de l'Agence UMOA-Titres

L'Harmattan
Sénégal

10 VDN, Sicap Amitié 3, Lotissement Cité Police, DAKAR

http://www.harmattansenegal.com
senharmattan@gmail.com
senlibrairie@gmail.com

ISBN : 978-2-343-20225-9

EAN :9782343202259

SOMMAIRE

PRÉFACE

La première fois que j'ai rencontré les auteurs de cet ouvrage, j'ai tout de suite regretté le manque d'implication du monde académique dans le projet de construction d'un marché financier et de la dette, en particulier dans la zone UEMOA. En effet, il m'avait semblé essentiel à ce stade de l'évolution de notre marché que les universitaires nous accompagnent dans ce projet en contribuant à l'éducation des acteurs et futurs acteurs, mais aussi en menant une réflexion sur les fondamentaux de la finance adaptée à notre environnement, et également sur la structuration optimale de notre marché afin d'en faire un vrai pilier de développement.

Vous vous imaginez donc bien quelle fut ma réaction lorsque les auteurs ont bien voulu me faire part de leur projet d'élaboration d'un ouvrage portant sur le marché des capitaux de la zone UEMOA. Cette initiative vient combler un vide patent. Il vient participer à la fourniture d'actions de renforcement des capacités spécifiques aux acteurs de notre marché financier.

En effet, il existe – et à foison – toute une littérature sur les marchés financiers internationaux. De leurs standards en passant par leur mode de fonctionnement, la documentation est abondante et est la seule à être enseignée dans nos écoles et universités.

Le développement de notre marché financier régional passera par plus de sophistication et d'innovation. Cela nécessite de disposer d'acteurs aux capacités renforcées et capables de se hisser aux standards internationaux tout en possédant une parfaite connaissance et expertise du contexte local.

L'intérêt de cet ouvrage réside donc dans le fait qu'il fournisse les éléments théoriques en phase avec les standards internationaux tout en faisant cas des spécificités du marché régional.

De l'aveu même des auteurs, cet ouvrage est destiné aux « praticiens et plus particulièrement aux étudiants ». Ces derniers, futurs acteurs du marché financier de la zone UEMOA, seraient ainsi mieux outillés pour être rapidement opérationnels sur le marché de l'emploi.

De plus, il pourra servir de référence à l'ensemble des acteurs au quotidien de ce marché qui pour la plupart ont été formés sur le tard. Ils possèderont ainsi, à l'instar des programmes de certification désormais disponibles sur le marché, du moyen de vérifier et de tester leurs actions au quotidien.

La démarche pragmatique et concrète via des cas pratiques et corrigés sur, entre autres, le déroulement des émissions, la négociation sur le marché secondaire, dont la dynamisation, est un défi également à saluer.

Les usages et pratiques sur le marché financier de l'UEMOA nécessitent d'être davantage basés sur les fondamentaux de ce marché, et je suis convaincu que cet ouvrage contribuera à mieux armer les praticiens en général, et les étudiants en particulier, pour œuvrer ensemble à son développement et l'imposer comme une alternative crédible de financement pour tous les acteurs économiques de la sous-région.

J'espère que ce document s'imposera comme ce qu'il est : le premier ouvrage de référence pour notre marché en devenir, mais surtout qu'il inspirera de nombreux acteurs afin qu'ils approfondissent leurs connaissances théoriques et pratiques, mais aussi de nombreux universitaires afin de participer activement à cette œuvre commune à laquelle nous avons l'honneur de participer.

Bonne lecture et bonne mise en œuvre !

Adrien Diouf

Directeur général de l'Agence UMOA-Titres

INTRODUCTION

Le système d'intermédiation financière constitué par les banques (intermédiation indirecte) et les marchés de capitaux (intermédiation directe) joue un rôle primordial dans le bon fonctionnement d'une économie en assurant la mobilisation de l'épargne des agents à capacité de financement et la distribution du crédit aux agents à besoin de financement. En effet, à travers une meilleure allocation des ressources, les services financiers offerts par le système sont supposés exercer une force motrice ascendante sur le cycle économique réel.

Les marchés de capitaux sont des lieux où s'échangent les titres à court (titres de créances négociables, ou TCN), moyen et long terme (obligations, actions) contre de la monnaie. Ils comprennent un marché primaire – qui permet aux sociétés privées et publiques, à l'État, aux collectivités publiques et autres institutions de se financer et aux épargnants d'acquérir de nouveaux titres – et un marché secondaire – qui permet de revendre des titres.

La création du marché financier régional (MFR) en 1996 avait pour objectifs l'élargissement de la gamme de services financiers en vue de contribuer au financement des entreprises, de l'État, des collectivités publiques et plus généralement, la promotion de l'investissement, mais aussi comme alternative au financement bancaire. Les marchés de capitaux de l'UEMOA regroupent le marché des titres de dette négociables et le marché des actions.

Les marchés de capitaux en Afrique et particulièrement dans la zone UEMOA[1] ont permis de mobiliser d'immenses ressources financières pour le financement des économies. Cependant, ils inspirent toujours, au sein du grand public, à la fois fascination et méfiance.

L'objectif de ce manuel est de présenter de manière très pédagogique, mais rigoureuse et appliquée, leur organisation et leur fonctionnement, mais aussi d'exposer de façon simple les opérations sur les instruments financiers qui y sont négociés. Illustré par des exercices corrigés, il permettra de démystifier la finance de marché.

L'approche pédagogique adoptée dans cet ouvrage est résolument tournée vers la pratique avec des cas concrets tirés du marché des titres de créances négociables et de la Bourse régionale des valeurs mobilières de l'UEMOA. Dans ce sens, ce livre peut être utile aux praticiens, mais plus particulièrement aux étudiants en sciences de gestion comme en sciences économiques spécialisés en finance.

La suite du livre est organisée en cinq chapitres : le premier effectue un rappel des fondamentaux en mathématiques financières, le deuxième s'intéresse à la pratique du marché monétaire, le troisième expose l'organisation et le fonctionnement de la BRVM, le quatrième traite le marché obligataire et le cinquième détaille le marché des actions.

---

[1] L'Union Économique et Monétaire Ouest-Africaine regroupe huit pays : Bénin, Burkina Faso, Côte d'Ivoire, Guinée-Bissau, Mali, Niger, Sénégal et Togo.

CHAPITRE I

RAPPELS DE MATHÉMATIQUES FINANCIÈRES

5 FCFA aujourd'hui valent plus que 5 FCFA dans un an. C'est là l'essence des calculs d'actualisation et de capitalisation. En effet, 5 FCFA reçus aujourd'hui peuvent être placés pour donner au bout d'un an le montant initial augmenté des intérêts, autrement dit, un montant supérieur.

Le taux d'intérêt est la clé de ce calcul. Il permet de calculer des valeurs équivalentes entre elles à des dates différentes. Il s'agit des valeurs futures et actuelles.

1. Valeur actuelle

La valeur actuelle est la valeur d'aujourd'hui d'un flux futur. Pour un flux V_T qui interviendra après T périodes, la valeur actuelle au taux d'intérêt période i s'écrit :

2. Valeur future

La valeur future, ou valeur acquise, est la valeur à une date ultérieure d'un flux actuel. Pour un flux aujourd'hui de V_0 , la valeur future après T périodes au taux d'intérêt périodique i est :

$$V_T = V_0 (1 + i)^T$$

3. Calcul des intérêts d'une opération financière

La détermination des intérêts requiert de connaître les conventions utilisées pour les calculer sur plusieurs périodes.

L'intérêt est la différence, généralement positive, entre le flux final et le flux initial.

3.1. Intérêt simple et intérêt composé

L'intérêt est simple lorsqu'il est calculé proportionnellement à la durée du placement. L'intérêt simple s'obtient en multipliant le taux d'intérêt par le montant qui porte intérêt et par la durée de l'opération

$$I = i * V * t$$

L'intérêt est dit « composé » lorsque les intérêts acquis à l'issue de chaque période d'intérêt s'ajoutent au capital pour générer eux-mêmes des intérêts sur la période suivante. En intérêt composé, on capitalise les intérêts, ce qui signifie que les intérêts rapportent des intérêts. À la fin de la première année, la valeur acquise du capital s'élève à :

$$V_1 = V + iV = V(1 + i)$$

Par itération, à la fin de la deuxième année, la valeur acquise du capital s'élève à :

$$V_t = V_{t-1}(1 + i) = V(1 + i)^{t-1}(1 + i) = V(1 + i)^t$$

Exemple 1

Un capital de 10 000 000 de FCFA est placé au taux de 5 % sur cinq ans et six mois. Le capital et les intérêts sont récupérés à l'échéance. Les intérêts sont composés annuellement et les intérêts dus au titre d'une fraction d'année sont calculés selon l'intérêt simple.

Calculez :

1. La valeur acquise au bout de 4 ans
2. La valeur acquise au bout de 5 ans
3. La valeur acquise à l'échéance du placement

Solution

1. Valeur acquise dans 4 ans

$$V_4 = 10\,000\,000\,(1 + 5\%)^4 = 12\,155\,062{,}50\,FCFA$$

2. Valeur acquise dans 5 ans

$$V_5 = 10\,000\,000\,(1 + 5\%)^5 = V_4(1 + 5\%) = 12\,762\,815{,}63\,FCFA$$

3. Valeur acquise à l'échéance du placement

$$V_{5\,ans\,et\,6\,mois} = V_5\left(1 + \frac{1}{2}5\%\right) = 10\,000\,000(1 + 5\%)^5\left(1 + \frac{1}{2}5\%\right)$$
$$= 13\,081\,886{,}02\text{ FCFA}$$

3.2. Intérêt précompté et intérêt post-compté

L'intérêt précompté est versé au début de l'opération. La forme la plus simple d'intérêt précompté est la remise à l'escompte d'un effet de commerce. En effet, la banque perçoit l'intérêt avant d'accorder l'escompte à son client, le montant de l'intérêt est déduit du montant final perçu par le client.

L'intérêt simple précompté se calcule à partir du flux final de l'opération (le nominal) et se retranche de celui-ci pour déterminer le flux initial.

$$V_0 = V_t - i * t * V_t = V_t(1 - i * t)$$

V_t : Flux final

V_0: Flux initial

L'intérêt est dit post-compté lorsque son règlement intervient en fin de période d'intérêt à terme échu. Le taux d'intérêt est alors *in fine*.

On distingue l'intérêt post-compté payable à l'échéance (IPE) et l'intérêt simple post-compté payable d'avance (IPA).

L'intérêt simple post-compté (IPE) se calcule à partir du flux initial de l'opération (le nominal) et s'ajoute à celui-ci pour déterminer le flux final.

$$V_t = V_0 + i * tV_0$$
$$V_t = V_0(1 + i * t)$$

L'intérêt simple post-compté IPA se calcule sur le flux initial de l'opération, mais le nominal est le flux initial, si bien que le flux initial se déduit du flux final connu :

$$V_0 + i * t * V_0 = V_t$$

$$V_0 = \frac{V_t}{1 + i * t}$$

4. Taux proportionnel et taux équivalent

Le taux d'intérêt nominal, ou taux facial, est souvent un taux annuel. Dans le cas d'une période plus courte que l'année, le calcul des intérêts de chaque période ne peut se faire en appliquant directement le taux nominal, mais requiert un taux correspondant à la période d'intérêt. Il est alors nécessaire de calculer un taux qui soit cohérent avec cette périodicité.

Il existe deux façons de procéder : calculer un taux proportionnel ou un taux équivalent.

4.1. Taux proportionnel

Pour une composition des intérêts de k fois dans l'année, le taux proportionnel i_k est déduit du taux nominal i en divisant ce dernier k, on obtient alors : $i_k = {}^{i}/_{k}$.

Par exemple, un contrat financier affiche un taux nominal de 10 %. Selon la règle du taux proportionnel, le taux à appliquer pour des intérêts semestriels serait de 5 %, le taux à appliquer pour des intérêts trimestriels serait de 2,5 % et le taux à appliquer pour des intérêts mensuels serait de 0,83 %.

Avec cette périodicité des intérêts, la valeur future après T années est donc :

$$V_T = V_0 \ (1 + {}^{i}/_{k})^{kT} = V_0 \ (1 + i_m)^{kT}$$

Ainsi, pour une composition mensuelle des intérêts, le taux mensuel proportionnel à un taux annuel de 6 % est i_{12} = 6 % /12= 0,5 %.

La valeur future après deux ans du placement d'une somme initiale de 100 000 FCFA est :

$V_t = 100\,000\,(1 + 0{,}5\%)^{24} = 112\,720$ FCFA

4.2. Taux équivalent

Deux taux sont dits équivalents lorsqu'ils conduisent à une même valeur future après une même durée d'investissement.

Le taux équivalent (i_k) au taux i pour une période divisée en k sous-périodes est :

$$i_k = (1 + i)^{\frac{1}{k}} - 1$$

Par exemple, pour un taux de 10 % :

- le taux semestriel équivalent est de $(1 + 10\%)^{1/2} - 1 = 4{,}88\ \%$
- le taux trimestriel équivalent est de $(1 + 10\%)^{1/4} - 1 = 2{,}41\ \%$
- le taux mensuel équivalent est de $(1 + 10\%)^{1/12} - 1 = 0{,}80\ \%$

5. Conventions de base

Dans les formules de calcul d'intérêt, la mesure du temps s'effectue le plus souvent avec une unité annuelle et une précision d'une journée. Les règles régissant les conventions diffèrent des pays et des instruments financiers.

Les conventions de base les plus utilisées sont les suivantes :

- la base Exact/Exact ;
- la base Exact/360 ;
- la base Exact/365 ;
- la base 30/360.

6. Annuités

On désignera sous le nom d'« annuités » une suite de règlements effectués à intervalles de temps réguliers. Elles concernent le plus souvent des opérations de prêts, mais nous verrons qu'il peut également s'agir de flux monétaires tels que des *cash flows* ou des dividendes.

6.1. Valeur acquise pour une suite quelconque d'annuités de fin de période

Soit i le taux correspondant à la période séparant les annuités, alors :

$$V_n = a_1(1+i)^{n-1} + a_2(1+i)^{n-2} + \_.. a_n(1+i) + a_n$$

6.2. Valeur acquise pour une suite d'annuités constantes de fin de période

Dans ce cas :

$$a_1 = a_2 = a_3 = \_ = a_p = \_a_n = a$$

donc $V_n = a[1 + (1+i) + (1+i)^2 + \_. + (1+i)^{n-2} + (1+i)^{n-1}]$

La formule entre crochets est une progression géométrique, de premier terme 1, de raison (1+i) et comprenant n termes.

$$V_n = a\frac{1-(1+i)^n}{1-i+1}$$

Soit :

$$V_n = a\frac{(1+i)^n - 1}{i}$$

N. B. Les différentes valeurs de la formule $V_n = a\frac{(1+i)^n-1}{i}$ sont données par les tables III de mathématiques financières lorsque le taux i est tabulaire.

Dans le cas de taux non tabulaire, il convient de procéder par interpolation linéaire.

Cas particulier

On peut être amené à calculer le montant de l'annuité constante (a) connaissant $V_n, n\ et\ i$ par la formule :

$$a = V_n \frac{i}{(1+i)^n - 1}$$

Or, la formule $\frac{i}{(1+i)^n-1}$ ne figure par dans les tables financières usuelles.

On peut cependant la calculer simplement. En effet, en multipliant le numérateur et le dénominateur par $(1 + i)^{-n}$ on obtient :

$$\frac{i}{(1+i)^n-1} = \frac{i(1+i)^{-n}}{1-(1+i)^{-n}} = \frac{i(1+i)^{-n}-i+i}{1-(1+i)^{-n}} = \frac{i}{1-(1+i)^{-n}} - i$$

D'où

$$a = V_n \frac{i}{(1+i)^n - 1} = V_n \left[\frac{i}{1-(1+i)^{-n}} - i\right]$$

6.3. Valeur acquise(V_{n+d}) par une suite d'annuités constantes (a) de fin de période dont le capital n'est retiré que d périodes après le dernier versement

Dans ce cas,

$$V_{n+d} = V_n(1 = i)^d = a\frac{(1+i)^n - 1}{i}(1+i)^d$$

soit : $V_{n+d} = a\left[\frac{(1+i)^{n+d} - (1+i)^d}{i}\right]$

6.4 Valeur actuelle (V_0) d'une suite d'annuités de fin de période et de montants variables

Dans ce cas,

$$V_0 = \frac{a_1}{1+i} + \frac{a_2}{(1+i)^2} + - \frac{a_{n-1}}{(1+i)^{n-1}} + \frac{a_n}{(1+i)^n}$$

$$V_0 = \sum_{k=1}^{n} \frac{a_k}{(1+k)^k}$$

6.5. Valeur actuelle (V_0) d'une suite d'annuités constantes (a) de fin de période

On suppose que $a_{1,} = a_2 = - - - - - - -- = a_n = a$

donc :

$$V_0 = a\left[\frac{1}{1+i} + \frac{1}{(1+i)^2} + _- + \frac{1}{(1+i)^n}\right]$$

$$V_0 = \frac{a}{(1+i)}\left[1 + \frac{1}{1+i} + \frac{1}{(1+i)^2} + _- + \frac{1}{(1+i)^{n-1}}\right]$$

$$V_0 = a\frac{1-(1+i)^{-n}}{i}$$

6.6. Taux de rendement actuariel d'une série d'annuités

Le taux de rendement actuariel « *Yield to maturity* » du produit de taux est la rentabilité que l'on atteint en investissant dans l'actif financier. Il suppose que :

- le titre soit détenu jusqu'à l'échéance,
- tous les paiements des intérêts soient réinvestis au taux de rendement initial.

Le taux de rendement actuariel change en fonction de l'évolution du marché, contrairement au taux d'intérêt nominal qui est fixe (titres à revenu fixe).

Supposons que le prix à payer pour acquérir une série de T annuités, $a_1, a_2, \_a_T$ payées à intervalles de temps réguliers soit V_0.

Le taux de rendement actuariel de cette série est le taux d'actualisation i_a tel que la valeur actuelle de la série calculée à ce taux est égale à son prix V_0.

$$V_0 = \sum_{t=1}^{T} \frac{a_t}{(1 + i_a)^t}$$

La solution de l'équation se détermine à l'aide du solveur d'une machine financière ou d'un tableur. On peut également utiliser l'interpolation linéaire pour déterminer le taux de rendement actuariel.

CHAPITRE 2

PRATIQUE DU MARCHÉ MONÉTAIRE

Le marché monétaire est un lieu d'échange de titres de dette contre des liquidités[2]. Il fonctionne par l'échange de titres négociables[3] ou de prêts entre les institutions financières[4]. Le marché monétaire est adapté pour les émissions de court et moyen terme. Dans le contexte de l'UEMOA, il est réglementé et surveillé par la BCEAO. Actuellement, l'Agence UMOA-Titres (AUT) a été créée pour aider les États à mieux structurer les émissions de bons du Trésor.

1. Présentation du marché monétaire de l'UEMOA

Le Conseil d'administration de la BCEAO, en date du 20 décembre 1995, et le Conseil des ministres de l'UEMOA, en date du 21 décembre 1995, ont adopté un cadre réglementaire régissant les émissions de TCN qui est entré en vigueur le 1er juillet 1996. L'objectif est de favoriser la diversification des supports utilisables sur le marché monétaire.

---

[2] Le marché de titres de dettes dans l'UEMOA est différencié selon la maturité des émissions en marché des titres de créances négociables (court terme) et en marché obligataire (long terme).

[3] Marché monétaire au sens large ou marché des titres de créances négociables.

[4] Marché monétaire au sens strict ou marché interbancaire.

Depuis 1996, ce marché a été rénové conformément aux nouvelles orientations de politique monétaire et du crédit dans l'espace UEMOA. Cette réforme de 1996 avait pour but l'approfondissement du marché à travers trois objectifs :

- permettre à l'ensemble des agents économiques de pouvoir bien gérer leur trésorerie ;
- disposer d'un vaste marché monétaire drainant librement l'ensemble des disponibilités à court terme ;
- permettre à la BCEAO d'atteindre l'objectif final de la politique monétaire à travers le taux du marché monétaire.

Les règlements 96-02 et 96-03 de la BCEAO régissent et exposent l'ensemble des propriétés relatives aux TCN : leurs principales caractéristiques et leurs procédures de règlement et de livraison.

Dans sa forme actuelle, le marché monétaire est subdivisé en deux compartiments :

- le marché interbancaire ;
- le marché des titres de créances négociables.

1.1. Marché interbancaire

Ce marché est réservé aux établissements de crédit. Les compagnies d'assurances, les caisses de retraite, les fonds de pension et les caisses de crédit mutuel ne sont pas admis dans ce marché. Les opérations traitées dans ce marché sont limitées au prêt/emprunt sous la forme de prise en pension, de billets à ordre négociables. Les transactions se font de gré à gré.

1.1.1. Opérations en pension

La pension est un échange de liquidités entre deux contreparties bancaires contre des effets ou titres. Lorsqu'il n'y a pas d'effets ou de titres en contrepartie de l'emprunt, on parle d'emprunt en « blanc ». Généralement, il n'y a pas de transfert physique des effets ou des titres pour l'emprunt en blanc. Dans le cas contraire, on parle de pension livrée. La durée des prêts/emprunts s'étale de un jour à un an dans la majorité des transactions. Le montant des intérêts est payé en fin de période.

1.1.2. Billet à ordre négociable

Le billet à ordre négociable est un billet qui est matérialisé par une opération d'emprunt entre une banque A (qui émet le billet) et une banque B (qui achète le billet). Il est cessible à une banque C qui rachète le billet. Une émission de billet correspond à un emprunt et à un achat de prêt.

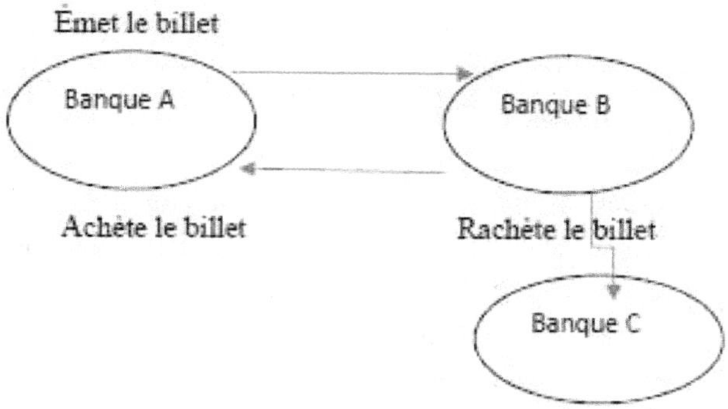

Cette forme de refinancement n'est pas courante sur le marché. La plupart des opérations sur l'interbancaire sont des pensions en blanc destinées généralement à résoudre un gap de trésorerie.

Encadré 1

La politique d'intervention de la Banque Centrale des États de l'Afrique de l'Ouest (BCEAO) sur le marché monétaire

Il existe deux modes d'allocation de liquidité (appels d'offres, injections de liquidités) et les guichets permanents de refinancement.

- **Guichet du taux minimum de soumission**

Il constitue le principal mode d'alimentation du marché. L'article 7 régissant l'activité bancaire et financière dans l'Union monétaire ouest-africaine précise que les principales opérations d'injection de liquidités consistent en des apports de liquidités de fréquence régulière, sous forme de prise en pension de supports admissibles au portefeuille de la Banque centrale. Les opérations principales d'injection de liquidités sont effectuées par voie d'appels d'offres ouverts à l'ensemble des intervenants éligibles. Les enchères s'effectuent, en général, à taux d'intérêt variable. La Banque centrale peut également procéder à des adjudications à taux d'intérêt fixe. Le taux d'intérêt minimum de soumission aux adjudications de liquidités est fixé par le Comité de politique monétaire (CPM). Cette méthode permet d'agir sur le coût de la liquidité interbancaire.

- **Guichets permanents de refinancement**

La Banque centrale a mis en place des guichets permanents (guichet de prêt marginal, guichet spécial de refinancement et guichet des avances intrajournalières) en vue de fournir à la demande des liquidités d'appoint aux établissements de crédit éligibles.

Sur le guichet marginal, la BCEAO offre des possibilités de refinancement sur une maturité comprise entre un (1) et sept (7) jours tandis que sur le guichet spécial de refinancement, les contreparties admissibles peuvent bénéficier des avances sur des maturités allant de trois (3) à douze (12) mois. Pour sa part, le guichet des avances intrajournalières est à la disposition des participants pour leur permettre de faire face aux besoins de trésorerie au cours d'une journée d'échange. Les avances sur ce guichet sont remboursables le même jour et ne portent pas d'intérêts.

L'accès aux guichets de refinancement de la BCEAO est réservé aux établissements de crédit et aux institutions communautaires comme précisé dans l'article 22 du traité de l'UMOA, sous réserve du respect du dispositif prudentiel applicable aux banques et établissements financiers.

Cette procédure est de nature identique à celle de l'appel d'offres (ou injection de liquidités), sauf qu'elle est utilisable à tout moment alors que la première est ponctuelle, selon un calendrier déterminé par la Banque centrale. Cette possibilité limite les tensions sur les taux au jour le jour.

Les refinancements de la BCEAO sont adossés à des effets et titres publics pris en garantie.

Les guichets permanents de refinancement constituent une issue de secours au manque de liquidités au jour le jour. Il est cependant de bon ton d'utiliser cette procédure comme un moyen de refinancement alternatif et non comme une possibilité d'arbitrage contre le marché monétaire.

1.2 Marchés des titres de créances négociables (TCN)

Le marché des titres de créances négociables est, comme le marché interbancaire, une composante du marché monétaire. C'est le marché monétaire au sens large, car permettant un accès facile à tous les opérateurs aux marchés des capitaux à court terme.

Les principaux émetteurs de TCN sont : l'État, les entreprises, les banques, les établissements financiers et les institutions financières.

Le marché des TCN comporte donc cinq subdivisions, notamment les certificats de dépôt (CD) émis par les banques de second rang, les billets de trésorerie (BT) des grandes entreprises, les bons des établissements financiers (BEF), les bons des institutions financières régionales (BIFR) et les bons du Trésor des États.

Tableau 1 : Instruments échangés sur le marché monétaire de l'UEMOA

Instruments	**Émetteurs**	**Durée**
Bons du Trésor	Gouvernement	7 jours – 2 ans
Billets de trésorerie ou *commercial papers*	Entreprises	7 jours – 2 ans
Bons des établissements financiers	Institutions financières	7 jours – 7 ans
Certificats de dépôts	Banques commerciales	7 jours – 7 ans
Bons des institutions financières régionales	BOAD	7 jours – 7 ans

Source : BCEAO

Tableau 2 : Les conditions d'émission sur le marché monétaire

Instruments	**Conditions**	**Valeur nominale**
Bons du Trésor	Compte du Trésor auprès de la BCEAO	1 000 000 FCFA
Billets de trésorerie ou commercial paper	Capital au moins de 100 millions ou garantie	1 000 000 FCFA
Bons des établissements financiers	L'encours des bons doit être inférieur à 25 % de leur emploi	1 000 000 FCFA
Certificats de dépôts	Respect du dispositif prudentiel	1 000 000 FCFA
Bons des institutions financières régionales	L'encours doit être inférieur à 25% de leur emploi	1 000 000 FCFA

Source : BCEAO

2. La situation du marché monétaire de l'UEMOA

Malgré un démarrage timide, le marché des TCN de l'UEMOA a beaucoup progressé depuis 2008.

Graphique 1 : Émission de TCN dans l'UEMOA entre 2008 et 2018 (en millions de FCFA)

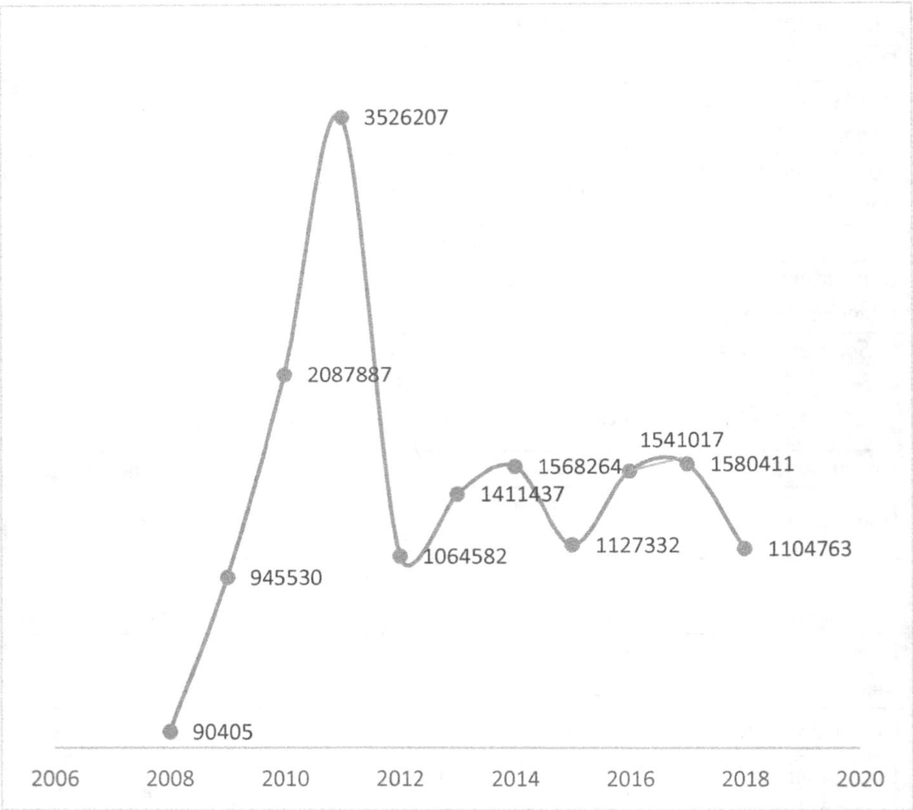

Source : BCEAO/Bulletins mensuels de la conjoncture économique dans l'UEMOA et Bulletins des statistiques monétaires et financières dans l'UMOA.

Entre 2008 et 2011, le marché a connu une progression de 3 800 % et depuis lors, on note une nette régression (-68,67 % sur la période 2011-2018).

En termes de répartition, il y a une nette domination des bons du Trésor qui représentent presque 90 % des émissions de TCN.

Graphique 2 : Répartition des TCN de l'UEMOA par catégories d'émetteurs entre 2008 et 2018

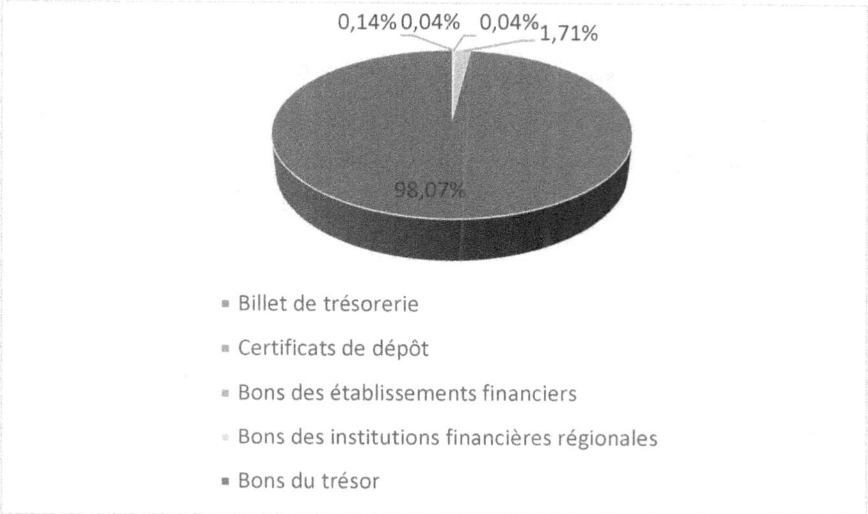

Source : BCEAO/Bulletins mensuels de la conjoncture économique dans l'UEMOA et Bulletins des statistiques monétaires et financières dans l'UMOA

Les bons du Trésor sont pratiquement les seuls titres émis sur le marché des TCN de 2008 à 2018 (89,75 %). Cela indique l'état embryonnaire de ce segment du marché monétaire de l'UEMOA qui, sans les bons du Trésor, serait sans objet.

La tendance haussière des émissions de bons du Trésor traduit aussi la volonté de la BCEAO de financer les déficits des États non plus par les avances statutaires (supprimées), mais plutôt par le biais du marché monétaire.

3. La pratique des valeurs du Trésor sur le marché monétaire

Les valeurs du Trésor sont l'unique marché régional par adjudication, exclusivement dédié au financement des États membres de l'UEMOA. Les émetteurs souverains sollicitent, à travers des procédures adaptées, l'émission de titres publics par des acteurs spécifiques soit pour leur propre compte propre, soit pour celui de tiers.

Les bons du Trésor dans l'UEMOA présentent les caractéristiques suivantes :

- Ce sont des titres dématérialisés émis par les gouvernements. Ils sont conservés dans les livres de la Banque centrale.
- Leur durée de vie est comprise entre 7 jours et 2 ans. Il s'agit des maturités en nombre de jours ci-après : 7, 28, 91, 182, 364, 728, correspondant respectivement à 1 semaine, 1 mois, 3 mois, 6 mois, 1 an et 2 ans.
- Ils sont assortis d'une rémunération payable d'avance et précomptée (au départ ou à terme échoir) sur leur valeur nominale.
- Leur taux d'intérêt est exprimé en pourcentage l'an, base 360 à 4 décimales.
- Les intérêts perçus par les investisseurs sont exonérés d'impôt.

Nous allons successivement aborder l'émission des bons du Trésor sur le marché primaire et la négociation sur le marché secondaire.

3.1. Le marché primaire

Les émissions de bons du Trésor sont réalisées par voie d'adjudication ou de syndication. Il existe quatre types d'adjudication :

France, UEMOA, CEMAC	Ailleurs
À la française : taux unique	À la hollandaise : taux unique
À la hollandaise : taux demandé	À l'américaine : taux demandé

Pour les émissions de bons du Trésor par syndication (SGI et banques d'affaires), les garanties sont des obligations cautionnées ou des droits uniques de sorties et mise en place de compte séquestre.

Dans l'UEMOA, l'adjudication à la hollandaise est la plus usitée. L'adjudication peut être ouverte ou ciblée. Dans le cas d'une **adjudication ouverte**, tous les participants ont la possibilité de soumissionner. Il s'agit des établissements de crédit, SGI et organismes financiers régionaux disposant d'un compte auprès de la BCEAO. Les autres acteurs peuvent souscrire des titres par le biais des établissements de crédit et des SGI. En ce qui concerne les **adjudications ciblées**, les seuls intermédiaires autorisés à soumissionner sont les spécialistes en valeurs du Trésor (SVT). Dans le cadre de ces adjudications, l'agence UMOA-Titres (voir encadré) organise pour le compte de l'État des ventes de bons du Trésor en collaboration avec les spécialistes en valeur du Trésor.

Les bons du Trésor sont donc émis par l'État sous la responsabilité du ministre chargé des Finances, mais c'est la BCEAO qui assure l'organisation matérielle des adjudications en centralisant les soumissions et en déterminant les résultats de concert avec les représentants de l'État émetteur au sein d'un Comité d'adjudication.

Les points suivants résument l'administration d'un programme d'adjudication de bons du Trésor :

- seuls les intermédiaires agréés (banques, établissements financiers, organismes financiers régionaux) peuvent soumissionner ;
- montant maximal par investisseur ≤ 60 % du montant annoncé de l'adjudication ;
- date limite : 10 h 30 TU ;
- SAGETIL UMOA (plateforme électronique) ;
- le dépouillement des offres et la détermination des résultats sont effectués par le Comité d'adjudication ;
- les offres sont classées par ordre croissant de taux d'intérêt ;
- à la suite du traitement des offres, le Comité d'adjudication arrête le détail des offres acceptées ;
- le taux correspondant à la dernière offre retenue est appelé taux marginal.

Deux cas sont à prévoir :

- 1er cas : volume des soumissions excède le montant des titres mis en adjudication, le taux marginal est donc le taux pour lequel le montant cumulé égale ou excède le montant mis en adjudication.
- 2e cas : le montant cumulé des demandes de placement est inférieur ou égal au volume mis en adjudication, dans ce cas, le taux marginal est le taux le plus élevé offert.

Le procès-verbal, outre le résultat global des soumissions, comporte les informations suivantes :

$$Taux\ de\ souscription\ (TS) = \frac{Montant\ total\ des\ souscriptions}{Montant\ mis\ en\ adjudication}\ en\ \%$$

$$Taux\ d'absorption\ (TA) = \frac{Montant\ retenu}{Montant\ total\ des\ souscriptions}\ en\ \%$$

$$Taux\ moyen\ pondéré\ (TMP) = \sum_{i=1}^{n} \frac{t_i * M_i}{M}$$

t_i : taux d'intérêt de la soumission retenue *i* ;

M_i : montant de la soumission retenue *i* ;

M : montant total des soumissions retenues ;

n : nombre total des soumissions retenues.

Le taux de rendement moyen pondéré (TRMP) correspond au taux moyen pondéré des sommes effectivement déboursées, compte tenu du précompte des intérêts.

$$Taux\ de\ rendement\ moyen\ pondéré (TRMP) = \sum_{i=1}^{n} \frac{r_i * M_i}{M}$$

Où r_i est le taux effectif de l'offre *i* de montant M_i.

Avec $r_i = \frac{t_i}{1 - t_i * n/360}$

Tout investisseur (personne physique ou morale) peut acquérir des bons du Trésor sur le marché primaire par le biais d'un intermédiaire agréé (SVT, banques, établissements financiers ou organismes financiers régionaux).

Les opérations de court terme sont traitées sur la base de taux proportionnels *in fine* 360 jours (365 jours chez les Anglais)[5].

Dans le livre, les intérêts sont calculés au prorata temporis : T = Nj/360 (intervalle entre date de règlement et de jouissance).

Les intérêts perçus sur les bons du Trésor sont précomptés :

N – I = M0

$$N - N * \frac{i * n_j}{360} = M_0$$

$$M_O = N\left(1 - \frac{i * n_j}{360}\right)$$

où :

M_0 est la somme déboursée à l'achat d'un bon du Trésor ;

I : est l'intérêt perçu à l'avance : $I = N * \frac{i*n_j}{360}$

i est le taux d'intérêt précompté de l'émission ;

n_j est la durée en jours entre la date de jouissance et l'échéance ;

N est le montant nominal d'un bon du Trésor (1 000 000 de FCFA).

Relation entre le taux précompté (i) et le taux post-compté (i')

$$i = \frac{i'}{1+\frac{i'*n_j}{360}} \text{ ou } i' = \frac{i}{1-\frac{i*n_j}{360}}$$

---

[5] Le mode de calcul du rapport entre le nombre de jours entre la date de l'opération et l'échéance (n) et le nombre de jours dans l'année (N) est l'objet de convention qui peut varier d'un pays à l'autre. Les deux qui sont couramment utilisés sont :

- Money Market Basis (Exact/360): Zone Euro, USA, UEMOA… ;
- Bond Basis (Exact/365) : Royaume-Uni, Australie, Canada…

Illustration

Un État membre de l'UEMOA émet des bons du Trésor le 3 octobre 2018 d'un montant de 25 milliards de FCFA et de maturité un an. Cinq investisseurs participent à l'opération d'adjudication. Les soumissions sont les suivantes :

Soumissionnaire	Montant en milliards de FCFA	Taux proposé (%)
Banque A	5	5
Banque B	10	5,5
Banque C	10	6
Banque D	5	6,2
Banque E	5	6,5

Procès-verbal de l'opération d'adjudication

Les résultats de l'adjudication sont les suivants :

Soumissionnaire	Montant adjugé en milliards de FCFA	Taux obtenu (%)
Banque A	5	5
Banque B	10	5,5
Banque C	10	6

Les banques A, B et C sont adjugées pour 100% des montants demandés. Les caractéristiques de l'opération sont les suivantes :

- le taux moyen pondéré de l'opération :

$$TMP(\%) = \frac{5 * 5 + 10 * 5{,}5 + 10 * 6}{25} = 5{,}6$$

- le taux de souscription (TS) :

$$TS(\%) = \frac{35}{25} = 140$$

- le taux d'absorption (TA) :

$$TA(\%) = \frac{25}{35} = 71{,}42$$

Intérêts perçus d'avance par les banques adjugées pour une durée d'un an (364 jours) :

Soumissionnaire	Montant adjugé en milliards de FCFA	Taux obtenu (%)	Intérêts perçus en milliards de FCFA
Banque A	5	5	0,25
Banque B	10	5,5	0,56
Banque C	10	6	0,61

Montant versé par chaque banque adjugée au Trésor public :

Soumissionnaire	Montant adjugé en milliards de FCFA	Taux obtenu (%)	Intérêts perçus en milliards de FCFA	Montant versé au Trésor en milliards de FCFA
Banque A	5	5	0,25	4,75
Banque B	10	5,5	0,56	9,44
Banque C	10	6	0,61	9,39

Rendements obtenus par chaque banque adjugée (intérêts post-comptés) :

Soumissionnaire	Montant adjugé en milliards de FCFA	Taux obtenu (%)	Intérêts perçus en milliards de FCFA	Montant versé au trésor en milliards de FCFA	Rendements obtenus (%)
Banque A	5	5	0,25	4,75	5,27
Banque B	10	5,5	0,56	9,44	5,82
Banque C	10	6	0,61	9,39	6,39

À la suite de l'opération d'adjudication, le Trésor de ce pays reçoit 23,58 milliards de FCFA.

Encadré 2

Agence UMOA-Titres (AUT)

Depuis la suppression des avances statutaires que la BCEAO accordait aux États, une partie des déficits budgétaires dans les pays de l'UEMOA est maintenant financée par les émissions de titres. Ces dernières années, le marché des bons et obligations du Trésor a connu un développement assez important dans un contexte où la plupart des pays ont bénéficié des initiatives Pays pauvres très endettés II (PPTE II) et multilatérale. Les pays ayant reçu des allégements considérables ont pu retrouver une soutenabilité de leur dette extérieure, leur accordant ainsi une capacité d'endettement plus forte sur les marchés des titres publics de l'UEMOA et des Eurobonds. Cette nouvelle forme d'endettement des États est constituée des émissions de titres par voie d'adjudication et de syndication. Pour aider les États à mieux structurer leur endettement, la BCEAO a créé l'agence UMOA-Titres (AUT). Voici quelques missions assignées à l'AUT :

- élaborer un cadre de structuration des émissions de titres de la dette publique ;
- programmer les émissions des États suivant un calendrier prévisionnel ;
- coordonner les programmes d'émission des États ;
- assurer la promotion du marché des titres publics en collaboration avec les spécialistes en valeurs du Trésor (SVT) ;
- assister les Trésors nationaux dans le cadre de la préparation des émissions ;
- structurer les émissions communes dans le cadre de projet communautaire ;
- assister les États lors des émissions de titres sur le marché international (exemple : Eurobonds).

Encadré 3

Spécialistes en valeurs du Trésor (SVT)

Les SVT sont des partenaires privilégiés des États. Ce sont des établissements de crédit ou des sociétés de gestion et d'intermédiation agréés par le ministère de l'Économie et des Finances du pays concerné. Les missions des SVT sont les suivantes :

- participer aux émissions par voie d'adjudication et de syndication des titres publics ;
- animer le marché secondaire des titres publics ;
- faire la promotion des valeurs du Trésor ;
- proposer des services de conseil et d'information aux Trésors nationaux et à l'AUT.

Ils participent aux activités du marché des capitaux à travers des offres non compétitives (ONC), des règlements décalés et des adjudications ciblées. Une charte des SVT a été rédigée par l'AUT et disponible sur son site. Dans le cadre des offres non compétitives (ONC) de bons du Trésor, les SVT annoncent uniquement le montant qu'ils souhaitent souscrire. Ils seront servis en priorité au taux moyen pondéré de l'opération.

3.2. Le marché secondaire

L'investisseur qui détient un titre émis par une entité peut décider de le céder sur le marché secondaire avant l'échéance. Les conditions de marché au jour de la vente – nombre de jours séparant la vente de l'échéance (n_j') et taux d'intérêt actuel pour les bons du Trésor de mêmes caractéristiques (*i'*) – seront appliquées dans l'évaluation.

La somme perçue à la vente est alors :

$$M_v = \frac{N}{1 + i' * \mathrm{nj}'/360}$$

Les intermédiaires agréés ont le statut de spécialistes en valeurs du Trésor (SVT) et sont tenus d'assurer la liquidité des titres souverains en affichant les prix à l'achat et à la vente auxquels ils sont disposés à effectuer des transactions.

La performance annuelle d'un investissement sur les bons du Trésor (perf) est :

$$Perf = \left(\frac{\frac{M_v}{M_0} - 1}{n_d} \right) * 360$$

où n_d est le nombre de jours de détention entre la date d'achat et la date de vente.

Le bénéfice d'un investissement en bons du Trésor, obtenu par différence entre le prix de vente et le prix d'achat ($M_v - M_0$), peut être décomposé en revenu financier (RF) et en plus ou moins en capital (+/– VK).

Pour ce faire, reconsidérons le prix de vente sans variation des taux de rendement sur le marché (M'_v) :

$$M'_v = \frac{N}{1 + i * \text{nj}'/360}$$

Bénéfice = $M_v - M'_v + M'_v - M_0$

$$RF = M'_v - M_0$$

$$+/-VK = M_v - M'_v$$

Si $i' > i$, cela engendre des pertes en capital sur la vente et donc une baisse de la performance. En revanche, si $i' < i$, on constatera alors des gains en capital sur la vente et une appréciation de la performance.

Le premier jour ouvré suivant l'échéance des bons du Trésor, la BCEAO, agissant pour le compte de l'État émetteur, crédite le compte courant de l'investisseur par le débit du compte spécial du Trésor.

Les titres de créances négociables sont d'une grande utilité en gestion de trésorerie, car ils permettent de gérer les positions de manière dynamique par rapport aux dépôts à terme bancaires qui relèvent d'une approche plutôt statique où l'investisseur doit attendre passivement jusqu'à l'échéance pour recouvrer sa liquidité.

Études de cas sur la pratique des bons du Trésor

Cas 1 : Adjudication de BAT par l'agence UMOA-Titres

L'AUT émet des BAT pour le compte d'un État de l'UEMOA pour un montant de 44 milliards de FCFA, une durée de 182 jours, un type d'adjudication à taux multiple. On vous donne les offres des investisseurs. Les taux sont précomptés.

Montant et taux proposés par les intermédiaires

Investisseurs	Montant en millions de FCFA	Taux d'intérêt (%)
Banque A	5000	5
Banque B	500	5,25
Banque C	2000	5,5
Banque D	5000	6
Banque A	4000	6,05
Banque D	10 000	6,1
Banque E	10 000	6,25
Banque A – Tiers	10 000	6,5
Banque B – Tiers	3000	6,6
Banque E	1000	6,9
Banque F – Tiers	3000	7
Banque G	4000	7,5
Banque H	1000	7,5
Banque I	900	8

Source : BCEAO

1. Déterminez les résultats de l'opération d'adjudication : taux servi à chaque investisseur, TMP par rapport à chaque investisseur, taux marginal, montant servi à chaque investisseur adjugé, le montant déboursé par chaque investisseur, le taux de souscription et le taux d'absorption.

2. En déduire les rendements post-comptés pour chaque investisseur.

Cas 2 : Négociation des bons du Trésor

Un SVT a obtenu à l'adjudication du mardi 13 septembre 2016 des BAT du gouvernement du Sénégal un montant de 2 milliards de francs CFA, 13 semaines (échéance le 12 décembre 2016) au taux de 5,25 %. Il revend le même jour à un investisseur au taux 5 %. Le règlement a eu lieu le même jour. Les taux exprimés sont précomptés :

1. Calculez le montant versé par le SVT à l'agence UMOA-Titres.
2. Calculez le montant payé par l'investisseur au SVT.
3. Quel est le profit réalisé par le SVT sur cette opération ?
4. Calculez les rendements post-comptés des deux opérations.
5. Le 20 novembre 2016, l'investisseur souhaite céder le titre sur le marché secondaire, il s'adresse au SVT Banque régionale de marchés (BRM), qui donne les cotations post-comptées suivantes :

Cotation BRM

Nature	Code ISIN	Échéance	Fourchette de taux
BAT État Sen	SN0000000951	17– août -16	4,65% – 4%
BAT État Sen	SN0000000951	18– avr. -17	4,60% - 4,1%
BAT État Sen	SN0000000951	12– déc. -16	5,45% - 4,5%

Quel est le taux proposé par la BRM pour cette échéance. En déduire le montant obtenu par l'investisseur après cette opération avec la BRM. La date de règlement de cette opération a lieu le même jour. En déduire le rendement de l'opération de l'investisseur

Le taux marginal est le dernier taux servi, il correspond au taux proposé par la Banque A-tiers 6,5 %.

2. Rendements obtenus par les investisseurs (rendements post-comptés)

Investisseurs	Montant en millions de FCFA	Cumul	Taux d'intérêt servi (%)	Montant servi en millions de FCFA	TMP (%)	Rendement obtenu (%)
Banque A	5000	5000	5	5000	5,00	5,13
Banque B	500	5500	5,25	500	5,02	5,39
Banque C	2000	7500	5,5	2000	5,15	5,66
Banque D	5000	12500	6	5000	5,49	6,19
Banque A	4000	16500	6,01	4000	5,61	6,20
Banque D	10000	26500	6,1	10000	5,80	6,29
Banque E	10000	36500	6,25	10000	5,92	6,45
Banque A-Tiers	10000	46500	6,5	7500	6,02	6,72
Banque B - Tiers	3000	49500	NS	0	-	-
Banque E	1000	50500	NS	0	-	-
Banque F-Tiers	3000	53500	NS	0	-	-
Banque G	4000	57500	NS	0	-	-
Banque H	1000	58500	NS	0	-	-
Banque I	900	59400	NS	0	-	-

Cas 2 : Négociation des bons du Trésor

1. Le montant versé par le SVT à l'agence UMOA-Titres à l'issue des ventes aux enchères des BAT est obtenu par la relation suivante :

$$M_O = N\left(1 - \frac{i * n_j}{360}\right) = 2\,000\,000\,000 * \left(1 - \frac{5{,}25 * 91}{36000}\right) =$$

1 973 458 333,33 FCFA

2. Le montant versé par l'investisseur au SVT :

$$M'_O = N\left(1 - \frac{i' * n_j}{360}\right) = 2\ 000\ 000\ 000 * \left(1 - \frac{5 * 91}{36000}\right) =$$

1 974 722 222,22 FCFA

3. Le profit obtenu par le SVT :

$M'_O - \ M_O$ =1 263 888,89 FCFA

4. Les rendements post-comptés des deux opérations :

Pour i = 5,25 %

$$i' = \frac{i}{1 - \frac{i*n_j}{360}} = \frac{5{,}25\%}{1 - \frac{5{,}25*91}{36000}} = 5{,}32\%$$

Pour i = 5 %

$$i' = \frac{i}{1 - \frac{i*n_j}{360}} = \frac{5\%}{1 - \frac{5*91}{36000}} = 5{,}06\%$$

5. L'investisseur souhaite céder les BAT sur le marché secondaire le 20 novembre 2016, il reste 22 jours avant échéance. Il trouve une cotation auprès de la Banque régionale de marché. Le montant obtenu par l'investisseur est le suivant :

$$M_v = \frac{N}{1+i''*nj\_'/360} = \frac{2000000000}{1+5{,}45\%*22/360} = 1\ 993\ 338\ 888{,}89 \text{ FCFA}$$

On en déduit le rendement obtenu par l'investisseur :

$$M_v = \frac{M_v - M'_0}{M_v} * \frac{360}{69} = 5{,}26\%$$

Cas 3 : Adjudication de BAT par l'agence UMOA-Titres en présence d'offres non compétitives

1. Le montant déboursé par chaque investisseur adjugé :

Investisseurs	Montant en milliards de FCFA	Pourcentage servi	Montant déboursé	Taux d'intérêt servi (%)
Banque A	5,00	100%	4,77	4,60
Banque B	2,00	0%	NS	NS
SVT A	3,00	70%	1,99	5,00
SVT A ONC	2,00	100%	1,90	4,75
SVT B	1,50	100%	1,43	4,80
SVT B ONC	1,50	100%	1,43	4,75

Les enchères au taux limite (5%) sont servies au pourcentage limite (70 %). Toutes les offres inférieures à 5 % sont servies à 100 % alors que celles qui sont supérieures sont rejetées.

Les offres non compétitives (ONC) sont servies en priorité au taux moyen pondéré de l'opération (4,75 %).

2. Les rendements post-comptés obtenus par les investisseurs adjugés :

Investisseurs	Montant en milliards de FCFA	Pourcentage servi	Montant déboursé	Taux d'intérêt servi (%)	Rendement post-compté
Banque A	5,00	100%	4,77	4,60	4,82
Banque B	2,00	0%	NS	NS	NS
SVT A	3,00	70%	1,99	5,00	5,27
SVT A ONC	2,00	100%	1,90	4,75	4,99
SVT B	1,50	100%	1,43	4,80	5,04
SVT B ONC	1,50	100%	1,43	4,75	4,99

CHAPITRE 3

ORGANISATION ET FONCTIONNEMENT DE LA BRVM

La Bourse régionale des valeurs mobilières (BRVM) est une bourse électronique centralisée dirigée par les ordres que partagent les huit pays de l'UEMOA et a son siège à Abidjan avec une représentation au niveau de chaque État (antenne nationale de Bourse). La date de démarrage de ses activités remonte au 16 septembre 1998.

La BRVM est dotée d'un système électronique et dispose d'un réseau satellite qui permet aux sociétés de gestion et d'intermédiation (SGI) de transmettre les ordres de bourse des différents pays de l'Union vers le site central situé à Abidjan. Au démarrage de ses activités, la BRVM dispose de deux compartiments pour les actions et d'un compartiment pour les obligations.

1. Acteurs

Les principaux acteurs de la BRVM sont :

1.1. Conseil régional de l'épargne publique et des marchés financiers (CREPMF), renommé AMF-UMOA (Autorité des marchés financiers de l'Union monétaire ouest-africaine)

Le CREPMF est un organe de l'UEMOA créé le 3 juillet 1996 par décision du Conseil des ministres. Il est chargé d'assurer la tutelle du marché financier régional. Son siège est établi à Abidjan. Le Conseil régional est chargé d'une mission générale de protection de l'épargne investie en valeurs mobilières et en tout autre placement donnant lieu à une procédure d'appel public à l'épargne dans l'ensemble des États membres de l'UEMOA.

L'organisation du Conseil régional a été conçue en fonction de trois impératifs majeurs :

- organiser l'autonomie administrative et financière de l'institution, gage de sa crédibilité ;
- assurer la représentation de l'intérêt public communautaire ;
- capitaliser l'expertise et les compétences nécessaires au bon fonctionnement du marché.

L'AMF-UMOA est donc l'organe de tutelle du marché financier régional. Elle exerce 5 principales responsabilités :

- réglementer le marché financier de l'UEMOA et habiliter les acteurs ;
- habiliter l'ensemble des structures privées du marché ;
- autoriser les opérations financières sur le marché primaire ;
- surveiller le marché secondaire et contrôler les acteurs ;
- sanctionner le non-respect des règles du marché financier régional.

Les opérations autorisées par le CREPMF sur le marché primaire sont :

- les emprunts obligataires par appel public à l'épargne ;
- les emprunts obligataires par placement privé ;
- les offres publiques de ventes (OPV) ;
- les offres publiques d'achat (OPA) ;
- les offres publiques de retrait (OPR) ;
- les placements étrangers (PE) ;
- les augmentations de capital ;
- les opérations de fractionnement de capital.

1.2. Bourse régionale des valeurs mobilières (BRVM)

La BRVM est chargée d'assurer la bonne fin des transactions sur le marché des valeurs mobilières et d'en informer le public. Pour cela, elle garantit les opérations suivantes :

- l'organisation de l'inscription des titres à la cote de la bourse ;
- la publication des cours et des informations boursières ;
- la promotion et le développement du marché des valeurs mobilières.

La BRVM est une société privée concessionnaire d'un service public communautaire établie par les États membres de l'UEMOA. Son capital est détenu majoritairement par les opérateurs commerciaux, les États ne représentent qu'environ 13 % du capital.

1.3. Dépositaire central/Banque de règlement (DC/BR)

C'est une structure privée chargée de la conservation et de la circulation scripturale des valeurs mobilières aussi bien pour le compte des émetteurs que pour celui des intermédiaires (comptes titres). Elle fait également office de banque de règlement et détient les encaisses des négociateurs (compte espèces).

Le capital du DC/BR, à sa constitution le 18 décembre 1996, était de 1 481 552 500 francs CFA.

Son originalité est de coupler les fonctions habituellement dévolues à un dépositaire central avec celle d'une banque de règlement. Ce choix a été effectué en vue de constituer la meilleure interface entre les positions titres et espèces. Cela améliore la fluidité des dénouements et la sécurité des encaisses espèces.

Le DC/BR assure les missions suivantes :

- la centralisation de la conservation des comptes courants des valeurs mobilières pour le compte de ses adhérents ;
- le règlement et la livraison des opérations de bourse, en organisant pour chaque SGI la compensation valeur par valeur entre les titres achetés et vendus ;
- le règlement des soldes résultant des compensations relatives aux opérations de marché et le paiement des produits (intérêts, dividendes, etc.) attachés à la détention des valeurs mobilières ;
- la mise en action du fonds de garantie en cas de défaillance d'un opérateur du marché.

1.4. Sociétés de gestion et d'intermédiation (SGI)

Les SGI à la BRVM sont des établissements financiers constitués sous forme de société anonyme (SA). Ce sont les principaux animateurs du marché en tant que prestataires de services d'investissements boursiers. Elles sont les seuls intermédiaires habilités et bénéficient de ce fait de l'exclusivité de la négociation des valeurs mobilières cotées à la Bourse et assurent en grande partie la conservation des titres pour le compte de leurs clients. Trois types de SGI existent au niveau de la BRVM :

- les SGI de réseau qui sont créées par des institutions financières telles que les banques ;
- les SGI de place qui émanent d'un ensemble d'opérateurs d'un même État ;
- les SGI indépendantes qui ont pour origine l'esprit d'entreprise de groupes de sociétés et/ou de personnes physiques.

1.5. Sociétés de gestion de patrimoine (SGP).

Les SGP sont des personnes morales qui, par le biais de placements et négociations en bourse effectués par les SGI, interviennent de manière discrétionnaire dans la gestion des titres qui leurs sont confiés sur la base d'un mandat de gestion établi avec leurs clients. Ces sociétés ne doivent pas détenir les titres et/ou les fonds de leurs clients.

Les SGP sont habilitées par le CREPMF. Leur capital minimum est de 40 000 000 de francs CFA et leurs fonds propres minimaux ne peuvent être inférieurs, pendant le cours de leur existence, à ce montant.

1.6. Apporteurs d'affaires

Il s'agit de personnes physiques ou morales qui transmettent les ordres de leurs clients aux SGI et/ou qui mettent en relations leurs clients avec les SGI ou les SGP, pour l'ouverture d'un compte de titres et pour les conseils en placements ou la gestion sous mandat.

1.7. Démarcheurs

Les démarcheurs ont pour métier de faire des offres de service ou de donner des conseils, de façon habituelle, en vue de susciter la souscription, l'achat, l'échange, la vente de valeurs mobilières ou la participation à des opérations sur ces valeurs.

1.8. Les banques teneurs de compte conservateur (BTCC)

Il s'agit des banques agréées par l'AMF-UMOA. Le teneur de compte conservateur est notamment chargé de veiller sur la conservation des valeurs mobilières ainsi que sur leurs enregistrements comptables dans le respect des normes fixées par l'autorité de marché.

Graphique 3 : Acteurs fonctionnels de la BRVM

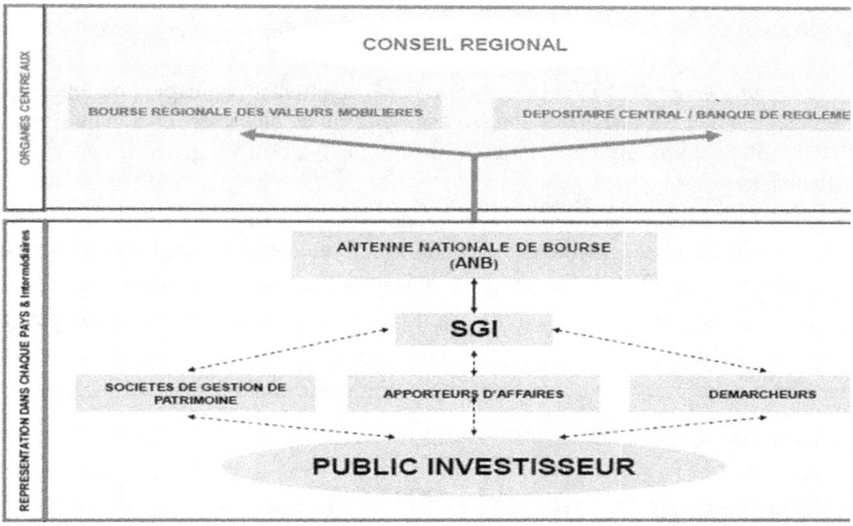

Source : CGF bourse

Tableau 3: Le marché dans son ensemble

ÉMETTEURS		**2018**
Marché des actions	Industrie	12
	Services publics	04
	Finances	14
	Transport	02
	Agriculture	05
	Distribution	07
	Autres secteurs	01
	Total	45
Marché des obligations		45
Sukuks		04
Société de gestion et d'intermédiation (SGI)		29
Banques teneurs de compte conservateur (BTCC)		08

Source : BRVM (ANB Sénégal), 2018

1.9. Autres acteurs

Il s'agit de :

- sociétés de gestion d'OPCVM (SGO) ;
- sociétés de gestion de fonds commun de titrisation de créances (SGFCTC) ;
- agences de notation ;
- conseillers en investissements boursiers.

Encadré 4

Le syndicat de placement

Lorsqu'une entité veut s'introduire en bourse, augmenter son capital ou émettre des obligations à la BRVM, elle s'adresse à un syndicat de placement chargé de structurer et commercialiser les titres auprès du public. Le syndicat est généralement organisé comme suit :

- le chef de file de l'opération : il coordonne l'ensemble d'une opération de placement, il est également en général teneur de livre qui enregistre les ordres des investisseurs. Dans le cas des titres de la dette, on parle d'arrangeur ;
- les co-chefs de file : ils ont la charge de garantir le placement d'une part non négligeable des titres ;
- les co-managers : ils jouent un rôle plus limité qui consiste à garantir le placement d'une portion limitée de titres.

2. Fonctionnement de la BRVM

2.1. Appel public à l'épargne

Les levées de fonds par appel public à l'épargne – marché primaire – à la BRVM, sous forme d'émission d'actions ou d'obligations, requièrent au préalable le visa du CREPMF sauf pour les États[6] et se font par le biais d'une offre publique de vente (OPV). Une fois autorisée, l'émetteur des titres doit solliciter les services d'une SGI pour le pilotage de l'opération (conseil, assistance, recherche de garantie, syndication…) jusqu'à la livraison des fonds.

[6] Les emprunts des États de l'UEMOA sont admis de plein droit à la cote.

Ces émissions sur le marché primaire sont suivies d'une introduction en Bourse – marché secondaire – afin d'assurer la liquidité des titres. La demande d'admission d'une valeur aux négociations, sur le premier ou le second compartiment action de la cote, ou au compartiment obligataire pour ce qui est des titres de créances, est adressée à la Bourse régionale par la SGI chargée par l'émetteur de suivre la procédure d'admission.

Tableau 4 : Critères d'admission à la cote à la BRVM

Critères	**Marché des actions**		Marché des obligations
	Premier compartiment	Second compartiment	
Profil de l'émetteur	Société Anonyme (SA)		- sociétés - collectivités territoriales - État - organisations
Capitalisation boursière minimale	> 500 millions de FCFA	> 200 millions de FCFA	> 500 millions de FCFA
Marge nette sur chiffre d'affaires	3% sur chacune des 3 dernières années	Aucune limitation	Non applicable
Quantité de titres à diffuser dans le public	20% du capital	20% du capital dans un délai de 2 ans, ou 15% en cas d'augmentation de capital	35 000 titres
Spécialiste de l'introduction	Société de Gestion et d'Intermédiation (SGI)		
Opération d'introduction	Appel Public à l'Épargne (APE)		
Historique des comptes	5 années de comptes certifiés		
Convention d'animation du marché	Obligatoire		

Source : BRVM (ANB Sénégal)

Trois types de procédures existent au niveau de la BRVM :

- la procédure de mise en vente à un prix minimal ;
- la procédure d'offre publique de vente à un prix déterminé ;
- la procédure ordinaire.

La procédure de mise en vente à un prix minimal et la procédure d'offre publique de vente à un prix déterminé sont des méthodes de cotation où l'émetteur a choisi d'offrir des valeurs par l'intermédiaire de la Bourse régionale.

Lorsque la procédure ordinaire est choisie, les SGI, dans le cadre d'un contrat de prise ferme, peuvent présenter le premier jour de la cotation une quantité de titres déterminée.

Tableau 5 : Étapes de l'admission à la cote de la BRVM

Étape 1 : Réception dossier	**Étape 2 : Décision CA BRVM**	**Étape 3 : Introduction**
• Note d'information visée par le CREPMF • Lettre d'engagement • Inscription des titres en compte auprès du DC/BR • Dossier administratif (statuts, actes constitutifs, comptes et bilans certifiés, etc.) • Établissement d'un calendrier de déroulement de l'admission en Bourse	**<u>Décision favorable du CA de la BRVM</u>** • Information à la SGI • Envoi de la décision + 3 exemplaires du dossier au CREPMF qui dispose de sept jours pour exercer son droit de veto • Confirmation de la date de première cotation **<u>Contrainte</u>** • Information du marché au moins 10 jours avant la 1re cotation • Passé un délai de 3 mois, l'émetteur doit actualiser l'information juridique et financière	• Confirmation du symbole à la cote et du prix stipulé par l'émetteur ; • Publication d'un avis d'information au marché, de la date et des caractéristiques de 1re cotation ; • Introduction et cérémonie d'introduction • Publication d'un avis des résultats de première cotation (cours coté, nombre de titres échangés et condition de négociations des prochaines séances de Bourse)

Source : BRVM

2.2. Négociation

La négociation des titres à la BRVM s'effectue par la transmission des ordres des SGI, qui exercent pour le compte d'investisseurs institutionnels et de particuliers, sur le système de cotation centralisé.

Un ordre de bourse est un document écrit à travers lequel un prestataire de service d'investissement agréé (SGI) émet ses souhaits d'acheter ou de vendre une certaine quantité d'un titre spécifique coté à un prix et sur une période de temps donnée.

Pour être valide, l'ordre de bourse doit comporter les mentions suivantes :

- le nom de la valeur ;
- le code ISIN[7] de la valeur ;
- le sens de l'opération – achat ou vente – ;
- la quantité ;
- la date de validité : jour, à date déterminée ou jusqu'à révocation. La validité « à révocation » a une durée maximale de 90 jours et la validité à date déterminée est valable jusqu'au jour prescrit. La durée ne pouvant pas excéder 90 jours ;
- le type d'ordre.

Trois types d'ordres sont admis à la BRVM :

- l'ordre à cours limité : qui indique un prix maximum (plafond) à l'achat et un prix minimum à la vente. Ici, l'acheteur est disposé à acquérir le titre pour tout prix inférieur ou égal à la limite définie et le vendeur est prêt à céder l'action pour tout prix supérieur ou égal à la limite définie ;
- l'ordre à la meilleure limite : qui s'exécute sur la meilleure proposition de sens contraire (achat au meilleur prix vendeur et vente au meilleur prix acheteur). L'ordre à la meilleure limite (achat ou vente) est transformé en ordre à cours limité au prix de la meilleure contrepartie (vente ou achat) en attente sur la feuille de marché et est exécuté en tout ou partie selon les quantités disponibles ;
- l'ordre au marché : qui est exécuté à tout prix disponible de sens contraire jusqu'à épuisement des quantités. Il présente l'avantage d'être prioritaire sur tous les autres ordres. Le risque de cet ordre est qu'il n'y a aucune maîtrise du prix, puisqu'il privilégie l'exécution totale. Il balaie toutes les contreparties présentes jusqu'à totaliser le nombre de titres exprimés en respectant cependant les seuils de réservation.

Il convient de préciser qu'il existe à la BRVM des clauses d'exécution qui peuvent encadrer les ordres émis :

---

[7] International Security Identification Number.

- l'ordre exécuté ou éliminé « *fill or kill* » : il est exécuté en totalité dans la limite des quantités disponibles, à défaut, il est éliminé ;
- l'ordre tout ou rien : il est exécuté en totalité à un prix défini à l'avance ;
- l'ordre à quantité minimale : il est exécuté pour un volume minimum de titres.

Tableau 6 : Synthèse des types d'ordres avec des paramètres de validité et d'exécution

Types d'ordre	Paramètres validés/exécution	Pré-ouverture/ Fixing	Continu	Pré-clôture/ Fixing	Négociation au dernier cours
Ordre à cours limité	Jour	OUI	OUI	OUI	OUI
Ordre au marché		OUI	OUI	OUI	NON
Ordre à la meilleure limite		OUI	OUI	OUI	NON
Ordre à cours limité	À date de révocation	OUI	OUI	OUI	NON
Ordre au marché		NON	NON	NON	NON
Ordre à la meilleure limite		NON	NON	NON	NON
Ordre à cours limité	Exécuté ou éliminé	NON	OUI	NON	OUI
Ordre au marché		NON	NON	NON	NON
Ordre à la meilleure limite		NON	NON	NON	NON
Ordre à cours limité	À quantité minimale	OUI	OUI	OUI	OUI
Ordre au marché		NON	NON	NON	NON
Ordre à la meilleure limite		NON	NON	NON	NON
Ordre à cours limité	Tout ou rien	OUI	OUI	OUI	OUI
Ordre au marché		NON	NON	NON	NON
Ordre à la meilleure limite		NON	NON	NON	NON

Source : CGF Bourse

Les donneurs d'ordres (clients) déposent auprès de leurs SGI les montants nécessaires au règlement des opérations qu'ils ont initié. Par la suite, ces montants sont déposés sur les comptes de ces derniers ouverts dans les livres de la banque de règlement (BR). La compensation des titres s'effectue au niveau du dépositaire central (DC).

Image 1 : Aperçu du carnet d'ordres via la plateforme « Observer Workstation »

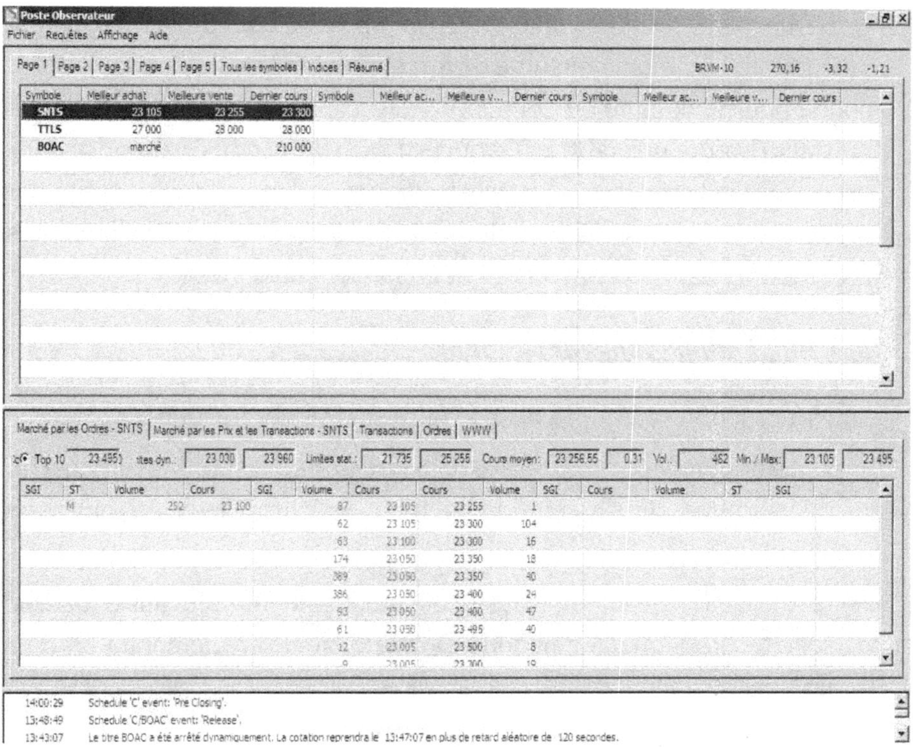

Source : Salle de marché BRVM de l'IAM

2.3. Opérations traitées en Bourse

2.3.1. Transactions ordinaires

Ce sont des échanges de titres issus de la confrontation des ordres d'achat et de vente des investisseurs au cours de la séance de Bourse. Les ordres de bourse sont exprimés par les SGI sur le marché boursier pour le compte de donneurs d'ordres sans compensation ni globalisation préalable. Le cours auquel s'effectuent les échanges est établi selon la loi de l'offre et de la demande. Il n'est donc pas su à l'avance par les opérateurs du marché.

2.3.2. Transactions particulières

2.3.2.1. Acheté/Vendu

C'est un achat et une vente exécutés simultanément sur une même valeur pour une même quantité de titres, à une même date et à un même cours, pour le compte de donneurs d'ordres. Pour ce type d'opération, une autorisation préalable est requise. L'acheté/vendu est autorisé dans les conditions suivantes : un achat, une vente, une même quantité (au moins 5 fois la moyenne de volume de titres transigé sur les deux mois précédant la date de l'opération) et un même cours.

2.3.2.2. Transactions sur dossier

Une transaction sur valeur peut se faire sur dossier lorsque :

- la transaction s'inscrit dans le cadre d'une opération de fusion, d'absorption ou de scission mettant en cause deux ou plusieurs sociétés ;
- la transaction met en cause une personne morale autre qu'une société, alors que la personne morale détient directement au moins un tiers du capital de la société ;
- la transaction se réalise entre conjoints ;
- la transaction se réalise entre parents, jusqu'au troisième degré de parenté.

Les caractéristiques de ce type de transaction sont l'introduction de la demande, l'autorisation préalable requise, l'attestation de transaction et la publication de la transaction.

2.3. Séance de cotation

La cotation désigne l'étape pendant laquelle les SGI transmettent les ordres au système de négociation. La négociation quant à elle fait référence à la période pendant laquelle le système apparie les ordres d'achat et les ordres de vente.

La BRVM a adopté à partir du 16 septembre 2013 la cotation en continu pour l'ensemble de ses valeurs, après 15 années de cotation au fixing[8].

Actuellement, la séance de cotation en continu comporte quatre (4) grandes phases (pré-ouverture, négociation en continu, pré-clôture et négociation au dernier cours), résumées dans le schéma suivant :

Image 2 : Déroulement de la séance de cotation en continu à la BRVM

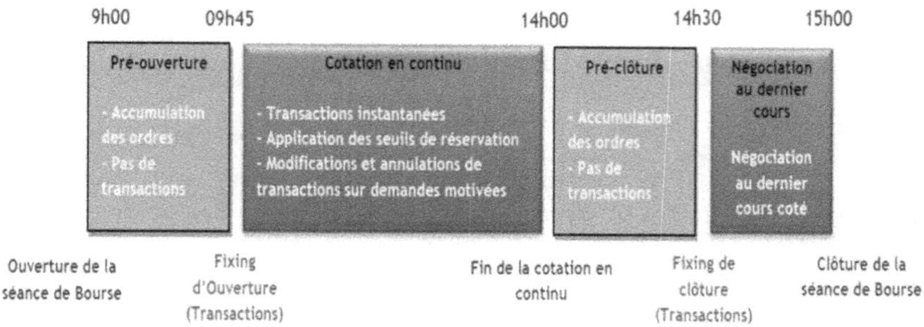

Source : BRVM

2.4. Mécanisme de formation du prix d'équilibre

Sur la base du modèle néoclassique walrassien, les critères de détermination du cours sont :

- le maximum d'échanges : le cours d'équilibre est celui pour lequel nous avons le maximum de transactions ;
- le minimum de quantités résiduelles : si au moins deux cours maximisent les transactions avec le même volume, le système choisit celui pour lesquels il y a le moins de quantité résiduelle ;

---

[8] L'ordinateur central détermine le prix auquel s'échange le plus grand nombre de titres.

- la variation minimale par rapport au cours précédent : si au moins deux cours maximisent les transactions avec les mêmes volumes et ont des quantités résiduelles égales, le système choisit le cours qui a la plus faible variation par rapport au cours précédent ;
- le cours le plus élevé : si tous les cas précédents n'ont pas permis au système de choisir le prix d'équilibre, celui-ci prend le cours le plus élevé.

Image 3 : Aperçu du fixing à travers la plateforme « Observer Workstation »

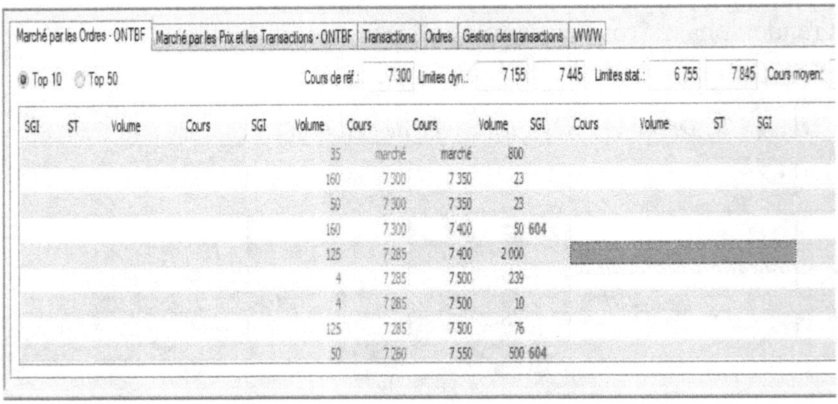

Source : Salle de marché BRVM de l'IAM

2.5. Les seuils de réservation « statiques » et « dynamiques »

Les cours des actions et des droits varient en fonction de l'offre et de la demande. Pour éviter une forte variation momentanée des cours, il existe des mécanismes d'encadrement appelés seuils de réservation. Au fixing, les seuils appliqués sont statiques, alors qu'en continu, ils sont dynamiques. Les limites statiques ne peuvent être franchies durant une journée de Bourse. Lorsqu'un opérateur du marché fixe un cours en dehors des limites, l'ordre est « inactif » et ne participe pas au marché. Sur la plateforme de trading de la BRVM, l'ordre apparaît en gris. Les seuils de réservation statiques et dynamiques sont fixés respectivement à ± 7,5 % et ± 2 % pour les actions dont le pas est supérieur à 5 FCFA. Pour les actions dont le pas est inférieur à 5 FCFA (exemple de l'action Ecobank), le seuil dynamique est fixé à 3 %.

2.6. Le dénouement des transactions boursières

Après une transaction en Bourse, le système assure la bonne fin des transactions à travers un processus appelé gestion post-Bourse pour garantir le règlement et la livraison. Le tableau 7 détaille la procédure :

Tableau 7 : La gestion post-Bourse et le règlement/livraison au DC/BR

T0	T+1	T+2	T+3	T+n
BRVM : • Réalisation des transactions sur le marché boursier ; • Transfert des transactions de la séance de bourse au DC/BR. **DC/BR :** • Vérification des données reçues de la BRVM ; • Vérification des erreurs puis régularisation ; • Édition et contrôle des états statistiques ; • Surveillance des limites de règlement ; • Mise à disposition des rapports quotidiens des règlements par participants (adhérents).	• Mise à jour des limites de règlement et appels des couvertures ; • Date limite de couverture des opérations ou de dépôt de la contribution additionnelle ; • Centralisation comptable générale.	• Réception des confirmations de dénouement par les teneurs de compte tiers ou réaffectation des transactions au broker ; • Prérèglement des transactions ; • Demande de suspension du participant en dépassement de sa limite de règlement et n'ayant pas couvert ses opérations (management du risque) ; • Préparation et validation de l'état de compensation des soldes espèces par participant (MT 971) ; • Contrôle des réservations de fonds des adhérents débiteurs (acheteurs nets) dans le système « STAR UMOA » de la BCEAO (MT 202)	• Règlement des espèces via le système « STAR UMOA » de la BCEAO puis livraison des titres dans le système de règlement/livraison du DC/BR ; • Mise à disposition des rapports de transactions réglées (adhérents) ; • Mise à disposition des soldes aux comptes des adhérents.	• Suivi des incidents ; • Mise en œuvre des sanctions ; • Procédures de régularisation et réglementaire ad hoc.

Source : BRVM (ANB Sénégal)

3. Indices boursiers de la BRVM

L'indice boursier retranscrit l'évolution générale du marché. On distingue généralement les indices larges (tous les titres) et les indices restreints (une sélection des titres).

Les indices sont apparus à la fin du siècle dernier avec la création du célèbre indice Dow Jones avec 30 valeurs en 1884. Les indices demeurent un élément d'appréciation synthétique de l'évolution de la tendance du marché. À ce titre, dans toutes les bourses du monde sont calculés et publiés un ou plusieurs indices.

Les indices sont très utiles pour étudier la tendance générale du marché, mais aussi pour apprécier la performance des places boursières dans une perspective comparative.

Après une année 2013 faste pour la majorité des bourses africaines, ces dernières ont connu des retournements spectaculaires en 2018.

Graphique 4 : Performance de quelques places boursières en 2013

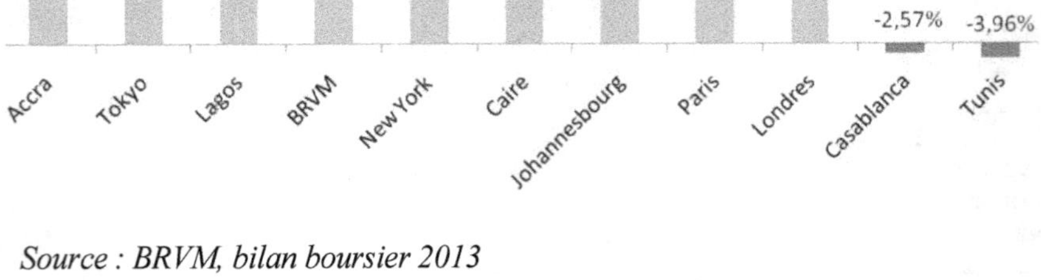

Source : BRVM, bilan boursier 2013

Graphique 5 : Performance de quelques places boursières africaines en 2018

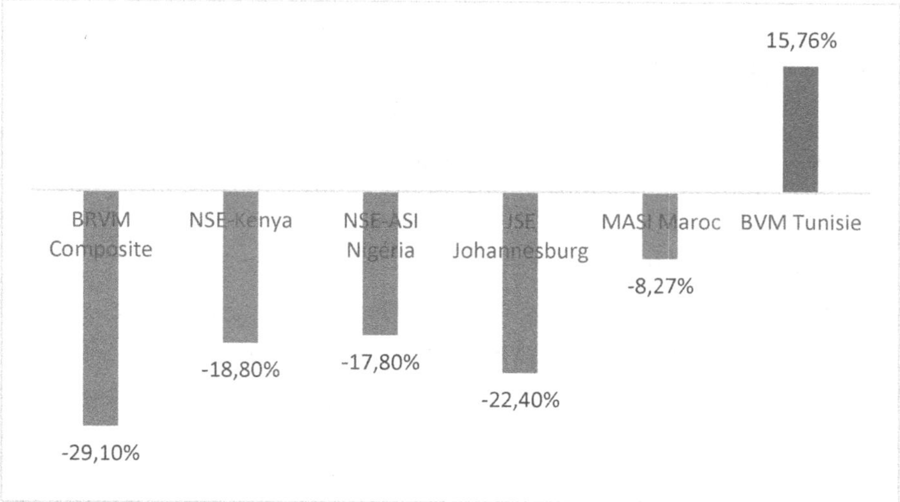

Source : CREPMF, rapport annuel 2018

Les indices sont devenus aujourd'hui un élément fondamental de l'appréciation d'une gestion de portefeuille. La plupart des gérants de portefeuilles proposent à leur clientèle une gestion dont les performances doivent s'évaluer et s'apprécier par rapport à un benchmark (gestion passive de portefeuille).

3.1. Méthodes de calcul

- Modes de calcul des indices boursiers

La valeur d'un indice boursier s'obtient en prenant un certain nombre de titres représentatifs d'un marché afin de calculer la moyenne de leur évolution pondérée par leur importance sur le marché. À la BRVM, l'indice est calculé de la manière suivante :

$$I_t = \left(\frac{C_t}{B_t} \right) * 100$$

$$C_t = \sum_{i=1}^{n} P_{it} N_{it}$$

$$B_t = \sum_{i=1}^{n} P_{i0} N_{i0}$$

- I_t est l'indice à l'instant t
- B_t représente la capitalisation boursière de l'année de base ou de l'année de référence
- C_t est la capitalisation boursière à l'instant t
- P_{it} est le prix de l'action *i* à l'instant t
- P_{i0} est le prix de l'action *i* à l'instant 0 (année de base)
- N_{i0} est le nombre de titres à l'instant 0 (année de base)

La base de cotation a été établie à 100 lors du démarrage des activités de la BRVM le 16 septembre 1998 ; lorsque l'indice est à 150, cela signifie que le marché est en hausse de 50 % depuis son lancement.

- Capitalisation flottante

Certains indices sont calculés à l'aide de la capitalisation flottante : si on suppose que l'indice CAC 40 a une capitalisation flottante de x % à l'instant t, alors le calcul de l'indice par la capitalisation flottante est :

$$I_t = \frac{\sum_{i=1}^{40} x_i \% \, P_{it} \, N_{it}}{\sum_{i=1}^{40} y_i \% \, P_{i0} \, N_{i0}} * 1000$$

3.2. Les indices boursiers de la BRVM

L'activité de la BRVM est rythmée par l'évolution de ses deux indices majeurs :

- BRVM Composite, regroupant tous les titres cotés ;
- BRVM 10, représentant les dix plus grandes capitalisations.

Graphique 6 : Évolution des indices BRVM 10 et BRVM Composite de 2008 à 2018

Source : CREPMF et calculs auteurs

La BRVM a enregistré une forte croissance entre 2011 et 2015 (+118,84 %) avant de connaître une spirale négative depuis (-43,33 % entre 2015 et 2018).

Au niveau sectoriel, on dénombre sept indices à la BRVM :

- BRVM – Agriculture
- BRVM – Autres secteurs
- BRVM – Distribution
- BRVM – Finance
- BRVM – Industrie
- BRVM – Services publics
- BRVM – Transport

Graphique 7 : Performance des indices sectoriels de la BRVM en 2013

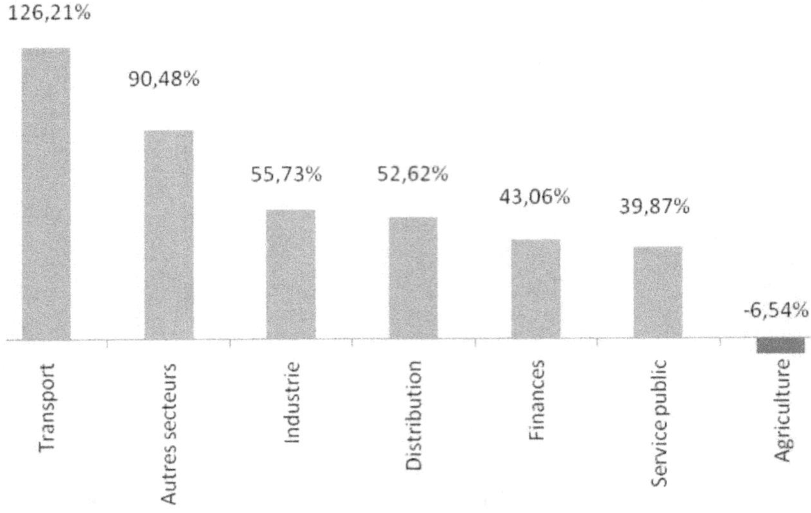

Source : BRVM, bilan boursier 2013

Graphique 8 : Performances des indices sectoriels de la BRVM en 2018

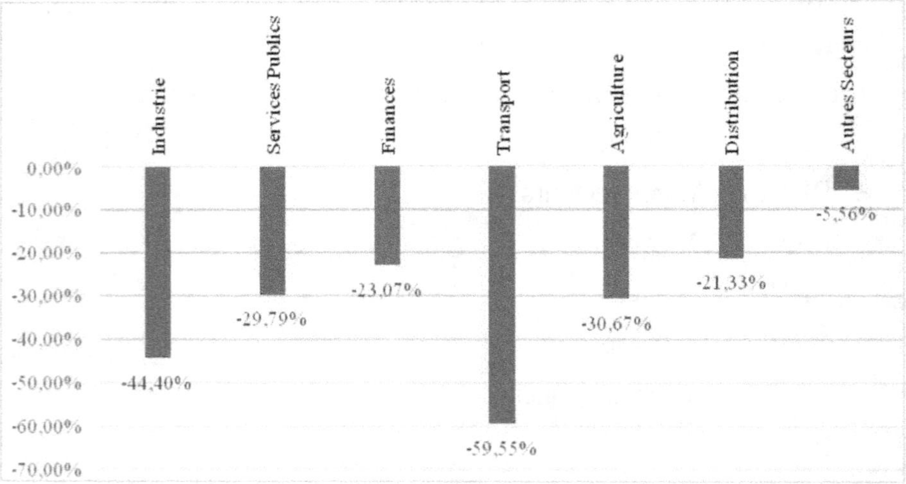

Source : BRVM, bilan boursier 2018

Après avoir enregistré de très fortes performances en 2013, les indices sectoriels de la BRVM ont tous été dans le rouge en 2018.

4. Capitalisation boursière

La capitalisation boursière de la BRVM a affiché une forte augmentation (+160,29 %) entre 2008 et 2016 et a enregistré une baisse (-17,47 %) entre 2015 et 2018. Cette baisse est imputable au marché des actions (-35,54 %) sur la période alors que la capitalisation du marché obligataire a connu une nette hausse (+36,67 %).

Graphique 9 : Évolution de la capitalisation boursière de la BRVM entre 2008 et 2018

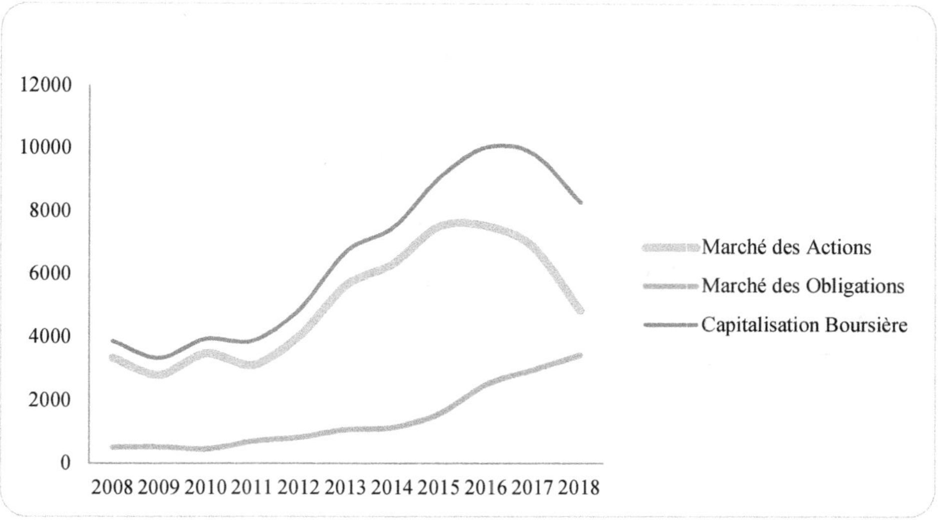

5. Liquidité du marché

Le marché secondaire informe sur l'évolution des transactions ainsi que sur celle de la liquidité du marché obligataire de la BRVM.

Graphique 10 : Évolution de la liquidité de la BRVM entre 2008 et 2018

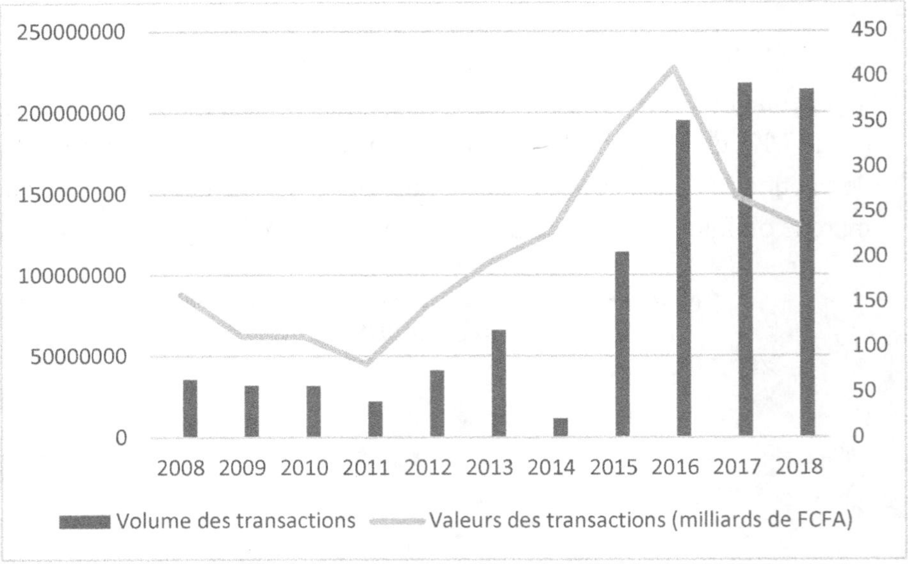

Sur la période 2008-2018, les transactions ont enregistré une forte augmentation aussi bien en volume (503,34 %) qu'en valeur (48,33 %).

Études de cas sur la microstructure de la BRVM

Cas 1 : Cotation par fixing et transaction en continu

Lors de l'introduction en bourse de Total Sénégal le 8 octobre 2014, monsieur Ndiaye avait pu obtenir 50 titres à 12 000 FCFA. Le 23 août 2016, le titre ayant monté depuis l'offre publique de vente, il envisage de consolider son portefeuille en passant l'ordre suivant :

« Achat de 30 actions Total Sénégal à cours limité 24 600 FCFA ».

Son ordre est entré dans le système électronique pendant la période de préouverture entre 9 h et 9 h 45.

Les ordres accumulés pendant cette période ont été les suivants :

Ordres d'achat	Ordres de vente
250 titres « au marché »	100 titres « au marché »
120 titres à 24 800 FCFA	120 titres à 24 400 FCFA
150 titres à 24 700 FCFA	110 titres à 24 450 FCFA
50 titres à 24 600 FCFA	210 titres à 24 600 FCFA
80 titres à 24 500 FCFA	100 titres à 24 700 FCFA
70 titres à 24 400 FCFA	60 titres à 24 900 FCFA

1. Quels sont les différents ordres qu'un opérateur peut passer en Bourse ?
2. Quel sera le cours d'ouverture de l'action de Total SN ?
3. Quels ordres seront exécutés à l'ouverture ?
4. Quels sont les ordres en suspens ?
5. Un ordre de vente à la meilleure limite de 100 titres arrive à 9 h. Quel est l'état du carnet après l'arrivée de cet ordre ?
6. L'ordre de monsieur Ndiaye sera-t-il exécuté ?
7. Valoriser le nouveau portefeuille de monsieur Ndiaye.

Cas 2 : Un investisseur veut acheter à tout prix à la BRVM

À 11 h 45 le carnet d'ordres de l'action SNTS cotée à la BRVM se présente comme suit :

Achat — Vente

Quantité	Prix	Prix	Quantité
200	22500	22700	150
300	22400	22800	400
150	22300	22820	1000
1400	22200	22825	250
200	22100	22830	300
1000	22000	22840	2000

Un investisseur veut acheter 2000 titres sans se préoccuper du prix afin de s'assurer une exécution totale de son ordre.

1. Quel est l'ordre le mieux adapté pour sa stratégie ?
2. Représentez le carnet d'ordres après le passage de l'ordre de l'investisseur.
3. S'il est totalement exécuté, calculez son prix moyen pondéré.
4. Représentez le carnet si l'ordre était à cours limité à 22 820 FCFA.

Cas 3 : Des ordres qui arrivent en continu à la BRVM

Il est 12 h 10 à la BRVM.

Buy — Sell

Quantité	Prix	Prix	Quantité
100	800	805	100
200	795	810	200
50	790	815	500

Quel est le *bid* et quel est l'*ask* dans cet exemple ? Montrez comment les transactions suivantes vont être exécutées à la BRVM :

1 - Vente de 200 titres à la meilleure limite à 12 h 15

2 - Achat de 500 titres sans limites à 12 h 20

Cas 4 : Transactions continues avec respect des seuils de réservation dynamiques

À 11 h 45, le carnet d'ordres de l'action SNTS cotée à la BRVM se présente comme suit :

Achat		Vente	
Quantité	Prix	Prix	Quantité
200	22 500	22 700	150
300	22 494	22 708	400
150	22 488	22 716	1000
1400	22 482	22 747	250
200	22 476	22 755	300
1000	22 470	22 760	2000
200	21 850	22 770	150
150	21 840	22 780	40

Le dernier cours de référence est de 22 300 FCFA pour l'action SNTS.

1. Quels sont les ordres qui ne respectent pas les seuils dynamiques ?
2. Représentez le carnet d'ordres en excluant temporairement les ordres de la question 1.
3. Un ordre d'achat de 550 titres à cours limité 22 716 arrive à 12 h, montrez comment évolue le carnet d'ordres.
4. Quel est le nouveau cours de référence à 12 h ?
5. Déterminez les nouvelles limites dynamiques.

Cas 5 : Introduction en Bourse

La société GEM a été introduite au premier compartiment de la BRVM le 20 octobre 2015. Son capital est composé de 14 000 000 d'actions.

La procédure retenue est l'offre à prix minimum (OPM) de 3 000 000 d'actions à un prix de 42 000 FCFA.

La BRVM SA n'accepte que les ordres à cours limité et se réserve la faculté d'éliminer du marché les ordres assortis d'une limite qui lui paraîtra excéder anormalement le prix d'offre minimal.

Les demandes exprimées ont été les suivantes :

- 1 800 000 actions à un prix de 47 000 FCFA
- 2 050 000 actions à un prix de 46 500 FCFA.
- 2 500 000 actions à un prix de 46 000 FCFA.
- 1 000 000 d'actions à un prix de 45 500 FCFA.
- 1 500 000 actions à un prix de 45 000 FCFA.
- 2 000 000 d'actions à un prix de 44 500 FCFA.
- 4 800 000 actions à un prix de 44 000 FCFA.
- 4 850 000 actions à un prix de 43 000 FCFA.
- 6 600 000 actions à un prix de 42 000 FCFA.

La BRVM a retenu toutes les demandes dont le prix est inférieur à 46 000 FCFA. La procédure de répartition sera l'ajustement par les prix.

1. Quel sera le premier cours coté de l'action GEM par la BRVM ?
2. Quel sera le coefficient de réduction pour ce cours ?

Corrigé des études de cas sur la microstructure de la BRVM

Cas 1 : Cotation par fixing et transaction en continu

1. À la BRVM, les opérateurs peuvent passer les ordres suivants :

Trois types d'ordres sont admis à la BRVM :

- l'ordre à cours limité : qui indique un prix maximum (plafond) à l'achat et un prix minimum à la vente. Ici, l'acheteur est disposé à acquérir le titre pour tout prix inférieur ou égal à la limite définie et le vendeur est prêt à céder l'action pour tout prix supérieur ou égal à la limite défini.
- l'ordre à la meilleure limite : qui s'exécute sur la meilleure proposition de sens contraire (achat au meilleur prix vendeur et vente au meilleur prix acheteur). L'ordre à la meilleure limite (achat ou vente) est transformé en ordre à cours limité au prix de la meilleure contrepartie (vente ou achat) en attente sur la feuille de marché et est exécuté en tout ou partie selon les quantités disponibles.
- l'ordre au marché : qui est exécuté à tout prix disponible de sens contraire jusqu'à épuisement des quantités. Il présente l'avantage d'être prioritaire sur tous les autres ordres. Le risque de cet ordre est qu'il n'y a aucune maîtrise du prix, puisqu'il privilégie l'exécution totale. Il balaie toutes les contreparties présentes jusqu'à totaliser le nombre de titres exprimé en respectant cependant les seuils de réservation.

Nouveaux types d'ordres servant de paramètres d'exécution à BRVM :

- l'ordre exécuté ou éliminé « *fill or kill* » : il est exécuté en totalité dans la limite des quantités disponibles, à défaut il est éliminé ;
- l'ordre tout ou rien : il est exécuté en totalité à un prix défini à l'avance ;
- l'ordre à quantité minimale : il est exécuté pour un volume minimum de titres.

2. Détermination du cours d'ouverture (fixing) de l'action Total SN

Centralisation de l'offre et de la demande sur la plateforme de la BRVM

C	Q	Ordres d'achat	Ordres de vente	Q	C
-	250	« au marché »	« au marché »	100	-
370	120	24 800 FCFA	24 400 FCFA	120	220
520	150	24 700 FCFA	24 450 FCFA	110	330
570	50	24 600 FCFA	24 600 FCFA	210	540
650	80	24 500 FCFA	24 700 FCFA	100	640
720	70	24 400 FCFA	24 900 FCFA	60	700

C : cumul ; Q : quantité

Les cours candidats à l'équilibre :

Cours	Achat	Vente	Différence en valeur absolue
24400	720	220	500
24600	570	540	30
24700	520	640	120

Le cours d'équilibre est celui qui permet de réaliser le maximum de titres échangés ou le minimum de titres non servis. L'action Total SN a ouvert à 24 600 FCFA, ce qui a permis de minimiser le nombre de titres non servis (30).

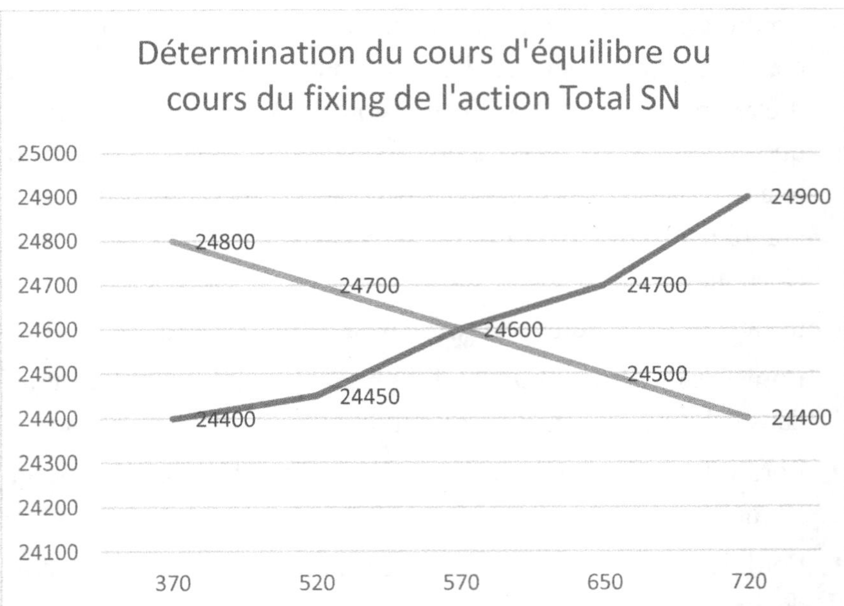

3. Les ordres exécutés à l'ouverture

Q	Ordres d'achat	Ordres de vente	Q
250	« au marché »	« au marché »	100
120	24 800 FCFA	24 400 FCFA	120
140	24 700 FCFA	24 450 FCFA	110
30	24 600 FCFA	24 600 FCFA	210
540			**540**

Tous les opérateurs du marché servis achètent et vendent à 24 600 FCFA.

4. Quels sont les ordres en suspens ?

Q	Ordres d'achat	Ordres de vente	Q
20	24 600 FCFA	24 700 FCFA	100
80	24 500 FCFA	24 900 FCFA	60
70	24 400 FCFA		

5. Un ordre de vente à la meilleure limite de 100 titres arrive à 9 h 46. Quel est l'état du carnet après l'arrivée de cet ordre ?

Enregistrement de l'ordre :

Q	Ordres d'achat	Ordres de vente	Q
20	24 600 FCFA	À la meilleure limite	100
80	24 500 FCFA	24 700 FCFA	100
70	24 400 FCFA	24 900 FCFA	60

État du carnet d'ordre après l'exécution de l'ordre :

Q	Ordres d'achat	Ordres de vente	Q
80	24 500 FCFA	24 600 FCFA	80
70	24 400 FCFA	24 700 FCFA	100
		24 900 FCFA	60

L'ordre est exécuté partiellement côté achat à 24 600 (la meilleure limite) pour 20 titres. Les 80 restants sont enregistrés côté vente à 24 600 pour 80 titres.

6. L'ordre de monsieur Ndiaye sera-t-il exécuté ?

À 9 h 46, il est sûr que l'ordre de M. Ndiaye est exécuté, car il ne reste plus d'ordres à 24 600 côté achat.

7. Valorisez le nouveau portefeuille de monsieur Ndiaye

Le nouveau portefeuille de M. Ndiaye est évalué à : (50 + 30)*24 600 = 1 968 000 FCFA

Cas 2 : Un investisseur veut acheter à tout prix à la BRVM.

1. Quel est l'ordre le mieux adapté pour sa stratégie ?

Dans ce cas, la stratégie la mieux adaptée pour l'investisseur est l'ordre au marché, qui est un ordre sans limite.

2. Représentez le carnet d'ordres après le passage de l'ordre de l'investisseur

Enregistrement de l'ordre :

Achat		Vente	
Quantité	Prix	Prix	Quantité
2000	Au marché	22700	150
200	22500	22800	400
300	22400	22820	1000
150	22300	22825	250
1400	22200	22830	300
200	22100	22840	2000
1000	22000		

État du carnet après le passage de l'ordre :

Achat		Vente	
Quantité	Prix	Prix	Quantité
2000	Au marché	22830	100
200	22500	22840	2000
300	22400		
150	22300		
1400	22200		
200	22100		
1000	22000		

3. S'il est totalement exécuté, calculez son prix moyen pondéré

Le prix moyen pondéré =

(150*22700+400*22800+1000*22820+250*22825+200*22830)/2000 = 22 808,625 FCFA

4. Représentez le carnet si l'ordre était à cours limité

Enregistrement de l'ordre à cours limité :

Achat / Vente

Quantité	Prix	Prix	Quantité
2000	22820	22700	150
200	22500	22800	400
300	22400	22820	1000
150	22300	22825	250
1400	22200	22830	300
200	22100	22840	2000
1000	22000		

État du carnet après le passage de l'ordre :

Achat / Vente

Quantité	Prix	Prix	Quantité
450	22820	22825	250
200	22500	22830	300
300	22400	22840	2000
150	22300		
1400	22200		
200	22100		
1000	22000		

Cas 3 : Des ordres qui arrivent en continu à la BRVM

Il est 12 h 10 à la BRVM

Buy / Sell

Quantité	Prix	Prix	Quantité
100	800	805	100
200	795	810	200
50	790	815	500

Quel est le *bid* et quel est l'*ask* dans cet exemple ? On demande de déterminer les meilleurs cours acheteur et vendeur. Le meilleur cours acheteur est de 800 et le meilleur cours vendeur vaut 805. Du côté des acheteurs, c'est le cours le plus élevé et du côté des vendeurs, le cours le plus faible.

Montrez comment les transactions suivantes vont être exécutées à la BRVM :

1. Vente de 200 titres à la meilleure limite à 12 h 15

Cet ordre est exécuté partiellement pour 100 titres à 800, il reste 100 titres à 800 côté vente.

Buy | Sell

Quantité	Prix	Prix	Quantité
100	800	À la meilleure limite	200
200	795	805	100
50	790	810	200
		815	500

État du carnet après le passage de l'ordre :

Buy | Sell

Quantité	Prix	Prix	Quantité
200	795	800	100
50	790	805	100
		810	200
		815	500

2. Achat de 500 titres sans limite à 12 h 20

Cet ordre sera totalement exécuté côté vente de la façon suivante :

100 titres à 800, 100 titres à 805, 200 titres à 810 et 100 titres à 815.

L'état du carnet après le passage de l'ordre :

Buy | Sell

Quantité	Prix	Prix	Quantité
200	795	815	400
50	790		

Cas 4 : Transactions continues avec respect des seuils de réservation dynamiques

Le dernier cours de référence est de 22 300 FCFA pour l'action SNTS.

1. Quels sont les ordres qui ne respectent pas les seuils dynamiques ?

À la BRVM, les seuils ou limites dynamiques sont fixés à +/-2 %. Ces seuils s'appliquent au cours de référence. Les cours acceptés sont compris entre :

22300-2%*22300 et 22300+2%*22300 = 21854 - 22746

2. Représentez le carnet d'ordres en excluant temporairement les ordres de la question.

Achat Vente

Quantité	Prix	Prix	Quantité
200	22500	22700	150
300	22494	22708	400
150	22488	22716	1000
1400	22482	22747	250
200	22476	22755	300
1000	22470	22760	2000
200	21850	22770	150
150	21840	22780	40

En gris, les ordres exclus temporairement de la cotation continue.

3. Un ordre d'achat de 550 titres à cours limité 22 716 arrive à 12 h, montrez comment évolue le carnet d'ordres.

L'ordre de 12 h sera totalement exécuté côté vente : 150 titres à 22 700 et 400 titres à 22 708.

4. Quel est le nouveau cours de référence à 12 h ?

Le nouveau cours de référence est le dernier cours ayant fait l'objet de transaction 22 708.

5. Déterminez les nouvelles limites dynamiques.

Les nouvelles limites dynamiques :

22708-2%* 22708 – 22708+2%* 22708

22254 - 23162

Cas 5 : Introduction en bourse

Quel sera le premier cours coté de l'action GEM par la BRVM ? Quel sera le coefficient de réduction pour ce cours ?

Dans ce cas, les ordres acceptés sont les suivants :

- 1 000 000 d'actions à un prix de 45 500 FCFA.
- 1 500 000 actions à un prix de 45 000 FCFA.
- 500 000 actions à un prix de 44 500 FCFA.

Dès qu'on atteint le prix de 44 500 FCFA, le seuil des 3 000 000 d'actions est obtenu. Le premier cours coté de GEM sera 44 500. Pour ce cours, le coefficient de réduction sera égal à 25 % (500 000/2 000 000).

CHAPITRE 4

PRATIQUE DU MARCHE OBLIGATAIRE

L'obligation est un titre financier représentatif d'une fraction d'un emprunt émis par une société privée, une institution supranationale, une entité publique ou l'État. Le détenteur du titre (l'obligataire) perçoit périodiquement des intérêts appelés « coupons » et récupère son investissement à une échéance déterminée. L'emprunt est coté en général en Bourse et les titres peuvent être échangés sur le marché secondaire.

Les caractéristiques communes des obligations sont :

- la valeur nominale ou valeur faciale, qui est la valeur du titre ;
- le taux nominal ou taux facial ou encore taux du coupon, qui est le taux d'intérêt appliqué périodiquement sur la valeur nominale ;
- le prix d'émission, qui correspond au montant versé par le souscripteur de l'obligation au moment de l'émission. Il est en général égal à la valeur nominale – appelée encore le pair –, qui sert de base au calcul de l'intérêt annuel. Lorsqu'il lui est inférieur, on parle de prime d'émission ;
- l'intérêt ou le coupon : il est payé périodiquement à une date déterminée par détachement du coupon. Il est égal au produit du taux d'intérêt de l'emprunt par la valeur nominale de l'obligation ;
- les modalités d'amortissement : elles fixent les conditions dans lesquelles les souscripteurs sont remboursés. En général, le remboursement se fait en une seule fois à la date d'échéance ;

- le prix de remboursement : il est en général égal à la valeur nominale de l'obligation. Lorsqu'il lui est supérieur, la différence est la prime de remboursement ;
- la maturité de l'obligation qui correspond à la date de remboursement.

Le souscripteur d'une obligation s'expose à plusieurs risques :

- le risque de taux (risque systématique) lié à la variation des cours des obligations en bourse en fonction du taux d'intérêt exigé par les investisseurs pour les obligations de mêmes caractéristiques ;
- le risque financier (risque spécifique), qui est soit un risque de défaut[9], soit un risque de liquidité ;
- le risque de séniorité lié à la priorité de remboursement

1. Présentation du marché obligataire de l'UEMOA

La BRVM dispose, depuis le démarrage de ses activités, d'un compartiment pour les emprunts obligataires. Les modalités d'émission des emprunts obligataires de la BRVM sont de deux sortes. D'un côté, on distingue les emprunts obligataires faisant appel public à l'épargne (APE), et de l'autre côté, les emprunts par placement privé (PP).

Les titres obligataires dans l'UEMOA sont regroupés en plusieurs catégories :

- les obligations émises par le Trésor public d'un des États membres de l'UEMOA (obligation d'États[10]) par voie de syndication ;
- les obligations émises par une institution sous-régionale (obligations régionales) ;

---

[9] Encore appelé risque de crédit ou risque de l'émetteur, ce type de risque est représenté dans les cotes de crédit publiées par les agences de crédit (Moody's, Standard & Poor's, Fitch Rating, WARA, Bloomfield Financial…), qui apprécient la qualité des émetteurs.

[10] Ces obligations peuvent faire l'objet d'émission par adjudication avec l'appui de l'agence UMOA-Titres (AUT) ou par appel public à l'épargne (APE) avec le concours des SGI. Les autres obligations sont émises à travers ce dernier canal.

- les obligations émises par des sociétés de droit privé (obligations corporates) ;
- les obligations émises par les organismes internationaux, dont les centres de décision, qui sont en dehors de la zone UEMOA (obligations kolas) ;
- les sukuks, qui sont des obligations islamiques ;
- les *diaspora bonds*.

1.1. Conditions d'admission

L'admission à la cote sur le compartiment obligataire de la BRVM implique notamment la satisfaction des éléments suivants :

- l'engagement écrit de l'émetteur de diffuser les informations requises par la BRVM, notamment la publication des comptes annuels au Bulletin officiel de la cote ;
- l'engagement écrit de l'émetteur de participer à l'organisation du marché, notamment financièrement ;
- l'engagement écrit de l'émetteur de se soumettre à la réglementation de la BRVM ;
- le nombre minimal de titres à l'émission, qui est de 25 000 ;
- la valeur nominale minimale de l'émission, qui est de 500 millions de FCFA ;

La Bourse régionale ne fixe pas d'exigences quant à la taille ou à la forme juridique de l'émetteur. Par ailleurs, il faut préciser que ces conditions ne s'appliquent pas aux États membres de l'UEMOA.

1.2. Situation globale du marché

Les émissions de titres obligataires sur la BRVM ont été en forte croissance entre 2008 et 2018 (+886,31 %) avant d'enregistrer un recul de -7,63 % entre 2017 et 2018.

Graphique 11 : Évolution du marché primaire obligataire de la BRVM de 2008 à 2018 (en millions de FCFA)

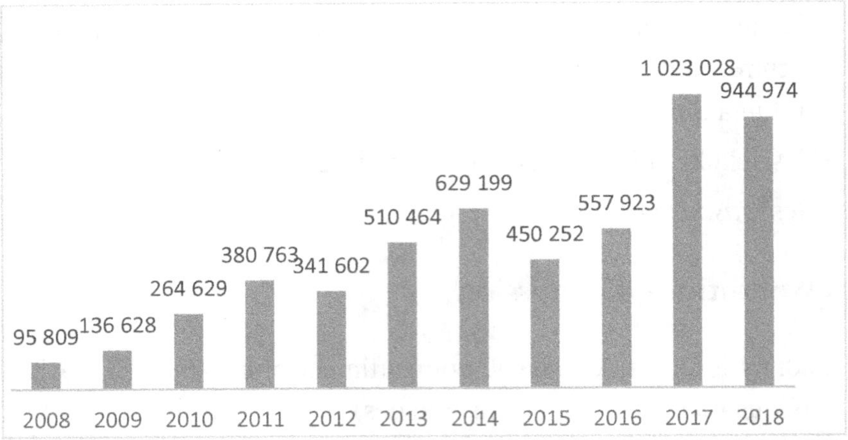

Source : CREPMF, calculs auteurs

Le marché obligataire de la BRVM est dominé par les émissions souveraines qui représentent 86 % des levées de fonds entre 2008 et 2018.

Graphique 12 : Répartition du marché primaire du compartiment obligataire de la BRVM par catégorie institutionnelle de 2008 à 2018 (en millions de FCFA)

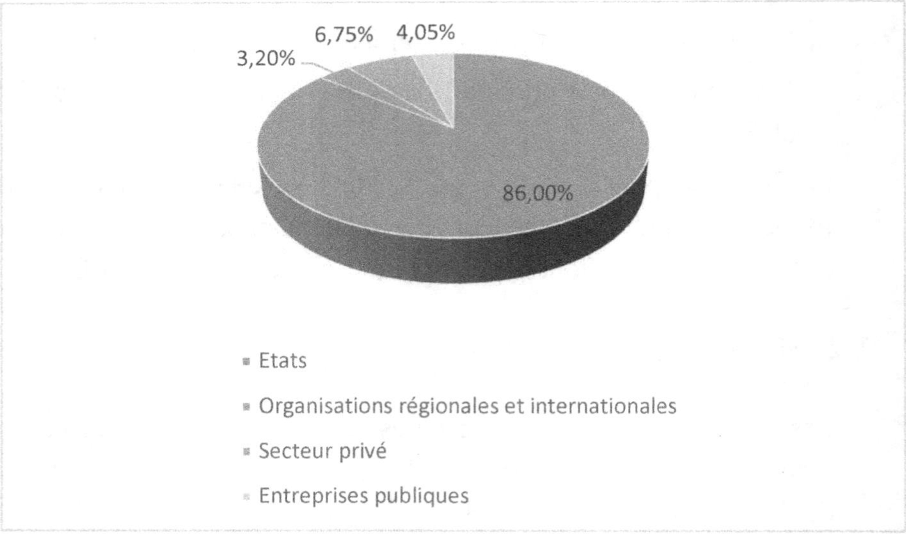

Source : BRVM, CREPMF, calculs auteurs

La diversification des lignes obligataires reste problématique sur le marché, car les détenteurs des plus importantes lignes obligataires (banques et établissements financiers) restent sur les mêmes émetteurs (souverains).

La capitalisation obligataire, quant à elle, indique une nette progression entre 2008 et 2018, avec respectivement 514,72 milliards de FCFA et 3 429,53 milliards de FCFA, soit une croissance de 766,29 %. Il faut signaler que le compartiment obligataire enregistre une progression régulière depuis sa création.

Graphique 13 : Évolution de la capitalisation boursière du compartiment obligataire de la BRVM de 2008 à 2018 (en milliards de FCFA)

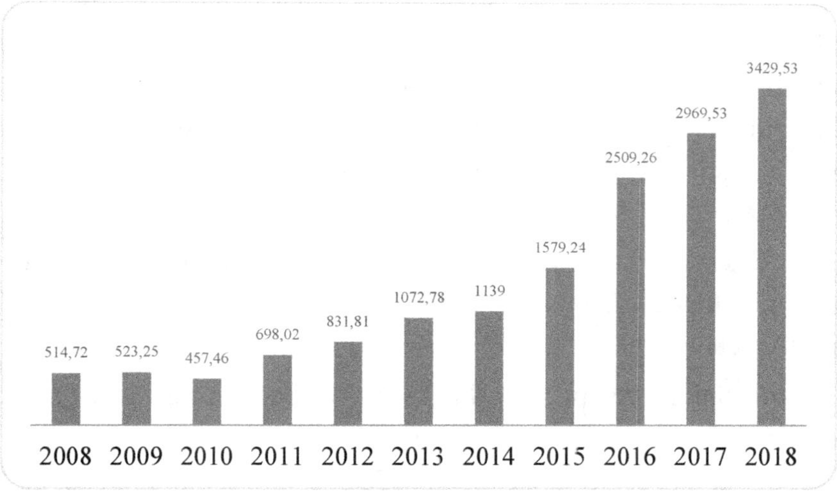

Source : Bilans boursiers CGF-Bourse, rapports annuels CREPMF, calculs auteurs

En définitive, on note un développement remarquable du marché obligataire, mais qui est biaisé par l'effet d'éviction exercé par les États sur ce marché. La domination du marché par les États de l'Union pourrait être expliquée par l'utilisation du marché obligataire comme source de mobilisation de ressources pour le financement des déficits budgétaires. De plus, les obligations souveraines sont défiscalisées. En outre, les titres souverains sont acceptés comme support de garantie par la BCEAO pour le refinancement des banques secondaires. Et enfin, comme mentionné ci-dessus, les procédures d'émissions des États sont moins contraignantes que celles des autres émetteurs.

2. Les émissions d'obligations d'État par voie d'adjudication

Le marché des obligations d'État de l'UEMOA est fragmenté. Les obligations d'État sont émises par syndication à la BRVM et par adjudication via le bureau d'émission (agence UMOA-Titres). Les obligations émises par l'AUT sont négociées hors cote (*over the counter*). Comme dans le cas des bons du Trésor, l'AUT organise des adjudications de titres obligataires du Trésor. Dans le cadre des obligations, les adjudications se font par rapport aux prix. Les enchères sont organisées comme suit : les établissements de crédit, les SGI, les SVT, proposent des prix auxquels ils veulent prêter à l'État via la plateforme Sagetil UMOA. Les investisseurs qui proposent les prix les plus élevés ont plus de chances d'être adjugés. Les soumissions basses ont plus de chance d'être rejetées. Les ventes aux enchères de titres publics sont organisées suivant l'approche hollandaise (France, UEMOA et CEMAC), c'est-à-dire à prix demandés.

L'AUT a introduit des innovations à travers les émissions d'obligations assimilables du Trésor (OAT) et d'obligations synthétiques composées d'OAT et de BAT.

Les obligations assimilables du Trésor sont des titres de dette à moyen et long terme émis par l'État par adjudication. Le principe de l'assimilabilité est le suivant : l'État décide de lever un montant global divisé en tranches assimilables les unes et les autres. L'émission initiale appelée « ouverture » aura les mêmes caractéristiques que les autres émissions appelées « abondements » ou « réouvertures ». Les caractéristiques communes sont les suivantes : identifiant ISIN, valeur nominale unitaire, coupon, date de détachement des coupons, date de paiement de principal, date de maturité et base de calcul des intérêts. Toutefois, les prix d'émission et les dates d'émissions sont différents. Chaque tranche fera l'objet d'une adjudication, c'est ce qui explique la différence obtenue sur les prix d'émission et les dates d'émission. Les caractéristiques des OAT sont les suivantes :

- nominal unitaire : 10 000 FCFA ;

- la valeur nominale : montant annoncé par le Trésor. Il a la possibilité de retenir au plus 10 % du montant annoncé ;
- échéances : 3 ans, 5 ans, 7 ans, 10 ans et 15 ans ou plus ;
- taux nominal ;
- base de calcul des intérêts : Exact/Exact ;
- intérêt annuel ;
- prix d'émission : prix moyen pondéré ;
- le montant net : c'est la valeur nominale multipliée par le prix moyen pondéré lors de la première émission. Pour les réouvertures, c'est la valeur nominale multipliée par le prix moyen pondéré plus le coupon couru ;
- le mode de remboursement : amortissement constant ou *in fine* ;
- rendement correspondant au taux moyen pondéré de l'opération en faisant du « *buy and hold* » ; on achète et on garde les titres jusqu'à l'échéance.

3. Évaluation des obligations

Nous allons d'abord exposer les différents profils de remboursements dans le MFR de l'UEMOA avant de présenter les méthodes d'évaluation.

Profils de remboursements

L'évaluation du prix de l'obligation dépend donc de son profil de versement des flux monétaires. À la BRVM, on identifie trois profils de remboursements :

- *in fine* ;
- amortissements constants ;
- annuités constantes.

3.1. Remboursement in fine

C'est le profil le plus courant en Bourse. Ici, l'émetteur s'engage à payer l'intérêt à la fin de chaque période et rembourse l'intégralité de l'emprunt à l'échéance. Le profil se présente comme suit :

Figure 1 : Diagramme de flux d'une obligation in fine

C : coupon ou intérêt périodique = Nominal * taux facial

VR : Valeur de remboursement = Nominal[11]

3.2. Remboursement par amortissements constants

Dans cette situation, l'investisseur reçoit deux flux pour chaque période correspondant à l'intérêt et une partie constante du remboursement du nominal (amortissement constant). Le profil est le suivant :

Figure 2 : Diagramme de flux d'une obligation à amortissements constants

Avec :

Ci : coupon ou intérêt périodique = VR restant * taux facial

Am : Amortissement = Nominal/n

VR restant = Nominal – somme des amortissements déjà effectués.

3.3. Remboursement par périodicités constantes (annuités constantes)

Dans ce cadre, le flux perçu sur chaque période est constant. Le profil de remboursement est le suivant :

Figure 3 : Diagramme de flux d'une obligation remboursable par périodicités constantes

[11] La valeur nominale peut différer de la valeur de remboursement en cas de prime de remboursement.

Pr : périodicité qui intègre le coupon de la période est une partie du remboursement

$$Pr = \frac{Nominal * taux\ facial}{(1-(1+i)^{-n})}$$

3.4. Détermination du prix de l'obligation

Le prix d'une obligation est égal à la valeur actualisée des flux monétaires qu'elle engendre (coupon périodique et remboursement). Le taux d'actualisation utilisé est le taux actuariel[12].

La formule d'évaluation générale est la suivante :

$$P = (1+y)^{\frac{ncc}{nbp}} \sum_{t=1}^{t} \frac{F_t}{(1+y)^t}$$

avec :

- P : prix de marché de l'obligation ;
- F_t : *cash flows* (flux monétaires) à t ;
- y : taux actuariel périodique ;
- ncc : nombre de jours de coupons courus (intérêts courus non échus) ;
- nbp : nombre de jours par période.

Deux cas de figure peuvent se présenter pour déterminer le cours d'une obligation :

- *Clean Price* : c'est le cours de l'obligation à sa date anniversaire. Dans ce cas, le cours de l'obligation est mentionné sans tenir compte des intérêts courus non échus ;
- *Dirty Price* : le cours prend en compte les intérêts courus non échus. Il correspond à l'évaluation de l'obligation à une date différente de sa date anniversaire. Ici, le prix de marché de l'obligation peut être décomposé en cours pied de coupon (cours de l'obligation défalqué

[12] C'est le taux de rendement actuel du marché pour des obligations comparables.

des intérêts courus) et coupon couru (la valeur des intérêts passés non encore échus).

3.5. Mesure du risque de taux

Nous avons vu plus haut que le prix de l'obligation évolue en sens inverse du taux actuariel.

Afin de mesurer l'impact de la variation du prix de l'obligation suite à une variation de son taux actuariel, nous allons utiliser un développement de Taylor d'ordre 2.

$$\frac{\Delta P}{P} = \left[\frac{\partial P}{\partial y}\frac{1}{P}\Delta y\right] + \left[\frac{1}{2}\frac{\partial^2 P}{\partial y^2}\frac{1}{P}\Delta y^2\right]$$

L'expression $\frac{\partial P}{\partial y}\frac{1}{P}$ mesure la sensibilité (S) du prix de l'obligation d'une à une variation du taux actuariel :

$$S = \frac{dP}{dy}\frac{1}{P}$$

On sait que :

$$\frac{\partial P}{dy} = \sum_{t=1}^{n} -tF_t * (1+y)^{-t-1}$$

donc :

$$S = \frac{dP}{dy}\frac{1}{P} = -\sum_{t=1}^{n}\frac{tF_t}{(1+y)^t}\frac{1}{P}\frac{1}{(1+y)}$$

L'expression $\sum_{t=1}^{n}\frac{tF_t}{(1+y)^t}\frac{1}{P}$ représente la duration (D) d'une obligation.

La sensibilité peut être obtenue à partir de la duration : $S = \frac{-D}{1+y}$. C'est ainsi que la sensibilité est appelée aussi la « duration modifiée ».

La valeur $\frac{\partial^2 P}{\partial y^2}\frac{1}{P}$ mesure la convexité (C). Le rôle de la convexité est de donner une approximation beaucoup plus fine de la variation relative du prix de l'obligation suite à une variation de son taux actuariel :

$$C = \frac{d^2P}{dy^2}\frac{1}{P}$$

$$\frac{\partial^2 P}{\partial y^2} = \sum_{t=1}^{n} t(t+1)F_t * (1+y)^{-t-2}$$

Et donc :

$$C = \frac{\partial^2 P}{\partial y^2}\frac{1}{P} = \sum_{t=1}^{n} \frac{t(t+1)F_t}{(1+y)^t} * \frac{1}{P} * \frac{1}{(1+y)^2}$$

On obtient ainsi :

$$\frac{\Delta P}{P} = S\Delta y + \frac{1}{2}C\Delta y^2$$

Cette équation présente la relation fondamentale qui permet d'utiliser conjointement la sensibilité et la convexité pour prévoir le taux de variation du prix d'une obligation suite à une variation du taux de rendement à l'échéance.

Études de cas sur la pratique du marché obligataire

Cas 1 : Adjudication obligation du Trésor

Voici les détails de l'émission des obligations du Trésor du Sénégal du 12 août 2015 :

Référence : n° 08/2015 du 12 août 2015

Type d'émission : Adjudication

Dépôt des soumissions :

- lieu de dépôt : agence principale de la BCEAO du pays de résidence et à travers l'application SAGETIL-UMOA ;
- date de dépôt des soumissions : mercredi 12 août 2015 à 10 h 30 mn TU ;
- caractéristiques de l'offre ;
- montant mis en adjudication : 30 000 millions de FCFA ;
- durée : 60 mois ;
- date de valeur : jeudi 13 août 2015 ;
- différé : 12 mois ;
- prix : multiple ;
- échéance : jeudi 13 août 2020 ;
- valeur du taux d'intérêt : 5,90 % ;
- taux d'intérêt : unique ;
- valeur nominale unitaire : 10 000 FCFA.

Les propositions des soumissionnaires sont récapitulées dans le tableau suivant :

	Soumissionnaires	Nombre d'obligations	Prix
Bénin	Bank of Afrika Bénin	450000	9980
Bénin	ECOBANK Bénin	50000	10000
Bénin	Banque Atlantique du Bénin	800000	9990
Côte d'Ivoire	BICICI	300000	9700
Côte d'Ivoire	SGBCI	600000	10000
Mali	Banque de Développement du Mali	100000	9990
Mali	Banque Malienne de Solidarité	250000	9980
Sénégal	BSIC	150000	9850
Sénégal	SGBS	500000	10000
Sénégal	BICIS	100000	9900
Sénégal	UBA	300000	9980
Togo	ECOBANK Togo	160000	10000
Togo	BOA Togo	250000	9550
	Total	4010000	

1- Faire le tableau des soumissions retenues.

2- Quel est le prix marginal et le prix moyen pondéré ?

3- Calculer le taux de couverture et le taux d'absorption.

Cas 2 : Adjudication des OAT

Le Trésor du Sénégal émet une OAT d'une durée 5 ans. La première émission porte sur montant de 30 milliards de FCFA. La deuxième émission consiste en une réouverture 6 mois après portant sur un montant de 10 milliards de FCFA. En ce moment, les titres de la première tranche ont une durée restante à courir de 4 ans et 6 mois, et ceux de la seconde tranche auront une maturité de 4 ans et 6 mois. Les deux tranches sont assimilables.

Considérons les demandes d'achat d'OAT suivantes :

Première tranche : ouverture de l'OAT (30 milliards OAT 5 ans avec un taux nominal de 6 %)

Investisseurs	Prix demandés (%)	Montant en millions de FCFA
A	100,0000	4000
B	99,0000	10000
C	98,0000	5000
D	97,0000	3000
E	96,0000	2000
F	95,0000	6000
G	94,0000	5000

Deuxième tranche : réouverture de l'OAT : 10 milliards OAT 5 ans maturité résiduelle 4 ans 6 mois

Investisseurs	Prix demandés (%)	Montant en millions FCFA
H	100,0000	5000
J	99,0000	4000
K	98,5	1000
L	97,00	2000
M	95,0000	1000

1- Déterminez les résultats des adjudications à l'ouverture et à la réouverture (abondement).

2- Déterminez le pourcentage servi à chaque investisseur adjugé, le montant retenu, le prix marginal, le prix moyen pondéré de l'opération, le montant net reçu par le Trésor et l'encours des OAT.

Cas 3 : Trading des obligations à amortissements constants

Voici en annexe 1 les détails de l'émission obligataire de la SENELEC (6,5 %, 2018-2025).

1- Présentez le tableau des flux monétaires unitaires de cette obligation en considérant le 20 mars 2018 comme date de valeur.

Une société d'assurance ayant acquis 10 000 obligations sur le marché primaire souhaite vendre le portefeuille après un an de détention (date anniversaire). Le taux d'intérêt sur le marché s'établit à 6,25 % suite à une révision favorable de la note, qui est passée de AA- à AA+.

2- Déterminez le prix de cotation des obligations à la BRVM.

3- Calculez le prix de vente du portefeuille et déterminez la plus ou moins-value à la suite de la liquidation du portefeuille.

Emetteur	SENELEC
Dénomination	SENELEC 6,50% 2018 – 2025
Nature des titres	Obligations
Type de placement	Appel Public à l'Epargne
Objet de l'opération	Financement du PLAN YEESAL SENELEC 2020
Montant de l'émission	30 000 000 000 FCFA
Valeur nominale	10 000 FCFA
Prix d'émission	10 000 FCFA
Nombre de titres à émettre	3 000 000 obligations
Forme des titres	Les titres seront dématérialisés et inscrits en compte auprès du Dépositaire Central/Banque de Règlement (DC/BR) et tenus dans les livres des SGI de l'UEMOA ou des banques teneurs de compte agréées.
Durée de l'emprunt	7 ans dont 2 ans de différé
Date de jouissance	La date de jouissance des titres sera fixée en collaboration avec l'Emetteur dans les cinq (5) jours suivant la date de clôture de l'opération qui sera arrêtée par l'Emetteur en relation avec le Consortium arrangeur.
Taux d'intérêt	6,50% l'an.
Fiscalité	Les obligations de la Senelec seront exonérées d'impôts dans le pays de l'Emetteur. Les revenus liés à ces obligations sont donc exonérés d'impôts sur le revenu (IR) pour l'investisseur au Sénégal. Ces revenus sont soumis à la législation fiscale sur les revenus de valeurs mobilières en vigueur dans les autres pays au moment du paiement des intérêts.
Paiement des intérêts et remboursement du capital	Les intérêts seront payables semestriellement à partir de la date de jouissance des titres. Le remboursement du capital sera semestriel, après deux années de différé, soit quatre semestres, à raison du paiement du dixième (1/10) du capital.
Période de souscription	La période de souscription est prévue du 20 février au 20 mars 2018. Elle pourra être raccourcie, prolongée ou déplacée en cas de besoin par l'Emetteur après saisine du CREPMF.
Cotation	Une demande de cotation des obligations sera introduite auprès de la Bourse Régionale des Valeurs Mobilières dès la clôture de l'opération.
Personnes concernées	Les investisseurs personnes morales et physiques de l'UEMOA et internationales désirant souscrire dans l'UEMOA.
Notation	SENELEC bénéficie d'une notation de grade d'investissement de l'agence agréée Bloomfied. Elle est notée AA- à long terme et A1- à court terme. L'opération bénéficie également de la lettre de confort de l'Etat du Sénégal.

Cas 4 : Trading des obligations à annuités constantes

Une SICAV obligataire achète 30 000 obligations sur le marché primaire dont voici les caractéristiques :

BCEAO

BANQUE CENTRALE DES ETATS DE L'AFRIQUE DE L'OUEST

Direction Nationale pour le Niger

EMISSION D'OBLIGATIONS DU TRESOR

AVIS D'APPEL D'OFFRES

ADJUDICATION N°01/2014 DU 02 AVRIL 2014

LA BANQUE CENTRALE DES ETATS DE L'AFRIQUE DE L'OUEST PORTE A LA CONNAISSANCE DU PUBLIC, QU'ELLE ORGANISE POUR LE COMPTE DU TRESOR, A L'ATTENTION DES INTERVENANTS AUTORISES (*), AGISSANT POUR LEUR PROPRE COMPTE OU POUR CELUI DE LEUR CLIENTELE, UN APPEL D'OFFRES POUR DES CESSIONS D'OBLIGATIONS DU TRESOR AUX CARACTERISTIQUES SUIVANTES :

- Etat émetteur : Niger
- Montant maximum global : 25 000 millions de FCFA
- Valeur nominale unitaire : 10.000 FCFA
- Prix de souscription : multiples
- Date de valeur : 03 avril 2014
- **Date et heure limites de dépôt des soumissions : 02 avril 2014 au plus tard à 10h30 mn TU**
- Durée : 5 ans avec un différé d'un an
- Taux d'intérêt : 6,25%
- Échéance finale : 03 avril 2019
- Modalités de remboursement : annuités constantes

LES TITRES EMIS SONT REMBOURSABLES, LE PREMIER JOUR OUVRE SUIVANT LA DATE D'ECHEANCE. LES INTERETS SONT PAYABLES ANNUELLEMENT.

Niamey, le 19 mars 2014

Le portefeuille est cédé sur le marché secondaire le 28 janvier 2017, où les taux actuariels sur le marché sont de 6 %.

1- Faire le tableau des flux monétaires d'une obligation.

2- Calculer le prix de revente, le coupon couru et le prix au pied du coupon.

3- Déterminer la plus ou moins-value en capital engendré par la variation des taux d'intérêt sur le marché.

Cas 5 : Trading des obligations *in fine* et analyse de la sensibilité

Soient les caractéristiques de l'émission obligataire de l'État du Sénégal :

1- Faire le tableau des flux d'une obligation à l'émission.

2- Calculez la duration, la sensibilité et la convexité de cette obligation le 11 février 2016, où les taux actuariels sur le marché sont de 5,75 %.

3- Quelle serait la variation relative du prix de l'obligation si les taux d'intérêt baissaient subitement de 1 % ?

Corrigé des études de cas sur la pratique du marché obligataire

Cas 1 : Adjudication obligation du Trésor

1- Pour établir le tableau des soumissions retenues, on fait le cumul des offres jusqu'à atteindre le montant demandé (3 millions d'obligations de nominal unitaire 10 000 FCA).

	Soumissionnaires	Nombre d'obligations	Prix	Cumul
Bénin	ECOBANK Bénin	50 000	10 000	50 000
Côte d'Ivoire	SGBCI	600 000	10 000	650 000
Sénégal	SGBS	500 000	10 000	1 150 000
Togo	ECOBANK Togo	160 000	10 000	1 310 000
Bénin	Banque Atlantique du Bénin	800 000	9 990	2 110 000
Mali	BDM SA	100 000	9 990	2 210 000
Bénin	Bank of Afrika Bénin	450 000	9 980	2 660 000
Mali	Banque Malienne de Solidarité	250 000	9 980	2 910 000
Sénégal	UBA	300 000	9 980	3 210 000
Sénégal	BICIS	100 000	9 900	3 310 000
Sénégal	BSIC	150 000	9 850	3 460 000
Côte d'Ivoire	BICICI	300 000	9 700	3 760 000
Togo	BOA Togo	250 000	9 550	4 010 000
	Total	4 010 000		

On voit qu'au prix de 9 990 FCFA, le nombre d'obligations adjugé est de 2 210 000, et qu'il reste sur les 3 millions, 790 000 à redistribuer. Cependant, sur la soumission suivante (9 980 FCFA), les trois offreurs proposent 1 million d'obligations (450 000, 250 000 et 300 000). La règle du partage proportionnel sera appliquée.

- $Banque\ of\ Africa\ B\_nin = \frac{450000}{1000000} * 790000 = 355500$
- $Banque\ Malienne\ de\ Solidarit\_ = \frac{250000}{1000000} * 790000 =$ 197500
- $UBA\ S\_n\_gal\ = \frac{300000}{1000000} * 790000 = 237000$

Le tableau des soumissions retenues se présente comme suit :

	Soumissionnaires	Nombre d'obligations	Prix
Bénin	ECOBANK Bénin	50 000	10 000
Côte d'Ivoire	SGBCI	600 000	10 000
Sénégal	SGBS	500 000	10 000
Togo	ECOBANK Togo	160 000	10 000
Bénin	Banque Atlantique du Bénin	800 000	9 990
Mali	Banque de Développement du Mali	100 000	9 990
Bénin	Bank of Afrika Bénin	355 500	9 980
Mali	Banque Malienne de Solidarité	197 500	9 980
Sénégal	UBA	237 000	9 980
	Total	3 000 000	

2-Le prix marginal est le dernier prix retenu, ici, 9 980 FCFA.

$$Le\ Prix\ Moyen\ Pondéré\ (PMP) = \frac{\sum P_i * M_i}{\sum M_i}$$

P_i : Prix de la soumission *i*

M_i : Montant de la soumission *i*

$$PMP = \frac{(50 * 10 + 600 * 10 + 500 * 10 + 160 * 10 + 800 + 9{,}99 + 100 * 9{,}99 + +355{,}5 * 9{,}98 + 197{,}5 * 9{,}98 + 237 * 9{,}98)}{3000}$$

PMP = 9 992 FCFA

3-$Taux\ de\ couverture = \frac{Montant\ des\ soumissions}{Montant\ retenu} = \frac{4010000}{3000000} =$ $133{,}67\%$

Les soumissions dépassent les montants demandés de 33,67 %.

$$Taux\ d'absorption = \frac{1}{133{,}67\%} = 74{,}81\%$$

Sur le montant des soumissions (4 010 000), l'État du Sénégal n'a absorbé que 74,81 %.

Cas 2 : Adjudication des OAT

Première tranche : ouverture de l'OAT (30 milliards OAT 5 ans avec un taux nominal de 6 %)

Investisseurs	Prix demandés (%)	Montant en millions de FCFA	Cumul	% servi	PMP (%)
A	100,0000	4000	4000	100	100,0000
B	99,0000	10000	14000	100	99,2857
C	98,0000	5000	19000	100	98,9474
D	97,0000	3000	22000	100	98,6818
E	96,0000	2000	24000	100	98,4583
F	95,0000	6000	30000	100	97,7667
G	94,0000	5000	35000	0	97,2286

Montant retenu	30 milliards de FCFA
Prix marginal	95,0000% ou 9500 FCFA
Prix moyen pondéré	97,7667% ou 9776,67 FCFA
Montant net reçu par le Trésor	29,3300 milliards de FCFA
Encours des OAT_ 5 ans	30 milliards de FCFA

Deuxième tranche : réouverture de l'OAT : 10 milliards OAT 5 ans maturité résiduelle 4 ans et 6 mois

Investisseurs	Prix demandés (%)	Montant en millions de FCFA	Cumul	% servi	PMP (%)
H	100,0000	5000	5000	100	100,0000
J	99,0000	4000	9000	100	99,5556
K	98,5000	1000	10000	100	99,4500
L	97,0000	2000	12000	0	99,0417
M	95,0000	1000	13000	0	98,7308

Montant retenu	10 milliards de FCFA
Prix marginal	98,5000%
Prix moyen pondéré	99,4500%
Coupon couru	3% = (6%* 0,5)
Montant net reçu par le Trésor	9,9400 milliards de FCFA
Encours des OAT_ 5 ans	40 milliards de FCFA

Le Trésor doit désormais 40 milliards aux investisseurs qui ont participé à l'ouverture et à la réouverture.

Cas 3 : Trading des obligations à amortissements constants

1- Comme les obligations de la SENELEC payent des coupons semestriels, on calcule le taux semestriel équivalent ; pour ce faire, on compare un 1 franc investit sur un an au taux annuel (ta) ou sur deux semestres au taux semestriel (ts).

$$(1 + ta) = (1 + ts)^2$$

$$ts = \sqrt{(1 + ta)} - 1$$

$$ts = \sqrt{(1 + 6{,}5\%)} - 1 = 3{,}2\%$$

Le remboursement par amortissement commence à la troisième année après l'émission (2 ans de différé). Il se fait sur 5 ans, soit 10 semestres.

$$Amortissement\ semestriel = \frac{10000}{10} = 1000$$

$$Coupon\ semestriel_i = Valeur\ nominal\ restant_i * ts$$

Le tableau des flux semestriels à l'émission se présente comme suit :

Date	Amortissement	Valeur résiduelle	Coupon	Flux monétaire semestriel
20/09/2018		10 000	320	320
20/03/2019		10 000	320	320
20/09/2019		10 000	320	320
20/03/2020		10 000	320	320
20/09/2020	1 000	9 000	320	1 320
20/03/2021	1 000	8 000	288	1 288
20/09/2021	1 000	7 000	256	1 256
20/03/2022	1 000	6 000	224	1 224
20/09/2022	1 000	5 000	192	1 192
20/03/2023	1 000	4 000	160	1 160
20/09/2023	1 000	3 000	128	1 128
20/03/2024	1 000	2 000	96	1 096
20/09/2024	1 000	1 000	64	1 064
20/03/2025	1 000	-	32	1 032

$$P = (1+y)^{\frac{ncc}{nbp}} \sum_{t=1}^{t} \frac{F_t}{(1+y)^t}$$

Comme on se trouve à la date anniversaire, ncc = 0

$$P = \sum_{t=1}^{t} \frac{F_t}{(1+y)^t}$$

Le taux semestriel équivalent est $ys = \sqrt{(1+6{,}25\%)} - 1 = 3{,}08\%$

Le tableau des flux actualisé à la date de vente est présenté dans le tableau suivant :

Date	Flux monétaire semestriel	t	$\frac{F_t}{(1+y)^t}$
20/09/2019	320	1	310
20/03/2020	320	2	301
20/09/2020	1 320	3	1 205
20/03/2021	1 288	4	1 141
20/09/2021	1 256	5	1 079
20/03/2022	1 224	6	1 020
20/09/2022	1 192	7	964
20/03/2023	1 160	8	910
20/09/2023	1 128	9	858
20/03/2024	1 096	10	809
20/09/2024	1 064	11	762
20/03/2025	1 032	12	717
		$\sum_{t=1}^{t} \frac{F_t}{(1+y)^t}$	10 078

Le cours des obligations de la SENELEC en Bourse est de 10 078 FCFA, et donc :

2- Prix de vente du portefeuille $= 10\,000 * 10\,078 = 100\,780\,000$ FCFA

3- Plus value $= 100\,780\,000 - 10\,000 * 10\,000 = 780\,000$ FCFA

Cas 4 : Trading des obligations à annuités constantes

1-Les obligations de l'État du Niger versent 4 annuités constantes à partir de la fin de la 2e année (un an de différé). Le différé est partiel, c'est-à-dire l'intérêt, est payé dès la première année.

$$Annuit\_ = \frac{Valeur\ nominal * taux\ facial}{(1-(1+i)^{-n})}$$

$$= \frac{10000 * 6{,}25\%}{(1-(1+6{,}25\%)^{-4})} = 2902$$

Le tableau des flux monétaires annuels se présente ainsi :

Date	Flux monétaire annuel
03/04/2015	625
03/04/2016	2902
03/04/2017	2902
03/04/2018	2902
03/04/2019	2902

2-

$$P = (1+y)^{\frac{ncc}{nbp}} \sum_{t=1}^{t} \frac{F_t}{(1+y)^t}$$

Dernière date anniversaire : 03/04/2016

Date d'évaluation : 28/01/2017

Le nombre de jours de coupon couru = 28/01/2017 – 03/04/2016 = 300

Taux actuariel (y) : 6 %

Le tableau des flux actualisé à la date de vente est présenté dans le tableau suivant :

Date	Flux monétaire annuel	t	$\frac{F_t}{(1+y)^t}$
03/04/2017	2 902	1	2 738
03/04/2018	2 902	2	2 583
03/04/2019	2 902	3	2 437
		$\sum_{t=1}^{t} \frac{F_t}{(1+y)^t}$	7 757

$$Prix\ de\ vente\ du\ portefeuille = 30000 * (1+6\%)^{\frac{300}{365}} * 7757$$
$$= 244126198\ FCFA$$

L'annuité versée le 3 avril 2016 peut être décomposée en coupons pour 625 FCFA et en amortissements pour 2 277 FCFA. La valeur nominale résiduelle est 7 723 FCFA (10 000-2 277) et donc le coupon du

3 avril 2017 est de 483 FCFA (7 723*6,25 %). Le coupon couru représente la part au prorata qui revient à la SICAV :

$$Coupon\ couru = 30000 * 483 * \frac{300}{365} = 11909589\ FCFA$$

Le prix au pied du coupon est le prix de vente du portefeuille sans prise en compte de l'intérêt couru non échu.

$$Prix\ au\ pied\ du\ coupon = prix\ de\ vente - coupon\ couru$$
$$= 244126198 - 11909589 = 232216609\ FCFA$$

Cas 5 : Trading des obligations *in fine* et analyse de la sensibilité

1- Tableau des flux monétaires d'une obligation à l'émission :

Date	Flux monétaire
11/02/2016	550
11/02/2017	550
11/02/2018	10550

2- Duration, sensibilité et convexité

$$D = \sum_{t=1}^{n} \frac{tF_t}{(1+y)^t} \frac{1}{P}$$

$$S = \frac{-D}{1+y}$$

$$C = \sum_{t=1}^{n} \frac{t(t+1)F_t}{(1+y)^t} * \frac{1}{P} * \frac{1}{(1+y)^2}$$

Déterminons le prix de marché de l'obligation à la date d'évaluation du 11 février 2016 :

$$P = \frac{550}{(1+5{,}75\%)} + \frac{10\,550}{(1+5{,}75\%)^2} = 9954$$

Date	Flux monétaire	t	$\frac{tF_t}{(1+y)^t}$	$\frac{t(t+1)F_t}{(1+y)^t}$
11/02/2017	550	1	520,09	1040,18913
11/02/2018	10550	2	18867,82	56603,4572
		Somme	19387,91	57643,65

$$Duration = \frac{19387,91}{9\,954} = 1,95$$

Dans 1 an, 11 mois et 10 jours (1,95 an) à partir de la date d'évaluation, l'obligation est immunisée contre le risque de taux.

$$Sensibilité = -\frac{1,95}{(1+5,75\%)} = -1,84\%$$

$$Convexité = \frac{57\,643,65}{9\,954} = 5,18$$

3- Variation relative du prix suite à une baisse de y de 0,25%

$$\frac{\Delta P}{P} = -1,84\% * (-0,25\%) + \frac{1}{2} * 1,58 * (-0,25)^2 = 0,46\%$$

Si le taux actuariel diminue de 0,25 %, alors le prix de l'obligation enregistre une augmentation de 0,46 %.

CHAPITRE 5

PRATIQUE DU MARCHE DES ACTIONS DE L'UEMOA

L'action est un titre de propriété représentant une fraction du capital d'une société privée. Le remboursement n'est pas prévu (la sortie ne peut se faire que par cession) et les flux de revenus (dividendes) sont incertains. En contrepartie, l'actionnaire participe, par le droit de vote attaché à l'action, au contrôle de l'entreprise.

Ce chapitre présente dans un premier temps le marché des actions dans l'UEMOA ; il expose par la suite les modèles d'évaluation dans la logique d'un actionnaire minoritaire avant de présenter les méthodes d'estimation de la rentabilité, du risque et des corrélations et s'achève par l'exposé du modèle d'évaluation des actifs financiers (MEDAF).

1. Présentation du marché des actions de l'UEMOA

Nous exposerons les conditions d'admission à la BRVM avant de présenter la situation du marché.

1.1. Conditions d'admission

L'admission des titres de capital au premier compartiment (grandes capitalisations) et au second compartiment (petites et moyennes capitalisations) de la cote de la BRVM implique la satisfaction des conditions générales suivantes :

- être constitué sous la forme de société anonyme ;

- l'engagement écrit de l'émetteur de diffuser les informations requises par la BRVM, notamment la publication des comptes annuels au Bulletin officiel de la cote (BOC) ;
- l'engagement écrit de l'émetteur de participer à l'organisation du marché, notamment financièrement.

L'admission au premier compartiment de la cote pour tout titre de capital requiert la satisfaction des conditions spécifiques suivantes :

- présenter une capitalisation boursière de plus de 500 millions de FCFA ;
- avoir une marge nette sur chiffre d'affaires de 3 % sur chacune des trois dernières années ;
- présenter 5 années de comptes certifiés ;
- s'engager à signer un contrat d'animation de marché ;
- diffuser dans le public au moins 20 % de son capital, dès l'introduction en Bourse ;
- s'engager à publier au BOC des estimations semestrielles de chiffre d'affaires et de tendance de résultats.

L'admission au second compartiment de la cote pour tout titre de capital requiert la satisfaction des conditions spécifiques suivantes :

- présenter une capitalisation boursière de plus de 200 millions de FCFA ;
- présenter 2 années de comptes certifiés ;
- s'engager à signer un contrat d'animation de marché ;
- s'engager à diffuser dans le public au moins 20 % de son capital dans un délai de deux ans, ou 15 % en cas d'introduction par augmentation de capital.

1.2. Situation globale du marché

Le marché des actions de la BRVM est le premier compartiment en termes de capitalisation boursière avant celui des obligations. Cependant, il est moins dynamique que son confrère en termes de levée de fonds.

Graphique 14 : Évolution de la capitalisation boursière du compartiment action de la BRVM de 2008 à 2018 (en milliards de FCFA)

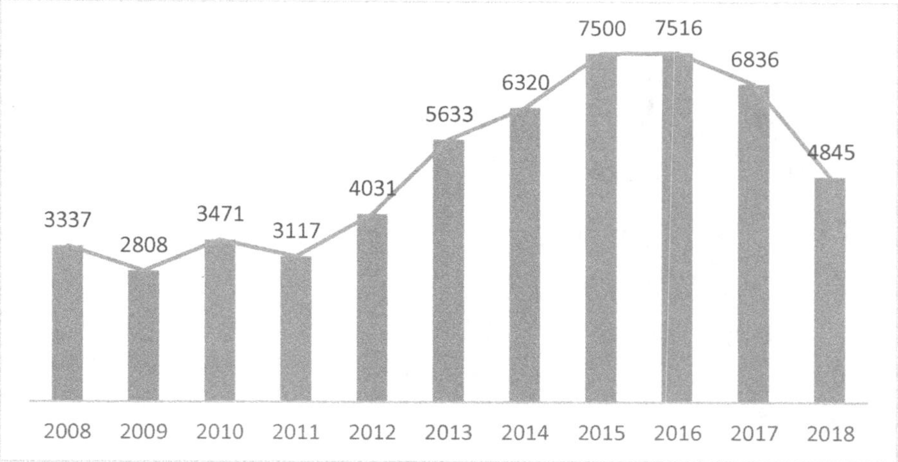

Source : CREPMF et BRVM, calculs auteurs

Le compartiment action de la BRVM a connu sa plus forte capitalisation en 2016 (7 516 milliards) avant de subir une chute vertigineuse en s'établissant à 4 845 milliards en 2018, soit une baisse de 35,54 %.

Il convient de noter que le marché des actions de la BRVM souffre d'un réel problème de concentration. En effet, en 2018, la société SONATEL, avec une capitalisation de 1 700 milliards, représente à elle seule plus de 45 % du marché des actions. De plus, les dix plus grandes sociétés représentent environ 75 % de la capitalisation totale du marché.

Par ailleurs, la BRVM est globalement concentrée sur les sociétés ivoiriennes, ce qui est un facteur important de risque (insuffisance de diversification géographique) pouvant limiter son attractivité. À titre illustratif, sur les 45 sociétés cotées en 2018, 36 sont ivoiriennes, soit un poids de 80 %.

Graphique 15 : Évolution du marché primaire du compartiment action de la BRVM de 2008 à 2018 (en millions de FCFA)

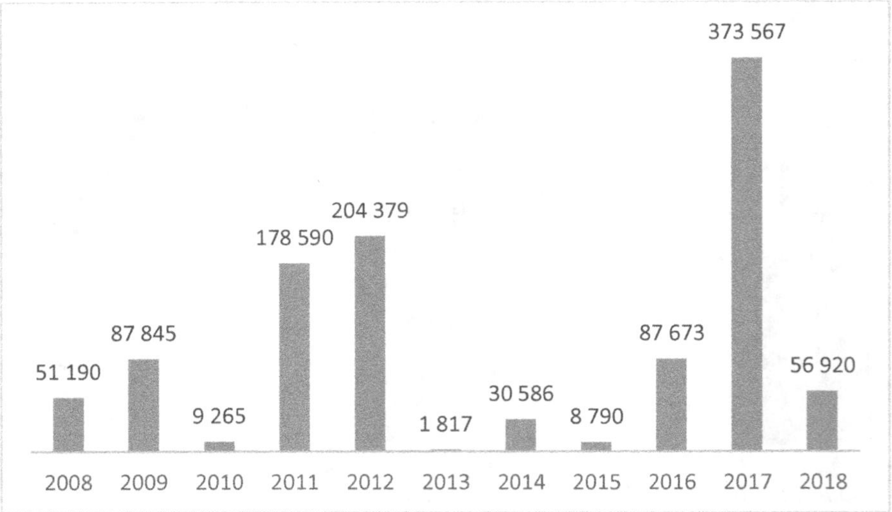

Source : CREPMF et BRVM, calculs auteurs

Les levées de fonds ont connu une évolution en dents de scie entre 2008 et 2018. L'année 2017 bat le record avec plus de 373 milliards avant un effondrement en 2018 où elles représentent moins de 57 milliards

Il est intéressant de signaler qu'à sa création en 1998, la BRVM comptait 35 sociétés cotées, et qu'en fin 2018, elle n'en compte que 45, soit 10 de plus en 20 ans (en moyenne une nouvelle introduction tous les deux ans). Les autorités du marché voudraient étoffer au maximum le tissu boursier (compartiment PME), mais les conditions actuellement applicables ne permettent qu'à un nombre très réduit d'entreprises de se lister à la cote.

La rigidité des critères d'éligibilité des titres à la Bourse place les autorités face à un dilemme : le choix entre la densité du portefeuille d'entreprises du marché et la qualité des entreprises qui y sont admises. Ce problème est également rencontré par la plupart des marchés de capitaux émergents du continent.

2. Évaluation des actions dans une logique boursière

Dans une logique boursière adaptée à une participation minoritaire, deux principales approches sont utilisées pour évaluer la valeur de l'action :

- les modèles fondés sur les dividendes,
- le modèle fondé sur les bénéfices.

2.1. Modèles fondés sur les dividendes

La base de ces modèles est que le prix de l'action est égal à la valeur actualisée des flux monétaires qu'elle engendre (dividendes et prix de cession futur). Le taux d'actualisation qui est pris en compte est la rentabilité exigée par l'actionnaire[13].

Trois grands modèles retiennent le plus l'attention :

2.1.1. Modèle général de Fisher

$$V = \sum_{t=1}^{\infty} \frac{F_t}{(1+K)^t} = \sum_{t=1}^{\infty} \frac{D_t}{(1+K)^t} + \frac{P_c}{(1+K)^{\infty}}$$

$$\frac{P_c}{(1+K)^{\infty}} = 0$$

$$V = \sum_{t=1}^{\infty} \frac{D_t}{(1+K)^t}$$

Avec :

V : cours théorique de l'action

F_t : flux monétaires dégagés par l'action

K : rentabilité exigée par l'actionnaire

D_t : dividendes par action reçus à t

P_c : prix de cession futur de l'action

---

[13] Cette rentabilité peut être approximée comme la rentabilité dans un investissement non risqué augmentée de la prime pour le risque additionnel pris sur la société. Le MEDAF en fournit une bonne illustration.

Pour une société, les dividendes annuels sont variables et comme t tend vers ∞,, la résolution de l'équation devient impossible. C'est pourquoi d'autres modèles, en utilisant des hypothèses, ont permis de rendre le modèle général de Fisher opératoire.

2.1.2. Modèle de la valeur de rendement

Ce modèle apporte une solution à la contrainte soulevée par le modèle général de Fisher en considérant la constance des dividendes jusqu'à l'infini :

$$V = \sum_{t=1}^{\infty} \frac{D}{(1+K)^t}$$

On a dans la formule développée :

$$(1) \quad V = \frac{D}{(1+K)} + \frac{D}{(1+K)^2} + \ldots\ldots\ldots\ldots + \frac{D}{(1+K)^{\infty-1}} + \frac{D}{(1+K)^{\infty}}$$

En divisant les deux membres de l'équation (1) par $\frac{1}{(1+K)}$, on obtient :

$$\frac{V}{(1+K)} = \frac{D}{(1+K)^2} + \ldots\ldots\ldots\ldots + \frac{D}{(1+K)^{\infty-1}} + \frac{D}{(1+K)^{\infty+1}}$$

La soustraction de (1) – (2) donne :

$$V - \frac{V}{(1+K)} = \frac{D}{(1+K)} - \frac{D}{(1+K)^{\infty+1}}$$

En factorisant, on aura :

$$\frac{V(1+K-1)}{(1+K)} = \frac{D}{(1+K)}\left(1 - \frac{1}{(1+K)^{\infty}}\right)$$

$$\textit{Comme } k > 0, \qquad \frac{1}{(1+K)^{\infty}} = 0$$

Et donc :

$$V = \frac{D}{K}$$

On valorise une action qui verse un dividende constant jusqu'à l'infini comme une rente perpétuelle.

2.1.3. Modèle de Gordon-Shapiro

Ce modèle rejette l'hypothèse de constante des dividendes – qui du reste est assez forte – en considérant que les dividendes de la société croissent à un rythme annuel constant (g) et que ce dernier est inférieur à la rentabilité exigée par l'actionnaire.

$$V = \sum_{t=1}^{\infty} \frac{D_t}{(1+K)^t}$$

Avec

$D_2 = D_1\,(1+g)$; $D_3 = D_1\,(1+g)^2$;.......... ; $D_\infty = D_1\,(1+g)^{\infty-1}$

$D_1 = D =$ constante

g : taux de croissance annuel des dividendes

Et donc :

$$V = \frac{D}{(1+K)} + \frac{D(1+g)}{(1+K)^2} + \ldots\ldots\ldots\ldots + \frac{D(1+g)^{\infty-2}}{(1+K)^{\infty-1}} + \frac{D(1+g)^{\infty-1}}{(1+K)^{\infty}}$$

En multipliant cette première équation par (1+g) / (1+K), on obtient :

$$\frac{V(1+g)}{(1+K)} = \frac{D(1+g)}{(1+K)^2} + \frac{D(1+g)^2}{(1+K)^3} + \ldots\ldots\ldots\ldots + \frac{D(1+g)^{\infty-1}}{(1+K)^{\infty}} + \frac{D(1+g)^{\infty}}{(1+K)(1+K)^{\infty}}$$

En faisant la soustraction des deux équations, on aura :

$$V - \frac{V(1+g)}{(1+K)} = \frac{D}{(1+K)} - \frac{D(1+g)^{\infty}}{(1+K)(1+K)^{\infty}}$$

$$\frac{V(1+K-1-g)}{(1+K)} = \frac{D}{(1+K)}\left[1 - \frac{(1+g)^{\infty}}{(1+K)^{\infty}}\right]$$

Et comme K > g $\quad \frac{(1+g)^{\infty}}{(1+K)^{\infty}} = 0$

D'où :

$$V = \frac{D}{(K-g)}$$

2.2. Modèle fondé sur les bénéfices

Même s'il existe plusieurs modèles se fondant sur les bénéfices, le plus utilisé est le PER (Price Earning Ratio). En effet, la plupart des praticiens ont pris l'habitude d'évaluer une action à partir du bénéfice net par action (BPA) multiplié par le PER.

Le PER veut être considéré comme le délai de récupération de l'investissement sur une action, en d'autres termes, c'est le nombre d'années à partir duquel les BPA égalisent le cours.

$$PER = \frac{V}{BPA}$$

donc :

$$V = PER * BPA$$

3. Rentabilité, risque et corrélations d'un investissement en action

Deux approches sont utilisées pour quantifier la rentabilité et le risque : l'approche qui se base sur les données historiques, et celle qui se base sur des données espérées ou anticipées selon une distribution de probabilité.

3.1. Mesures de la rentabilité

3.1.1. Rentabilité historique

La rentabilité historique d'une action sur deux périodes est mesurée par l'évolution de son cours (C) et par le flux de dividendes versés (D).

$$R_t = \frac{C_t - C_{t-1} + D_t}{C_{t-1}}$$

Sur une période donnée, la rentabilité moyenne est mesurée par la moyenne des rentabilités.

$$\bar{R} = \frac{1}{n}\sum_{t=1}^{n} Rt$$

Cette dernière permet de déduire la rentabilité glissante

$$\bar{R}annuel = \bar{R}\ journalière * 252$$
$$\bar{R}annuel = \bar{R}\ mensuelle * 12$$

3.1.2. Rentabilité espérée

La rentabilité espérée – ou espérance mathématique – est mesurée par la somme des produits des probabilités pondérées par les rentabilités :

$$E = \sum_{t=1}^{n} Pt * Rt$$

3.2. Mesures du risque

Le risque d'une action est décrit par le concept de volatilité, il est mesuré par l'écart-type des rentabilités (σ_i) qui est la racine carrée de la variance (σ_i^2). Comme pour la rentabilité, on distingue :

3.2.1. Volatilité historique

$$\sigma_i^2 = \sqrt{\frac{1}{n}\sum_{t=1}^{n}(Rt - \bar{R})^2}$$

3.2.2. Volatilité espérée

$$\sigma_i^2 = \sqrt{\sum_{t=1}^{n} Pt * (Rt - E)^2}$$

La volatilité annuelle glissante se détermine de la façon suivante :

$$\sigma_i^2 annuelle = \sigma_i^2 mensuelle * \sqrt{12}$$
$$\sigma_i^2 annuelle = \sigma_i^2 journalièree * \sqrt{252}$$

3.3. Mesure du risque relatif

Pour comparer des investissements en action, on ne peut se baser seulement sur la rentabilité la plus élevée ou sur le risque le plus faible. La prise en compte d'une seule dimension peut biaiser la prise de décision. C'est pourquoi on prend l'indicateur du risque relatif ou du risque ajusté à la rentabilité mesuré par le coefficient de variation (CV). Ce dernier est le rapport entre l'écart-type et la rentabilité.

$$CV = \frac{\sigma}{\bar{R}} \; ou \; \frac{\sigma}{E}$$

3.4. Mesures de corrélation

La corrélation entre deux actions est mesurée par le coefficient corrélation ($\rho_{i,j}$). Ce dernier est égal au rapport de la covariance ($\sigma_{i,j}$) sur le produit des deux écart-types.

$$\rho_{i,j} = \frac{\sigma_{i,j}}{\sigma_i * \sigma_j}$$

La covariance est donnée par :

3.4.1. Sur données historiques

$$\sigma_{i,j} = \frac{1}{n}\sum_{t=1}^{n}(Rt_i - \overline{Rt_i}) * (Rt_j - \overline{Rt_j})$$

3.4.2. Sur données espérées

$$\sigma_{i,j} = \sum_{t=1}^{n}(Rt_i - E_i) * (Rt_j - E_j)$$

4. MEDAF

Le MEDAF se fonde sur la comparaison de la rentabilité d'un actif risqué *i* (type action) par rapport à celle d'un actif sans risque *f* (type obligation AAA souveraine). Dans cette situation, l'espérance de rendement sur l'actif *i* doit être supérieure à l'espérance de rendement sur l'actif *f* ($R_i > R_f$) ou encore $R_i - R_f > 0$. $R_i - R_f$ représente donc l'excédent de rendement qu'on espère obtenir si on choisit de prendre le risque d'investir sur *i* à la place de *f*, c'est-à-dire la prime de risque de l'investissement sur *i* (λ_i).

$$R_i - R_f = \lambda_i$$

On peut établir une relation entre R_i, R_f et λ_i

$$R_i = R_f + \lambda_i$$

Si on considère le marché comme le regroupement de tout actif risqué, la valeur du marché est appelée « indice de marché », sa rentabilité est notée R_m. La prime de risque du marché est donnée par $R_m - R_f$ qui représente le surplus de rentabilité exigé par les investisseurs lorsque ces derniers placent leur argent sur le marché plutôt que dans un actif sans risque. En d'autres termes, l'investisseur n'acceptera que des rentabilités supérieures à celle du taux sans risque de la part des actifs du marché.

i étant un actif coté sur le marché, les fluctuations de la valeur de l'indice de marché impactent sur *i* en fonction de son degré de sensibilité mesuré par le coefficient β. La prime de risque de *i* peut être mesurée par :

$$\lambda_i = \beta_i(R_m - R_f)$$

On peut déduire la relation fonctionnelle $R_{it} = f(Rm_t)$ qui peut être visualisée à travers un nuage de points :

Graphique 16 : Ajustement des rentabilités observé par une droite de régression

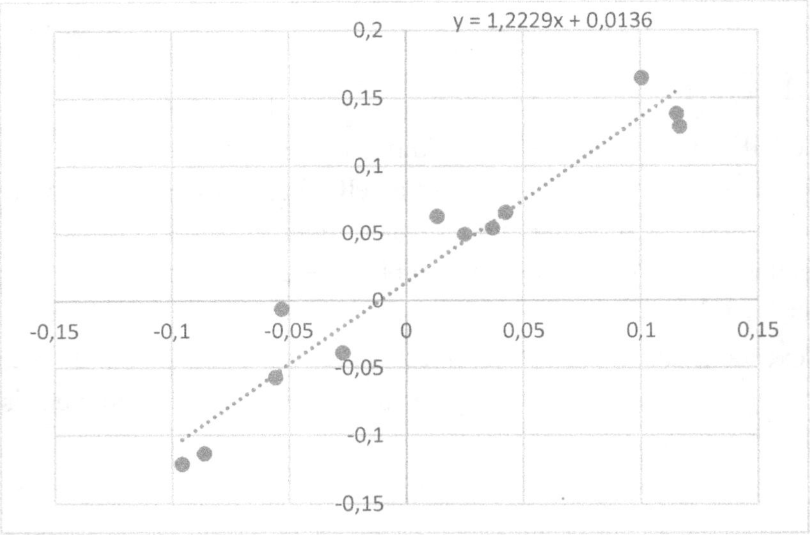

Le coefficient de sensibilité β représente le pente ou coefficient directeur de cette droite.

Pour déterminer la valeur du coefficient β dans cette régression, on utilise la méthode des MCO. L'ajustement est d'autant plus plausible que la droite d'ajustement passe par le plus grand nombre de points possibles.

On considère $e_i = R_i - f(\beta_i)$, l'écart entre le rendement observé du titre *i* et le rendement prédit par l'équation du MEDAF.

La méthode des MCO consiste précisément à calculer le coefficient β de telle sorte que la somme des écarts entre les valeurs observées de y_i et les valeurs estimées de $f(\beta_i)$ est minimale.

Soit S, la somme des carrés des écarts (SCE) à la droite.

$$S = \sum_{i=1}^{n} e_i^2$$

$$S = \sum_{i=1}^{n} (R_{it} - f(\beta_i))^2 = \sum_{i=1}^{n} \left(R_{it} - \beta_i (Rm_t - R_f) - R_f\right)^2$$

Pour que la SCE soit minimale, il faut que les dérivées par rapport à R_f et β_i soient nulles :

$$\frac{\partial S}{\partial R_f} = -2\sum_{i=1}^{n} \left(R_{it} - \beta_i (Rm_t - R_f) - R_f\right) = 0$$

$$\sum_{i=1}^{n} R_{it} - \beta_i \sum_{i=1}^{n} (Rm_t - R_f) - \sum_{i=1}^{n} R_f = 0 \Rightarrow \sum_{i=1}^{n} R_f = n\overline{R_i} - n\beta_i(\overline{Rm} - R_f)$$

$$R_f = \overline{R_i} - \beta_i(\overline{Rm} - R_f)$$

Si on remplace R_f par sa valeur dans S, on obtient :

$$S = \sum_{i=1}^{n} \left(R_{it} - \beta_i (Rm_t - R_f) - \overline{R_i} + \beta_i(\overline{Rm} - R_f)\right)^2$$

$$S = \sum_{i=1}^{n} \left(R_{it} - \overline{R_i}) - \beta_i (Rm_t - \overline{Rm})\right)^2$$

Si on dérive par rapport à β_i, on obtient :

$$\frac{\partial S}{\partial \beta_i} = -2\sum_{i=1}^{n} \left(R_{it} - \overline{R_i} - \beta_i (Rm_t - \overline{Rm})\right) * (Rm_t - \overline{Rm}) = 0$$

$$\frac{\partial S}{\partial \beta_i} = -2\sum_{i=1}^{n} \left[(R_{it} - \overline{R_i}) * (Rm_t - \overline{Rm}) - \beta_i (Rm_t - \overline{Rm})^2\right] = 0$$

$$\beta_i = \frac{\sum_{i=1}^{n} (R_{it} - \overline{R_i}) * (Rm_t - \overline{Rm})}{\sum_{i=1}^{n} (Rm_t - \overline{Rm})^2}$$

Si on divise par n, on a le résultat suivant :

$$\beta_i = \frac{Co\text{var}\,iance(Rm_t, R_i)}{Variance(Rm_t)}$$

- Si le bêta est supérieur à l'unité, l'investisseur exigera une prime de risque supérieure à celle du marché ;
- si le bêta est inférieur à l'unité, l'investisseur acceptera une prime de risque inférieure à celle du marché.

En définitive, l'équation du MEDAF $R_i = f(\beta_i) = R_f + \beta_i(R_m - R_f)$ peut être représentée par une droite appelée « *Security Market Line* » (SML).

Graphique 17 : Représentation de la SML

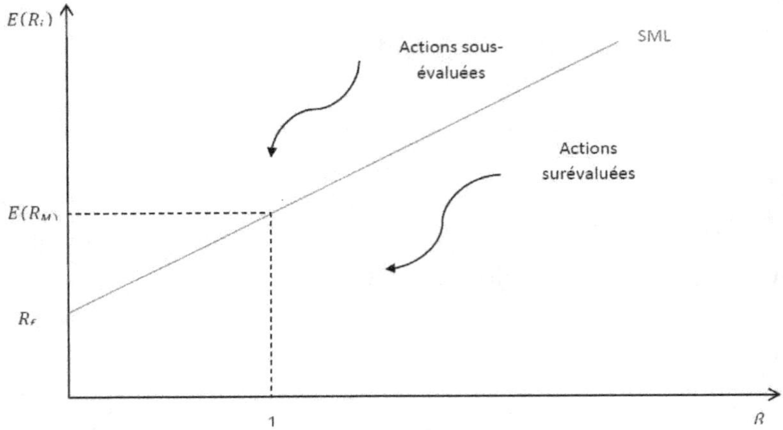

Cette droite est appelée « droite de marché » ; elle est extrêmement importante en finance, car elle donne le rendement moyen d'un titre *i* en fonction du bêta, du rendement du marché et du taux sans risque.

Étude de cas sur la pratique du marché des actions

Cas 1 : Les modèles de dividende et de bénéfice

La société manufacturière AURIX a été introduite en Bourse en début 2000 à travers une offre publique de vente (OPV) à un prix de 24 000 FCFA. À l'époque, le résultat net était de 40 milliards de FCFA et le nombre d'actions de 20 millions. Le taux de distribution historique des dividendes est de 40 %.

Vous étudiez l'opportunité d'investir dans cette entreprise en début 2018 en vous basant sur la publication de ces informations financières :

- résultat net 2017 : 80 milliards de FCFA
- taux de distribution : 50 %
- cours en bourse actuel : 31 000 FCFA
- taux de rentabilité exigé par les actionnaires : 13 %
- PER : 6,6

1- Estimez le cours théorique par le modèle de Gordon et Shapiro

2- Estimez le cours théorique par le modèle du Price Earning Ratio

3- Quelle sera la décision prise ?

Cas 2 : Rentabilité, risque et corrélation sur données historiques

Le responsable du Service informatique d'une start-up d'e-money étudie l'opportunité d'investir sur 2 actions cotées à la BRVM parmi 3 proposées par son conseiller.

Les cours boursiers ainsi que les flux de dividendes versés sur les 6 derniers mois sont présentés dans le tableau suivant :

Mois	Action 1		Action 2		Action 3	
	Cours	Div	Cours	Div	Cours	
Juillet	2410		45000		1100	
Août	2385	120	44000		1160	
Septembre	2562		43500		1180	80
Octobre	2620		45400	545	1160	
Novembre	2608		46050		1175	
Décembre	2652		46225		1165	

1- Calculez la rentabilité moyenne mensuelle et la rentabilité glissante annuelle de chaque titre.

2- Calculez la volatilité moyenne mensuelle et la volatilité glissante annuelle de chaque titre.

3- Quels sont les 2 titres choisis par cet investisseur en se fondant sur le coefficient de variation ?

4- Calculez la covariance et le coefficient de corrélation entre les 2 titres. Commentez.

Cas 3 : Rentabilité, risque et corrélation sur données espérées

La société de gestion et d'intermédiation CGF Bourse veut commercialiser un nouveau fonds communs de placement (FCP) composé de 4 actions cotées à la BRVM pour une valeur globale de 2 milliards. Le gérant du fonds base son analyse sur une projection future des cours selon différents états de la nature et en utilisant le coefficient de variation.

Scénarii	Probabilité	BOA SENEGAL	NESTLE CI	SAPH	SGBCI
Forte croissance	20,0%	22,0%	8,0%	28,0%	11,0%
Croissance modérée	40,0%	16,0%	6,0%	8,0%	10,5%
Faible croissance	25,0%	2,0%	5,0%	-10,0%	9,0%
Stagnation	10,0%	-10,0%	3,0%	-15,0%	4,0%
Récession	5,0%	-15,0%	-2,0%	-20,0%	-8,0%

- 40 % de l'investissement sur le 1er ;
- 30 % sur le 2e ;
- 20 % sur le 3e ;
- 10 % sur le 4e.

1-Calculez la rentabilité espérée de chaque titre.

2-Calculez la volatilité anticipée.

3-Classez les titres selon le risque relatif.

4-Déterminez la somme affectée pour chaque titre dans le portefeuille.

5-Présentez la matrice des corrélations des titres du portefeuille. Commentez.

Cas 4 : MEDAF

Voici les rendements annuels de 6 titres cotés, de l'indice et du taux sans risque sur le marché en fin 2018 ainsi que le bêta des 6 titres :

Valeurs	Rt observé	Bêta (β)
Titre 1	12%	1,4
Titre 2	6%	0,5
Titre 3	9%	0,8
Titre 4	24%	0,2
Titre 5	5%	2
Titre 6	3%	0,6
Indice (Rm)	8%	
Taux sans risque (Rf)	5%	

1- Calculez la rentabilité à l'équilibre de chaque titre.

2- Tracez la *Security Market Line* et placez les points de rendement observés.

3- En tant que gérant, quels titres conseillez-vous à l'achat et pourquoi ?

Cas 5 : MEDAF

Voici les cours de quelques actions cotées et de l'indice à la BRVM C sur 1 an :

DATE	BRVM C	BOAN	TOTAL CI	SHELL CI	SDV CI
02-janv-n	129	20 000	37 625	10 500	14 425
02-févr.	132	21 100	35 000	11 990	10 000
01-mars	130	21 150	35 600	12 400	10 500
01-avr	135	20 500	35 600	12 800	11 055
03-mai	133	21 000	42 100	11 500	11 100
01-juin	138	21 500	42 500	12 800	11 000
01-juill.	140	21 600	43 500	12 000	13 000
02-août	148	21 510	45 000	11 000	14 400
01-sept	147	22 200	45 000	12 500	12 800
01-oct	149	22 000	37 000	12 500	12 500
02-nov	151	22 000	37 600	11 570	13 400
01-déc	152	22 200	42 000	12 005	13 400
02-janv-n+1	160	22 500	40 100	12 005	15 485

Le taux sans risque continu sur le marché est de 6 %.

1- Calculez le bêta et la rentabilité annuelle à l'équilibre de chaque titre.

2- Tracez la *Security Market Line* et placez les rentabilités annuelles observées.

3- Quels sont les titres à l'achat et à la vente ?

Corrigé des études de cas sur la pratique du marché des actions

Cas 1

1- Estimation du cours de l'action par la méthode de Gordon et Shapiro

Calculons les dividendes par action (DPA) en 2000 et en 2018

$$Dividende\ par\ action\ 2000 = \frac{40000000000}{20000\ 000} * 40\% = 800$$

$$Dividende\ par\ action\ 2018 = \frac{80000000\ 000}{20000\ 000} * 50\% = 2000$$

Pour la détermination du taux de croissance des DPA entre 2000 et 2018, on peut partir de la relation suivante :

$$DPA_{2018} = DPA_{2000} * (1+g)^{18}$$

Et donc :

$$g = \sqrt[18]{\frac{DPA_{2018}}{DPA_{2000}}} - 1 = \left(\frac{2000}{800}\right)^{\frac{1}{18}} - 1 = 5{,}22\%$$

La valeur de l'action (V) estimée par la méthode de Gordon et Shapiro est :

$$V = \frac{DPA}{(K-g)} = \frac{2000}{(13\% - 5{,}22\%)} = 25\ 707$$

2- Estimation du cours de l'action par l'approche du PER

Calculons le bénéfice par action (BPA) de 2018 :

$$BPA_{2018} = \frac{80000000\ 000}{20000\ 000} = 4000$$

La valeur de l'action par l'approche du PER est donnée par :

$$\mathrm{V} = \mathrm{PER} * \mathrm{BPA} = 4000 * 6{,}6 = 26\ 400$$

3- Prise de décision

Le cours actuel (31 000) étant au-dessus des deux valeurs estimées (25 707 et 26 400), on peut conclure que le prix de l'action de la société manufacturière AURIX est surévalué et qu'il n'est pas indiqué de l'acheter.

Cas 2 : Rentabilité, risque et corrélation sur données historiques

1- Calcul de la rentabilité moyenne mensuelle et de la rentabilité glissante annuelle de chaque titre

Commençons par établir le tableau des rentabilités entre 2 périodes pour chaque titre en mobilisant la formule suivante :

$$R_t = \frac{C_t - C_{t-1} + D_t}{C_{t-1}}$$

On obtient ainsi :

Mois	Rt Action 1	Rt Action 2	Rt Action 3
Juillet			
Août	3,94%	-2,22%	5,45%
Septembre	7,42%	-1,14%	8,62%
Octobre	2,26%	5,62%	-1,69%
Novembre	-0,46%	1,43%	1,29%
Décembre	1,69%	0,38%	-0,85%

La rentabilité moyenne mensuelle (RM) de chaque titre sera établie en passant par la formule de la moyenne des rentabilités périodiques.

$$\bar{R} = \frac{1}{n}\sum_{t=1}^{n} Rt$$

Titres	Action 1	Action 2	Action 3
RM	2,97%	0,81%	2,56%

On peut déduire la rentabilité annuelle (RA) glissante de chaque titre :

$$\bar{R}annuel = \bar{R}\ mensuelle * 12$$

Titres	Action 1	Action 2	Action 3
RA	35,64%	9,72%	30,72%

2- Calcul de la volatilité moyenne mensuelle et de la volatilité glissante annuelle de chaque titre

La volatilité moyenne mensuelle est mesurée par l'écart-type (ECT) des Rt ; elle est donnée par la formule suivante :

$$\sigma_i^2 = \sqrt{\frac{1}{n}\sum_{t=1}^{n}(Rt - \bar{R})^2}$$

Titres	Action 1	Action 2	Action 3
ECT M	2,63%	2,71%	3,91%

On a déduit la volatilité glissante annuelle :

$$\sigma_i^2 annuelle = \sigma_i^2 mensuelle * \sqrt{12}$$

Titres	Action 1	Action 2	Action 3
ECT A	9,12%	9,38%	13,55%

3- Classement par le risque relatif et choix des titres

Le risque relatif est mesuré par le coefficient de variation (CV) donné par le rapport entre l'écart-type et la rentabilité.

$$CV = \frac{\sigma}{\bar{R}}$$

Titres	Action 1	Action 2	Action 3
CV	25,59%	96,55%	44,09%
Classement	1er	3ème	2ème

Action 1 et Action 3 seront choisies.

4- Calcul de la covariance et du coefficient de corrélation entre les 2 titres et commentaire

La formule de la covariance entre les actions 1 et 2 est donnée par :

$$\sigma_{i,j} = \frac{1}{n}\sum_{t=1}^{n}(Rt_i - \overline{Rt_i}) * (Rt_j - \overline{Rt_j})$$

Covariance (Action 1, Action 3) = 0,00083

Le coefficient de corrélation entre les actions 1 et 2 est le rapport de la covariance sur le produit des 2 écarts-types :

$$\rho_{i,j} = \frac{\sigma_{i,j}}{\sigma_i * \sigma_j}$$

Coefficient de corrélation (Action 1, Action 2) = 80,65 %

Il existe une corrélation positive très forte entre les deux titres qu'on peut observer à travers l'évolution des rendements des titres.

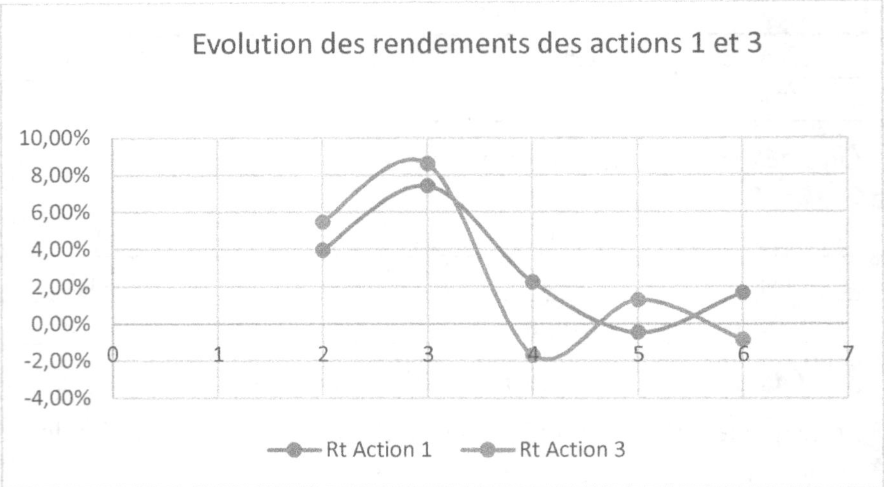

Il n'est pas conseillé de placer son investissement dans un tel portefeuille (non diversifié), car le risque de concentration est très élevé (mettre ses œufs dans le même panier).

Cas 3 : Rentabilité, risque et corrélation sur données espérées

1- Calcul de la rentabilité espérée de chaque titre

La rentabilité espérée est donnée par l'espérance mathématique des rentabilités (E(Rt)) qui est la moyenne pondérée des probabilités et des rentabilités.

$$E = \sum_{t=1}^{n} Pt * Rt$$

	Pt*Rt			
Scénarii	BOA SENEGAL	NESTLE CI	SAPH	SGBCI
Forte croissance	4,40%	1,60%	5,60%	2,20%
Croissance modérée	6,40%	2,40%	3,20%	4,20%
Faible croissance	0,50%	1,25%	-2,50%	2,25%
Stagnation	-1,00%	0,30%	-1,50%	0,40%
Récession	-0,75%	-0,10%	-1,00%	-0,40%
E (Rt)	9,55%	5,45%	3,80%	8,65%

2- Calcul de la volatilité anticipée de chaque titre

La volatilité espérée est donnée par :

$$\sigma_i^2 = \sqrt{\sum_{t=1}^{n} Pt * (Rt - E)^2}$$

	Pt*(Rt-E)²			
Scénarii	BOA SENEGAL	NESTLE CI	SAPH	SGBCI
Forte croissance	0,31%	0,01%	1,17%	0,01%
Croissance modérée	1,02%	0,14%	0,26%	0,44%
Faible croissance	0,01%	0,06%	0,25%	0,20%
Stagnation	0,10%	0,01%	0,23%	0,02%
Récession	0,11%	0,00%	0,20%	0,03%
ECT (Rt)	12,48%	4,80%	14,50%	8,38%

3- Classement des titres selon le risque relatif

Le risque relatif est mesuré par le coefficient de variation :

$$CV = \frac{\sigma}{E}$$

Titre	BOA SENEGAL	NESTLE CI	SAPH	SGBCI
CV	130,64%	88,09%	381,56%	96,90%
Classement	3ème	1er	4ème	2ème

4- Déterminons la somme affectée pour chaque titre dans le portefeuille

La répartition du portefeuille se fera comme suit :

NESTLÉ CI = 40% * 2 000 000 000 = 800 000 000

SGBCI = 30% * 2 000 000 000 = 600 000 000

BOA SÉNÉGAL = 20% * 2 000 000 000 = 400 000 000

NESTLÉ CI = 10% * 2 000 000 000 = 200 000 000

5- Présentez la matrice des corrélations des titres du portefeuille. Commentez.

Pour ce faire, on a recourt aux deux expressions suivantes :

La diversification du portefeuille du FCP n'est pas optimale, car toutes les corrélations sont positives et significativement différentes de 0, comme on le voit dans le graphique d'évolution des rentabilités.

$$\sigma_{i,j} = \sum_{t=1}^{n} (Rt_i - E_i) * (Rt_j - E_j)$$

$$\rho_{i,j} = \frac{\sigma_{i,j}}{\sigma_i * \sigma_j}$$

Matrice des corrélations

	BOA SENEGAL	NESTLE CI	SAPH	SGBCI
BOA SENEGAL	1			
NESTLE CI	0,3765124	1		
SAPH	0,9016958	0,4063942	1	
SGBCI	0,3776611	0,2213495	0,3441958	1

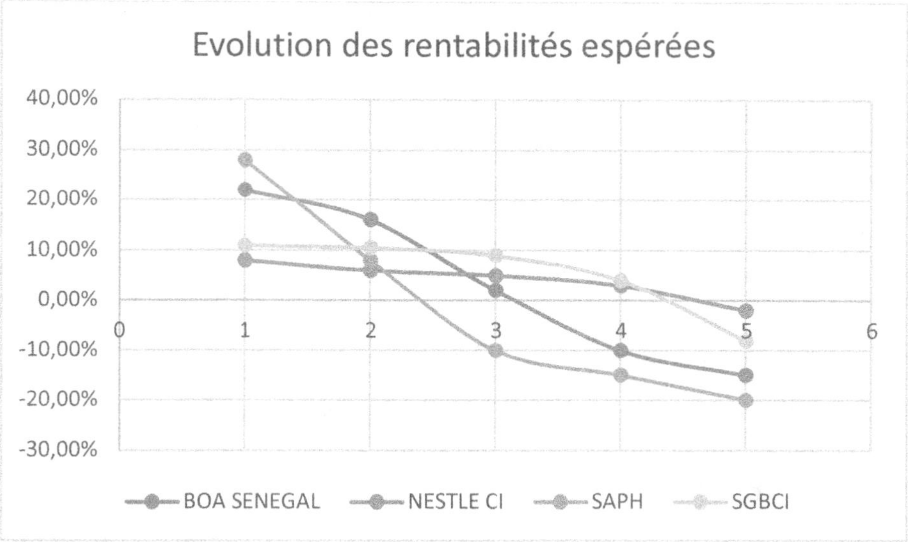

Cas 4 : MEDAF

1- Calcul de rentabilité à l'équilibre de chaque titre

La rentabilité à l'équilibre du MEDAF est déterminée par l'équation suivante :

$$R_i = f(\beta_i) = R_f + \beta_i(R_m - R_f)$$

Valeurs	β	Ri
Titre 1	1,4	9,20%
Titre 2	0,5	6,50%
Titre 3	0,8	7,40%
Titre 4	0,2	5,60%
Titre 5	2	11,00%
Titre 6	0,6	6,80%

2- Traçons la *Security Market Line* et plaçons les points de rendement observé

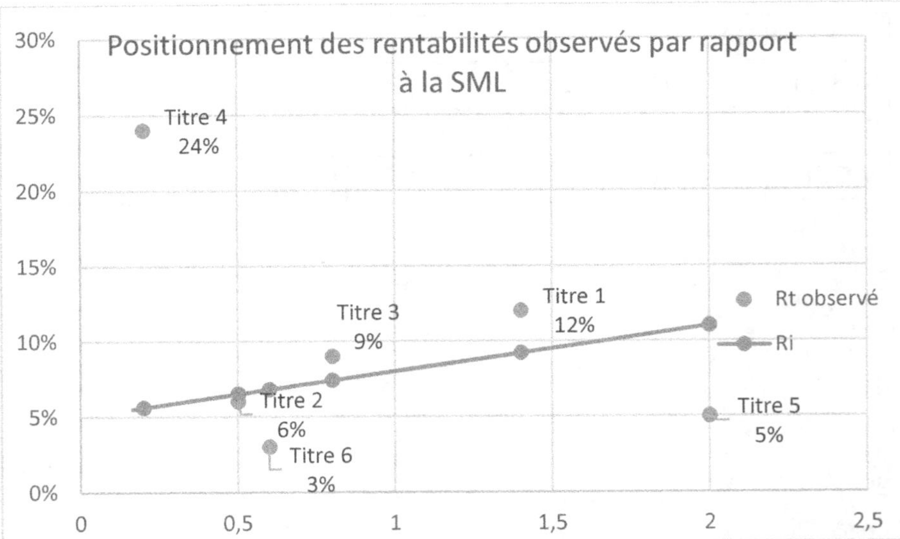

3- Titres conseillés à l'achat

Les titres 1, 3 et 4 sont conseillés à l'achat, car ils sont sous-évalués.

Cas 5 : MEDAF

1- Calcul du bêta et de la rentabilité annuelle à l'équilibre de chaque titre

Le bêta est déterminé par la formule suivante :

$$\beta_i = \frac{Co\,\mathrm{var}\,iance(Rm_t, R_i)}{Variance(Rm_t)}$$

Commençons par déterminer le tableau des rentabilités périodiques et annuelles :

DATE	BRVM C	BOAN	TOTAL CI	SHELL CI	SDV CI
02-janv-n					
02-févr.	2,33%	5,50%	-6,98%	14,19%	-30,68%
01-mars	-1,52%	0,24%	1,71%	3,42%	5,00%
01-avr	3,85%	-3,07%	0,00%	3,23%	5,29%
03-mai	-1,48%	2,44%	18,26%	-10,16%	0,41%
01-juin	3,76%	2,38%	0,95%	11,30%	-0,90%
01-juil	1,45%	0,47%	2,35%	-6,25%	18,18%
02-août	5,71%	-0,42%	3,45%	-8,33%	10,77%
01-sept	-0,68%	3,21%	0,00%	13,64%	-11,11%
01-oct	1,36%	-0,90%	-17,78%	0,00%	-2,34%
02-nov	1,34%	0,00%	1,62%	-7,44%	7,20%
01-déc	0,66%	0,91%	11,70%	3,76%	0,00%
02-janv-n+1	5,26%	1,35%	-4,52%	0,00%	15,56%
RA	22,05%	12,10%	10,77%	17,36%	17,37%

Déterminons le bêta de chaque titre :

		BOAN	TOTAL CI	SHELL CI	SDV CI
	Covariance (Ri,Rm)	(0,00011)	-0,00064	-0,00006	0,00074
	BRVM C				
Variance (Rm)	0,00054				
	Bêta	-0,2093	-1,1797	-0,1150	1,3669

La rentabilité annuelle à l'équilibre est déterminée par l'équation suivante :

$$R_i = f(\beta_i) = R_f + \beta_i(R_m - R_f)$$

	BOAN	TOTAL CI	SHELL CI	SDV CI
Ri	2,64%	-12,94%	4,15%	27,94%

2- Traçons la *Security Market Line* et plaçons les rentabilités annuelles observées

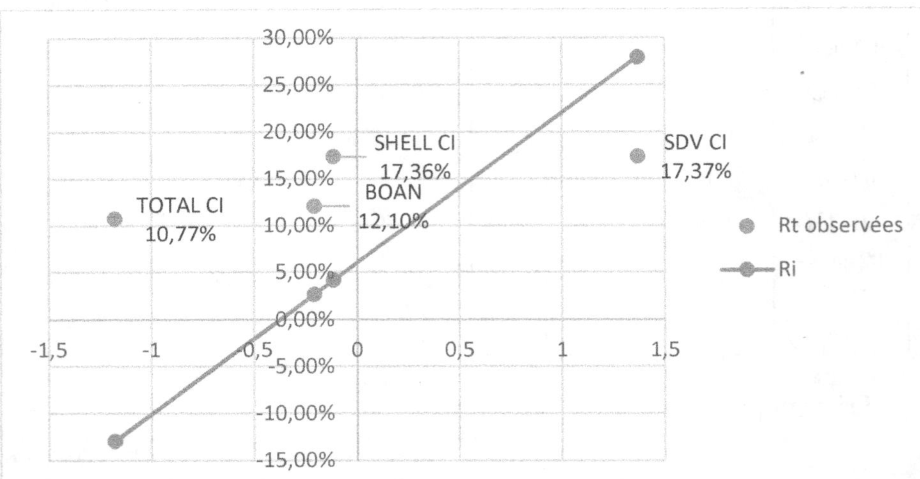

3- Quels sont les titres à l'achat et à la vente ?

Titres à l'achat : SHELL CI, TOTAL CI et BOAN

Titre à la vente : SDV CI

BIBLIOGRAPHIE

- BCEAO (2016) : Recueil des textes légaux et réglementaires régissant l'activité bancaire et financière dans l'Union Monétaire Ouest Africaine (Vol I). Chapitre II - Mise en œuvre de la politique de la monnaie et du crédit
- Bertrand Jacquillat, Bruno Solnik et Christophe Perignon, *Marchés financiers. Gestion de portefeuille et des risques*, 6e édition, Dunod, 2014.
- Carole Gresse, *Marchés de Taux d'intérêt*, Economica, 2017.
- Christine Lambert, *Les techniques des marchés financiers. 80 cas réels corrigés*, éditions Ellipses, 2009.
- Franck Moraux, *Finance de marché*, éditions Pearson, 2010.
- Instruction n° 004-12-2019 relative aux modalités d'intervention de la Banque Centrale des États de l'Afrique de l'Ouest dans le cadre de la conduite de la politique monétaire, 2019.
- Jean-Marcel Dalbarade, *Mathématiques des marchés financiers*, 3e édition, éditions Eska, 2005.
- Jean-Richard Sulzer et Semiyou Adeleke, *Finance à long terme*, 3e édition, Economica, 2006.
- Luc Bernet-Rollande et Philippe Chanoine, *Pratique des marchés des capitaux. Règles de fonctionnement et produits négociés*, Dunod, 2010.
- Roland Portait et Patrice Poncet, *Finance de Marché*, 3e édition, Dalloz, 2011.

WEBOGRAPHIE

- http://www.umoa-titres.org
- http://www.brvm.org
- http://www.crepmf.org
- http://www.cgfbourse.com
- http://www.cgfgestion.com
- http://www.impaxis-securities.com
- http://www.brmbank.com
- http://www.bdk.sn

TABLE DES TABLEAUX

TABLE DES GRAPHIQUES

TABLE DES IMAGES ET FIGURES

TABLE DES MATIERES

Structures éditoriales du groupe L'Harmattan

L'Harmattan Italie
Via degli Artisti, 15
10124 Torino
harmattan.italia@gmail.com

L'Harmattan Hongrie
Kossuth l. u. 14-16.
1053 Budapest
harmattan@harmattan.hu

L'Harmattan Sénégal
10 VDN en face Mermoz
BP 45034 Dakar-Fann
senharmattan@gmail.com

L'Harmattan Cameroun
TSINGA/FECAFOOT
BP 11486 Yaoundé
inkoukam@gmail.com

L'Harmattan Burkina Faso
Achille Somé – tengnule@hotmail.fr

L'Harmattan Guinée
Almamya, rue KA 028 OKB Agency
BP 3470 Conakry
harmattanguinee@yahoo.fr

L'Harmattan RDC
185, avenue Nyangwe
Commune de Lingwala – Kinshasa
matangilamusadila@yahoo.fr

L'Harmattan Congo
67, boulevard Denis-Sassou-N'Guesso
BP 2874 Brazzaville
harmattan.congo@yahoo.fr

L'Harmattan Mali
ACI 2000 - Immeuble Mgr Jean Marie Cisse
Bureau 10
BP 145 Bamako-Mali
mali@harmattan.fr

L'Harmattan Togo
Djidjole – Lomé
Maison Amela
face EPP BATOME
ddamela@aol.com

L'Harmattan Côte d'Ivoire
Résidence Karl – Cité des Arts
Abidjan-Cocody
03 BP 1588 Abidjan
espace_harmattan.ci@hotmail.fr

Nos libraries en France

Librairie internationale
16, rue des Écoles
75005 Paris
librairie.internationale@harmattan.fr
01 40 46 79 11
www.librairieharmattan.com

Librairie des savoirs
21, rue des Écoles
75005 Paris
librairie.sh@harmattan.fr
01 46 34 13 71
www.librairieharmattansh.com

Librairie Le Lucernaire
53, rue Notre-Dame-des-Champs
75006 Paris
librairie@lucernaire.fr
01 42 22 67 13

www.ingramcontent.com/pod-product-compliance
Lightning Source LLC
LaVergne TN
LVHW021229061026
849535LV00008B/2989
* 9 7 8 2 3 4 3 2 0 2 2 5 9 *

Annals of the ICRP

ICRP PUBLICATION 89

Basic Anatomical and Physiological Data for Use in Radiological Protection: Reference Values

Editor
J. VALENTIN

PUBLISHED FOR

The International Commission on Radiological Protection

By

PERGAMON

CONTENTS

PERGAMON

ICRP Publication 89

Annals of the ICRP

Guest Editorial

THE PROPER CHOICE OF DATA

In 1975, the ICRP published comprehensive data in order to define 'Reference Man' as a typical individual in its *Publication 23*, which is still a valuable document. Since then, new data have been reported and the scope for radiological protection has been broadened with respect to gender and age groups. With this ICRP publication, reference values for anatomical and physiological parameters are presented which can be used for estimation of radiation doses from external as well as internal sources of ionising radiations in the mentioned broader sense. The data presented make it possible to perform such dose estimations, not only for the total body but also for specific tissues and organs.

An enormous amount of information on anatomical and physiological parameters can be found in the literature from all continents and many countries, but the most comprehensive data are available from people of both sexes living in Europe or North America. The latter regions are thus the main basis for the calculation of reference values, although values may not be representative for the populations of all countries. Wherever possible, comparisons between values from different populations have been made, as it is the aim of the ICRP to present information that is relevant for males and females all over the world. However, it seemed reasonable to construct only one set of reference values.

For some parameters, such as height and many organ masses, the worldwide variability appears limited (variabilities within 5–10%), but there are other parameters where large differences in the values between certain populations and the reference values are observed. This seems to be the case for some physiological and metabolic parameters in particular; for instance, the mass of fat in an adult male from China is only around 50% of the reference value given in this report. Such differences can have significant impacts for dose estimates from the incorporation of certain radioactive substances. If the corresponding parameters for specific populations are available, it may be appropriate to use these values for the prospective determination of radiation doses.

The problems that are connected to these variabilities have been discussed intensively within the ICRP community. As a result of this, it has been considered useful to give reference values as guidelines even for such problematic situations. Besides the differences between populations from different parts of the world, individual variability can influence dose estimates significantly. In particular, this will be the case if individuals with pathophysiological conditions have to be studied and dose estimates have to be performed retrospectively for such individuals. In such situations, it may again be reasonable to allow for more individually based parameters where they are available or can be inferred for defined pathophysiological or pathobiochemical pathways. However, also under such circumstances, the reference values will be good guidelines. This ICRP report discusses cases of such a nature. The report provides a comprehensive compilation of published anatomical and physiological parameters.

CHRISTIAN STREFFER

PREFACE

The ICRP has long recognised the importance of having a standardised set of anatomical and physiological parameters for radiation protection purposes. The most extensive previous ICRP publication of such 'reference values' was *Publication 23*, 'Report of the Task Group on Reference Man' (ICRP, 1975). The main purpose of that document was to provide a comprehensive set of reference values for a young adult male, referred to as 'Reference Man', although some age- and gender-specific data were also presented.

In 1984, a new Task Group on Reference Man (REM) was formed and charged with updating *Publication 23* and formulating reference values for adult females and children. The original intent was to publish the updated and expanded information in a single comprehensive document, but REM was later directed to provide separate reports on selected topics as a way of expediting the publication of data needed by other ICRP task groups. Since then, REM and other task groups of the ICRP, working in conjunction with REM, have developed reference values or baseline models for a number of different organ systems. These efforts have resulted in the publication of ICRP reference values for anatomical and physiological data in different documents.

This publication collects, unifies, and expands the updated ICRP reference values for the purpose of providing a comprehensive and consistent set of age- and gender-specific reference values for anatomical and physiological features of the human body pertinent to radiation dosimetry. The reference values given in this report are based on three general sources of information: (a) anatomical and physiological information not published before by the ICRP; (b) recent ICRP publications containing reference value information such as *Publication 66* on the human respiratory tract (ICRP, 1994), *Publication 70* on the skeleton (ICRP, 1995a), and *Publication 88* on the human embryo/fetus (ICRP, 2001); and (c) information in *Publication 23* that is still considered valid and appropriate for radiation protection purposes.

The following individuals have served on REM during some period of time since its formation in 1984:

1999–present

B.B. Boecker (Chairman)	K.F. Eckerman	R.W. Leggett
X. Chen	J.D. Harrison	

1991–1999

K.F. Eckerman (Chairman)	J.D. Harrison	R.W. Leggett
X. Chen	G.V. Iyengar	F.M. Martin
M. Cristy	G.D. Kerr	G. Tanaka

1984–1991

C.R. Richmond (Chairman)	M. Cristy	G.D. Kerr
X. Chen	G.V. Iyengar	G. Tanaka

Corresponding members or other contributors during the period 1984–1999

A.L. Brooks	H. Kawamura	A.R. Reddy	M.C. Thorne
R.G. Cuddihy	F.M. Martin	M. Roy	D.R. White
G.D. Howells	O. Matsuoka	M. Stabin	E. Wright
L.R. Karhausen	D. Michelson	J.B. Stubbs	

The work of REM is overseen by ICRP Committee 2. Since 1984, the membership of Committee 2 has been as follows:

1981–1985

J. Vennart (Chairman)	L.E. Feinendegen	P.V. Ramzaev
N. Adams	A. Kaul	C.R. Richmond
W.J. Bair	C.W. Mays	R.C. Thompson
G. Bengtsson	J.-C. Nenot	M.C. Thorne
K.F. Eckerman	N. Parmentier	N. Veall

1985–1989

C.B. Meinhold (Chairman)	K.F. Eckerman	N. Parmentier
W.J. Bair	A. Kaul	C.R. Richmond
X. Chen	O. Matsuoka	J.O. Snihs
R.H. Clarke	J.P. Moroni	D.M. Taylor
G. Drexler	Y.I. Moskalev	R.H. Thomas

1989–1993

C.B. Meinhold (Chairman)	K.F. Eckerman	N. Parmentier
W.J. Bair	A. Kaul	C.R. Richmond
A. Bouville	I.A. Likhtarev	J.W. Stather
X. Chen	O. Matsuoka	D.M. Taylor (Secretary)
G. Drexler	H. Métivier	R.H. Thomas

1993–1997

A. Kaul (Chairman)	F.A. Fry	A.R. Reddy
A. Bouville	J. Inaba	M. Roy
X. Chen	I.A. Likhtarev	J.W. Stather (Vice-Chairman)
F.T. Cross	H. Métivier	D.M. Taylor (Secretary)
G. Dietze	H. Paretzke	R.H. Thomas
K.F. Eckerman		

1997–2001

A. Kaul (Chairman)	F.A. Fry	A.R. Reddy
A. Bouville	J. Inaba	M. Roy
B.B. Boecker	I.A. Likhtarev	J.W. Stather (Vice-Chairman)
X. Chen	J. L. Lipsztein	D.M. Taylor (Secretary)
G. Dietze	H. Métivier	T.W. Wøhni (1997–1998)
K.F. Eckerman	H. Paretzke	

2001–2005

C. Streffer (Chairman)	F.A. Fry	H.G. Paretzke
M. Balonov	J. Inaba	A.S. Pradhan
B.B. Boecker	I.A. Likhtarev	J.W. Stather (Vice-Chairman)
A. Bouville	J.L. Lipsztein	D.M. Taylor (Secretary)
G. Dietze	H.-G. Menzel	Y. Zhou
K.F. Eckerman	H. Métivier	

The Task Group on Reference Man is grateful to members of Committee 2 and M.R. Bailey, M.W. Charles, R.V. Griffith, G.H. Kramer, J.W. Poston Sr., M.G. Stabin, D. Thiery, and M. Zankl for reviews of portions of the report. Excellent support for library resources was provided by S.E. Spurlock, D. Thomas, and L.G. Gutierrez, and editorial assistance was provided by P. Bradley of the Lovelace Respiratory Research Institute.

PERGAMON

ICRP Publication 89

Annals of the ICRP

Basic anatomical and physiological data for use in radiological protection: reference values

ICRP Publication 89

Approved by the Commission in September 2001

Abstract-This report presents detailed information on age- and gender-related differences in the anatomical and physiological characteristics of reference individuals. These reference values provide needed input to prospective dosimetry calculations for radiation protection purposes for both workers and members of the general public.

The purpose of this report is to consolidate and unify in one publication, important new information on reference anatomical and physiological values that has become available since *Publication 23* was published by the ICRP in 1975. There are two aspects of this work. The first is to revise and extend the information in *Publication 23* as appropriate. The second is to provide additional information on individual variation among grossly normal individuals resulting from differences in age, gender, race, or other factors.

This publication collects, unifies, and expands the updated ICRP reference values for the purpose of providing a comprehensive and consistent set of age- and gender-specific reference values for anatomical and physiological features of the human body pertinent to radiation dosimetry. The reference values given in this report are based on: (a) anatomical and physiological information not published before by the ICRP; (b) recent ICRP publications containing reference value information; and (c) information in *Publication 23* that is still considered valid and appropriate for radiation protection purposes.

Moving from the past emphasis on 'Reference Man', the new report presents a series of reference values for both male and female subjects of six different ages: newborn, 1 year, 5 years, 10 years, 15 years, and adult. In selecting reference values, the Commission has used data on Western Europeans and North Americans because these populations have been well studied with respect to antomy, body composition, and physiology. When appropriate, comparisons are made between the chosen reference values and data from several Asian populations.

The first section of the report provides summary tables of all the anatomical and physiological parameters given as reference values in this publication. These results give a comprehensive view of reference values for an individual as influenced by age and gender.

The second section describes characteristics of dosimetric importance for the embryo and fetus. Information is provided on the development of the total body and the timing of appearance and development of the various organ systems. Reference values are provided on the mass of the total body and selected organs and tissues, as well as a number of physiological parameters.

The third section deals with reference values of important anatomical and physiological characteristics of reference individuals from birth to adulthood. This section begins with details on the growth and composition of the total body in males and females. It then describes and quantifies anatomical and physiological characteristics of various organ systems and changes in these characteristics during growth, maturity, and pregnancy. Reference values are specified for characteristics of dosimetric importance.

The final section gives a brief summary of the elemental composition of individuals. Focusing on the elements of dosimetric importance, information is presented on the body content of 13 elements: calcium, carbon, chloride, hydrogen, iodine, iron, magnesium, nitrogen, oxygen, potassium, sodium, sulphur, and phosphorus.

Keywords: Anatomy; Physiology; Reference Man; Dosimetry; Radiation protection

1. BASIS OF ICRP REFERENCE VALUES

1.1. General purposes of reference values

(1) Calculations of radiation dose to a human body from external or internal sources require information about the anatomical and physiological characteristics of the exposed individual. The need for this information is particularly important when calculating doses to various body organs and tissues from internally deposited radionuclides. To have consistent and reproducible radiation protection guidance for different types of exposure, it is important that a consistent set of reference values be used to describe, prospectively, various anatomical and physiological characteristics of an exposed individual. An important attribute is that these reference values for tissues and organs, when summed, define a reference individual. Consideration of an entire reference individual helps to ensure that there will be an internal consistency about how the volume, mass or functional characteristics of various organs or tissues are specified.

(2) This report presents detailed information on age- and gender-related differences in the anatomical and physiological characteristics of reference individuals. These reference values provide necessary input to prospective dosimetry calculations for radiation protection purposes for both workers and members of the general public. Although intended for international use, some national authorities may choose to modify these reference values for particular situations with which they are dealing. Also, retrospective dosimetry calculations and analyses for specific individuals in specific exposure situations should use values appropriate for the individuals involved when this information is available.

(3) Evaluation of the transport of ionising radiation within the body and its energy deposition in organs and tissues requires use of three-dimensional representations of the anatomical features. Reference values for the size and composition of the organs provided in this report provide primary design criteria for such models of the anatomical features (often referred to as phantoms). Examples of the construction and use of these models are given in publications such as Snyder et al. (1978), Kramer et al. (1982), and Petoussi-Henss et al. (2002). Other information presented in this report will also be a valuable resource in the design and formulation of realistic anatomical models for the adult worker (male and female) and members of the general public.

1.2. Historical development of reference individuals

(4) The need to specify a reference individual for dosimetric purposes has long been recognised by the ICRP. Data for the first ICRP reference individual, called 'Standard Man', were presented and formalised in 1949 at the Chalk River Conference on Permissible Dose (1950). Some of the adopted values had general acceptance among investigators before that time. In the following decade, additional information was obtained on factors affecting calculations of permissible dose. This led to the use of a modified Standard Man as the basis for *Publication 2* on permissible doses to workers from internally deposited radionuclides (ICRP, 1960).

(5) In 1963, the ICRP established a new task group under Committee 2 to revise and extend the Standard Man concept. The name of the reference individual was changed from 'Standard Man' to 'Reference Man', and the task group on Revision of Reference Man was formed. Although the primary objective was to develop an improved model of the typical worker, the charge to the Task Group acknowledged the changing needs in radiation protection (*Publication 23*, ICRP, 1975, pp. 2–3):

> Because of the increased emphasis on exposure of the population, it is desirable that the specifications of the previous Standard Man be reviewed and revised to take account of present needs for evaluation of exposure to radiation. The task group should review those characteristics of man that relate directly or indirectly to intake, metabolism, and distribution in the body, and retention of the various isotopes of concern. In particular, it is desired to define Reference Man, in the first instance, as a typical occupational individual, and it is important that some indication of variability of the occupational group about this norm be indicated. In addition, differences due to age, sex, or habits should be indicated where possible with particular emphasis on fetuses, infants, and children.

(6) The resulting Reference Man document, *Publication 23* (ICRP, 1975), was a monumental work containing a wealth of information on the anatomical, morphological, and physiological characteristics of humans related to the biokinetics or dosimetry of internally deposited radionuclides. This collection of information has been widely used by scientists in medicine, toxicology, and a variety of other fields in addition to radiation protection.

(7) In 1984, Committee 2 of the ICRP decided to update Reference Man for two main reasons. First, much additional information related to the biokinetics and dosimetry of radionuclides had been published since the compilation of data used in *Publication 23*. Second, by that time, there was a very strong emphasis on exposures of the public and, consequently, a considerably increased need to develop reference characteristics for children or other subgroups of the population. A new task group was formed, and this group was charged with updating the features of Reference Man, giving more emphasis to the normal variations of persons and providing more information on young members of the population.

(8) Initially, the intention was to revise all of *Publication 23* (ICRP, 1975). In addition, the Task Group decided to broaden the type of information that would be included in view of the usefulness of the original Reference Man information to investigators outside the field of radiation protection. When it became apparent that the biological literature had become too extensive and funding for such compilations had become too limited, Committee 2 took an alternative approach. In 1991, it decided that the Task Group should be selective in determining which parts of *Publication 23* to revise, and that the revised parts should be published separately in order to expedite the publication of the information most needed for completion of other ICRP documents. Following that approach, the ICRP issued *Publication 70*, 'Basic Anatomical and Physiological Data for Use in Radiological Protection: The Skeleton' (ICRP, 1995). Other reports prepared by task groups of ICRP Committee 2 have provided much

additional information about values for Reference Man. These efforts include *Publication 66*, 'Human Respiratory Tract Model for Radiological Protection' (ICRP, 1994), *Publication 88*, 'Doses to the Embryo and Fetus from Intakes of Radionuclides by the Mother' (ICRP, 2001), and one report in preparation, 'Human Alimentary Tract Model for Radiological Protection'. Task-group-related publications, such as one on suggested reference values for regional blood volumes in humans (Leggett and Williams, 1991) and another on a proposed blood circulation model for Reference Man (Leggett and Williams, 1995), are also available. In addition to ICRP-sponsored work, additional reports have been published on the characteristics of other populations around the world as discussed below. Thus, this is an appropriate time to revise and extend the information on Reference Man given in *Publication 23*.

1.3. Purpose of the present report

(9) The purpose of this report is to consolidate and unify important new information on reference anatomical and physiological values that has become available since *Publication 23* was published by the ICRP in 1975. **There are two aspects of this work. The first is to revise and extend the information in *Publication 23* as appropriate. The second is to provide additional information on individual variation among grossly normal individuals resulting from differences in age, gender, race, or other factors.** Recognising that the necessary information comes from many different sources, it is desirable that all appropriate information be assembled in one report to ensure ease and consistency of use. On this basis, this report combines information from three general sources: (a) scientific information that has not been published before by the ICRP; (b) reference values published in other recent ICRP reports; and (c) information from *Publication 23* that is still considered to be appropriate for the stated dosimetric uses. It should be noted here that there is a broad range of additional data available in *Publication 23,* beyond the needs of the present report, that are still valid and useful for a number of purposes.

1.4. Characteristics of the present report

1.4.1. Focus on dosimetric needs

(10) The Task Group has focused its attention on those human characteristics that are known or likely to be important for prospective calculations of radiation doses received from sources within or outside the body. The use of these reference values specifically for radiation protection purposes is also emphasised in the title of this report.

1.4.2. Definition of reference individuals

(11) Consistent with the approach taken in *Publication 23* (ICRP, 1975), the Task Group reiterates that it is neither feasible nor necessary to specify a reference individual as being representative of a well-defined population group. To construct a useful reference individual, it is important to have a full set of consistent results so

that the sum of the parts adds up to a proper value for the total body. We have chosen to use data on Western Europeans and North Americans as the basis for defining ICRP reference values because these populations have been well studied with respect to anatomy, body composition, and physiology. Also, scaling of data for body size is not required for these generally similar populations. The criteria used by the Task Group in selecting a reference value involved judgements regarding the quality of the data set, the completeness of the data, and its consistency with other anatomical parameters.

(12) Good-quality data for most aspects of these comparisons are also available for several Asian populations including Japan (Tanaka and Kawamura, 1979, 1996; Tanaka, 1992), China (Wang et al., 1999), and India (Jain, 1995). These results and others have also been presented in a study of the characteristics of Asian individuals of different ages and both genders in a report from the IAEA (IAEA, 1998). Information given in this report was derived from studies in Bangladesh, China, India, Japan, Republic of Korea, Pakistan, Philippines, and Vietnam. The results from China, India, and Japan were the most comprehensive and these are compared with the data for Western Europeans and North Americans in several places throughout this report. No attempt has been made to construct more than one set of reference values for use in radiation protection. In terms of total body values, the reference values for height and body mass are higher than those reported for the various Asian populations. However, the reported masses of individual organs and tissues, particularly those from China and Japan, are similar to the values obtained for Western Europeans and North Americans. In a number of instances, the Asian values have been included for consideration when reference values were being determined.

(13) In Fig. 1.1, mean organ masses reported for adult males from China, India, and Japan are compared, on a normalised basis, with the reference values presented in this report. It can be seen that many of these values are very close to the respective reference values presented for adult males in this report. A similar relationship was observed for adult female values. Thus, the reference values for individual organ and tissue masses will be useful for prospective radiation protection analyses around the world. In those situations where national authorities require additional consideration of national characteristics, they can use the references given above to begin their examination of possible differences.

(14) In this report, reference values are given for a series of radiation-exposed individuals that represent subgroups of the population that are separated by age and gender. This report focuses on six postnatal ages (newborn; 1, 5, 10, and 15 years; and adult) and both genders. Consistent with other ICRP usage, adults are generally considered to be in the age range of 20–50 years in this report. When it is necessary to use a specific age for tabulating or plotting the 'adult' value, an average age of 35 years is used.

1.4.3. Variability in reference values

(15) Due to the international use of Reference Man values for both workers and members of general populations, it is important to examine and understand the range of values associated with any parameter due to differences in age, gender, race,

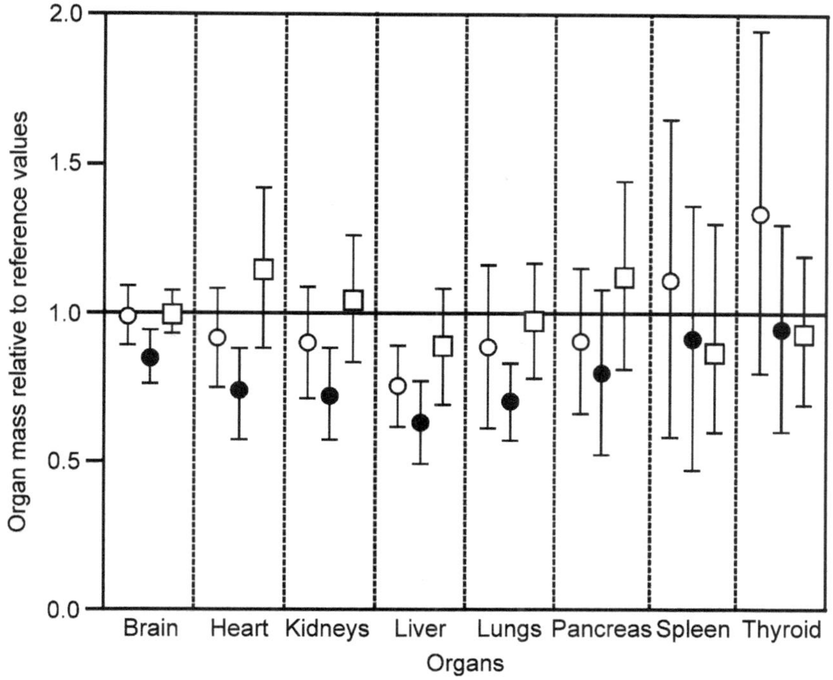

Fig. 1.1. Normalised comparison of organ masses (mean ± 1 SD) for adult males from three Asian countries with the ICRP reference values presented in this report (ICRP values = 1.0). ○, China; ●, India; □, Japan (IAEA, 1998).

or other factors. A substantial amount of information on the influence of these factors is given in this report. Of particular note are the data from non-European, non-North American populations that have become available in the last decade. There are some important differences among populations that might have significant bearing on related radiation protection activities of national authorities (e.g. risk assessment). For example, iodine metabolism differs widely because of differences in dietary intake of iodine; water balance depends strongly on climate and intensity of physical labour; and some respiratory functions depend on body size, climate, and physical labour. However, differences in body size and organ masses among populations, which are the focus of many who develop separate reference humans, are generally of less importance in many of the related radiation protection activities. Due to the inherent variability in the values used to select reference values, the reference values given in this report are generally given to a level of two significant figures.

(16) This report is focused on reference values that are generally applicable for workers or members of the general population. Although the text mentions certain factors, such as health status, environmental conditions, etc., that might influence the selection of dosimetric parameters, consideration of the broad range of possible influencing factors that may or may not be important for dosimetric purposes is beyond the scope of this report.

1.4.4. Literature references

(17) There is an inherent difference in the amount of referencing that is provided in various sections of this report because the report has been prepared from several different sources. To avoid needless duplication of large lists of references, it was decided that the full lists of references given in support of reference values derived in other ICRP publications would not be included here. In this report, ICRP publications, such as *Publications 23, 66,* and *88,* are clearly referenced where used. The interested reader desiring additional background information and references is referred to the underlying ICRP publications.

(18) **Where references are given, it will be noted that there is a wide range of dates associated with various topics. As this is, in part, an update of *Publication 23* (ICRP, 1975), most of the references were published over the past 25 + years.** Research interests and activities in anatomy and physiology have changed over the years, just as they have in other disciplines. For some topics, the best references to illustrate a particular point were published much earlier in the 20th century and these have been included as appropriate.

1.5. Organisation of the report

(19) This report can be considered as comprising four sections dealing with various aspects of the reference values. The first section, Chapter 2, provides summary tables of all the anatomical and physiological parameters given as reference values in this report. These results give a comprehensive view of reference values for an individual as influenced by age and gender. Inclusion of all these values at the front of the report facilitates their use by individuals who need the reference values but not necessarily the associated background information. All reference values in this report are printed in bold type to signify their status.

(20) The second section, Chapter 3, describes characteristics of dosimetric importance for the embryo and fetus. Information is provided on the development of the total body and the timing of appearance and development of the various organ systems. Reference values are provided on the mass of the total body and selected organs and tissues, as well as a number of physiological parameters.

(21) The third and largest section, Chapters 4–12, deals with reference values of important anatomical and physiological characteristics of reference individuals from birth to adulthood. This section begins with details on the growth and composition of the total body in males and females. Subsequent chapters describe and quantify anatomical and physiological characteristics of various organ systems, and changes in these characteristics during growth, maturity, and pregnancy. Reference values are specified for characteristics of dosimetric importance.

(22) The final section, Chapter 13, gives a brief summary of the elemental composition of individuals. In accordance with the decision to focus on the elements of dosimetric importance, information is presented on the body content of 13 elements: calcium, carbon, chloride, hydrogen, iodine, iron, magnesium, nitrogen, oxygen, potassium, sodium, sulphur, and phosphorus. It is recognised that biokinetic mod-

elling efforts can also benefit substantially from information on the naturally occurring levels of trace elements in the body. The reader is referred to *Publication 23* (ICRP, 1975) for this information because no new information is provided on this topic in this report.

(23) The report ends with a detailed list of the references used.

2. SUMMARY OF REFERENCE VALUES

2.1. Introduction

(24) As noted above, this report is focused specifically on providing reference values of anatomical and physiological parameters that are needed for dosimetry calculations for radiation protection purposes. Chapters 3–13 contain a substantial amount of anatomical and physiological information on the various parts of the human body. Reference values are presented in each chapter accompanied by supporting text, figures, and tables as appropriate. These reference values are all given in bold type. Although such a presentation provides a good linkage between the reference values and supporting text, it does lead to a scattering of the values throughout the report.

(25) As an aid to individuals wishing to see all of the reference values in one place, these values have also been collected and organised in this chapter. Section 2.2 is devoted to values for the prenatal period, and Section 2.3 presents information for the postnatal period. In most of the tables associated with the postnatal period, values are given for six ages: newborn; 1, 5, 10, and 15 years; and adult. The adult values are considered to be generally applicable to the age range from 20 to 50 years. In graphical presentations, the adult is considered to be 35 years old. Collectively, these results provide a substantial amount of information on the characteristics of reference individuals from birth to adulthood.

2.2. Prenatal period

2.2.1. Anatomical data

Table 2.1. Reference values for body mass of the fetus (Section 3.2.2)

Fetal age (weeks)	Mass (g)
8	**4.7**
10	**21**
15	**160**
20	**480**
25	**990**
30	**1700**
35	**2700**
38	**3500**

Table 2.2. Reference values for surface area of the fetal body (Section 3.2.3)

		Approximate percentage of surface area of:			
Fetal age (weeks)	**Surface area (cm²)**	**Head**	**Trunk**	**Upper extremities**	**Lower extremities**
8	27	40	40	8	12
10	70	36	36	12	16
15	290	30	36	14	20
20	620	25	34	16	25
25	990	23	33	16	28
30	1400	22	33	16	29
35	1900	21	32	17	30
38	2300	21	32	17	30

Table 2.3. Reference values for the specific gravity of the fetus (Section 3.2.4)

Body mass (g)	**Specific gravity (g/cm³)**
<1000	0.97
1000–2000	0.99
2000–3000	1.00
>3000	1.02

Table 2.4. Reference values for masses of organs and tissues in the developing fetus (g) (Section 3.3)

	Fetal age (weeks)							
Organ/tissue	**8**	**10**	**15**	**20**	**25**	**30**	**35**	**38**
Brain	3.9	6.7	23	62	120	200	300	370
Thyroid	0.011	0.022	0.077	0.18	0.36	0.63	1.0	1.3
Heart	0.038	0.15	1.1	3.0	6.0	9.9	15	20
Adrenals (2)	0.016	0.06	0.38	0.98	1.9	3.0	4.6	6.0
Marrow, active	0.070	0.30	2.4	6.9	14	24	38	50
Kidneys (2)	0.024	0.13	1.3	3.8	7.6	13	20	25
Liver	0.21	0.87	6.5	19	38	63	100	130
Lungs	0.096	0.63	5.8	15	26	38	51	60
Pancreas	0.39	0.69	1.5	2.3	3.1	3.8	4.5	5.0
Spleen	0.00049	0.0035	0.069	0.36	1.1	2.7	5.8	9.5
Thymus	0.011	0.022	0.45	1.5	3.2	5.8	9.7	13

2.2.2. Physiological data

Table 2.5. Reference values for oxygen consumption of the fetus (Section 3.4.1)

Fetal age (weeks)	Oxygen consumption (ml/min)
8	0.03
10	0.1
15	1.2
20	3.8
25	7.9
30	13
35	21
38	28

Table 2.6. Reference values for urinary output of the fetus (Section 3.4.3)

Fetal age (weeks)	Urine output (ml/h)
10	–
15	–
20	4
25	13
30	27
35	39
38	45

Table 2.7. Reference values for body composition of the fetus (Section 3.5.1)

		Constituent (g)/100 g body mass			
Fetal age (weeks)	Body mass (g)	Water	Protein	Lipid	Other
8	4.7	95.0	3.2	–	1.8
10	21	91.5	6.7	–	1.8
15	160	89.5	8.1	0.1	2.3
20	480	88.6	8.8	0.1	2.5
25	990	85.7	9.4	2.4	2.5
30	1700	80.7	10.6	6.3	2.4
35	2700	76.4	11.6	9.3	2.7
38	3500	74.0	12.0	11.2	2.8

2.3. Postnatal period

2.3.1. Anatomical data

Table 2.8. Reference values for masses of organs and tissues as a function of age (g)

					15 years		Adult		
Organ/tissue	Newborn	1 year	5 years	10 years	M	F	M	F	See Section
Adipose tissue[a]	930	3800	5500	8600	12 000	18 700	18 200	22 500	11.1.2
Separable adipose tissue, excluding yellow marrow	890	3600	5000	7500	9500	16 000	14 500	19 000	11.1.2
Adrenals (2)	6	4	5	7	10	9	14	13	11.2.1
Alimentary system									
Tongue	3.5	10	19	32	56	53	73	60	6.3.4
Salivary glands	6	24	34	44	68	65	85	70	6.3.2
Oesophagus									
Wall	2	5	10	18	30	30	40	35	6.3.8
Stomach									
Wall	7	20	50	85	120	120	150	140	6.3.9
Contents	40	67	83	117	200	200	250	230	6.4.5
Small intestine									
Wall	30	85	220	370	520	520	650	600	6.3.10
Contents	56	93	117	163	280	280	350	280	6.4.5
Large intestine									
Right colon									
Wall	7	20	49	85	122	122	150	145	6.3.11
Contents	24	40	50	70	120	120	150	160	6.4.5
Left colon									
Wall	7	20	49	85	122	122	150	145	6.3.11
Contents	12	20	25	35	60	60	75	80	6.4.5
Rectosigmoid									
Wall	3	10	22	40	56	56	70	70	6.3.11
Contents	12	20	25	35	60	60	75	80	6.4.5
Liver	130	330	570	830	1300	1300	1800	1400	6.3.12
Gallbladder									
Wall	0.5	1.4	2.6	4.4	7.7	7.3	10	8	6.3.13
Contents	2.8	8	15	26	45	42	58	48	6.3.13
Pancreas	6	20	35	60	110	100	140	120	6.3.14
Brain	380	950	1310/1180	1400/1220	1420	1300	1450	1300	11.3.1
Breasts					15	250	25	500	11.4.1
Circulatory system									
Heart – with blood[a]	46	98	220	370	660	540	840	620	7.1.1
Heart – tissue only	20	50	85	140	230	220	330	250	7.1.1
Blood	290	530	1500	2500	4800	3500	5600	4100	7.4
Eyes (2)	6	7	11	12	13	13	15	15	11.7.1
Fat (storage fat)[a]	370	2300	3600	6000	9000	14 000	14 600	18 000	4.3.3
Integumentary system									
Skin	175	350	570	820	2000	1700	3300	2300	10.5
Muscle, skeletal	800	1900	5600	11 000	24 000	17 000	29 000	17 500	11.8.3
Pituitary gland	0.1	0.15	0.25	0.35	0.5	0.5	0.6	0.6	11.9

(continued on next page)

Table 2.8 (*continued*)

Organ/tissue	Newborn	1 year	5 years	10 years	15 years		Adult		See Section
					M	F	M	F	
Respiratory system									
Larynx	1.3	4	7	12	22	15	28	19	5.3.1
Trachea	0.5	1.5	2.5	4.5	7.5	6	10	8	5.3.2
Lung – with blood[a]	60	150	300	500	900	750	1200	950	5.3.3
Lung – tissue only	30	80	125	210	330	290	500	420	5.3.3
Skeletal system									
Total skeleton[a]	370	1170	2430	4500	7950	7180	10 500	7800	9.2.3
Bone, cortical	135	470	1010	1840	3240	2960	4400	3200	9.2.6
Bone, trabecular	35	120	250	460	810	740	1100	800	9.2.6
Bone, total[a]	170	590	1260	2300	4050	3700	5500	4000	9.2.11
Marrow, active	50	150	340	630	1080	1000	1170	900	9.2.13
Marrow, inactive	0	20	160	630	1480	1380	2480	1800	9.2.13
Cartilage	130	360	600	820	1140	920	1100	900	9.2.12
Teeth	0.7	5	15	30	45	35	50	40	9.2.14
Miscellaneous	20	45	55	90	155	145	200	160	9.2.15
Spleen	9.5	29	50	80	130	130	150	130	11.10.1
Thymus	13	30	30	40/35	35	30	25	20	11.11.1
Thyroid	1.3	1.8	3.4	7.9	12	12	20	17	11.12.1
Tonsils (2 palatine)	0.1	0.5	2	3	3	3	3	3	6.3.6
Urogenital system									
Kidneys (2)	25	70	110	180	250	240	310	275	8.2.1
Ureters (2)	0.77	2.2	4.2	7.0	12	12	16	15	8.2.2
Urinary bladder	4	9	16	25	40	35	50	40	8.2.3
Urethra	0.48/0.14[b]	1.4/0.42	2.6/0.78	4.4/1.3	7.7	2.3	10	3	8.2.4
Testes (2)	0.85	1.5	1.7	2	16		35		8.2.5
Epididymes (2)	0.25	0.35	0.45	0.60	1.6		4		8.2.5
Prostate	0.8	1.0	1.2	1.6	4.3		17		8.2.6
Ovaries (2)	0.3	0.8	2.0	3.5		6		11	8.2.7
Fallopian tubes (2)	0.25	0.25	0.35	0.50		1.1		2.1	8.2.7
Uterus	4.0	1.5	3	4		30		80	8.2.8
Total body (kg)[c]	3.5	10	19	32	56	53	73	60	4.2.1

[a] This entry duplicates other mass information in this table and should not be included in the whole-body sum of reference values for tissue masses.

[b] Male (M)/female (F) values.

[c] The body components listed above represent 96% of the total body mass. Separable connective tissues and certain lymphatic tissues account for most of the remaining 4% of body mass.

Table 2.9. Reference values for height, mass, and surface area of the total body (Sections 4.2.1 and 4.2.2)

Age	Height (cm)		Mass (kg)		Surface area (m^2)	
	Male	Female	Male	Female	Male	Female
Newborn	51	51	3.5	3.5	0.24	0.24
1 year	76	76	10	10	0.48	0.48
5 years	109	109	19	19	0.78	0.78
10 years	138	138	32	32	1.12	1.12
15 years	167	161	56	53	1.62	1.55
Adult	176	163	73	60	1.90	1.66

Table 2.10. Reference value for water content of lean body mass in adults: 73% (Section 4.3.2)

Table 2.11. Reference values for lengths of alimentary tract segments (Section 6.3)

	Newborn	1 year	5 years	10 years	15 years M	15 years F	Adult M	Adult F
Oesophagus	10	13	18	23	27	26	28	26
Small intestine	80	120	170	220	270	260	280	260
Large intestine								
Right colon	14	18	23	28	35	30	34	30
Left colon	16	21	26	31	35	35	38	35
Rectosigmoid	15	21	26	31	35	35	38	35
Large intestine total	45	60	75	90	100	100	110	100

Table 2.12. Reference values for volume of blood plasma and red blood cells (ml) (Section 7.3)

	Male	Female
Red blood cells	2300	1500
Plasma	3000	2400

Table 2.13. Reference values for distribution of blood in the vascular system of adult man (Section 7.6)

Region	Total blood volume (%)
Heart chambers	9
Pulmonary	10.5
Arteries	3
Capillaries	2
Veins	5.5
Systemic	80.5
Aorta and large arteries	6
Small arteries	10
Capillaries	5
Small veins	41.5
Large veins	18

Table 2.14. Reference values for regional blood volumes in adults (Section 7.7.2)

Organ or tissue	Blood content (% total blood volume)	
	Male	Female
Fat	5.0	8.5
Brain	1.2	1.2
Stomach and oesophagus	1.0	1.0
Small intestine	3.8	3.8
Large intestine	2.2	2.2
Right heart	4.5	4.5
Left heart	4.5	4.5
Coronary tissue	1.0	1.0
Kidneys	2.0	2.0
Liver	10	10
Pulmonary	10.5	10.5
Bronchial tissue	2.0	2.0
Skeletal muscle	14	10.5
Pancreas	0.6	0.6
Skeleton	7.0	7.0
Red marrow	4.0	4.0
Trabecular bone	1.2	1.2
Cortical bone	0.8	0.8
Other skeleton	1.0	1.0
Skin	3.0	3.0
Spleen	1.4	1.4
Thyroid	0.06	0.06
Lymph nodes	0.2	0.2
Gonads	0.04	0.02
Adrenals	0.06	0.06
Urinary bladder	0.02	0.02
All other tissues	1.92	1.92
Aorta and large arteries	6.0	6.0
Large veins	18	18

Table 2.15. Reference values for the mass of 'fixed' lymphatic tissue in adults (Section 7.8.2)

Male	730 g
Female	600 g

Table 2.16. Reference values for the total mass and distribution of lymphocytes (Section 7.8.2)

Age	Mass of lymphocytes (g)	Distribution of lymphocytes (%)			
		Red marrow	Blood	Spleen, lymph nodes, etc.	Outside haematopoietic tissues
Newborn	150	5.0	0.3	16	78.7
1 year	650	3.0	0.2	12	84.8
5 years	650	3.0	0.2	12	84.8
10 years	900	4.5	0.2	9.5	85.8
15 years	1250	6.0	0.2	7.5	86.3
Adult male	1500	7.0	0.2	7.0	85.8
Adult female	1300	7.0	0.2	7.0	85.8

Table 2.17. Reference values for characteristics of the ureters (Section 8.2.2)

Thickness of epithelium	65 μm
Thickness of wall	0.7 mm
Thickness of muscularis (three layers)	0.5 mm
Water as percentage of total mass	70%

Table 2.18. Reference values for division of bone mass in adult male or female (Section 9.2.6)

Compact bone	80%
Trabecular bone	20%

Table 2.19. Reference values for volume and surface area of bone in the adult male (Section 9.2.7)

Volume of bone tissue (i.e. inside the periosteal envelope and outside the endosteal envelope)	
All bone tissue	2710 cm^3
Cortical bone	2130 cm^3
Trabecular bone	580 cm^3
Surface:volume ratio	
Cortical bone	3 mm^2/mm^3 (30 cm^2/cm^3)
Trabecular bone	18 mm^2/mm^3 (180 cm^2/cm^3)
Total surface area	
All bone	17 m^2
Cortical bone	6.5 m^2
Trabecular bone	10.5 m^2

Table 2.20. Reference values for density of skeletal components (Section 9.2.10)

	Density (g/cm^3)
Whole skeleton, adults	1.3
Dry, mineralised collagenous bone matrix, adults	2.3
Hydrated cortical bone	
Newborn	1.65
1 year	1.66
5 years	1.70
10 years	1.75
15 years	1.80
Adult	1.90

Table 2.21. Reference values for content of calcium and phosphorus in bone ash (Section 9.2.11)

	Ash content (% by mass)	
Age	Ca	P
Newborn	36.5	18
1 year	36.5	18
5 years	37	17.5
10 years	37	17.5
15 years	37	17.5
Adult	37.5	16.5

Table 2.22. Reference values for ash content of the skeleton (Section 9.2.11)

Age	Mass (%)
Newborn	20
1 year	23
5 years	24
10 years	24
15 years	26
Adult	29

Table 2.23. Reference values for the calcium content of bone (Section 9.2.11)

Age	Wet mass (%)
Newborn	16.5
1 year	17
5 years	19
10 years	20
15 years	20.5
Adult	21.5

Table 2.24. Reference values for masses of skeletal tissues[a] and skeletal calcium (g) (Sections 9.2.11–9.2.15)

					15 years		Adult	
	Newborn	1 year	5 years	10 years	Male	Female	Male	Female
Total skeleton	370	1170	2430	4500	7950	7180	10 500	7800
Bone	170	590	1260	2300	4050	3700	5500	4000
Active marrow	50	150	340	630	1080	1000	1170	900
Inactive marrow	0	20	160	630	1480	1380	2480	1800
Cartilage	130	360	600	820	1140	920	1100	900
Miscellaneous	20	50	70	120	200	180	250	200
Skeletal Calcium	28	100	240	460	830	760	1180	860

[a] As defined here, the skeleton does not include periarticular tissue or blood, but does include teeth, periosteum, and blood vessels (masses included in 'miscellaneous').

Table 2.25. Reference values for thickness of the epidermis in males and females (Section 10.3.2)

	Thickness (μm)
Newborn	45
1 year	45
5 years	45
10 years	50
15 years	60
Adult	70

Table 2.26. Reference values for body surface area (Section 4.2.2)

	Area (m^2)	
Age	Male	Female
Newborn	0.24	0.24
1 year	0.48	0.48
5 years	0.78	0.78
10 years	1.12	1.12
15 years	1.62	1.55
Adult	1.90	1.66

Table 2.27. Reference values for the mass of epidermis, dermis, and total skin (g) (Section 10.5)

	Males			Females		
Age	Epidermis	Dermis	Total skin	Epidermis	Dermis	Total skin
Newborn	12	163	175	12	163	175
1 year	24	326	350	24	326	350
5 years	39	531	570	39	531	570
10 years	56	764	820	56	764	820
15 years	100	1900	2000	80	1620	1700
Adult	120	3180	3300	85	2215	2300

Table 2.28. Reference values for eye lens depth and size in adult males and females (Section 11.7.2)

	Lens depth and size (cm)
Anterior aspect of lens to anterior pole of cornea	0.3–0.4
Anterior aspect of lens to anterior aspect of closed lid	0.8
Equator of lens to anterior of corneal border	0.3
Equatorial diameter of lens	0.9
Axial thickness of lens	0.4

2.3.2. Physiological data

Table 2.29. Reference values for basal metabolism and total energy expenditure (Section 4.4.1)

	Basal metabolic rate (kcal/h)		Total energy expenditure (kcal/day)	
Age	Male	Female	Male	Female
Newborn	8.5	8.5	500	500
1 year	24	23	800	750
5 years	45	43	1600	1400
10 years	53	48	1900	1700
15 years	63	51	2400	1800
Adult	68	52	2800	1800

Table 2.30. Reference values for water balance in adults (Section 4.4.2)

	Male	Female
Water intake in food and fluids (ml/day)	2600	1960
Oxidation of food (ml/day)	300	225
Losses (ml/day)		
Urine	1600	1200
Insensible loss[a]	690	515
Sweat	500	375
Faeces	110	95

[a] Assumed to be divided equally between the lungs and skin.

Table 2.31. Reference values for respiratory volumes and capacities[a] (Section 5.4.4)

					15 years		Adult	
	3 months	1 year	5 years	10 years	Male	Female	Male	Female
TLC (l)	0.28	0.55	1.6	2.9	5.4	4.5	7.0	5.0
FRC (l)	0.15	0.24	0.77	1.5	2.7	2.3	3.3	2.7
VC (l)	0.20	0.38	1.0	2.3	4.0	3.3	5.0	3.6
V_D (l)[b]	0.014	0.020	0.046	0.078	0.13	0.11	0.15	0.12

[a] Rounded values from Table 7 in *Publication 66* (ICRP, 1994). See Annex B of *Publication 66* for published data on various populations.

[b] These are secondary values calculated by scaling the airway dimensions for body height.

TLC, total lung capacity; FRC, functional residual capacity; VC, vital capacity; V_D, dead space.

Table 2.32. Reference values for respiratory parameters at different levels of physical activity[a] (Section 5.4.4)

Activity	Resting (sleeping)			Sitting awake			Light exercise			Heavy exercise		
Maximal workload (%)	8			12			32			64		
Breathing parameters	V_T (l)	B (m^3/h)	f_R (min^{-1})	V_T (l)	B (m^3/h)	f_R (min^{-1})	V_T (l)	B (m^3/h)	f_R (min^{-1})	V_T (l)	B (m^3/h)	f_R (min^{-1})
Age												
3 months	0.039	0.09	38	N/A	N/A	N/A	0.066	0.19	48	N/A	N/A	N/A
1 year	0.074	0.15	34	0.10	0.22	36	0.13	0.35	46	N/A	N/A	N/A
5 years	0.17	0.24	23	0.21	0.32	25	0.24	0.57	39	N/A	N/A	N/A
10 years												
Male	0.30	0.31	17	0.33	0.38	19	0.58	1.1	32	0.84	2.2	44
Female	0.30	0.31	17	0.33	0.38	19	0.58	1.1	32	0.67	1.8	46
15 years												
Male	0.50	0.42	14	0.53	0.48	15	1.0	1.4	23	1.4	2.9	36
Female	0.42	0.35	14	0.42	0.40	16	0.90	1.3	24	1.1	2.6	38
Adult												
Male	0.63	0.45	12	0.75	0.54	12	1.3	1.5	20	1.9	3.0	26
Female	0.44	0.32	12	0.46	0.39	14	0.99	1.3	21	1.4	2.7	33

[a] Rounded values from Table 8 of *Publication 66* (ICRP, 1994). See Annex B of *Publication 66* for data from which these reference values were derived.

V_T, tidal volume; B, ventilation rate; f_R, respiration frequency; N/A, not applicable.

Table 2.33. Reference values for daily time budgets for members of the general population (h/day)[a] (Section 5.4.4)

	Time budget (h/day)							
					15 years		Adult	
Location	3 months	1 year	5 years	10 years	Male	Female	Male	Female
Indoors								
At home: Asleep	17	14	12	10	10	10	8.5	8.5
Awake	7[b]	5[c]	6[c]	8[c]	7[d]	9[d]	7[c]	9.5[c]
Elsewhere (e.g. at work)		4[c]	3[c]	3[c]	4[d]	3[d]	6.5[c]	4[c]
Outdoors		1[c]	3[c]	3[c]	3[e]	2[f]	2[f]	2[f]

[a] Modified from Table 5 in *Publication 71* (ICRP, 1995b) and Table B.16 in *Publication 66* (ICRP, 1994).
[b] Light exercise.
[c] One-third sitting + two-thirds light exercise.
[d] One-half sitting + one-half light exercise.
[e] Two-thirds light exercise + one-third heavy exercise.
[f] One-half sitting + three-eighths light exercise + one-eighth heavy exercise.

Table 2.34. Reference values for daily time budget and ventilation parameters at each exercise level for members of the public at various ages (Section 5.4.4)[a]

	3 months			1 year			5 years		
Exercise level	h	m^3/h	m^3	h	m^3/h	m^3	h	m^3/h	m^3
Sleep	17	0.09	1.5	14	0.15	2.1	12	0.24	2.9
Sitting				3.3	0.22	0.73	4.0	0.32	1.3
Light exercise	7.0	0.19	1.3	6.7	0.35	2.3	8.0	0.57	4.6
Heavy exercise									
Total			2.8			5.1			8.8

	10 years			15 years (male)			15 years (female)		
Exercise level	h	m^3/h	m^3	h	m^3/h	m^3	h	m^3/h	m^3
Sleep	10	0.31	3.1	10	0.42	4.2	10	0.35	3.5
Sitting	4.7	0.38	1.8	5.5	0.48	2.6	7.0	0.40	2.8
Light exercise	9.3	1.1	10.3	7.5	1.38	10.4	6.8	1.3	8.8
Heavy exercise				1.0	2.92	2.9	0.25	2.6	0.65
Total			15.2			20.1			15.8

	Adult (male)			Adult (female)		
Exercise level	h	m^3/h	m^3	h	m^3/h	m^3
Sleep	8.0	0.45	3.6	8.5	0.32	2.7
Sitting	6.0	0.54	3.2	5.4	0.39	2.1
Light exercise	9.8	1.5	14.7	9.9	1.3	12.9
Heavy exercise	0.25	3.0	0.75	0.19	2.7	0.52
Total			22.2			18.2

[a] Rounded values derived from Table 6 of *Publication 71* (ICRP, 1995b) and the tables given above.

Table 2.35. Reference values of daily ventilation rates for dosimetric modelling: adult workers[a] (Section 5.4.4)

	Air breathed (m^3/day)		
	Sedentary worker		Heavy worker
Activity	Male	Female	Male
Sleeping (8 h)	3.6 *(3.6)*[b]	2.6 *(2.9)*	3.6 *(3.6)*
Occupational (8 h)			
1/3 sitting	9.6 *(9.6)*	7.9 *(9.1)*	
2/3 light exercise			
7/8 light exercise			13.5 *(9.6)*
1/8 heavy exercise			
Non-occupational (8 h)			
4/8 sitting			
3/8 light exercise	9.7 *(9.6)*	8.0 *(9.1)*	9.7 *(9.6)*
1/8 heavy exercise			
Total air breathed (m^3)	22.9 *(22.8)*	18.5 *(21.1)*	26.8 *(22.8)*

[a] From Table B.17 in *Publication 66* (ICRP, 1994).
[b] Values in parentheses from *Publication 23* (ICRP, 1975).

Table 2.36. Reference values for daily secretions into the gastrointestinal tract of the adult (Section 6.4.2)

Destination	Substance	Secretion (ml/day)
Stomach	Saliva	1200
	Gastric juices	2000
Small intestines	Pancreatic juices	1200
	Bile	700
	Brunner's gland secretions	50
	Other secretions	2000
Large intestine	All secretions	60

Table 2.37. Reference values for transit times of luminal contents through major segments of the alimentary tract (Section 6.4.3)

	Age group				
				Adult	
	Newborn	1 year	5–15 years	Males	Females
Mouth					
Solids	–	15 s	15 s	15 s	15 s
Liquids	2 s	2 s	2 s	2 s	2 s
Total diet	2 s	12 s	12 s	12 s	12 s
Oesophagus – fast (90%)					
Solids	–	8 s	8 s	8 s	8 s
Liquids	4 s	5 s	5 s	5 s	5 s
Total diet	4 s	7 s	7 s	7 s	7 s
Oesophagus – residual (10%)					
Solids	–	45 s	45 s	45 s	45 s
Liquids	30 s	30 s	30 s	30 s	30 s
Total diet	30 s	40 s	40 s	40 s	40 s
Stomach					
Solids	–	75 mins	75 mins	75 mins	105 mins
Liquids – caloric	75 mins	45 mins	45 mins	45 mins	60 mins
Liquids – non-caloric	10 mins	30 mins	30 mins	30 mins	30 mins
Total diet	75 mins	70 mins	70 mins	70 mins	95 mins
Small intestine[a]	4 h	4 h	4 h	4 h	4 h
Right colon[a]	8 h	10 h	11 h	12 h	16 h
Left colon[a]	8 h	10 h	11 h	12 h	16 h
Rectosigmoid[a]	12 h	12 h	12 h	12 h	16 h

[a] Intestinal transit times apply to all material.

Table 2.38. Reference values for the mass of faeces excreted per day (Section 6.4.4)

	Mass (g/day)	
Age	Male	Female
Newborn	24	24
1 year	40	40
5 years	50	50
10 years	70	70
15 years	120	120
Adult	150	120

Table 2.39. Reference values for cardiac output (Section 7.5)

	Cardiac output (l/min)	
Age	Male	Female
Newborn	0.6	0.6
1 year	1.2	1.2
5 years	3.4	3.4
10 years	5.0	5.0
15 years	6.1	6.1
Adult	6.5	5.9

Table 2.40. Reference values for regional blood flow rates in adults (Section 7.7.2)

Organ or tissue	Blood flow rate (% cardiac output)	
	Male	Female
Fat	5.0	8.5
Brain	12	12
Stomach and oesophagus	1.0	1.0
Small intestine	10	11
Large intestine	4.0	5.0
Coronary tissue	4.0	5.0
Kidneys	19	17
Liver	6.5 (arterial)	6.5 (arterial)
	25.5 (total)	27.0 (total)
Bronchial tissue	2.5	2.5
Skeletal muscle	17	12
Pancreas	1.0	1.0
Skeleton	5.0	5.0
Red marrow	3.0	3.0
Trabecular bone	0.9	0.9
Cortical bone	0.6	0.6
Other skeleton	0.5	0.5
Skin	5.0	5.0
Spleen	3.0	3.0
Thyroid	1.5	1.5
Lymph nodes	1.7	1.7
Gonads	0.05	0.02
Adrenals	0.3	0.3
Urinary bladder	0.06	0.06
All other tissues	1.39	1.92

Table 2.41. Reference values for daily urinary excretion (Section 8.3.2)

Age	Excretion (ml/day)	
	Male	Female
Newborn	300	300
1 year	400	400
5 years	500	500
10 years	700	700
15 years	1200	1200
Adult	1600	1200

Table 2.42. Reference values for urinary excretion of creatinine (Section 8.3.4)

Age	Amount excreted (g/day)	
	Males	Females
Newborn	0.05	0.05
1 year	0.11	0.11
5 years	0.33	0.33
10 years	0.65	0.65
15 years	1.4	1.0
Adult	1.7	1.0

Table 2.43. Reference values for bone remodelling rates (Section 9.3.1)

Age	Remodelling rate (%/year)	
	Cortical bone	Trabecular bone
0–3 months	300	300
1 year	105	105
5 years	56	66
10 years	33	48
15 years	19	35
Adult	3	18

Table 2.44. Reference values for blood flow to organs of the non-pregnant and pregnant woman near term (Section 12.2.7)

Organ/tissue	Blood flow rate (% cardiac output)	
	Non-pregnant	Pregnant
Fat	8.5	7.8
Brain	12.0	8.8
Gastrointestinal tract	17.0	12.5
Heart	5.0	3.7
Kidneys	17.0	16.6
Liver	27.0[a]	20.0[a]
Arterial	(6.5)	(4.8)
Portal	(20.5)	(15.2)
Lungs	2.5	1.8
Muscle	12.0	8.8
Pancreas	1.0	0.7
Skeleton	5.0	3.7
Skin	5.0	8.7
Spleen	3.0	2.2
Thyroid	1.5	1.1
Uterus	0.4	12.0
Breast	0.4	3.5
Other	3.2	3.3
Cardiac output (l/min)	5.9	7.3

[a] Total of values in parentheses.

3. EMBRYO AND FETUS

3.1. Development of the embryo and fetus

(26) The terminology used to describe the development of the conceptus from conception to term is somewhat varied in the literature. However, three main phases of development are recognised: a pre-implantation period, an embryonic period of major organogenesis, and a fetal period of organ growth. For dosimetric purposes, the pre-implantation and embryonic period are usually combined and referred to as the embryonic period.

3.1.1. Developmental phases

Pre-implantation

(27) Fertilisation of the ovum by a spermatozoon to form the single-cell zygote typically occurs around 2 weeks into the menstrual cycle. Fertilisation takes place in the uterine tube and is followed by a series of embryonic developmental stages. During the early developmental stages, the embryo migrates through the uterine tube and enters the uterus. Implantation of the embryo into the uterine lining begins a series of events leading to formation of the early placental structures. The whole period encompassing fertilisation and implantation takes about 2 weeks.

Embryonic period

(28) During the embryonic period, extensive cell differentiation takes place so that the general layout of the organ systems is present at 8 weeks. These developments, beginning about 3 weeks postconception, are characterised by a rapid increase in embryonic mass. By 4 weeks postconception, the basis for most of the maturing organ systems is established. The period of organogenesis (organ formation) may be considered to last up to 8 weeks, at which time the developing embryo still weighs less than 10 g (Moore and Persaud, 1998). Formally, the embryo consists of those derivatives of the fertilised ovum that eventually become the offspring. The Carnegie stages are a classification system used by embryologists to describe the apparent maturity of embryos. An embryo is assigned a Carnegie stage (numbered 1–23) based on its external features. These stages group the development of the human embryo from Day 1 to Day 57 until the start of fetogenesis (O'Rahilly and Müller, 1986). Embryos that might have different ages or sizes can be assigned the same Carnegie stage based on the external appearance (see Fig. 3.1).

Fetal period

(29) There is not a distinct change in the nature of the developmental process that marks the end of the embryonic period and the beginning of the fetal period. The basis of the organ systems is established in the embryonic period. During the fetal period, the developing organism is clearly recognisable as having human characteristics and thus this period is one of further growth, development, and maturation of the organ systems.

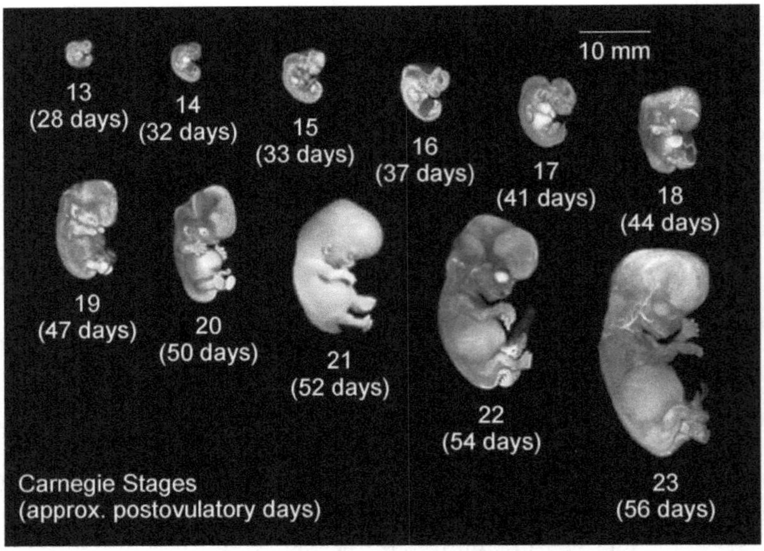

Fig. 3.1. Carnegie stages in embryo development (adapted from Smith et al., 1999).

A notable change occurring during the fetal period is the relative slowdown in the growth of the head compared with the rest of the body. The rate of body growth during the fetal period is rapid, especially between Weeks 9 and 16, and the increase in fetal mass is phenomenal during the weeks prior to birth (see Fig. 3.2).

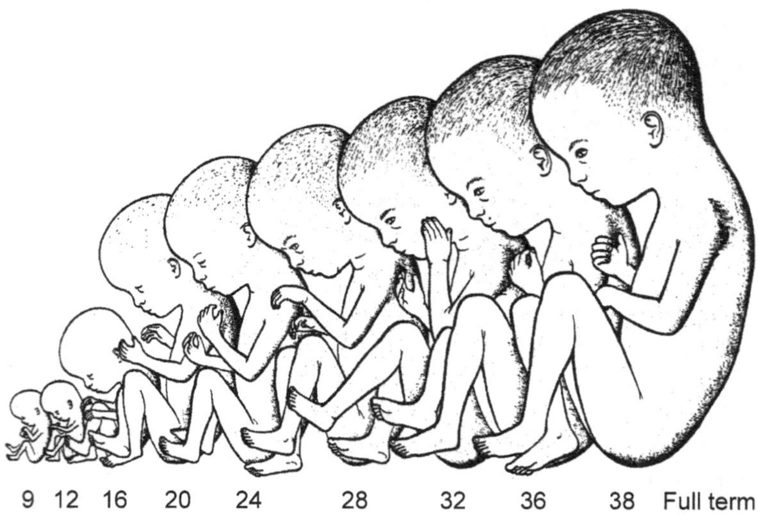

Fig. 3.2. The fetal period, extending from Week 9 to birth (Reprinted with permission from Moore et al., 1994 *Color Atlas of Clinical Embryology* ©W.B. Saunders Co., Philadelphia, PA.).

3.1.2. Haematopoiesis

(30) In utero, haematopoiesis is thought to take place initially in the embryonic yolk sac, followed by the liver and, finally, the bone marrow. The spleen of mid-gestation human fetuses, unlike the spleen of fetal rats, does not normally function as an active site of granulocytopoiesis or erythropoiesis (Calhoun et al., 1996). Recent experimental data, however, strongly suggest that haematopoiesis is established from an intra-embryonic source of stem cells arising in the vicinity of the developing aorta (Peault, 1996; Campagnoli et al., 2000). Morphological and radiological studies undertaken on human embryos and fetuses have determined that primary bone marrow is not present up to Week 10 of gestation, although some ossification is evident, e.g. in the clavicle. By Week 11, bone marrow is evident in the clavicles (Enzan et al., 1983; Ogata and Uhthoff, 1990). There are suggestions that progenitor stem cells in the fetal liver are intrinsically different from those in the bone marrow (Slayton et al., 1998). Further understanding of the chronological sequence in the development of bone marrow can be expected as research is directed towards the identification of the haematopoietic progenitors as potential targets for gene transfer and in the diagnosis of major genetic disorders.

3.2. Anatomical data

(31) Studies of prenatal growth using traditional anthropometric techniques are based on measurements performed at different gestational ages in embryos and prematurely delivered infants. These cross-sectional data are then combined to obtain a longitudinal representation of growth. Early fetal growth curves were based on information collected at a time when prenatal care may have been less than adequate by current standards (Streeter, 1920; Scammon and Calkins, 1929; Trolle, 1948; Lubchenco et al., 1963; Hendricks, 1964; Gruenwald, 1966; Hellman et al., 1969). More recently, fetal growth curves have been published from predominantly white and relatively affluent populations (Usher and McLean, 1968; Babson et al., 1970; Sterky, 1970; Jakobovitz et al., 1972; Wong and Scott, 1972; Milner and Richards, 1974; Birbeck et al., 1975; Brenner et al., 1976; Naeye and Dixon, 1978; Miller and Merritt, 1979; Blidner et al., 1984; Nishida et al., 1985; Rooth et al., 1985; Guihard-Costa and Larroche, 1995). In addition, various studies have been performed in different ethnic groups in less affluent populations (Freeman et al., 1970; Penchaszadeh et al., 1972; Lin and Emanuel, 1972; Gebre-Medhin et al., 1978; Taha, 1978; Olowe, 1981; Juez et al., 1984).

(32) In studies of fetal growth, the determination of fetal age (or conceptional age) is difficult. True fetal age, the time since fertilisation of the ovum, is practically impossible to determine, except for cases of in-vitro fertilisation. Most studies of fetal growth use gestational age as a measure. Gestational age is estimated from the last menstrual period (LMP), usually rounded to the nearest week, which typically exceeds fetal age by 12–14 days. However, in the literature, it may not always be clear which measure of age is being applied. Additional uncertainty arises when age is expressed in months, particularly when it is not stated whether the measure is

calendar months (28–31 days) or lunar months (28 days). Reference values tabulated in this report are stated for the estimated time since fertilisation of the ovum, i.e. fetal age expressed in weeks. Gestational age (time since LMP) was converted to fetal age (time since fertilisation) by subtracting 2 weeks. Thus, for example, after a gestational period of 40 weeks, the 38-week-old fetus is delivered.

3.2.1. Dimensions of the embryo and fetus

(33) The use of ultrasound to assess fetal development has considerably expanded the diagnosis of abnormal growth patterns. The fetal gestation sac can first be detected in the uterus at 5 weeks of gestation, and reliable measurement of embryonic size, using the crown–rump length (CRL) measure, can be performed between 6 and 14 weeks of gestation (Robinson, 1973). At 13 weeks, it is also possible to determine the fetal biparietal diameter (BPD) as a measure of head growth. Since the CRL is not easily determined in older fetuses and the growth of the head (BPD) does not reflect body growth accurately, other measurements are also used, including the thoracic diameter, abdominal diameter, abdominal circumference, femur length, etc. The pattern of fetal growth revealed by ultrasound measurements is similar to the more traditional anthropometric measurements.

Crown–rump length

(34) The CRL is the most commonly taken anthropometric measurement. It is defined as the greatest distance between the vertex of the skull and the ischial tuberosities, with the fetus in the natural curled position (Jones et al., 1986). Guihard-Costa and Larroche (1995) reported post-mortem measurements of CRL for 462 fetuses distributed in age from 6 to 39 weeks. These data are shown in Fig. 3.3.

Biparietal diameter

(35) Another common fetal measurement is the BPD which serves as a measure of the growth of the head. The BPD measurements show that growth is almost linear in the early weeks of pregnancy, but there is a progressive reduction in growth rate, especially during the final weeks. Guihard-Costa and Larroche (1995) reported on the ultrasound measurements of BPD as shown in Fig. 3.4.

3.2.2. Mass of the fetus

(36) Fetal growth curves reported by various investigators have a similar shape. Up to about Week 14–16 of gestation, the absolute incremental growth in fetal mass is relatively small. This period is followed by one of greater increase up to 33–34 weeks of gestation. Between this time and term (birth), the slope of the growth curve falls off (see Fig. 3.5). The fetus gains more mass during the last 2 months than at any comparable time period before or after birth (Rugh, 1973). The fetus adds about 14 g fat/day during the last 2 weeks and by birth is about 16% body fat by mass. A broad maximum in the growth rate occurs at about 32 weeks with a growth rate of about 200 g/week (Guihard-Costa and Larroche, 1995).

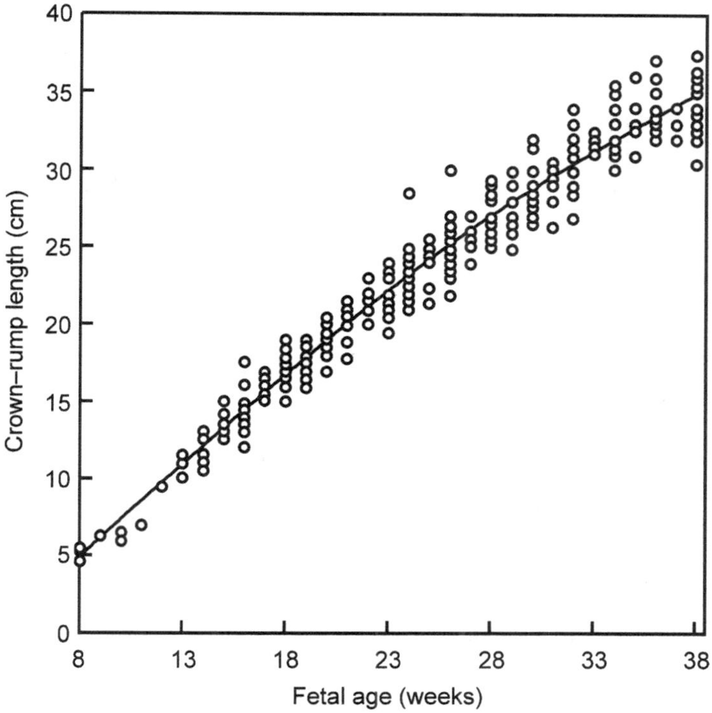

Fig. 3.3. Growth in the crown–rump length during the fetal period. Adapted from Guihard-Costa and Larroche (1995).

(37) The most recent set of fetal growth curves is the extensive compilation of biometric data for the prenatal period by Guihard-Costa and Larroche (1995). The objective of this work was to establish a set of normalised data for clinical characterisation of fetal growth and development. Their analysis involved nearly 5000 fetuses, some studies post mortem and others by ultrasound. Reference values for the body mass of the developing fetus are as follows.

Reference values for body mass of the fetus

Fetal age (weeks)	Mass (g)
8	**4.7**
10	**21**
15	**160**
20	**480**
25	**990**
30	**1700**
35	**2700**
38	**3500**

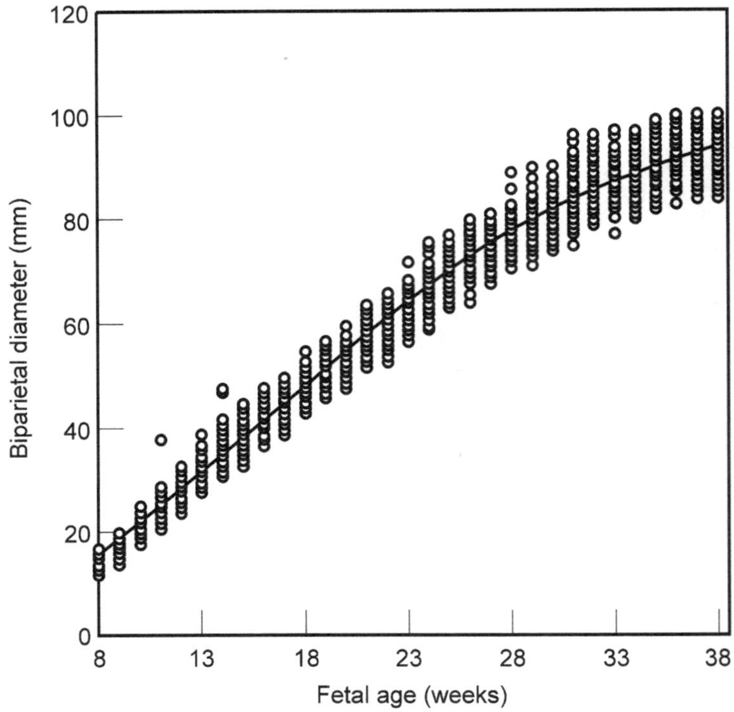

Fig. 3.4. Growth of the biparietal diameter during the fetal period. Adapted from Guihard-Costa and Larroche (1995).

(38) Attempts have been made to express fetal mass in terms of one or more anthropometric parameters that can be measured in situ, using ultrasound. The equation of Warsof (1977) is:

$$\log(M_{TB}) = 1.7492 + 0.166 \cdot BPD + 0.046 \cdot AC - 0.002646 \cdot AC \cdot BPD$$

where M_{TB} is the fetal mass (g), BPD is the biparietal diameter (the maximum distance between the parietal tuberosities) in the coronal plane (cm), and AC is the abdominal circumference (cm).

(39) The human fetus shows a gender difference in mass (Miller and Merritt, 1979; Pederson, 1980; Lieberman, 1982; Jones et al., 1986). Tabulated in Table 3.1 are suggested 'standard' birth masses established by Miller and Merritt (1979). The 50th percentile value for males exceeds the corresponding value for females by over 100 g in both firstborns and babies born to multiparas. In a later study, the average birth mass of boys ($n = 49$) was found to be 40 g higher than that of girls ($n = 52$) (Pederson, 1980). Lieberman (1982) suggested that the difference observed in the birth mass (in an American population) between females (3.40 ± 0.57 kg) and males (3.50 ± 0.53 kg) reflects differences in prenatal growth patterns.

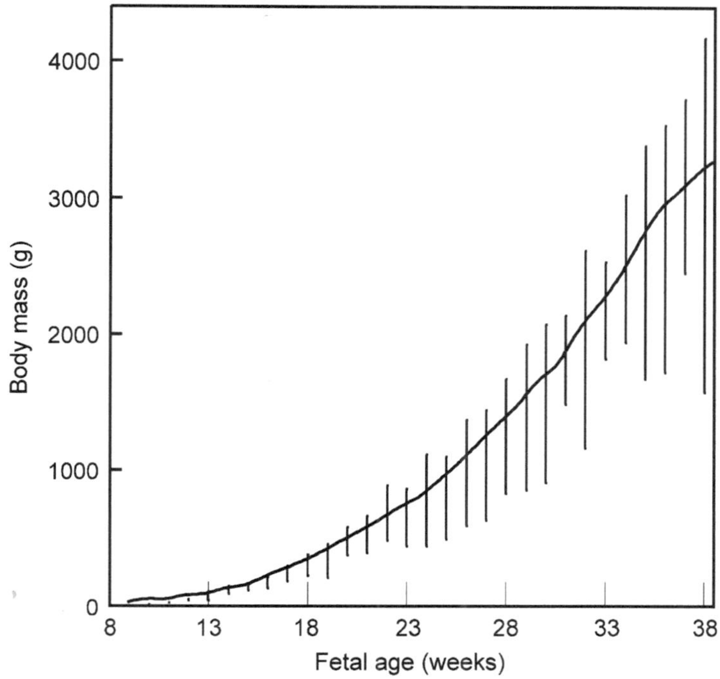

Fig. 3.5. Growth in the body mass of the fetus, adapted from Guihard-Costa and Larroche (1995). The error bars represent the lower and upper value observed at each age. The line is a locally weighted least squares fit.

Table 3.1. Suggested 'standard' birth masses (kg) for full-term Caucasian infants

	Percentiles		
	10	**50**	90
Males			
Firstborn	3.08	3.57	4.00
Born to multiparas	3.19	3.61	4.08
Females			
First born	2.97	3.43	3.92
Born to multiparas	3.05	3.50	3.95

Adapted from Miller and Merritt (1979).

(40) Fetal growth curves are used in screening for high-risk neonates. With the recent improvements in neonatal intensive care, which have increased the survival rate for preterm infants, such curves are no longer just of academic interest. Maternal nutrition is, of course, a major factor in fetal development; however, there are ethnic and secular differences in the data. Figure 3.6 compares the reference values for the body mass with data for a number of ethnic populations. Data for additional groups are given in Table 3.2.

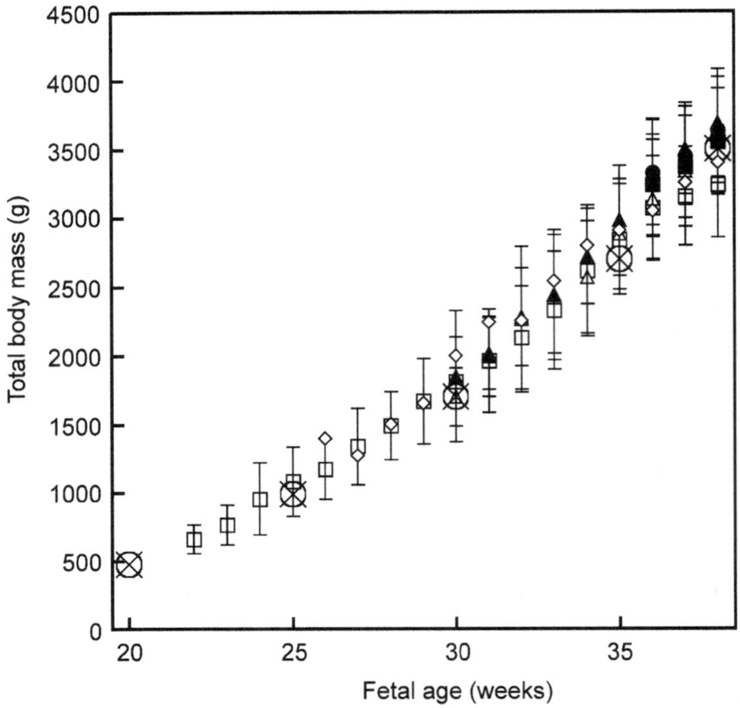

Fig. 3.6. Fetal total body mass near term for a number of countries compared with the reference values (⊗). Other data from: (□) Nishida et al. (1985); (◇) Pecorari et al. (1985); (△-female, ▲-male) Beiring et al. (●-mutipara, ■-primipara) (1985); and Rooth et al. (1985).

3.2.3. Surface area of the fetus

(41) Meban (1983) measured the surface area of 79 human fetuses (mass between 8 and 4080 g) using a geometric method. It was found that the surface area of the body increased from about 30 cm^2 at 11 weeks of gestation to about 2200 cm^2 at full term; an increase by a factor of 70. Meban's equation for the surface area is:

$$S = 6.4954 \cdot M_{TB}^{0.562} L^{0.320}$$

where S is the surface area (cm^2), M_{TB} is the body mass (g), and L is the CRL (cm). The surface area as a function of fetal age is shown in Fig. 3.7.

(42) The ratio of surface area (cm^2) to volume (cm^3) for fetuses of body mass 3250 and 500 g are 0.65 and 1.30, respectively (Meban, 1983). Reference values for the surface area of the total body are tabulated below with data on the contribution of the four major subdivisions of the fetal body. The contributions of the regions are given as percentages of total surface area formed by the surface areas of the respective regions. The contributions are given to the nearest 1%.

Table 3.2. Mass at birth for various ethnic groups

Country	Birth mass (kg)	Reference
Italy	Median 3.26 Genova 1970 3.52 Trieste 1966–1968 3.40 Trieste 1980–1982	Pecorari et al. (1985)
Japan	Mean ± SE Male: 3.17 ± 0.41 primipara 3.33 ± 0.40 multipara Female: 3.11 ± 0.37 primipara 3.22 ± 0.37 multipara	Nishida et al. (1985)
Iceland	Median (10, 90 percentiles) Male: 3.59 (3.08, 4.18) primipara 3.75 (3.16, 4.36) multipara Female: 3.46 (2.95, 4.01) primipara 3.60 (3.06, 4.19) multipara	Beiring et al. (1985)
African countries	Mean 3.07 Cameroon 1971–1973 3.24 Nigeria 1979 3.18 South Africa 1983 3.23 Ethiopia 1978 3.07 Tanzania 1955–1963	Adapted from Ransome-Kuti (1985)
India	2.60 rural average 2.70 urban average	Bhargava et al. (1985)
Sweden	3.55 ± 0.07 primipara 3.63 ± 0.09 multipara	Rooth et al. (1985)

Reference values for surface area of the fetal body

		Approximate percentage of surface area of			
Fetal age (weeks)	**Surface area (cm^2)**	**Head**	**Trunk**	**Upper extremities**	**Lower extremities**
8	**27**	**40**	**40**	**8**	**12**
10	**70**	**36**	**36**	**12**	**16**
15	**290**	**30**	**36**	**14**	**20**
20	**620**	**25**	**34**	**16**	**25**
25	**990**	**23**	**33**	**16**	**28**
30	**1400**	**22**	**33**	**16**	**29**
35	**1900**	**21**	**32**	**17**	**30**
38	**2300**	**21**	**32**	**17**	**30**

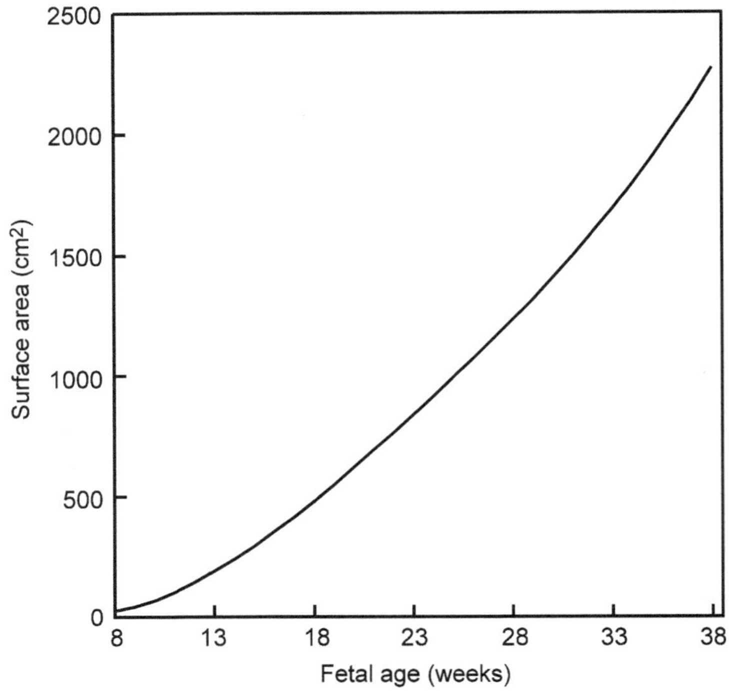

Fig. 3.7. The change in body surface area with fetal age based on Meban's equation (Meban, 1983).

3.2.4. Specific gravity of the fetus

(43) Reference values for the specific gravity as a function of body mass, adapted from Meban (1983), are tabulated below.

Reference values for the specific gravity of the fetus

Body mass (g)	Specific gravity (g/cm^3)
<1000	0.97
1000–2000	0.99
2000–3000	1.00
>3000	1.02

3.3. Masses of organs in the developing fetus

3.3.1. Brain

(44) The general area of the neural plate in humans can be discerned as early as 16 days and the neural groove first appears at 18 days (O'Rahilly and Gardner, 1979). During the next week, the neural plate is transformed into a closed, hollow, fluid-filled

cylinder, called the neural tube. Towards the end of Week 4, the greatly expanded neural folds fuse to form three primary brain vesicles: the forebrain or prosencephalon, the midbrain or mesencephalon, and the hindbrain or rhombencephalon. Figure 3.8 shows the growth of the embryonic and fetal brain.

(45) During the fetal period, the brain mass increases with body mass and represents as much as 15% of the body mass. The brain mass fraction drops to below 12% at birth because the increase in body mass is largely associated with an increase in body fat content during the last month of the fetal period. Guihard-Costa and Larroche (1995) reported the measurements of brain mass (g) for 291 samples weighed prior to fixation and 432 samples that had been fixed in 10% formalin for 4–10 weeks. The measurements on the fresh brain are shown in Fig. 3.8 as a function of fetal age. The mass at birth [38 weeks or 40 weeks since the last menstrual period (LMP)] is about 400 g with a range (10–90 percentiles) of 355–458 g. The rate of increase in brain mass exhibits a broad maximum at 35 weeks (LMP) corresponding with a gain of about 25 g/day. The mass values obtained from the fixed brain tissues ($n = 432$) are somewhat higher. Reference values for the mass of the brain in the developing fetus follow.

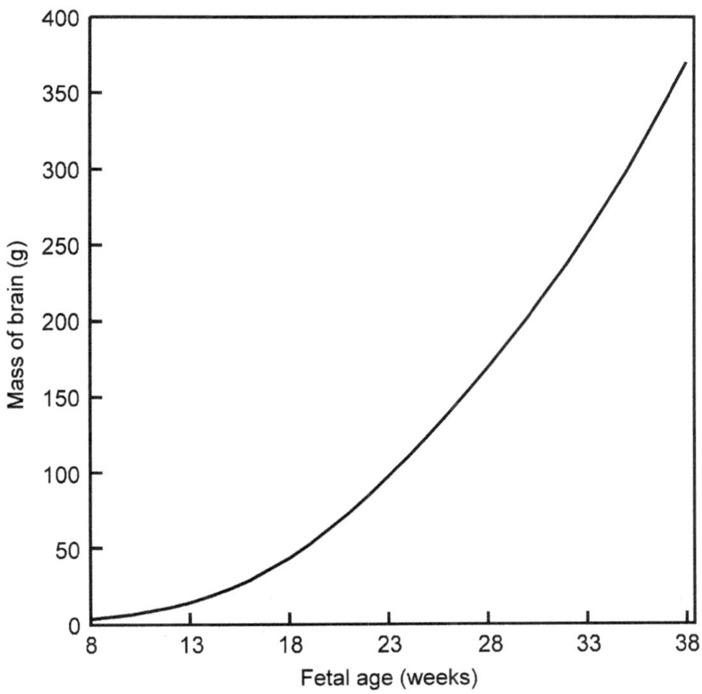

Fig. 3.8. Mass of fetal brain as a function of fetal age.

Reference values for mass of the fetal brain

Fetal age (weeks)	Mass (g)
8	3.9
10	6.7
15	23
20	62
25	120
30	200
35	300
38	370

3.3.2. Thyroid gland

(46) The thyroid gland develops from an outpouch of the pharynx arch and is first visualised at 16–17 days of gestation. At 3–4 weeks, it appears as a flask-like vesicle with a narrow neck attached to the buccal cavity. It becomes bilobed and by 6 weeks is composed of a solid mass of tissue expanding laterally as it descends caudally while still connected to the tongue. By 7 weeks, it reaches its final position in the anterior lower neck and now weighs 1–2 mg. The gland continues to increase in mass to approximately 50 mg by the end of the first trimester (12 weeks), after which the rate of increase becomes very rapid, to about 0.27 g by the end of the second trimester, and 1.3 g at term. By 10 weeks, single layers of cells have formed tiny lumen of follicles, and colloid formation begins by 12 weeks. The development of the anterior pituitary coincides with initiating the synthesis of hormones including thyroid-stimulating hormone.

(47) Costa (1986), Aboul-Khair et al. (1966), Evans et al. (1967), and Ares et al. (1995) have investigated the mass of the fetal thyroid. These data are shown graphically in Fig. 3.9 and reference values are given below.

Reference values for mass of the fetal thyroid

Fetal age (weeks)	Mass (g)
8	0.011
10	0.022
15	0.077
20	0.18
25	0.36
30	0.63
35	1.0
38	1.3

3.3.3. Heart

(48) The cardiovascular system is the first organ system to function in the embryo; blood begins to function by the end of Week 3. Heart development is first indicated at 18 or 19 days in the cardiogenic area (Moore, 1977). Paired, longitudinal endothelial channels called heart tubes develop before the end of Week 3 and begin to fuse into the primitive heart tube. By Day 21, the paired heart tubes have linked up

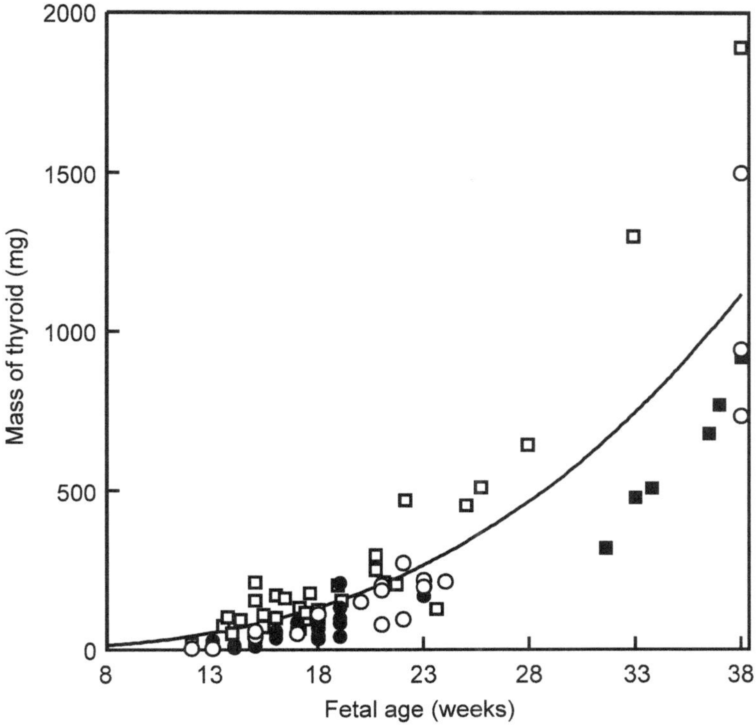

Fig. 3.9. Thyroid mass as a function of fetal age. Data are from: (●) Aboul-Khair et al. (1966); (○) Evans et al. (1967); (■) Ares et al. (1995); and (□) Costa (1986).

with blood vessels in the embryo, connecting stalk, chorion, and yolk sac to form a primitive cardiovascular system (Moore, 1977). Jackson (1909), Potter and Craig (1975), and Shepard et al. (1988) have reported measurements of the mass of the heart. Luecke et al. (1995) recently expressed the mass of the heart as a power function of the total body mass. The mass values for the heart in the developing fetus shown in Fig. 3.10 are based on similar functional dependence on total body mass using the fetal mass data of Fig. 3.5. Reference values for the fetal heart follow.

Reference values for mass of the fetal heart

Fetal age (weeks)	Mass (g)
8	0.038
10	0.15
15	1.1
20	3.0
25	6.0
30	9.9
35	15
38	20

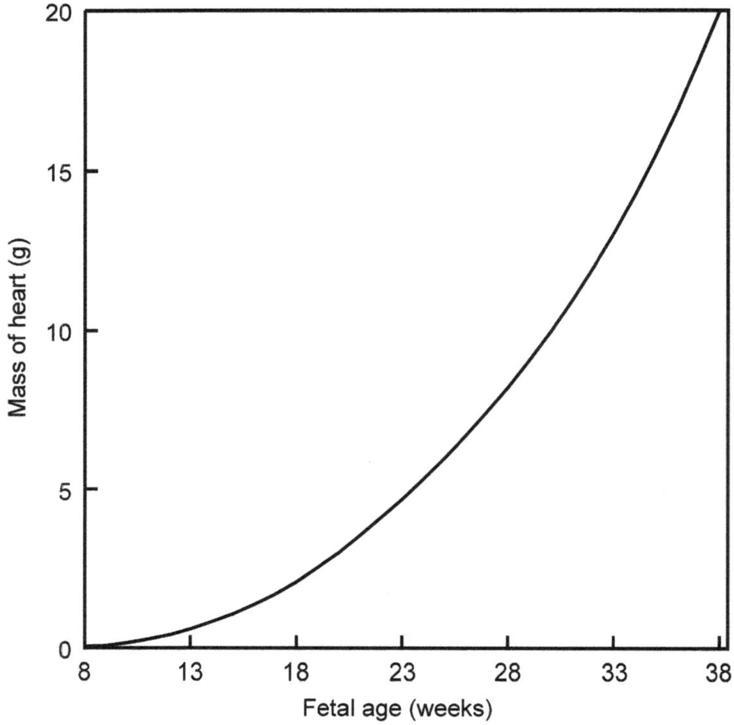

Fig. 3.10. Mass of heart as a function of fetal age.

3.3.4. Adrenal glands

(49) Jackson (1909), Potter and Craig (1975), and Shepard et al. (1988) have examined the mass of the developing adrenal glands (both glands). Luecke et al. (1995) recently expressed the mass of the adrenals as a power function of the total body mass. The mass of the adrenal glands shown graphically in Fig. 3.11 is based on a similar functional dependence on the total body mass data of Fig. 3.5. Reference values for the adrenal glands in the developing fetus are given below.

Reference values for mass of the fetal adrenals

Fetal age (weeks)	Mass (g)
8	0.016
10	0.060
15	0.38
20	0.98
25	1.9
30	3.0
35	4.6
38	6.0

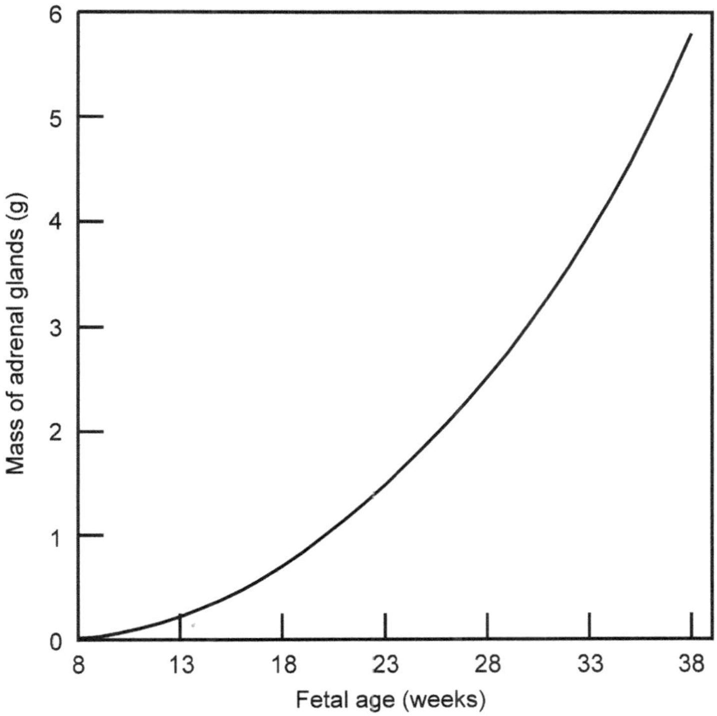

Fig. 3.11. Growth of the adrenal glands (both) during the fetal period.

3.3.5. Active marrow

(50) Hudson (1965) reported the mass of active (red) marrow in the fetus as a function of fetal age. Luecke et al. (1995) recently expressed these data in terms of a power function of the total body mass. The mass of the active marrow shown graphically in Fig. 3.12 is based on a similar functional dependence on the total body mass data of Fig. 3.5. Reference values for the mass of the active marrow follow.

Reference values for mass of fetal active marrow

Fetal age (weeks)	Mass (g)
8	0.070
10	0.30
15	2.4
20	6.9
25	14
30	24
35	38
38	50

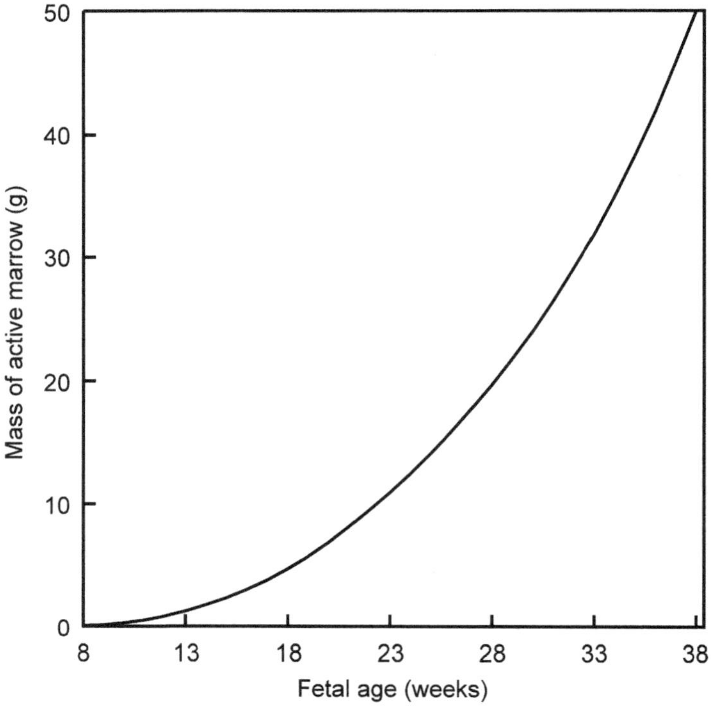

Fig. 3.12. Mass of active (red) marrow as a function of fetal age.

3.3.6. Kidney

(51) The mass of both kidneys as a function of fetal age has been examined by Jackson (1909), Potter and Craig (1975), and Shepard et al. (1988). Luecke et al. (1995) recently expressed these data as a power function of the total body mass. The mass of the kidneys shown graphically in Fig. 3.13 is based on a similar functional dependence on the total body mass data of Fig. 3.5. Reference values for the mass of two fetal kidneys are given below.

Reference values for the mass of fetal kidneys

Fetal age (weeks)	Mass (g)
8	0.024
10	0.13
15	1.3
20	3.8
25	7.6
30	13
35	20
38	25

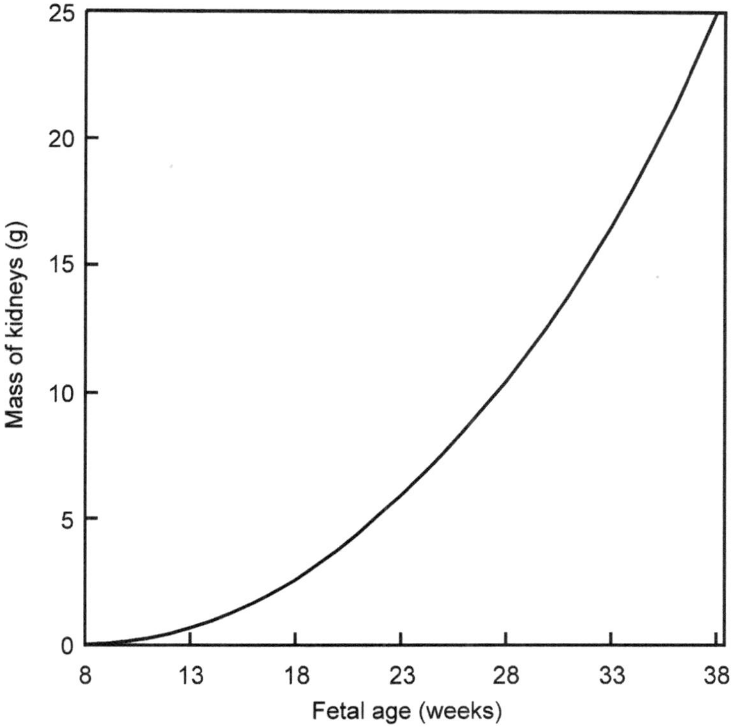

Fig. 3.13. Mass of kidneys (both) as a function of fetal age.

3.3.7. Liver

(52) Jackson (1909), Potter and Craig (1975), and Shepard et al. (1988) have examined liver mass as a function of fetal age. Luecke et al. (1995) recently expressed these data as a power function of the total body mass. The reference values for mass of the liver tabulated below are based on a similar functional dependence on the total body mass data of Fig. 3.5. The growth of the liver during the fetal period is shown in Fig. 3.14.

Reference values for the mass of fetal liver

Fetal age (weeks)	Mass (g)
8	0.21
10	0.87
15	6.5
20	19
25	38
30	63
35	100
38	130

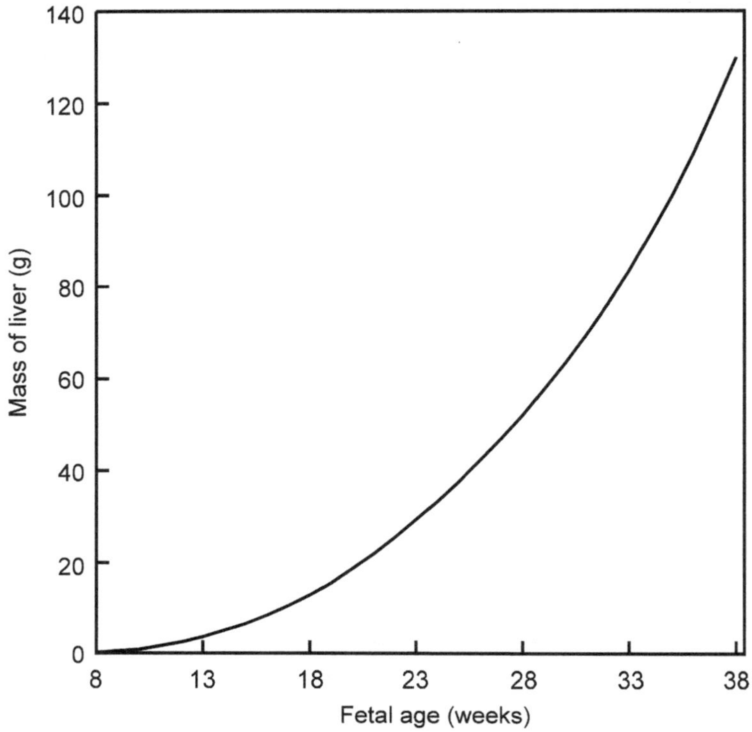

Fig. 3.14. Mass of liver as a function of fetal age.

3.3.8. Lungs

(53) The mass of the lungs as a function of fetal age has been examined by Jackson (1909), Potter and Craig (1975), and Shepard et al. (1988). Luecke et al. (1995) recently expressed these data as a power function of the total body mass. The growth of the lungs during the fetal period shown graphically in Fig. 3.15 is based on similar functional dependence on the total body mass data of Fig. 3.5. Reference values for mass of the fetal lungs are given below.

Reference values for the mass of fetal lungs

Fetal age (weeks)	Mass (g)
8	0.096
10	0.63
15	5.8
20	15
25	26
30	38
35	51
38	60

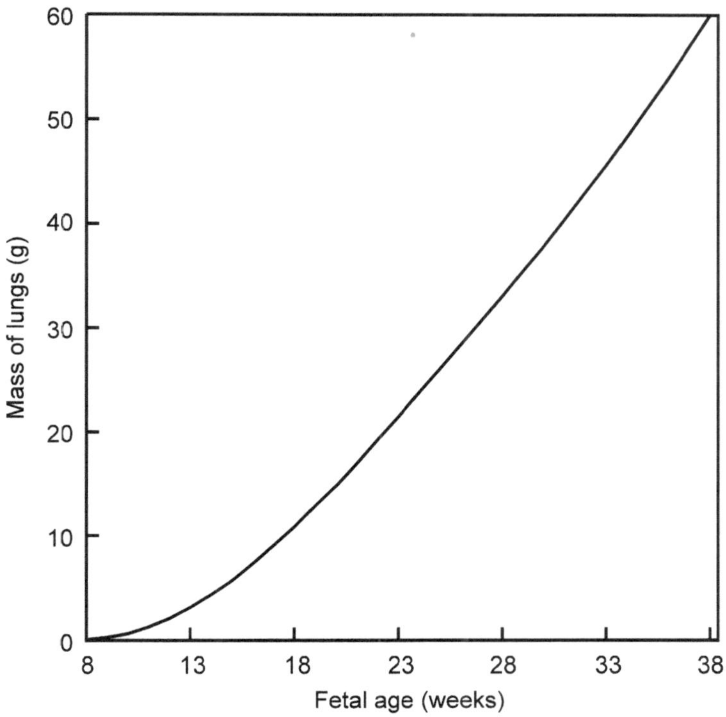

Fig. 3.15. Mass of lungs as a function of fetal age.

3.3.9. Pancreas

(54) The mass of the pancreas as a function of fetal age was examined by Schulz et al. (1962) as reported in *Publication 23* (ICRP, 1975). Luecke et al. (1995) recently expressed these data as a power function of the total body mass. The growth of the pancreas during the fetal period shown in Fig. 3.16 is based on a similar functional dependence on the total body mass data of Fig. 3.5. Reference values for the mass of the pancreas are also given.

Reference values for mass of fetal pancreas

Fetal age (weeks)	Mass (g)
8	0.39
10	0.69
15	1.5
20	2.3
25	3.1
30	3.8
35	4.5
38	5.0

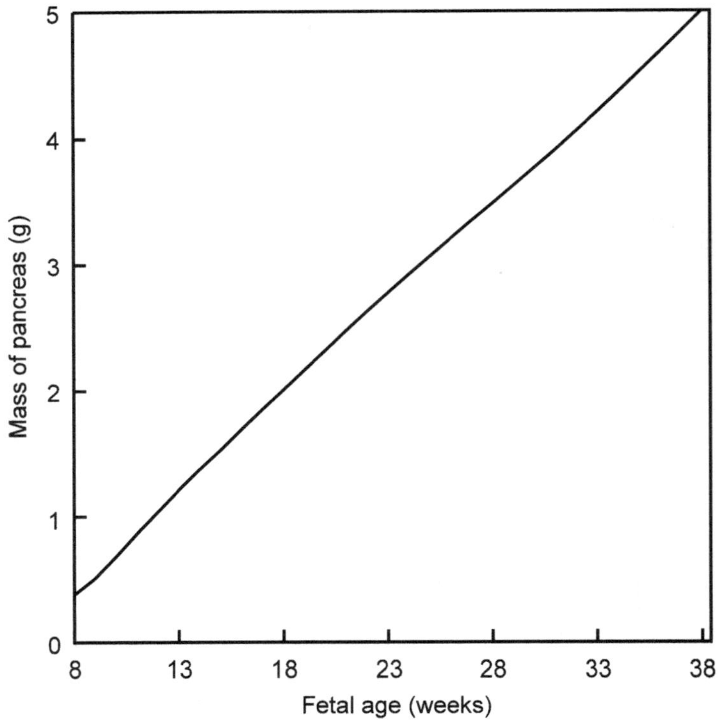

Fig. 3.16. Mass of pancreas as a function of fetal age.

3.3.10. Spleen

(55) Jackson (1909), Potter and Craig (1975), and Shepard et al. (1988) have examined the mass of the spleen as a function of fetal age. Luecke et al. (1995) recently expressed these data as a power function of the total body mass. The growth of the spleen during the fetal period shown in Fig. 3.17 is based on a similar functional dependence on the total body mass data of Fig. 3.5. Reference values for mass of the spleen follow.

Reference values for the mass of fetal spleen

Fetal age (weeks)	Mass (g)
8	0.00049
10	0.0035
15	0.069
20	0.36
25	1.1
30	2.7
35	5.8
38	9.5

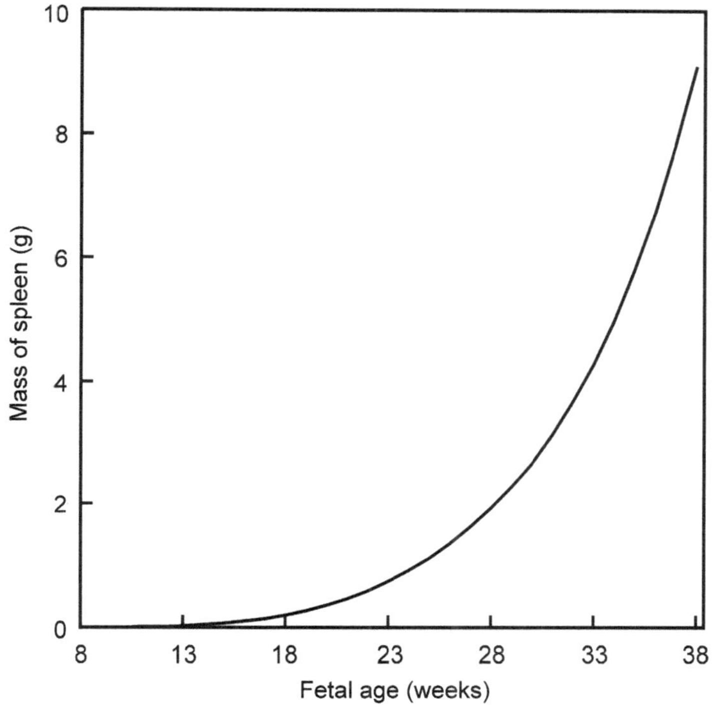

Fig. 3.17. Mass of spleen as a function of fetal age.

3.3.11. Thymus

(56) Jackson (1909) and Shepard et al. (1988) have examined the mass of the thymus as a function of fetal age. Luecke et al. (1995) recently expressed these data as a power function of the total body mass. The growth of the thymus during the fetal period shown in Fig. 3.18 is based on a similar functional dependence on the total body mass data of Fig. 3.5. Reference values for the mass of the thymus are given below.

Reference values for mass of fetal thymus

Fetal age (weeks)	Mass (g)
8	0.011
10	0.022
15	0.45
20	1.5
25	3.2
30	5.8
35	9.7
38	13

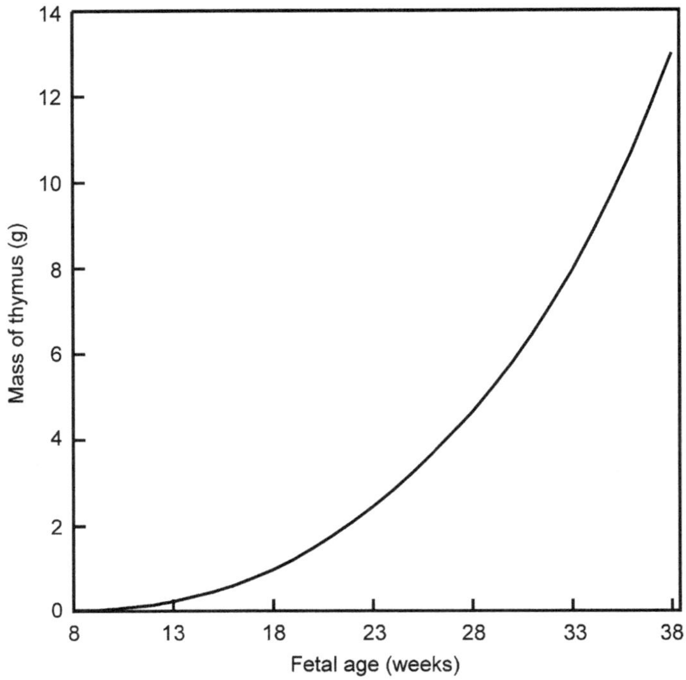

Fig. 3.18. Mass of thymus as a function of fetal age.

3.4. Physiological data

(57) The fetus receives all the nutrients required to sustain normal growth through the placenta, a fetal organ in close contact with the maternal circulation (see Chapter 12). Oxygen and nutrients present in the maternal blood cross the placenta by various mechanisms and enter the fetal circulation. Nutrients may also reach the fetus via the amniotic fluid. During the second half of gestation, the fetus swallows amniotic fluid and can digest and/or absorb some material from the fluid. However, compared with uptake from the placenta, this is a negligible source. A limited number of exploratory techniques can be employed to study the metabolism of the human fetus.

3.4.1. Oxygen consumption

(58) Oxygen consumption of the fetus near term has been measured in women undergoing Caesarean section and found to average 5 ml/kg/min (Romney et al., 1955). In normal-size, full-term babies maintained at 35–37°C, hence not requiring extra energy consumption to maintain body temperature, oxygen consumption ranged

from 5 to 5.5 ml/kg/min (Hill and Robinson, 1968). More indirect estimates, such as differences in maternal oxygen consumption before and after delivery (Sandiford and Wheeler, 1924), suggest higher fetal oxygen consumption, approximately 8.4 ml/kg/min. This figure, despite its indirect nature, has been considered a more reliable estimate (Sparks et al., 1980) given the similarity with values for other species. Thus, a value of 8 ml/kg/min is adopted here. Reference values for the consumption of oxygen are given below.

Reference values for oxygen consumption of the fetus

Fetal age (weeks)	Oxygen consumption (ml/min)
8	0.03
10	0.1
15	1.2
20	3.8
25	7.9
30	13
35	21
38	28

3.4.2. Energy needs

(59) The fetus needs energy for metabolic processes, for physical growth, and for physical activity. Since the mother provides the fetus with a 37°C environment, no energy would be consumed to maintain body temperature. It has been estimated that a 3.5-kg fetus near term consumes about 53.3 kcal/kg/day to enable a mass gain of 120 g in the last week (Rosso, 1990). That estimate is based on an oxygen usage of 5 ml/kg/min. If an oxygen usage of 8 ml/kg/min is assumed, the energy requirement is 74.6 kcal/kg/day; the mass gain requires about 17.5 kcal/kg/day. The daily energy requirement for the 3.5-kg fetus is 260 kcal, which is quite small relative to the adult daily intake of 2000–2800 kcal.

3.4.3. Urine production

(60) The normal bladder may be seen as early as 15 weeks because only a few millilitres of urine are required for visualisation. Bladder emptying occurs frequently in the fetus, varying from every 30 min at 28 weeks gestation to every hour near term. Evaluation of the bladder size by ultrasound every 2–5 min allows a calculation of hourly fetal urine production, maximal bladder volume, and effectiveness of bladder emptying (Rabinowitz et al., 1989). Hourly fetal urine production increased from 5 ml/h (maximal bladder volume of 1 ml) at 20 weeks gestation to 51 ml/h (maximal bladder volume of about 40 ml) at term. Emptying was complete in only 28% of the cases studied with the residual volume varying from 25 to 65% of the capacity (based on Mevorach and Kogan, 1995). Van Otterlo et al. (1977) observed a fetal urine production rate near term of approximately 26 ml/h. Takeuchi et al.

(1994) noted a decrease in urine output in the last 2 weeks of gestation, declining from a value of about 46 ml/h for the 35–36-week-old fetus to 38 ml/h at term. Reference values for the hourly urine production for the developing fetus ($n = 110$) are given based on the data of Mitra et al. (1995) shown in Fig. 3.19.

Reference values for urinary output of the fetus

Fetal age (weeks)	Urine output (ml/h)
10	–
15	–
20	4
25	13
30	27
35	39
38	45

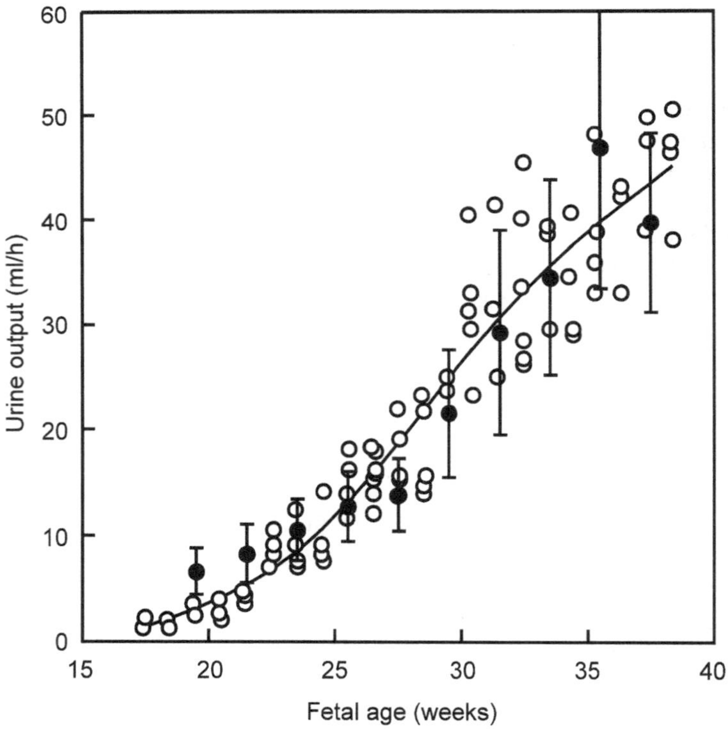

Fig. 3.19. Fetal urine output with advancing fetal age. The curve is a spline fit to the data of Mitra et al. (1995, ○). The data of Takeuchi et al. (1994, ●) are plotted at the midpoint of the age interval with the ±1 SD error bars.

3.4.4. Blood flow in the embryo and fetus

(61) Throughout the fetal stage of development, the maternal blood supplies the fetus with oxygen and nutrient and carries away its wastes. In the fetal circulatory system, the umbilical vein transports blood rich in oxygen and nutrients from the placenta to the fetal body. Figure 3.20 provides a simplified schematic of this circulation. The umbilical vein enters the body of the fetus through the umbilical ring to the liver. About half of the blood flow enters the liver, and the other half enters a vessel called the ductus venosus which bypasses the liver. The oxygenated blood from the placenta is mixed with the deoxygenated blood flowing from the tissues of the body. The mixture of oxygenated and deoxygenated blood enters the atrium of the right heart; however, a large proportion of the flow enters the left heart via a shunt, called the foramen ovale, between the chambers. Most of the blood leaving the right heart bypasses the lungs by entering a fetal vessel called the ductus arteriosus. The small fraction of blood flow to the lungs serves to sustain the lung tissues. The oxygenated blood, which entered the left heart through the foramen ovale, is mixed with the small amount of deoxygenated blood from the lungs and the mixture is pumped into the aorta. This mixture flows to the various fetal tissues as well as passing into the umbilical arteries leading to the placenta where the blood is oxygenated.

(62) The inflation of the lungs at birth reduces the resistance to blood flow into the lungs, resulting in increased flow into the lungs and left heart. The increased pressure in the left atrium causes the foramen ovale to close and the heart chambers are then in series. The ductus arteriosus, which connected the right heart to the systemic circulation, closes within 1–2 days after birth. When the umbilical cord is cut, the umbilical vein and arteries with the newborn's abdomen and the ductus venosus degenerate.

(63) In the embryo, the blood flow is unidirectional by the end of Week 6, and by the end of the Week 8, the heart attains its definitive form. The peripheral vascular system develops slightly later, and is completed by the end of Week 10 (Lyons and Levi, 1983). Rudolph et al. (1971) found the mean cardiac output to be 363 ml/kg/min

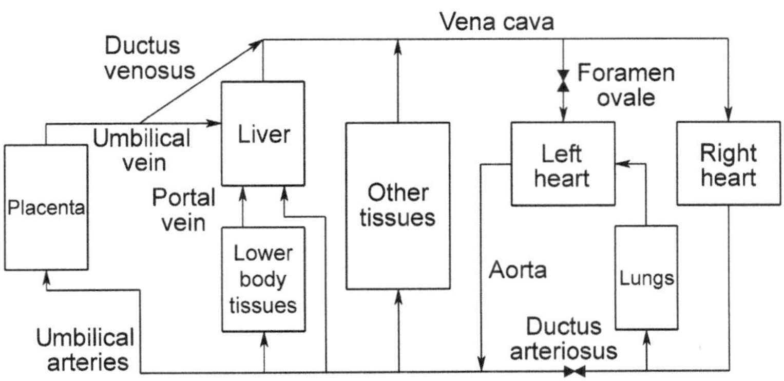

Fig. 3.20. Simplified schematic of fetal circulation. Note the parallel arrangement of the placenta with the fetal circulation and a parallel arrangement of the left and right chambers of the heart. The lung receives only enough flow for tissue growth.

(range 175–660 ml/kg/min) for 11 human fetuses, weighing 64–225 g. The carotid arterial blood pressure and fetal heart rate for five human fetuses weighing 104–225 g are shown in Table 3.3 (Rudolph et al., 1971). The heart rate ranges from 120 to 140 beats/min.

Table 3.3. Carotid arterial blood pressure and fetal heart rate

Mass (g)	Systolic/diastolic pressure (mmHg)	Mean pressure (mmHg)	Heart rate (beats/min)
104	33/22	28	126
118	37/26	28	140
120	30/27	28	120
185	46/27	35	140
225	43/27	34	130

(64) Rudolph et al. (1971) also reported on blood flow for several organs. Table 3.4 contains data derived from 11 fetuses, weighing 64–225 g. The adrenals have the highest value (for the organs studied) of 340 ml/min/100 g, and the lowest values are for the upper body with 12 ml/min/100 g and the placenta with 11 ml/min/100 g.

Table 3.4. Blood flow to fetal organs

Organ	Flow (ml/min/100 g)	
	Mean	Range
Placenta	11	2–49
Gastrointestinal tract	101	18–235
Kidneys	155	56–249
Adrenals	340	105–595
Lower body	31	10–52
Heart	165	61–366
Brain	25	2–48
Upper body	12	7–19

3.5. Composition of the embryo–fetus

3.5.1. Total body water, lean body mass, and total fat

(65) The total water content of the embryo decreases with increasing gestational age (Gellen et al., 1973). Fee and Weil, Jr. (1963) found that the water content varied from 17.0 g at 11 weeks gestation to 1602.7 g at 33 weeks, while the percentage of the total body mass varied from 91.1% in a young fetus to 77.4% at 37 weeks. These values may be low because the mother was dehydrated at time of delivery. For infants of 25 or more weeks of gestation, the mean percentage of water on a fat-free basis is 85.6%. Malina (1986) reported that in two 6-month-old fetuses of 401 and 491 g body weight, the muscle mass was 22.75 and 22.75%, respectively. Gellen et al.

(1973) stated that the dry matter content of embryonic tissue increased with gestational age; the average dry matter content was 8.1 g/100 g fresh tissue in embryos 40–90 days old (after onset of last menstrual period) ($n=78$); and the average chloride content for embryos of the same gestational age ($n=58$) was 70.0 mEq/kg. For chloride content, there was no change with gestational age.

(66) Protein and lipid content increase with gestational age (Ziegler et al., 1976). Fee and Weil, Jr. (1963) estimated that the total body fat increases from 1.9% (of total mass) at 11 weeks to 8.5% at 33 weeks gestation. Reference values for the composition of the fetus are given below as adapted from Ziegler et al. (1976).

Reference values for body composition of the fetus

		Constituent (g)/100 g body mass			
Fetal age (weeks)	**Body mass (g)**	**Water**	**Protein**	**Lipid**	**Other**
8	4.7	95.0	3.2	–	1.8
10	21	91.5	6.7	–	1.8
15	160	89.5	8.1	0.1	2.3
20	480	88.6	8.8	0.1	2.5
25	990	85.7	9.4	2.4	2.5
30	1700	80.7	10.6	6.3	2.4
35	2700	76.4	11.6	9.3	2.7
38	3500	74.0	12.0	11.2	2.8

4. TOTAL BODY

4.1. Introduction

(67) This chapter provides background information and reference values on the size, composition, and rate of growth of the total body during the postnatal period.

4.2. Anatomical data

4.2.1. Height and mass of the body

Pattern of human growth

(68) The growth period for the human body is unusually long among mammalian species, requiring more than a quarter of the normal life span. The human growth curve shown in Fig. 4.1 has a distinctive shape that reflects changes in the postnatal growth velocity that are not found in other mammalian species. This long growth period is associated with a delay in nearly all aspects of bodily development, especially skeletal and endocrine maturation (Watts, 1986).

(69) Total body mass continues to increase after maturity, but the rate of increase is slowed considerably after about age 18 years in males and about age 16 years in females. This is illustrated in Fig. 4.2, which summarises measurements of body mass made in the extensive NHANES II survey of nutritional status in the USA during the period 1976–1980 (NCHS, 1987; Burmaster and Crouch, 1997). In this

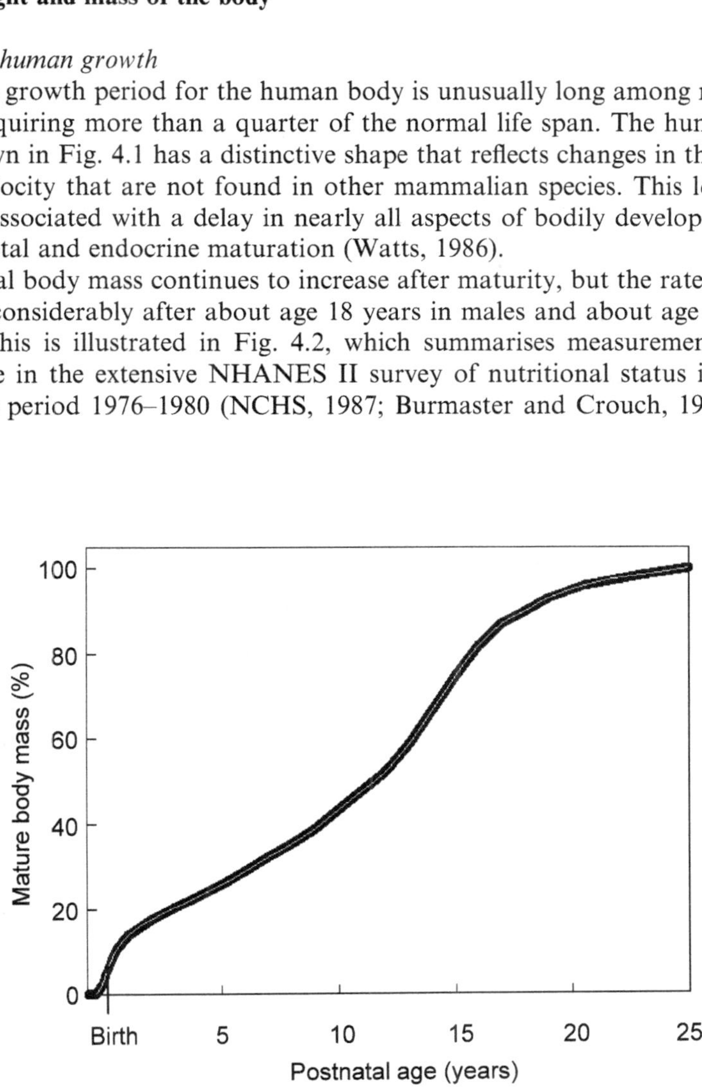

Fig. 4.1. Increase of body mass during growth as a percentage of mass at age 25 years. Based on central estimates for Western males as described in this document.

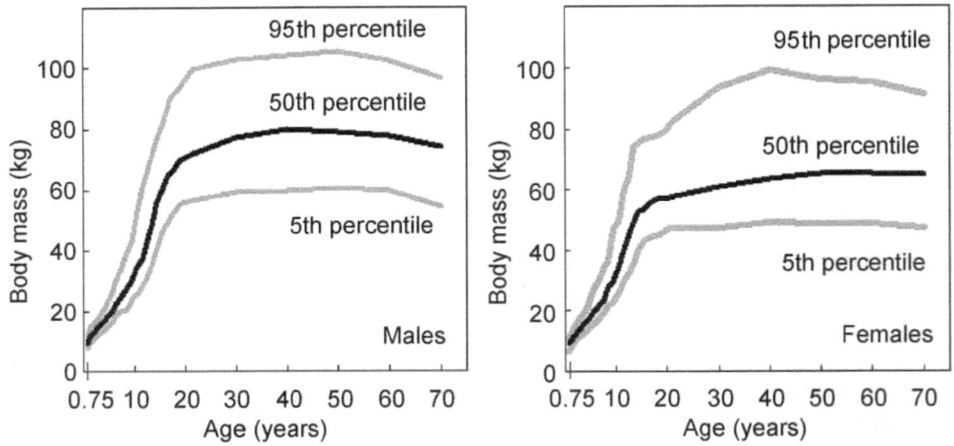

Fig. 4.2. Body mass as a function of age and gender in the US population, as determined in a cross-sectional study conducted during the period 1976–1980 (NCHS, 1987; Burmaster and Crouch, 1997).

study group, consisting of more than 20 000 subjects, body mass tended to increase to age 40–50 years and to level off or decline thereafter.

(70) The precise pattern of change in body mass during adulthood varies from one population to another. For example, data for British adults (Table 4.1) indicate a substantial increase in body mass after age 50 years, in contrast with the data for the US population addressed in Fig. 4.2.

(71) The rate of increase in height declines gradually with age from early life until the adolescent growth spurt, which typically begins at about age 11 years in girls and about age 12–13 years in boys. The rate of growth typically peaks at age 12–13 years in girls and age 14–15 years in boys, and declines sharply over the next 2–3 years (Fig. 4.3). There is little increase in height in males after age 17–18 years or in females after age 15–16 years. Height begins to decrease slightly during the fourth or fifth decade of life.

(72) In European countries, boys are at least as tall, often slightly taller, than girls of the same age, on average, through the first 9–10 years of life (Eveleth and Tanner, 1976, 1990; Ulijaszek et al., 1998). As the adolescent growth spurt begins earlier in

Table 4.1. Median increases in body mass in British adults[a]

	Increase in mass (kg)	
Attained age (years)	Males	Females
30–39	2.5	2.5
40–49	4.5	4.5
50–64	2.5	7.0

[a] From Lentner (1984).

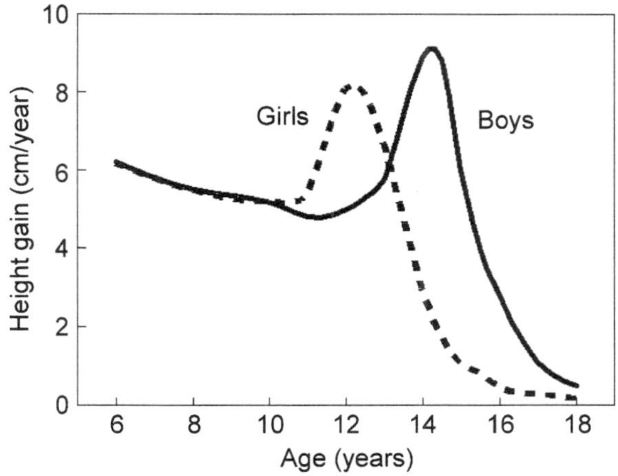

Fig. 4.3. Adolescent spurt in height growth for boys and girls. The curves are for subjects who have their peak growth velocities during the modal ages 12–13 years for girls and 14–15 years for boys. After Tanner (1962).

girls than in boys, European girls are taller and heavier on average than European boys during the age interval 11–13 years.

(73) Data from cross-sectional studies (studies conducted on a population at one point in time) indicate a continual loss of height after young adulthood. This appears to be the net result of three factors. First, there is some actual shrinkage in height that begins during the fourth or fifth decade of life. Second, there has been a secular trend towards earlier maturation and larger body size since the early 1900s, although this trend appears to have slowed dramatically or stopped in many countries (Tanner, 1981). Third, among the elderly, there are fewer tall individuals and more short individuals than among young adults, i.e. there appears to be a differential mortality associated with body size (Lentner, 1984).

(74) Results of a longitudinal study (subjects are followed over a period of time) conducted in Norway indicate a loss of height in both sexes of about 3 cm from young adulthood to age 70 years (Table 4.2). This is about one-half of the loss usually seen in cross-sectional studies, i.e. from combined secular and individual losses in height.

Selection of reference values for body mass and height

(75) The rate of growth of the human body from infancy to early adulthood has been studied extensively in European populations (Eveleth and Tanner, 1976, 1990). The studies include both urban and national samples. Reported central estimates (in most cases, mean values) of total body mass and height for ages 1–18 years, as determined in the 1970s and 1980s for study groups from 19 European countries, are summarised in Fig. 4.4. In addition to curves showing the range of these central values, a curve for a single population (Spain) is included to show the shape of the full curve for an individual country. Data for birth to age 1 year are given separately in Table 4.3 to provide greater detail for this period of rapid growth.

Table 4.2. Decrease in height in a northern Norwegian population[a]

	Height decrease after 5 years (cm)	
Attained age (years)	Male	Female
25–29	0.0 (925)[b]	0.0 (1138)
30–34	0.0 (1012)	0.0 (1179)
35–39	0.1 (1304)	0.1 (1302)
40–44	0.3 (1352)	0.3 (1386)
45–49	0.4 (1326)	0.4 (1344)
50–54	0.4 (1221)	0.4 (1219)
55–59	0.6 (984)	0.6 (1012)
60–64	0.6 (790)	0.7 (735)
65–69	0.5 (470)	0.8 (483)

[a] From Lentner (1984).
[b] Population size given in parentheses.

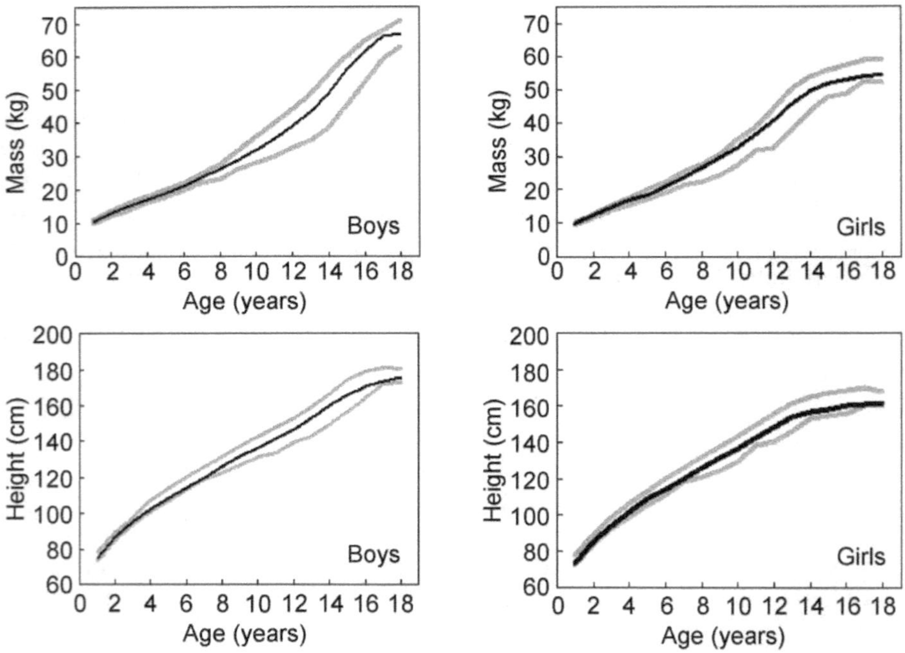

Fig. 4.4. Summary of central estimates of body mass and height for boys and girls, as determined in 19 European countries in the 1970s and 1980s (based on data compiled by Eveleth and Tanner, 1990). In each panel, the upper and lower (grey) curves show the span of reported central values in these studies. The intermediate (black) curve shows the pattern of growth using data from Spain as an example of results from an individual study group.

Table 4.3. Height and mass of European infants[a]

Age	Height (cm)		Mass (kg)	
	Boys	Girls	Boys	Girls
Newborn	51±0.9	51±1.5	3.5±0.05	3.4±0.04
4 weeks	55±0.9	54±0.8	4.2±0.3	3.9±0.2
3 months	61±0.8	60±1.2	6.0±0.3	5.6±0.2
6 months	69±1.2	67±1.1	8.0±0.4	7.3±0.2
9 months	73±1.4	72±1.3	9.5±0.4	9.0±0.5
1 year	77±0.9	75±0.9	10.4±0.3	9.9±0.5

[a] Unweighted mean±standard deviation of mean values tabulated by Eveleth and Tanner (1990) for studies in three to seven European countries. Number of subjects per study ranged from 80 to 225 subjects.

(76) For some European countries, a modest secular increase in height is suggested by comparison of data for the periods 1957–1974 with data for the late 1970s and 1980s (Eveleth and Tanner, 1990). The secular trends are not uniform across European countries, however, and a possible secular decrease in height is suggested by data for some ages in some countries. Moreover, the central tendency of the collective European data from the period 1957–1974 is not significantly lower than that of the more recent data. Thus, for purposes of constructing reference values for height, possible secular trends in the European data do not appear to be an important consideration.

(77) Reference values for height are central estimates for the European populations addressed by Eveleth and Tanner (1976, 1990). The values for adult males and females are based on data for 18-year-old males and females, respectively, on the basis of results of longitudinal studies indicating that both genders have attained virtually their maximum height by age 18 years (Tanner, 1977, 1978).

Reference values for body height

Age	**Height (cm)**	
	Male	**Female**
Newborn	**51**	**51**
1 year	**76**	**76**
5 years	**109**	**109**
10 years	**138**	**138**
15 years	**167**	**161**
Adult	**176**	**163**

(78) Reference values for body mass are also based on the European data on body growth, together with consideration of the long-term increase in body mass after the apparent end of the growth period. Specifically, the reference value for body mass in the adult male is 10% greater than the central value determined for European males at age 18 years, and the reference value for adult females is 10% greater than that determined for European females at age 16 years.

Reference values for body mass

	Mass (kg)	
Age	**Male**	**Female**
Newborn	**3.5**	**3.5**
1 year	**10**	**10**
5 years	**19**	**19**
10 years	**32**	**32**
15 years	**56**	**53**
Adult	**73**	**60**

4.2.2. Surface area of the body

(79) Several authors have developed formulae to estimate the surface area of the body (Dubois and Dubois, 1916; Boyd, 1935; Gehan and George, 1970; Haycock et al., 1978; Lentner, 1984). These formulae generally are of the form:

$$SA = \alpha_0 H^{\alpha_1} M^{\alpha_2}$$

where SA is surface area (m^2), H is height (cm), and M is mass (kg).

(80) The reference values for body surface tabulated below are based on the above formula, using the age- and gender-specific reference heights and masses tabulated earlier. The following parameter values were applied: $\alpha_0 = 0.0235$, $\alpha_1 = 0.42246$, and $\alpha_2 = 0.51456$. These values were derived by Gehan and George (1970) from measurements on 401 subjects with surface areas ranging from 0.11 to 2 m^2. Parameter values derived from studies of Dubois and Dubois (1916), Boyd (1935), or Haycock et al. (1978) give reasonably similar results.

Reference values for body surface area

	Area (m^2)	
Age	**Male**	**Female**
Newborn	**0.24**	**0.24**
1 year	**0.48**	**0.48**
5 years	**0.78**	**0.78**
10 years	**1.12**	**1.12**
15 years	**1.62**	**1.55**
Adult	**1.90**	**1.66**

(81) Estimates of Boyd (1935) of portions of the total surface area associated with various subdivisions of the body are given in Table 4.4.

Table 4.4. Subdivision of the total surface area of the body[a]

Age	Percentage of total surface area of body			
	Head	Trunk	Upper extremities	Lower extremities
Newborn	20.8	31.9	16.8	30.5
1 year	17.2	34.4	17.8	30.6
2 years	15.2	33.6	18.5	32.7
3 years	14.4	33.6	18.8	33.2
4 years	13.7	33.1	19.4	33.8
5 years	13.1	33.0	19.6	34.3
6 years	12.6	33.4	19.6	34.4
7 years	12.4	33.5	19.3	34.7
8 years	12.0	33.4	19.6	35.1
9 years	11.5	33.5	19.2	35.7
10 years	10.9	33.6	19.4	36.2
11 years	10.4	33.4	19.5	36.6
12 years	10.0	33.3	19.5	37.2
13 years	9.6	33.0	19.7	37.6
14 years	9.2	32.5	20.3	38.0
15 years	8.8	31.9	21.4	37.9
16 years	8.4	31.6	21.5	38.5
17 years	8.2	31.7	21.2	38.8
18 years	7.9	32.5	20.8	38.8
Adult	7.5	34.6	19.4	38.5

[a] From Boyd (1935).

4.2.3. Relative growth of different sections of the body

(82) Studies of maturity gradients in the upper and lower limbs indicate that development occurs most rapidly in the distal parts of both region, and that girls are ahead of boys even in early childhood (Simmons, 1944; Tanner, 1962). In general, growth and development tend to occur most rapidly in the head end of the body and least rapidly in the caudal end. Figure 4.5 shows the length of the head and neck, the trunk, and the legs as a percentage of total body length at various stages of prenatal and postnatal growth. The trunk represents about one-third of the length and nearly half of the volume of the entire body at all stages of development, but the thoracic portion of the trunk develops more rapidly than the pelvic region. As one illustration of the consequences of this slower development of the pelvic region, the urinary bladder is an abdominal organ in infancy and does not attain its adult position and shape until about age 6 years (Fig. 4.6).

4.2.4. Relative growth of organ systems

(83) There is a marked difference in the growth of the various organ systems from birth to maturity. The total body increases in mass roughly 20-fold from birth to early adulthood. At birth, the skeleton represents approximately 11% of the body

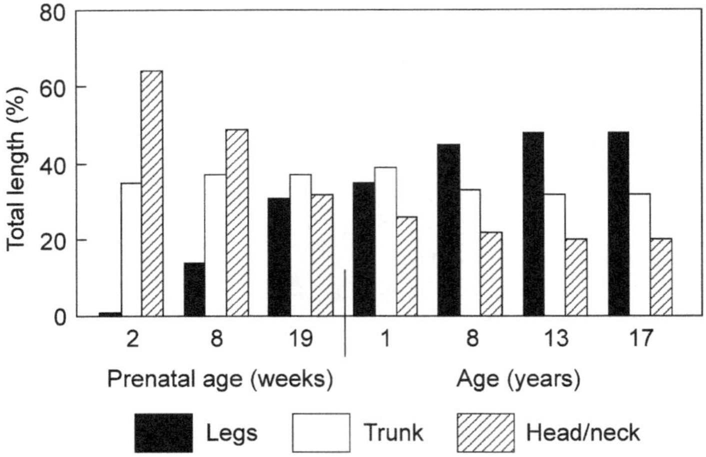

Fig. 4.5. Percentage of total body length due to head and neck, trunk, and legs in boys at various stages of prenatal and postnatal growth (after Tanner, 1978).

mass. Its postnatal growth parallels that of the body as a whole and also increases in mass about 20-fold by maturity. Its chemical composition, however, is different in newborns and adults, with the newborn skeleton being mostly cartilaginous. The skeletal muscle system forms about 25% of the body at birth and about 40% in the adult male. The central nervous system forms about 15% of body mass at birth and 2–2.5% in the adult male. The brain is the largest contributor to the mass of the central nervous system. Information is sketchier on the peripheral nervous system and the skin, but both appear to undergo a considerable reduction in relative mass in the postnatal developmental period (Scammon, 1953, p. 38). The visceral group as a whole forms about 9% of the body mass in the newborn and about 5–7% in the adult male.

(84) As indicated in Fig. 4.7, organs may be divided into four main patterns of postnatal growth: general, neural, lymphoid, and reproductive. Examples of each type are given in the figure legend. The ordinate is size attained as a percentage of total postnatal growth, i.e.:

$$(\text{mass at given age} - \text{birth mass})/(\text{adult mass} - \text{birth mass}) \times 100\%$$

(85) Scammon (1953) summarised the four main patterns of organ growth.

A. The structures of the lymphoid group (excluding the red pulp of the spleen but including the thymus) are large at birth, grow rapidly until later childhood, and then decline in absolute mass.

B. The neural group includes brain, spinal cord, and eyeballs. These structures grow rapidly and complete >90% of their postnatal increase by the end of early childhood.

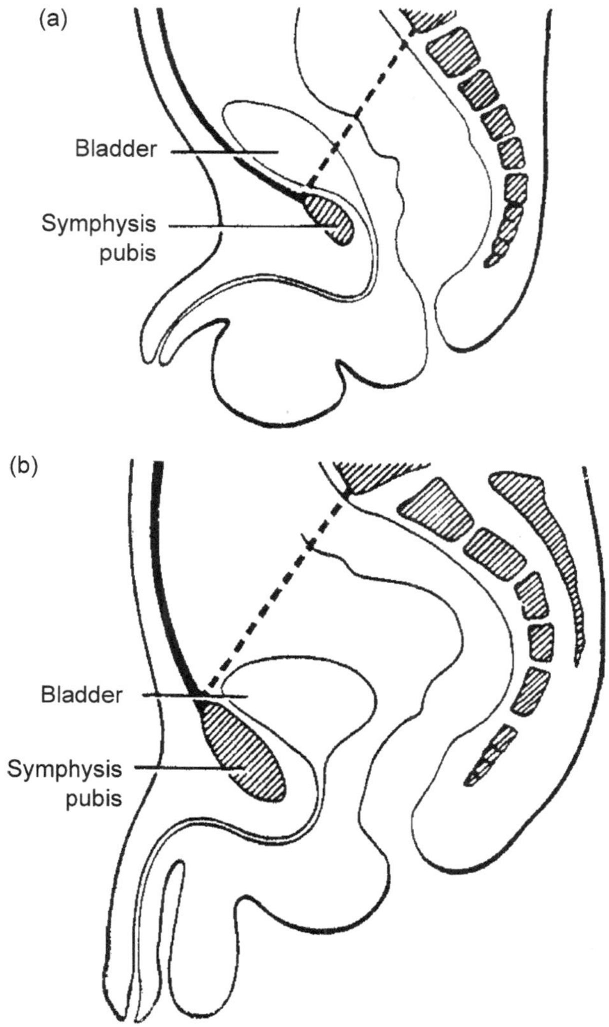

Fig. 4.6. Position of urinary bladder. (a) Infant. The bladder is almost entirely an abdominal organ. (b) Adult. As the pelvis expands with growth, the bladder sinks into it, so that when empty it does not extend into the abdominal cavity. Reprinted by permission from Sinclair (1985) *Human Growth after Birth*, 4th ed. © Oxford University Press, Oxford, UK.

C. The general group includes the digestive, respiratory, and urinary organs, the heart, and the spleen as a whole. These organs increase rapidly in mass in infancy and the first part of early childhood. In the latter part of early childhood and in middle childhood, they grow slowly. They enter a second phase of rapid growth in the prepubertal period, and this is followed by a terminal phase of slow increase in adolescence. In general, the growth of the organs of this group is similar to the growth of the body as a whole.

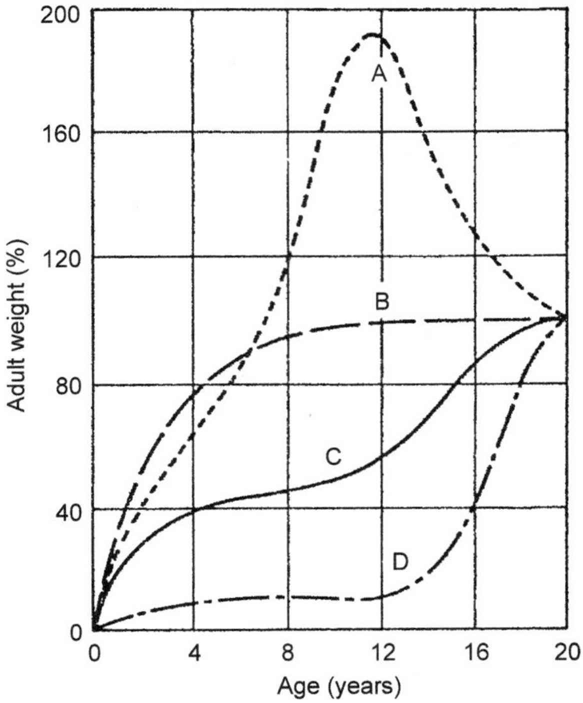

Fig. 4.7. Growth curves of different parts and tissues of the body, showing four main patterns of growth. All the curves are of the same size attained (as a percentage of the total gain from birth to maturity) and plotted so that size at age 20 years is 100 on the vertical scale. A = Lymphoid type: thymus, lymph nodes, intestinal lymph masses. B = Neural type: brain and its parts, dura, spinal cord, optic apparatus, many head dimensions. C = General type: body as a whole, external dimensional (except head), respiratory and digestive organs, kidneys, aortic and pulmonary trunks, musculature, blood volume. D = Reproductive type: testis, ovary, epididymis, prostate, seminal vesicles, Fallopian tubes. After *Publication 23* (ICRP, 1975).

D. The organs of the [reproductive] group (all genital organs with the exception of the uterus) grow very slowly until the prepubertal period, when they enter a phase of rapid increase that extends into or through adolescence.

(86) The organs that do not fall under any of the preceding categories are the suprarenal (adrenal) glands (which decline considerably in size in the first 1–2 years of life), the uterus, the hypophysis, and, possibly, the thyroid gland. The uterine pattern is similar to that of the adrenal glands.

(87) A recent analysis of the relative growth of organ systems was made by Kawamura and Tanaka (2000). They used anatomical characteristics of Japanese male and female subjects of the detailed studies of Tanaka (1992). Data on organ mass were obtained from a total of 5500 subjects (4000 males and 1500 females) that were autopsied within 12–24 h after death. Part of the analysis involved calculation of an 'adult index' (A.I.), defined as the ratio (net weight gain from birth to a given age): (net mass gain from birth to the age interval 20–29 years). These indices,

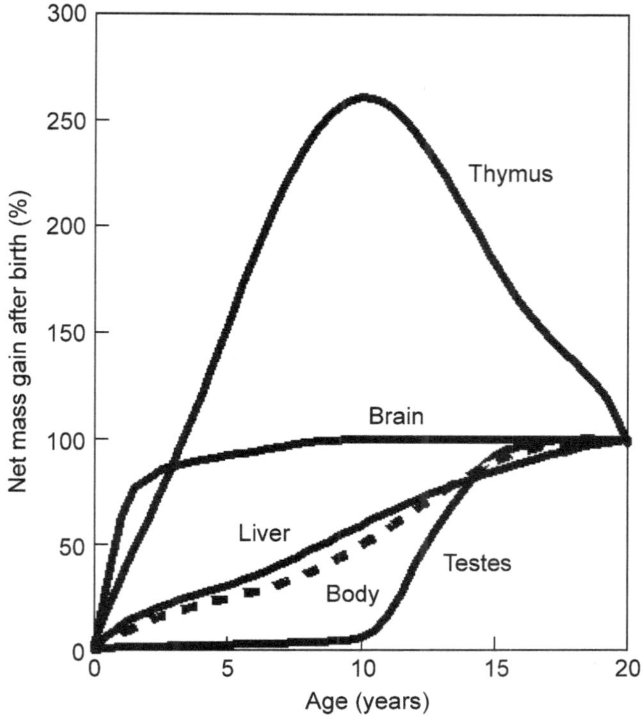

Fig. 4.8. Adult index (percentage net mass gain after 0–1 months) of the thymus, brain, body mass, liver, and testes in Japanese males. Age 25 years represents the mean of 20–29 years. After Kawamura and Tanaka (2000).

expressed as percentages, appear to be calculated in the same manner as was done in Fig. 4.7. Results for several organs in males, as plotted by Kawamura and Tanaka (2000), are shown in Fig 4.8.

(88) The shapes of the curves for organs and tissues show good agreement with the curves of Scammon. The curve for thymus A.I. shows the same peaked response shown by Curve A in Fig. 4.7 for lymphoid tissues. The curve for brain A.I. mirrors Curve B for the neural-type tissues. Curves for the A.I. values for the liver and total body reflect Curve C for general organs, and the A.I. curve for the left testis reflects Scammon's Curve D for reproductive-type tissue.

4.2.5. Changes in anatomic topography

(89) Organs and organ systems differ not only in the relative amount of growth and in patterns of growth but also in their positions with respect to the body and to each other (Fig. 4.9). Some of these changes occur rapidly. For example, during the neonatal period, there are marked changes of trunk topography from that of the fetus (Scammon, 1953). The lungs expand and are pushed laterally, and their medial anterior margins are forced medially, so that they cover a larger portion of the heart

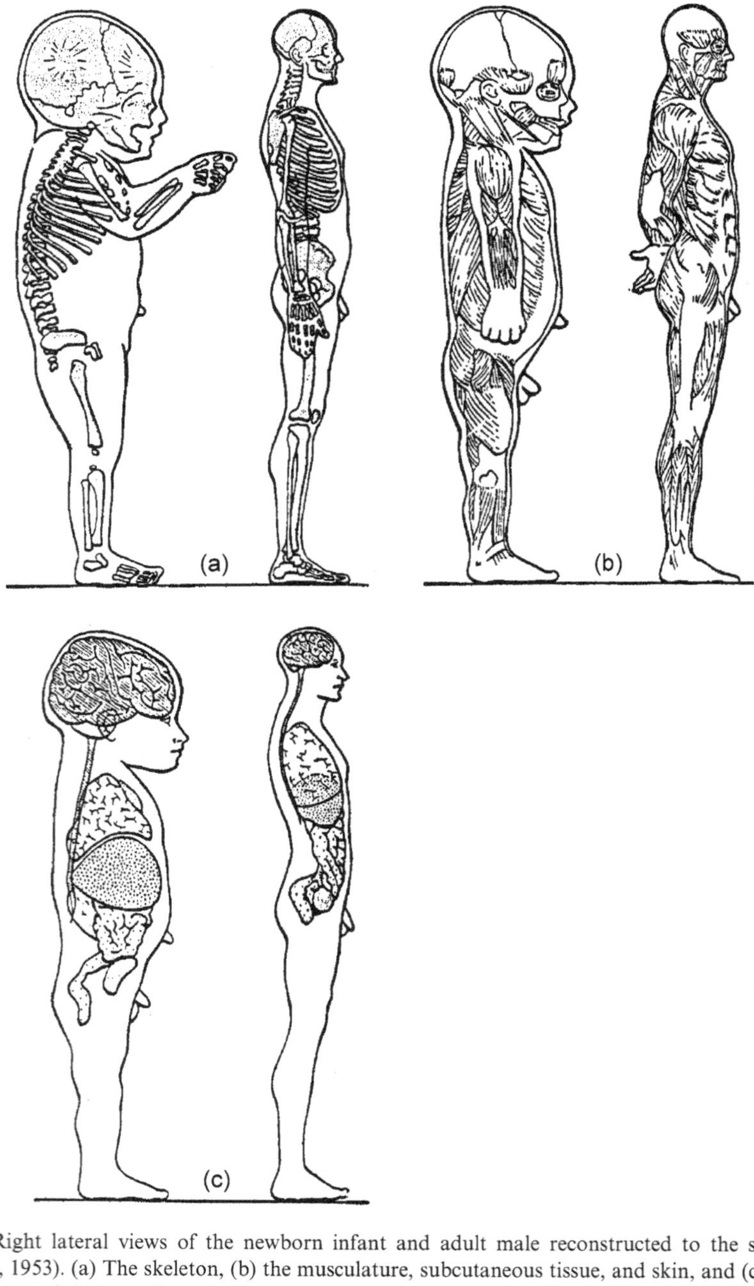

Fig. 4.9. Right lateral views of the newborn infant and adult male reconstructed to the same height (Scammon, 1953). (a) The skeleton, (b) the musculature, subcutaneous tissue, and skin, and (c) the major visceral mass and the central nervous system.

and usually most of the thymus. The heart descends about one vertebral level. The thymus is compressed between the medial borders of the lungs and is often elongated. The stomach expands and its curvature and its relationship to the liver changes. The colon loses much bulk and some length. The adrenal glands shrink to about half of their birth mass, also causing some changes in their relationships with other organs.

(90) Marked changes in abdominal and pelvic topography occur after the infant adopts the erect posture, the lumbar spine increases in length, and the pelvic cavities increase in relative size. One example of this is the transition of the urinary bladder from an abdominal organ to a pelvic organ (Fig. 4.6).

(91) According to Scammon (1953), the caecum, appendix, kidneys, bladder, and stomach all descend to a variable degree, and a larger proportion of the small intestines occupy the pelvic cavity. These changes occur relatively rapidly at first and then continue slowly, sometimes to adolescence. There are also changes in liver topography, because of its relatively large size at birth and slower postnatal rate of growth, especially that of the left lobe. Changes in topography of the thoracic organs are less striking, since the thorax is relatively more mature at birth than is the more caudal part of the trunk. There are also marked changes in the topography of the head because of the early development of the central nervous system. 'The growth of the neural portion of the skull, including the brain case, the orbits, and the ethmoidal region of the nose, is fairly complete by 6 or 7 years, and further changes come about mainly by increase in thickness, either general or local, of the bony walls' (Scammon, 1953, p. 54). These structures follow the neural growth pattern. The face and jaws lag behind. The major changes in infancy are in the jaws, which have to accommodate the teeth. Growth of the face (Fig. 4.10) seems to follow the general pattern of growth, including a spurt during adolescence.

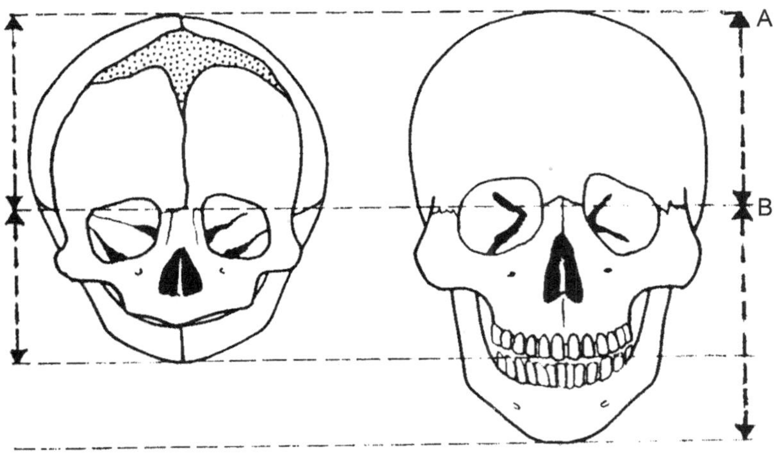

Fig. 4.10. Growth of the face. The newborn skull and the adult skull have been drawn to the same height of the cranial vault (the distance between the planes A and B). Notice the great increase in the facial skeleton in the adult. Reprinted by permission from Sinclair (1985) *Human Growth after Birth*, 4th ed. © Oxford University Press, Oxford, UK.

4.3. Body composition

4.3.1. Lean body mass (fat-free mass)

(92) Changes in body composition during growth have been investigated extensively. Data developed through the mid-1980s were reviewed critically and re-analysed in a book by Forbes (1987). The following discussion of changes with age in body composition is based largely on information presented in that book.

(93) The body can be viewed as consisting of two compartments; lean body mass (LBM) and fat. Lean body mass includes the stroma of adipose tissue and structural lipids in cells such as membrane lipids. Since neutral fat does not bind water or electrolytes, all of the body's water and electrolytes are usually assigned to the LBM compartment.

(94) Components of the total body that are almost entirely contained in the LBM, such as water and potassium, are often expressed as fractions of LBM rather than of total body mass. This is because body fat and thus total body mass are much more variable than LBM.

(95) Since the relative sizes of organs change during growth, the relative contributions of the various organs to the LBM also change. The relative mass of the skeleton does not change greatly from birth to maturity, but its composition changes radically, being considerably less mineralised at birth than in later stages of life. The skeletal muscle system comprises approximately 25% of body mass at birth and 40% at maturity in adult males. The brain is also relatively much larger in infancy than later in life. These changes are important in interpreting body-composition data and for other basic functions as well (e.g. basal metabolic rate).

(96) Figure 4.11 shows idealised changes with age in LBM in males and females from birth to age 35 years, based on estimates of Forbes (1987) for the US population.

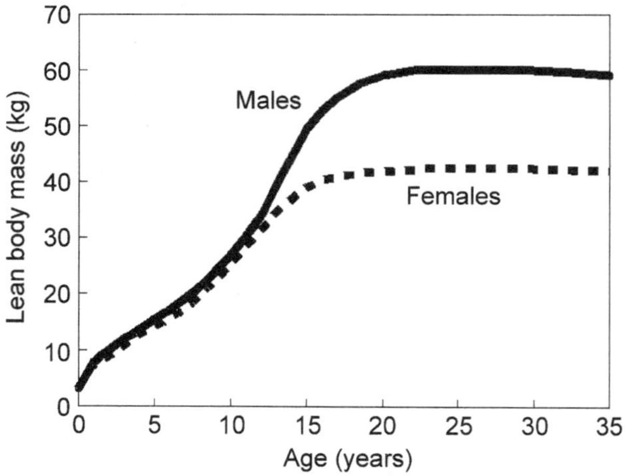

Fig. 4.11. Estimated changes with age in lean body mass in males and females from birth to age 35 years, based on data given by Forbes (1987).

Boys apparently have more LBM than girls, while girls have a slightly higher percentage of body fat, especially after age 5 years. Large differences in LBM between genders begin to appear after the onset of the adolescent growth spurt in boys. By early adulthood, LBM typically represents about 80% of total body mass in males and 70% of total body mass in females.

(97) Results of cross-sectional studies suggest that LBM as a percentage of total body mass decreases substantially between young adulthood and old age. Extrapolating from cross-sectional data for the US population, Forbes (1987) estimated that LBM typically represents about 82% of total body mass in young adult males and 72% in elderly males in the USA. Corresponding estimates for young and elderly females in the USA were 72% and 58%, respectively.

4.3.2. Changes in composition of LBM

(98) The percentage of water and its distribution within the body change with age. Electrolytes, minerals, and solids also undergo important changes, as illustrated in Fig. 4.12 for the extensively studied element, potassium.

(99) The body cell mass is the collection of cellular components of muscle, viscera, blood, brain, and other organs. The concept of body cell mass encompasses those tissues most likely to be affected by nutrition, disease, or physical activity over relatively short intervals of time — days or weeks. In practical terms, it excludes those tissues such as bone and connective tissue that have slower turnover rates. Muscle, viscera, and brain account for most of the oxygen consumption of the body (Forbes, 1987).

(100) Extracellular fluid is the blood plasma plus the interstitial fluid which surrounds cells. Intracellular fluid is the fluid within cells. Transcellular fluids are various specialised fluids: intra-ocular, synovial, and cerebrospinal fluids, and the fluid within the lumen

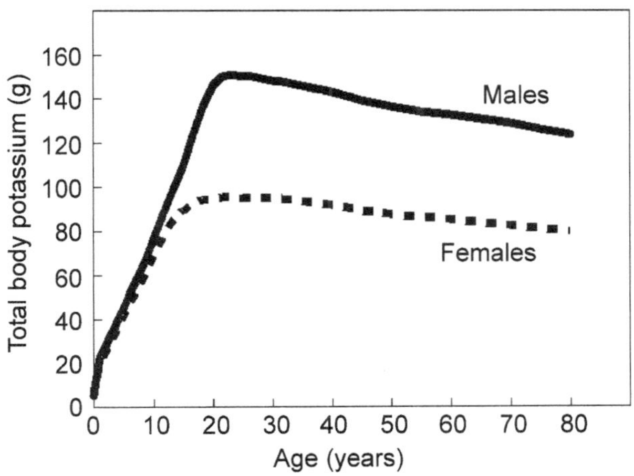

Fig. 4.12. Plot of total body potassium as a function of age. Idealised curves based on data in Wagner et al. (1966), ICRP (1975), and Forbes (1987).

of the gastrointestinal tract. When splitting total body water into extracellular and intracellular, transcellular water is often grouped with the extracellular water.

(101) The relative amounts of intracellular and extracellular water change with age (Fig. 4.13). According to Widdowson and Dickerson (1981): 'One of the characteristic changes that take place during development is a decrease in the proportion of water in the fat-free body tissue and an increase in that of dry mass. The fall in the proportion of total water is due above all to the sharp reduction in the amount of extracellular fluid, more than offsetting the rise in intracellular fluid due to the increase in the proportion of the body occupied by cells. Paralleling these changes there is a decrease in extracellular sodium and chloride, and an increase in the primarily intracellular constituents potassium, phosphorus, and nitrogen. This applies to all soft tissues as well as the body as a whole.'

(102) Forbes (1987) determined the following relationship between extracellular fluid (*ECF*) and total body water (*TBW*) based on data from several laboratories derived by similar methods (*TBW* itself is an index of total body size):

$$ECF(1) = 0.414 \times TBW(1) + 0.306$$

(103) The regression was based on combined data for males and females. No significant difference between males and females was found.

(104) The distribution of the extracellular water among plasma, interstitial fluid and lymph, dense connective tissue, bone, and transcellular fluid is shown in Table 4.5 for the adult.

(105) Reported measurements of the water content of LBM in adult animals and human subjects are generally in the range 71–74% (Pace and Rathburn, 1945; Widdowson and Dickerson, 1964; Lukaski et al., 1981; Forbes, 1987; Ellis, 1990).

Reference value for water content of Lean Body Mass in adults	73%

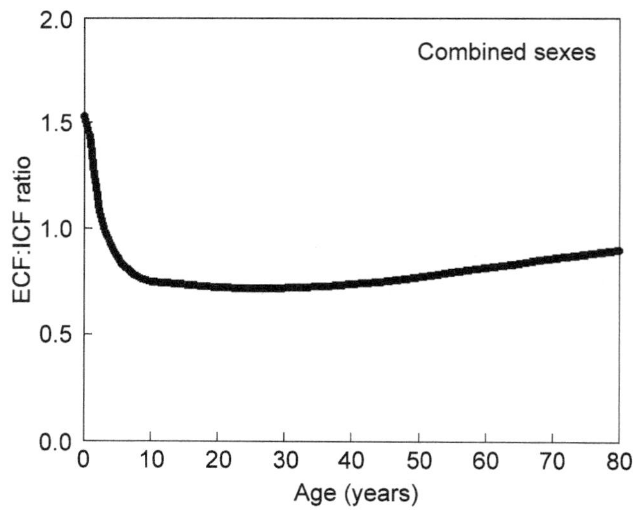

Fig. 4.13. Ratio of extracellular fluid:intracellular fluid volume as a function of age. After Forbes (1987).

Table 4.5. Distribution of water and electrolytes (young adult male). From Edelman (1961), as reported by Forbes (1987)

	Water (%)	Sodium (%)	Chloride (%)	Potassium (%)
Plasma	7.5	11.2	13.6	0.4
Interstitial fluid – lymph	20	29	37.3	1.0
Dense connective tissue – cartilage	7.5	11.7	17.0	0.4
Bone	7.5	36.5	15.2	7.6
Transcellular fluid	2.5	2.6	4.5	1.0
Total extracellular	45.0	91.0	87.6	10.4
Total intracellular	55.0	9.0	12.4	89.6
Total	100	100	100	100
(Total exchangeable content)	(100)	(70)	(94)	(90)

4.3.3. Body fat

(106) Body fat is a chemical entity and corresponds to two histological entities; 'essential' fat and 'non-essential' fat. Essential fat is composed of constituents of cells and represents roughly 2% of LBM. Non-essential fat either accumulates or is used in response to an alteration in caloric balance. It occurs as closely packed fat cells in a loose connective tissue called adipose tissue, which is found mainly in the subcutaneous tissue. Accumulation of adipose tissue also occurs in the omentum, mesenteries, major joints, and other sites.

(107) Determinations of the mass of body fat as a function of age and gender have been made by a number of investigators. Reported values vary from one study to another but reveal clear differences between males and females, and distinctive patterns of change with age for each gender. The mass of non-essential body fat expressed as a percentage of total body mass increases from birth to about 5 months of age, at which time fat represents about one-quarter (range 18–34%) of total body mass. The percentage begins to decrease slowly at about 6 months of age and continues to decrease gradually to adolescence. During this period, girls may have slightly more fat on average than boys of the same age, but it is not until adolescence that the difference between genders becomes striking. Boys and girls both gain body fat early in adolescence. The gain later stops in boys, while girls continue to put on fat as adolescence proceeds. Both genders continue to put on fat during adulthood (Fomon, 1966, 1967; Forbes, 1987; Lloyd and Mays, 1987).

(108) Gender- and age-specific changes with age in the mass of non-essential body fat as a percentage of total body mass are indicated in Fig. 4.14. These idealised curves are central estimates based on collected measurements and models (Fomon, 1966, 1967; Burmeister and Bingert, 1967; Durnin and Wormersley, 1974; ICRP, 1975; Fomon et al., 1982; Forbes, 1986, 1987; Lloyd and Mays, 1987; Ellis, 1990).

(109) The reference values for the mass of non-essential body fat tabulated below are consistent with these curves. Reference values for adults are based on estimates for age 35 years. The reference values for body fat include interstitial fat and yellow bone marrow, whose masses are included in specific organs and tissues in Table 2.8 of Chapter 2.

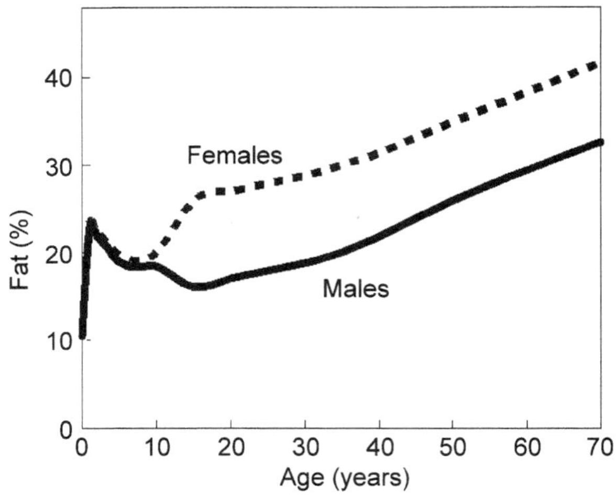

Fig. 4.14. Idealised curves representing gender- and age-specific mass of body fat as a percentage of total body mass. Based on data given in Fomon (1966, 1967), Burmeister and Bingert (1967), Durnin and Wormersley (1974), ICRP (1975), Fomon et al. (1982), Forbes (1986, 1987), Lloyd and Mays (1987), and Ellis (1990).

Reference values for mass of body fat[a]

	Mass (g)	
Age	**Male**	**Female**
Newborn	**370**	**370**
1 year	**2300**	**2300**
5 years	**3600**	**3600**
10 years	**6000**	**6000**
15 years	**9000**	**14 000**
Adult	**14 600**	**18 000**

[a] **Excludes essential body fat. Includes interstitial fat and yellow bone marrow.**

4.4. Physiological data

4.4.1. Energy expenditure

(110) The amount of metabolic fuel used each day varies widely due to individual differences in activities (Table 4.6), body size, and body composition. Usage of metabolic fuel is normally balanced by variation in food intake, but the stores of triglycerides in adipose tissue can shrink or expand to accommodate imbalances in fuel intake and expenditure. Muscle is the major consumer of metabolic fuel and even at rest accounts for about 30% of the oxygen consumed. A 73-kg man may consume roughly 2000 calories a day on average but may require only about 1200

Table 4.6. Typical energy expenditure at different levels of exertion (based on data summarised in FAO/WHO, 1973; Layton, 1993)

Activity	Multiple of basal metabolism
Sitting	1.3
Standing	1.6
Walking	3.5
Light industry	2.1–3.8
Vacuuming	3.8
Office work (sedentary)	1.7
Cooking	2.7
Volleyball	3.0
Table tennis	3.0
Cycling	5.3
Swimming	5.3
Dancing	5.3
Heavy industrial work	10
Strenuous sports activity	10–22

calories during complete bed rest or as much as 6000 calories with prolonged physical activity. For example, marathon running may consume about 3000 calories in 3 h (Johnson, 1998).

(111) At rest, an individual on a typical diet might derive roughly half of his or her daily energy needs from the oxidation of glucose, a small fraction from consumption of protein, and the remainder from fat. During starvation or prolonged exercise, carbohydrate reserves are quickly exhausted unless some restriction is placed on carbohydrate consumption by muscle, whose fuel needs can be met by increased utilisation of fat. If muscle can utilise fat, its ability to consume carbohydrate is restricted. Hormonal regulation of energy balance is accomplished largely through adjustment of availability of energy-rich fatty acids and their derivatives to muscle, and the consequent sparing of carbohydrate and protein (Johnson, 1998).

(112) Typical values for energy expenditure in humans are difficult to obtain, not only because of the high variability resulting from individual differences in activity, body size, and body composition but also because of the absence of suitable methods for measurement. Investigators have usually relied on measures of energy expenditure that do not represent average or typical 24-h free-living expenditure, such as resting metabolic rate or 24-h energy usage in a respiratory chamber. Other estimates have been obtained from surrogate measures such as dietary energy intake, which are also difficult to determine with high accuracy and are subject to reporting bias (Schulz and Schoeller, 1994).

(113) A potentially more accurate method that has found increased use in adults in recent years is the doubly labelled water method, based on the differential kinetics of hydrogen and oxygen in body water to assess total carbon dioxide production over periods of days to weeks (Schulz and Schoeller, 1994).

(114) Reported measurements of daily energy expenditure in healthy adults vary by a factor of about 3 in women and a factor of nearly 4 in men (Schulz and

Schoeller, 1994). Some recent studies have been designed to identify the factors contributing to this high variation. Schulz and Schoeller (1994) used the doubly labelled water method to determine total daily energy expenditures in healthy adults with widely varying levels of activities, body sizes, and body compositions. The study included 126 male and 173 female subjects aged 18–78 years, separated into four groups: elite athletes, a selected inactive group, people in developing countries, and all others. Ages, masses, and energy expenditures for the four groups are summarised in Table 4.7. Except for the male athletes (four cyclists engaged in the Tour de France), the total energy expenditures in the different groups were reasonably similar despite considerably different energy budgets. Persons from developing countries are physically smaller on average than persons from developed countries and, therefore, may expend less energy at rest. On the other hand, persons from developing countries expend more energy in the types of activities they perform, so that the sums of activities for the two groups do not vary much. Statistical analysis indicated that age and fat-free body mass accounted for about two-thirds of the variation in energy expenditure. The authors suggested that individual differences in physical activity should account for most of the remaining variance, although a small proportion of the variance was probably due to measurement error.

(115) For purposes of medical investigation, energy expenditure is measured under standardised conditions, usually in the morning after fasting and at a neutral temperature. The quantity measured is referred to as the basal metabolic rate, the energy expenditure at rest, or the resting metabolic rate (RMR). The goal is to determine the thermal loss associated with cellular metabolism and physiological functions such as blood circulation, respiration, digestion, and involuntary muscle tone, sustained in a resting, reclining position.

(116) The RMR generally represents a large proportion of a person's total energy expenditure (TEE). This is indicated in Fig. 4.15, which summarises reported means of TEE and RMR for various populations (from a review by Goran, 1995). The regression line TEE = (2.15*RMR)−800 kcal/day was derived from these data.

(117) Reference values for basal metabolism and TEE are tabulated below. The TEE values are based on food energy intake determined in a recent study of the US

Table 4.7. Comparison of energy expenditure (means and standard deviations) in four groups of adults (adapted from Schulz and Schoeller, 1994)

	Athletes	Inactive group	Developing countries	All others
Males				
Mean age (years)	Not reported	42±16	27±4	32±14
Mean mass (kg)	69.2±5.86	87.2±27.4	58.6±5.9	83.5±25.6
Total energy expenditure (MJ/day)	29.4±0.99	12.0±2.54	16.2±4.47	14.2±2.86
Females				
Mean age (years)	26±3	31±13	23±4	35±10
Mean mass (kg)	52.4±4.09	106.2±32.7	51.7±5.2	72.5±17.6
Total energy expenditure (MJ/day)	11.8±1.31	11.7±1.85	8.67±2.16	10.3±1.88

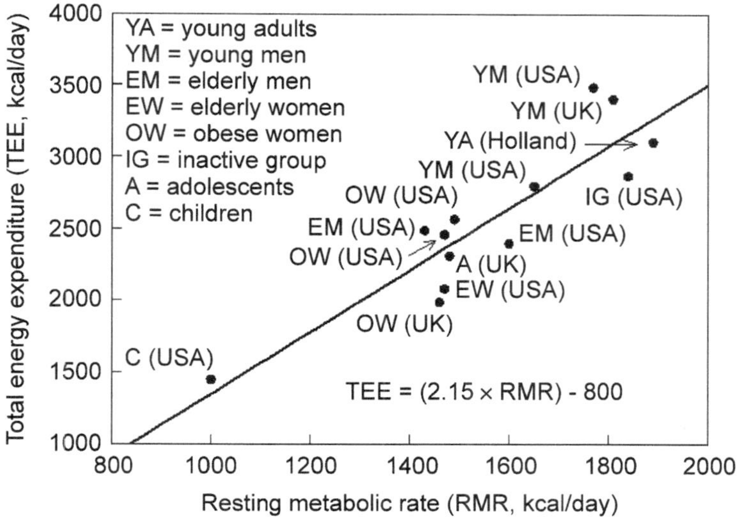

Fig. 4.15. Relationship between the resting metabolic rate and the total energy expenditure. Adapted from Goran (1995).

population (McDowell et al., 1994). The values are reasonably consistent with a number of studies on populations from developed countries. The basal metabolic rates are based on the above regression between the RMR and TEE, and reasonably consistent standard values published earlier (Altman and Dittmer, 1968).

Reference values for basal metabolism and total energy expenditure

	Basal metabolic rate (kcal/h)		Total energy expenditure (kcal/day)	
Age	Male	Female	Male	Female
Newborn	8.5	8.5	500	500
1 year	24	23	800	750
5 years	45	43	1600	1400
10 years	53	48	1900	1700
15 years	63	51	2400	1800
Adult	68	52	2800	1800

4.4.2. Body water balance

(118) To maintain a constant amount of water, the body must eliminate an amount equivalent to that ingested in fluids and food plus that produced by metabolism. The regulation of total body water is based primarily on a sensing system that responds to plasma osmolality, which is determined by the total solute content in the plasma and the total plasma water volume. Na^+, Cl^-, and HCO_3^- are the major solutes in plasma and hence the primary determinants of plasma osmolality

(Johnson, 1998). Intake of elevated quantities of table salt, for example, will lead to increased plasma osmolality, thirst, and increased intake of water.

(119) Water is absorbed in the upper small intestine and distributed by way of the lymph and blood into the tissues and cells of the body. It is eventually excreted through four channels: kidneys, skin, lungs, and intestines. Various salts accompany the water excreted in urine, sweat, and intestinal secretions (Orten and Neuhaus, 1982).

(120) Typically, an adult would take in about 2–3 l of water each day in fluids and food (ICRP, 1975; Orten and Neuhaus, 1982; Johnson, 1998). In addition to water ingested in food and fluids, metabolism of foodstuffs leads to production of water, carbon dioxide, and other metabolic byproducts such as urea and creatinine. Metabolic production of water varies with the diet but is probably about 200–400 ml/day in adults (Brobeck, 1979; Orten and Neuhaus 1982; Antoine et al., 1986; Johnson, 1998). It has been estimated that metabolism of 100 g fat yields 107 g water, 100 g starch yields 55 g water, and 100 g protein yields 41 g water (Orten and Neuhaus, 1982).

(121) Results of a study on an adult population in France with a mean food energy intake of 2837 kcal/day indicate that the mean total water intake was about 2.7 l/day (Antoine et al., 1986). This included 'invisible' intakes such as endogenously produced water (348 ml) and water contained in food, fruit, or dairy products (1008 ml), and 'visible' intakes such as tap water (650 ml), bottled water, fruit juices, sodas, fruit drinks, and alcoholic drinks (678 ml for the last five sources combined).

(122) Daily consumption of water in fluids and food varies markedly from one person to another, depending on individual habits such as dietary habits and exercise, and environmental factors such as air temperature and humidity, as well as age and gender. Measurements of water turnover in 171 healthy Swiss children (88 girls and 83 boys), aged 6 weeks to 15 years, indicate water loss of about 160 ml/kg at age 3 months, 100 ml/kg at 12 months, 65 ml/kg at 3 years, and 40 ml/kg at 15 years. Water balance studies on 21 healthy German children aged 6–11 years indicate daily water intake from food and drink (but excluding metabolically produced water) of about 43 ml/kg (Ballauff et al., 1988). These findings suggest that the daily intake plus metabolic production of water is roughly 1000 ml for ages 3 months to 6 years and that it gradually increases to more than 2000 ml by age 15 years. Daily intake plus metabolic production of water may be about 2500–3000 ml on average in young and middle-aged adult males (ICRP, 1975; Antoine et al., 1986; Johnson, 1998), but water intake, at least, is probably somewhat less in elderly males (Ershow and Cantor, 1989; Gaspar, 1999). Water intake and metabolic production are expected to be lower in adult females than in adult males (ICRP, 1975; Ershow and Cantor, 1989).

(123) Typical 'tap water' intakes in the USA as a function of age and gender are indicated in Fig. 4.16 (Ershow and Cantor, 1989). The indicated water intakes include drinking water, water added to beverages, and water added to foods during preparation, but not water intrinsic in food as purchased. Thus, the indicated values are substantially higher than intake of drinking water but lower than the total intake of water in food and fluids.

(124) The main route of output of water under sedentary conditions is urine. The amount of water lost in urine each day varies with age, gender, diet, exercise, and

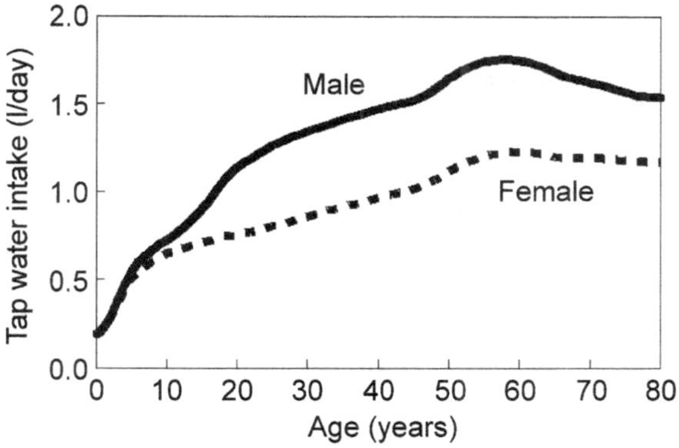

Fig. 4.16. Tap water intake in the USA as a function of age and gender. Adapted from Ershow and Cantor (1989) and USEPA (1999).

other factors. In adults, the 24-h urine volume is typically about 1200–2000 ml (ICRP, 1975; Orten and Neuhaus, 1982; Asplund and Aberg, 1992; Borghi et al., 1996; Leiper et al., 1996; Johnson, 1998). A reasonable central estimate for a 73-kg adult male may be about 1600 ml/day, or about 22 ml/kg/day. A similar value (22.5 ± 7.7 ml/kg/day) was determined in 21 healthy German children, aged 6–11 years (Ballauff et al., 1988). With excessive water intake, urine output can be as high as 10% of the glomerular filtration rate or approximately 250 ml/kg/day (Johnson, 1998). During prolonged periods of high water loss or low water intake, urine output may decrease to as little as 6–7 ml/kg/day (Johnson, 1998).

(125) The ability of the kidneys to produce concentrated urine is a major determinant of the ability to survive for an extended period without water. The human kidney can produce a maximal urinary concentration of about 1400 mosmol/l (1 osmole = the molecular weight of a solute, in grammes, divided by the number of ions or particles into which it dissociates in solution). As the urea, sulphate, phosphate, and other waste products excreted each day amount to approximately 600–700 mosmol, the obligatory water loss required for urinary excretion is roughly 0.5 l/day. Thus, as long as the kidneys are properly excreting waste products, daily excretion of urine will amount to at least 0.5 l/day even in the absence of water intake. If the body could produce urine with an osmolality of a few thousand mosmol/l, the water produced in the body by oxidation of foodstuffs might be ample for water balance; this is the case for the kangaroo rat, a desert rodent that never drinks water (Vander et al., 1980).

(126) Average losses of water in sweat are difficult to quantify, not only because of difficulties in measuring total loss of sweat during normal activities but also because of the high variability in sweat production associated with such factors as ambient air temperature, level of activity, body size, and body composition. Large amounts of water may be lost in sweat in a warm environment or during exercise, and as much as 3.5 l/h may be lost during vigorous exercise in a hot environment (Johnson, 1998). In 13 male subjects, the average sweat rate during competition in a triathlon (canoeing, cycling, and running) was estimated as 940 ± 163 ml/h (Rogers et al.,

1997). Daily evaporative water losses determined in nine astronauts who averaged 1 h/day of exercise were 1750±37 ml during preflight training, and 1560±26 ml during space flight (Leach et al., 1978). For a 70-kg male living in a temperate environment and engaged in light, indoor activities for 8 h/day, average sweat loss has been estimated as 650 ml/day (ICRP, 1975).

(127) In addition to sweat (visible water loss), there is considerable insensible loss of water through the skin, even during rest and at normal room temperature. Reported measurements of insensible loss through the skin generally fall in the range 100–800 ml/day and average about 350–400 ml/day for an adult male, although it appears that much greater losses can occur under warm, dry, or windy conditions or at low barometric pressure (Lamke et al., 1977; Reithner, 1981; De Luca et al., 1984; Jeje and Koon, 1989; Ratnatunga and Thevaranjan, 1991; Yamaguchi, 1999; Westerterp et al., 2000). For ambient temperatures of 22, 27, and 30°C and a relative humidity of 30%, the average total insensible perspiration in healthy adult volunteers was estimated as 381±18, 626±25, and 695±35 ml/day, respectively (Lamke et al., 1977). Measurements on elderly human subjects indicated an insensible water loss through the skin of about 300 ml/day (De Luca et al., 1984).

(128) As expired air is nearly saturated with water at body temperature and inspired air is not usually saturated with water, a considerable amount of insensible water loss can also occur through respiration. Losses by respiration are increased under many of the same conditions that increase cutaneous insensible loss of water, such as exercise, high ambient temperatures, and low humidity. Measurements on adults and infants indicate that, under average conditions, the amount of water lost daily from the lungs may be roughly the same as that lost through insensible perspiration (Reithner et al., 1980; Guyton, 1982; Riesenfeld et al., 1987, 1995; Johnson, 1998).

(129) Insensible water loss has been studied extensively in infants because of the importance of rapid water loss in preterm infants (Hammarlund et al., 1977; Rutter and Hull, 1979; Bell et al., 1980; Stornowski and Hornchen, 1981; Maurer et al., 1984; Riesenfeld et al., 1995; Agren et al., 1998). Transepidermal water loss was estimated as 41.5±11.5 g/kg/day in infants of less than 30 weeks of gestation, 22.4±7.6 g/kg/day in infants of 30–33 weeks of gestation, and 11.1±4.1 g/kg/day in infants of at least 34 weeks of gestation (Maurer et al., 1984). Similar results were obtained in a study by Rutter and Hull (1979). Mean water loss from the skin was estimated as 6.6 g/m^2/day (10.2 ml/kg/day) in babies weighing more than 1.85 kg but was up to three-fold higher in smaller babies (Stornowski and Hornchen, 1981). Respiratory water loss was estimated as 25 g/day in 12 full-term newborn infants, at an ambient temperature of 32.2°C and an ambient humidity of 50% (Riesenfeld et al., 1987). Respiratory and transepidermal water loss appeared to be of approximately equal magnitude in full-term infants at an ambient humidity of 50%, while transepidermal water loss constitutes a larger proportion than respiratory loss in preterm infants (Riesenfeld et al., 1995). In a study involving 12 infants, total insensible mass loss was estimated to be constant at about 1.9 g/kg/h over the first year of life, and most of this was attributed to insensible water loss (Hendrikson et al., 1985).

(130) Although a large volume of fluid is secreted into the gastrointestinal tract each day, most of it is re-absorbed before it reaches the end of the colon and rectum.

For a normal diet, water loss in faeces is typically about 100 (50–150) ml/day (ICRP, 1975; Guyton, 1982). This can increase dramatically as a consequence of diarrhoea or vomiting.

(131) The following estimates for the average adult male were based on the above information and the constraint that daily intake plus metabolic production of water must balance losses in urine, faeces, insensible losses, and sweat: intake in food and fluids, 2600 (2000–3000) ml; oxidation of food, 300 (200–400) ml; urinary excretion, 1600 (1200–2000) ml; insensible losses, 690 (300–1000) ml, with equal losses through the lungs and skin; faeces, 110 (55–165) ml; and sweat, 500 (300–700) ml. The central estimates are adopted as reference values for water balance in adult males. Reference values for adult females are taken as 75% of the corresponding values for males except for faeces, which is assumed to be 85% of that for males for consistency with reference values for the mass of faeces excreted per day by adult males and females.

Reference values for water balance in adults

	Male	Female
Water intake in food and fluids (ml/day)	2600	1960
Oxidation of food (ml/day)	300	225
Losses (ml/day)		
Urine	1600	1200
Insensible loss[a]	690	515
Sweat	500	375
Faeces	110	95

[a] Assumed to be divided equally between the lungs and skin.

4.5. Comparisons of reference values with Asian data

(132) A considerable amount of information has been published during the past decade on characteristics of several Asian populations. Included are reports on Japanese populations (Tanaka and Kawamura, 1979, 1996; Tanaka, 1992), Chinese populations (Wang et al., 1999), and Indian populations (Jain, 1995). The most extensive effort has been the 5-year effort conducted under the auspices of the IAEA. In this effort, characteristics of populations in Bangladesh, China, India, Japan, Republic of Korea, Pakistan, Philippines, and Vietnam were examined and compared (IAEA, 1998). This IAEA report presented comparative information on height, weight, other anthropomorphic measurements, organ masses, daily dietary intake, pulmonary function, and water balance. Also included in the IAEA report were the results of a model prepared by Tanaka giving suggested reference values for Asian male and female subjects at these six ages: newborn; 1, 5, 10, and 15 years; and adult.

(133) The authors of this report noted major questions that arose relating to the adequate and appropriate characterisation of reference values for Asian populations. These uncertainties included: '(1) significant variations between and even within national populations and (2) secular trends within a given population as a result of

changes in food distribution and dietary habits. The problem of population variations on a regional or even national scale is analogous to the difficulty in defining a worldwide 'Reference Man' given differences in major ethnic populations.'

(134) As an example of a secular change, data on the height of 17-year-old Japanese males were compared for the years 1977 and 1991. The mean height had increased from 169.1 to 170.6 cm and this shift was evident throughout the distribution of heights. The authors also noted that there was no acceleration of growth in Western European and North American countries, and secular trends could be ignored. In contrast, the acceleration of growth in body height and mass should be considered for developing countries.

(135) In addition to secular trends, the authors had to deal with variations within national populations from different geographical locations, as well as different ethnic and income distributions. Limited funding also restricted the measurement programme, and national data obtained for other purposes were sometimes included in the analyses.

(136) Means and standard deviations were presented for the distributions of height and total body mass for each of these eight Asian countries. The height results are given in Table 4.8. Reference values assigned in the present document are included for comparison. Both male and female heights for these eight countries are 3–7% lower than the corresponding reference values.

(137) A similar approach was used to present the results on total body mass from these eight countries in Table 4.9. The mean values for males ranged from 12 to 29% lower than the reference value. Female values ranged from 12 to 24% lower than the reference value. Total body masses derived in the model presented by Tanaka in the IAEA report (1998) are also included for comparison.

(138) Using a distribution of ages consistent with those used in the present report, the authors of the IAEA report gave values for total body mass as a function of age. These results are given for Asian males and females in Tables 4.10 and 4.11, respectively. These results and other information given in the IAEA report (1998) provide a good resource for national authorities who may wish to use country-specific results for particular applications.

Table 4.8. Height in adult Asian males and females compared with ICRP reference values[a]

	Males (cm)[b,c]	Females (cm)[b]
Pakistan	171±6.4	158±6.7
China	169±5.8	158±5.4
Japan	168±5.7	155±5.2
Republic of Korea	167±5.5	155±4.9
Bangladesh	164±12.8	155±5.6
Vietnam	164±5.2	154±4.5
Philippines	163±13.8	151±5.4
India	163±7.5	151±6.5
ICRP reference values	176	163

[a] Modified from IAEA report (1998).

[b] Mean±SD.

[c] Country entries sorted according to male values.

Table 4.9. Total body mass in adult Asian males and females compared with ICRP reference values[a]

	Males (kg)[b,c]	Females (kg)[b]
Pakistan	63.9±8.1	52.6±8.5
Republic of Korea	63.8±7.7	54.5±6.5
Japan	63.6±8.8	52.3±7.4
China	58.3±6.4	51.1±6.4
Bangladesh	57.8±9.0	47.9±7.9
Philippines	56.6±8.3	49.2±8.7
Vietnam	51.8±5.4	46.8±5.3
India	51.5±8.5	44.2±8.0
Tanaka model	60	51
ICRP reference values	73	60

[a] Modified from IAEA report (1998).
[b] Mean±SD.
[c] Country entries sorted according to male values.

Table 4.10. Total body mass (mean values) in Asian males as a function of age compared with ICRP reference values[a]

	Newborn	1 year	5 years	10 years	15 years	Adult[b]
Pakistan	3.2	–[c]	20.3	34.2	51.6	63.9
Republic of Korea	–	–	–	30.7	53.2	63.8
Japan	3.2	9.6	19.0	32.5	57.2	63.6
China	3.2	9.1	16.3	27.0	48.6	58.3
Bangladesh	2.4	8.1	16.4	27.2	43.9	57.8
Philippines	–	9.3	15.2	24.3	43.1	56.6
Vietnam	3.0	7.6	14.8	23.5	40.9	51.8
India	2.9	8.5	14.6	22.9	38.3	51.5
Tanaka model	–	11	19	30	54	60
ICRP reference values	3.5	10	19	32	56	73

[a] Modified from IAEA report (1998).
[b] Entries ranked according to adult values.
[c] Data not available.

Table 4.11. Total body mass (mean values) in Asian females as a function of age compared with ICRP reference values[a]

	Newborn	1 year	5 years	10 years	15 years	Adult[b]
Republic of Korea	–[c]	–	–	30.6	49.3	54.5
Pakistan	3.3	–	15.7	19.1	46.9	52.6
Japan	3.2	9.1	18.6	32.8	51.6	52.3
China	3.1	8.5	15.8	27.1	46.3	51.1
Bangladesh	2.5	7.0	16.4	26.7	42.5	49.9
Philippines	–	9.0	15.2	25.7	43.3	49.2
Vietnam	2.9	7.8	14.5	27.0	40.5	46.8
India	2.8	8.1	14.2	22.9	38.7	44.2
Tanaka model	–	11	19	31	49	51
ICRP reference values	3.5	10	19	32	53	60

[a] Modified from IAEA report (1998).
[b] Entries ranked according to adult values.
[c] Data not available.

5. RESPIRATORY SYSTEM

5.1. Introduction

(139) The ICRP published a wealth of information on the anatomical, physiological, and dosimetric characteristics of the human respiratory tract in *Publication 66*, 'Human Respiratory Tract Model for Radiological Protection' (ICRP, 1994). This chapter summarises the background information and reference anatomical and physiological parameters presented in that publication, as well as additional data in some areas. The interested reader is encouraged to consult *Publication 66* for more detailed information and related references. The references included here are given only for data or figures taken directly from publications other than *Publication 66*.

5.2. Structure and function of the respiratory system

(140) Anatomically, the respiratory system includes the nasal passages, mouth, pharynx, larynx, trachea, bronchi, and lungs. Several different morphometric models have been used by the ICRP for the purpose of describing the deposition and retention of an inhaled particulate aerosol. The model currently being used for this purpose by the ICRP, as described in *Publication 66* (ICRP, 1994) and clarified in *Supporting Guidance 3* (ICRP, 2002), is called the Human Respiratory Tract Model (HRTM). A schematic anatomical representation of the HRTM is given in Fig. 5.1.

(141) In the HRTM, the respiratory tract is treated as two tissues: the extrathoracic airways (ETs) and the thoracic airways (THs). These two tissues are, in turn, divided into five regions based on considerations of anatomy, physiology, radiobiology, deposition, and clearance.

(142) The ETs comprise the anterior nose (ET_1) and the posterior nasal passages, larynx, pharynx, and mouth (ET_2). The main task of the extrathoracic region is to condition and clean the inspired air and conduct it to the trachea and lungs. Inspired air flows through the anterior nares into the nasal vestibule and continues into the nasal cavity, both divided by the nasal septum. Inspired air leaves the nasal cavity through the posterior nares, turns downwards into the wide pharynx (nasal part) and continues vertically through the oral part of the pharynx into the larynx and trachea.

(143) The THs are divided into three regions: bronchial, bronchiolar, and alveolar-interstitial. The bronchial region (BB) consists of the trachea, main bronchi, and intrapulmonary bronchi, beginning with the trachea as Generation 0 and ending approximately with Generation 8. The purpose of this region is to conduct air and adjust the humidity and temperature of inspired air. The airway tree begins with the trachea, a single tube. It first divides into two (extrapulmonary) main bronchi (with walls like that of the trachea) that divide into the lobar bronchi: three enter the right lung and two enter the left lung, according to the number of lobes on each side. Segmental bronchi, branching off the lobar bronchi, lie in the centre of the segments and subdivide further. In the human lungs, the bronchi divide in a dichotomous manner of relatively little irregularity into daughter branches that become progressively reduced in diameter.

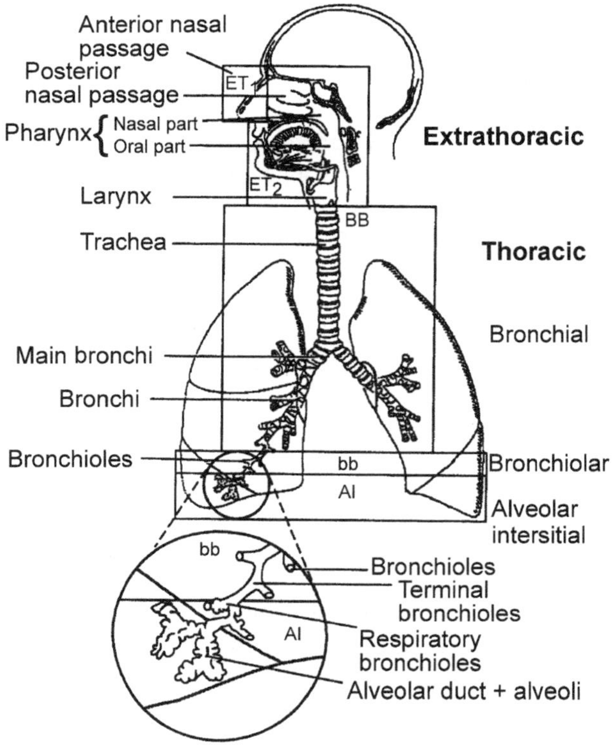

Fig. 5.1. Anatomical regions of respiratory tract as defined in the Human Respiratory Tract Model (ICRP, 1994).

(144) The bronchiolar region (bb) is the second part of the air-conducting system within the thorax. It consists of the bronchioles comprising Generations 9–15. The branches of the last generation are called terminal bronchioles; all airways beyond the terminal bronchioles carry alveoli and are not ciliated. The bronchioles are airways without cartilage and glands.

(145) The alveolar-interstitial (AI) region comprises the respiratory tract system distal to the terminal bronchioles, i.e. approximately Generations 16–26, which are the respiratory bronchioles and the alveolar ducts. The main function of this region is to exchange gases, although other roles are also important, for example, endocrine and defence functions. The respiratory bronchioles branch into alveolar ducts. In these airways, the whole circumference is occupied by alveoli. The gas-exchange region terminates in alveolar sacs that are closed at the peripheral end by a group of alveoli. Since respiratory bronchioles are partly alveolated, they are considered, along with alveolar ducts and sacs, as the transitory zone between the air-conducting system and the alveoli, which in their entirety comprise the gas-exchange region of the lungs.

(146) All four regions contain lymphatic tissue (LT) or components of it. Basic information needed for calculating the doses to various regions of the respiratory

tract is given below. Additional detailed information is provided in *Publication 23* (ICRP, 1975) and *Publication 66* (ICRP, 1994).

5.3. Anatomical data

5.3.1. Larynx

(147) The larynx is a tubular organ attached to the upper end of the trachea. It has a framework of cartilage and elastic membranes from which the vocal cords are formed. The dimensions of the larynx in adult males and females are such that the volume of the larynx in adult females is about one-quarter smaller than in adult males (ICRP, 1975). Reference values for the mass of the larynx in adult males and females are given as 28 g and 19 g, respectively. Reference values for laryngeal masses at other ages have been scaled from these adult values using the reference values for whole body mass.

Reference values for mass of the larynx

	Mass (g)	
Age	**Male**	**Female**
Newborn	1.3	1.3
1 year	4	4
5 years	7	7
10 years	12	12
15 years	22	15
Adult	28	19

5.3.2. Trachea

(148) The trachea can be defined as an elastic tube having walls that are held apart by cartilaginous rings, which forms the continuation of the larynx and extends to the point at which it divides into the two main bronchi of the lungs (ICRP, 1975). Due to its elastic nature, the diameter of the trachea changes during inspiration and expiration. Data on the length of the trachea given in *Publication 23* (ICRP, 1975) range from an average of 4 cm in newborn children to an average of about 12 cm in adults. Corresponding diameters of the tracheal lumen are given as 3.6 mm in the antero-posterior direction and 5.0 mm for the transverse direction in newborns, and 17 mm in the antero-posterior direction and 15 mm in the transverse direction in adult subjects. Data such as these were used in *Publication 23* (ICRP, 1975) to estimate reference values for tracheal masses in adult males and females. Reference values for tracheal masses at other ages given below have been obtained from these adult values by scaling based on the reference values for whole body mass.

Reference values for mass of the trachea

	Mass (g)	
Age	**Male**	**Female**
Newborn	**0.5**	**0.5**
1 year	**1.5**	**1.5**
5 years	**2.5**	**2.5**
10 years	**4.5**	**4.5**
15 years	**7.5**	**6**
Adult	**10**	**8**

5.3.3. Lungs

(149) There is considerable variability in reported masses of the lungs. This could result largely from differences among investigators in the amount of blood drained from the lungs at autopsy. Another difficulty is that there is a progressive accumulation of fluid in the lungs after death that may have resulted in overestimates of lung mass in some studies.

(150) Age-specific data for the lung masses, including blood, of males and females in the USA, as given by Boyd (1941, 1952), are tabulated in Table 5.1.

(151) In a recent study, French investigators published autopsy data on Caucasoid male and female adults who died of external causes and showed no pathological changes (de la Grandmaison et al., 2001). All autopsies were conducted within 48 h of death and the masses were obtained before the lungs were opened. The masses of the lungs in 355 males (mean$\pm$SD) were: right lung, 663$\pm$239 g; left lung, 583$\pm$216 g. In 329 females, the right lung was 546$\pm$207 g and the left lung was 467$\pm$174 g. These values lead to mean masses for the total lung of 1246$\pm$322 g for males and 1013$\pm$270 g for females. As indicated by the results of these and other studies (ICRP, 1975), the mass of the right lung is usually about 15% greater than that of the left lung. The techniques used in these studies are such that the lung masses are presumed to include blood as well as lung tissue.

(152) Different methods have been used to obtain the mass of the lungs without blood. Forster (1962) used the lungs of cadavers, perfused them with saline to wash out the blood, blotted the tissue, and removed the large airways and vessels. After such treatment, the whole lungs weighed 470–620 g. Spitzka (1904) weighed the nearly bloodless lungs of six electrocuted men between the ages of 23 and 41 years. The average mass of both lungs was 536 g (range 461–676 g). Using positron emission tomography, Brudin et al. (1987) obtained a central estimate of 420 g for 15 subjects based on a difference between total lung mass and the blood volume of the lungs. Gump (1978) determined a mean drained mass of 432 g from careful studies of five normal pairs of lungs removed post mortem.

(153) Based on reference values given elsewhere in this document, the pulmonary blood represents 10.5% and the bronchial blood represents 2% of the total blood

Table 5.1. Age-specific lung masses in US males and females[a]

	Male		Female	
Age	*n*	Mass (g)	*n*	Mass (g)
Newborn	92	52	71	51
0–3 months	46	69	47	64
3–6 months	53	94	52	93
6–9 months	72	129	55	115
9–12 months	49	142	63	142
1–2 years	78	170	84	175
2–3 years	76	246	62	244
3–4 years	51	305	34	266
4–5 years	32	314	21	312
5–6 years	18	261	27	320
6–7 years	8	400	17	358
7–8 years	15	365	10	404
8–9 years	5	405	7	382
9–10 years	5	376	5	358
10–11 years	15	475	4	571
11–12 years	8	466	4	535
12–13 years	4	459	3	682
13–14 years	6	505	4	602
14–15 years	12	693	6	517
15–16 years	12	692	13	709
16–17 years	9	747	6	627
17–18 years	12	777	13	695
18–19 years	20	875	15	655
19–20 years	19	1036	12	785
20–21 years	13	953	28	793
20–40 years	259	1169	150	886

[a] From Boyd (1941, 1952).

volume in the resting 35-year-old male. The reference value for the total blood volume in the adult male is 5300 ml. Assuming a specific gravity of blood of 1.06, the total mass of blood in the lungs is estimated as 700 g. In the data given in Table 5.1 for adult males, the mean total mass of the lungs, including blood, rounds to 1200 g. Based on these values, the mass of the whole lungs without blood would be approximately 500 g in the adult male, in reasonable agreement with the directly measured values discussed above. This implies that the mass of the lung tissue, including blood vessels but not blood, represents about 42% of the total mass of the lungs, and blood represents about 58% of the total mass. This relationship between total lung mass with blood and lung tissue mass was assumed in the selection of age- and gender-specific reference values for the lung masses given below.

Reference values for the mass of both lungs

Age	Mass (g)			
	Including pulmonary and bronchial blood		Excluding blood	
	Male	Female	Male	Female
Newborn	60	60	30	30
1 year	150	150	80	80
5 years	300	300	125	125
10 years	500	500	210	210
15 years	900	750	330	290
Adult	1200	950	500	420

5.3.4. Characteristics of target tissues

(154) Although knowledge of the total lung mass with or without its complement of blood is interesting, use of the HRTM requires mass values for each of the target tissue regions in the model. Derived values presented in *Publication 66* (ICRP, 1994) are given below.

Extrathoracic airways

ET_1 region

(155) The wall of the ET_1 region (nasal vestibule) is lined by a keratinised squamous epithelium (skin) on which radionuclides can be deposited. For the dosimetric model described in *Publication 66* (ICRP, 1994), the following morphological dimensions were provided.

- Average thickness of keratinised stratified squamous epithelium, 50 μm.
- Average depth of nuclei of cells (basal) at risk, 40–50 μm.
- Total surface area, 2×10^{-3} m^2 (20 cm^2).
- Equivalent average diameter of air passage, 5×10^{-3} m (5 mm).

ET_2 region

(156) Most of the wall of the nasal passages and part of the pharynx and larynx in ET_2 are covered by ciliated, pseudostratified epithelium. Parts of ET_2 (the oropharynx and glottic part of the larynx) are covered by stratified squamous epithelium. The oropharynx and part of the larynx were selected for dose calculations because the incidence of tumours in the naso-oropharynx is much higher than in the nose per se, and the major tumour type is squamous cell carcinoma.

(157) The following morphological dimensions were provided for region ET_2.

- Equivalent average diameter of air passage (calibre), 3×10^{-2} m (3 cm).
- Average thickness of mucous layer, 15 μm.
- Average thickness of stratified squamous epithelium, 50 μm.

- Average depth of nuclei of cells (basal) at risk, 40–50 μm.
- Total surface area, 4.5×10^{-2} m^2 (450 cm^2).

Thoracic airways

BB region

(158) The bronchial or BB region, the upper part of the air-conducting system in the thorax, includes the trachea, main bronchi, and the intrapulmonary bronchi. It begins with the trachea as Generation 0 and ends approximately with Generation 8. The associated lymph vessels and lymph nodes are included in this region.

(159) Cartilaginous rings keep the trachea open. The wall of the trachea is covered by respiratory mucosa and contains many glands. Ciliary activity moves a mucous sheet on top of the respiratory epithelium towards the pharynx. The bronchi are also covered with respiratory mucosa lined with ciliated epithelium that moves the mucous layer towards the trachea.

(160) In general, the bronchi divide in a dichotomous manner into branches that become progressively smaller in diameter with each generation. The average length of a branch also decreases with increasing generation number. Several different dimensional models have been developed to describe these airways in the adult male subject. Table 5.2 gives the model values that were adopted for use in the HRTM (ICRP, 1994). Other morphological dimensions needed for calculating doses to the BB region are as follows.

- Volume of bronchi and trachea, 5×10^{-5} m^3.
- Surface area of bronchi (Generations 1–8), 2.9×10^{-2} m^2.
- Bronchial wall:
  - average calibre, 5×10^{-3} m (5 mm)
  - average thickness of mucous (gel) layer, 5 μm
  - average thickness of cilia (sol) layer, 6 μm
  - average thickness of epithelium (without cilia), 55 μm
  - average depth of nuclei of secretory cells at risk, 10–40 μm
  - average depth of nuclei of basal cells at risk, 35–50 μm.

bb region

(161) This region consists of the bronchioles in Generations 9–15 that are also described in Table 5.2. Airways in the last generation of branches in this region are called terminal bronchioles and are the last branches to contain ciliated epithelium. Beyond this generation, all generations are alveolated to some extent. These bronchioles are airways without cartilage and glands. Clara cells are especially prominent secretory cells in the terminal bronchioles, and the nuclei of these cells are considered to be the radiosensitive targets. The morphological dimensions assigned to the bb region are as follows.

- Volume of non-respiratory bronchioles (Generations 9–15), $\sim 5 \times 10^{-5}$ m^3.
- Surface area of non-respiratory bronchioles, 2.4×10^{-1} m^2.

Table 5.2. Dimensional model of the tracheobronchiolar tree in an adult male used in the HRTM to calculate aerosol deposition and bronchial-bronchiolar dose[a]

Region	Generation	Diameter[b] (m)	Length[b]	J branch[c] (degrees)	Gravity angle[d] (degrees)
Bronchial (BB)	0 Trachea	1.65×10^{-2}[e]	9.1×10^{-2}	0	0
	1 Main bronchi	1.20×10^{-2}	3.8×10^{-2}	36	20
	2	0.85×10^{-2}	1.5×10^{-2}	35	31
	3	0.61×10^{-2}	0.83×10^{-2}	28	43
	4	0.44×10^{-2}	0.90×10^{-2}	35	39
	5	0.36×10^{-2}	0.81×10^{-2}	39	39
	6	0.29×10^{-2}	0.66×10^{-2}	34	40
	7	0.24×10^{-2}	0.60×10^{-2}	48	36
	8	0.20×10^{-2}	0.53×10^{-2}	53	39
Bronchiolar (bb)	9 Bronchioles	0.1651×10^{-2}[f]	0.4367×10^{-2}	54	45
	10	0.1348×10^{-2}	0.3620×10^{-2}	51	45
	11	0.1092×10^{-2}	0.3009×10^{-2}	46	45
	12	0.0882×10^{-2}	0.2500×10^{-2}	47	45
	13	0.0720×10^{-2}	0.2069×10^{-2}	48	45
	14	0.0603×10^{-2}	0.1700×10^{-2}	52	45
	15 Terminal bronchioles	0.0533×10^{-2}	0.1380×10^{-2}	45	45

[a] From Table 2 in *Publication 66* (ICRP, 1994).
[b] These values were used in the derivation of target tissue masses in Table 5.3.
[c] J branch: Branching angle of the daughter segment is defined as the change in direction of bulk air flow from the segment into the daughter segment.
[d] Gravity angle: The inclination of the segment to gravity = angle between bulk airflow direction during inspiration and the force of gravity.
[e] Diameter of trachea, d_0, used to scale extrathoracic and bronchial airway dimensions in different subjects relative to the adult male.
[f] Diameter of first-generation bronchiole, d_9, used to scale bronchiolar airway dimensions in different subjects relative to the adult male.

- Bronchiolar wall:
  - average calibre, 10^{-3} m (1 mm)
  - average thickness of mucous (gel) layer, 2 μm
  - average thickness of cilia (sol) layer, 4 μm
  - average thickness of epithelium (without cilia), 15 μm
  - average depth of nuclei of cells at risk, 4–12 μm.

AI region

(162) The AI region consists of the respiratory system distal to the terminal bronchioles, approximately Generations 16–26. These generations, which are the respiratory bronchioles and alveolar ducts, also include the interstitial lymphatic tissues, lymph vessels, and bronchial lymph nodes. The respiratory bronchioles, which are partially alveolated, branch into alveolar ducts whose entire circumference is occupied by alveoli. Thus, the entire AI region is considered to be the gas-exchange region of the respiratory tract.

(163) The target cells in the AI region are the Clara cells of the respiratory epithelium and type II epithelial cells that cover part of the alveolar surface. Other important features of the AI region are as follows.

- Total volume of respiratory bronchioles, 2×10^{-4} m^3.
- Total surface area of respiratory bronchioles, 7.5 m^2.
- Air volume of alveolar ducts and sacs, 4.5×10^{-3} m^3.
- Total surface area of the alveoli, 140 m^2.

(164) Information on how airway dimensions should be scaled for age and gender is given in *Publication 66* (ICRP, 1994).

5.3.5. Derived masses of target tissues

(165) Derived values for the masses of epithelial target tissues in the ET_1, ET_2, BB, bb, and AI regions are given in Table 5.3 for subjects ranging in age from newborn to adulthood. These values were obtained from Table 5 of *Publication 66* (ICRP, 1994). All of these values were scaled from the adult male values as described in *Publication 66*.

5.3.6. Specific gravity of the lungs

(166) The specific gravity of adult lungs free of air but with the blood vessels completely filled is approximately 1.05. The specific gravity of adult lungs containing

Table 5.3. Derived masses of target tissues in the respiratory tract as a function of age[a,b]

	Mass (kg)							
Subject	ET_1	ET_2	BB_{sec}[c]	BB_{bas}[c]	bb	AI[d]	LN_{ET}[e]	LN_{TH}[e]
Newborn	2.4×10^{-6}	5.3×10^{-5}	1.8×10^{-4}	9.1×10^{-5}	8.1×10^{-5}	0.052	7.0×10^{-4}	7.0×10^{-4}
3 months	2.8×10^{-6}	6.3×10^{-5}	2.5×10^{-4}	1.3×10^{-4}	5.0×10^{-4}	0.090	1.2×10^{-3}	1.2×10^{-3}
1 year	4.1×10^{-6}	9.3×10^{-5}	3.1×10^{-4}	1.6×10^{-4}	6.0×10^{-4}	0.15	2.1×10^{-3}	2.1×10^{-3}
5 years	8.3×10^{-6}	1.9×10^{-4}	4.7×10^{-4}	2.3×10^{-4}	9.5×10^{-4}	0.30	4.1×10^{-3}	4.1×10^{-3}
10 years	1.3×10^{-5}	2.8×10^{-4}	6.2×10^{-4}	3.1×10^{-4}	1.3×10^{-3}	0.50	6.8×10^{-3}	6.8×10^{-3}
15 years (male)	1.9×10^{-5}	4.2×10^{-4}	8.2×10^{-4}	4.1×10^{-4}	1.8×10^{-3}	0.86	1.2×10^{-2}	1.2×10^{-2}
15 years (female)	1.7×10^{-5}	3.8×10^{-4}	7.6×10^{-4}	3.8×10^{-4}	1.6×10^{-3}	0.80	1.1×10^{-2}	1.1×10^{-2}
Adult (male)	2.0×10^{-5}	4.5×10^{-4}	8.6×10^{-4}	4.3×10^{-4}	1.9×10^{-3}	1.1	1.5×10^{-2}	1.5×10^{-2}
Adult (female)	1.7×10^{-5}	3.9×10^{-4}	7.8×10^{-4}	3.9×10^{-4}	1.9×10^{-3}	0.90	1.2×10^{-2}	1.2×10^{-2}

[a] From Table 5 of *Publication 66* (ICRP, 1994).
[b] Secondary values of two significant figures.
[c] BB_{sec}, mass of bronchial epithelium through which secretory cell nuclei are distributed; BB_{bas}, mass of bronchial epithelium through which basal cell nuclei are distributed. These masses are derived from the surface areas defined by airway lengths and diameters, which are scaled for each subject.
[d] Including blood, excluding lymph nodes.
[e] Mass of lymphatic tissue is assumed to be the same in extrathoracic and thoracic regions.

air is approximately 0.25. The specific gravity of blood- and air-free human lung parenchyma is approximately 1.0 (ICRP, 1975).

5.4. Physiological data

(167) Respiratory physiological parameters such as breathing rates and lung volumes play important roles in the doses received by the tissues and cells of the respiratory tract after an inhalation exposure to radioactive particles or gases. These physiological parameters and the factors that can influence their magnitudes have been presented and discussed in the HRTM (ICRP, 1994). Of particular importance in that report were analyses of the possible effects of age on these parameters and the related dose calculations. The following text summarises this physiological information. Readers wishing for greater detail than is presented here are referred to ICRP (1994).

5.4.1. General aspects

(168) The anatomical structure of the respiratory tract was described in Section 5.2. From a physiological point of view, a person can breath through his/her nose or mouth or both, depending on the required ventilatory needs. Nasal breathing is the predominant mode of breathing in healthy subjects at rest. In this way, inspired air is conditioned with respect to temperature and humidity, and some particles are filtered out of the air. The anatomical structure of the extrathoracic airway is characterised by high resistance to air flow, accounting for one-half of the total airway resistance value. In adults, the average total resistance for both nares is close to 0.15 kPa/l/s. In most healthy subjects, there is an unequal resistance to flow between the two nares that tends to cycle from side to side (about every 3 h). The distribution of air flow can change as much as 20–80% between the two nostrils without any subjective discomfort. This cycle disappears in elderly persons, during exercise, and during emotional upset. When a higher rate of ventilation is required, the subject may switch to oronasal breathing because the mouth offers much lower resistance to air flow.

(169) In oronasal breathing, subjects breathe partly through the nose and partly through the mouth. Subjects who are normally nose breathers may switch to breathing through the mouth only when demanded by heavy exercise (nasal augmentation). Persons who habitually are 'mouth breathers' generally breathe oronasally all the time. This response to exercise is shown in Table 5.4.

(170) Inspired gases in the conducting airways in the thoracic region down through the terminal bronchioles do not undergo exchanges with blood. However, the gases can be retained in mucous, depending on the solubility, and transferred to blood through the epithelium. Physiologically, this non-exchange region is called the 'anatomical dead space'. In the alveolar or gas-exchange regions, oxygen and carbon dioxide are exchanged between the inhaled air and the blood. At least 70% of the alveoli are involved in this process, but this proportion decreases with age. The non-functional alveolar region, plus the anatomical dead space, constitutes the 'physiological dead space'.

Table 5.4. Fraction of total ventilatory air flow passing through the nose in nasal augmenters (normal nose breathers) and in mouth breathers[a]

Level of exertion	Fraction through the nose	
	Nasal augmenter	Mouth breather
Sleep	1.0	0.7
Rest	1.0	0.7
Light exercise	1.0	0.4
Heavy exercise	0.5	0.3

[a] From Table 11 of *Publication 66* (ICRP, 1994).

5.4.2. Normal breathing dynamics

(171) Figure 5.2 illustrates the various lung volume and capacity terms used to describe various inspiratory and expiratory volumes of the functioning lungs during the process of respiration. Volumes such as the tidal volume or vital capacity are measured directly in pulmonary function tests. Helium re-breathing is used to determine the residual volume and calculate the functional residual capacity and total lung capacity.

5.4.3. Variability in respiratory physiological parameters

(172) During the preparation of the HRTM publication, recent publications of biometric and respiratory physiological data were screened for results obtained by

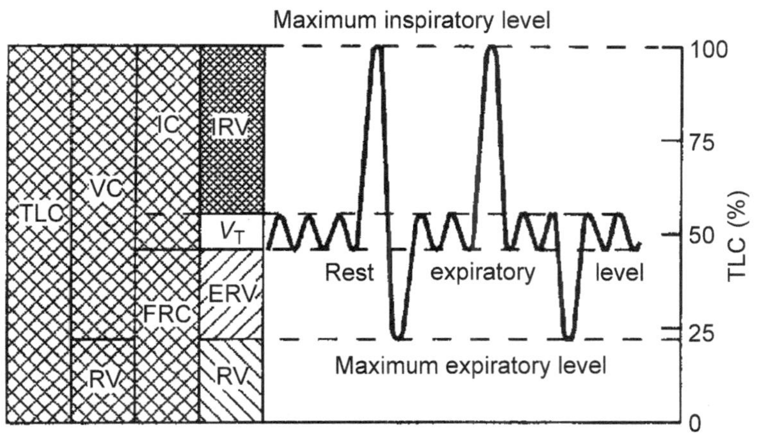

Fig. 5.2. Respiratory volumes and capacities. TLC, total lung capacity; VC, vital capacity; RV, residual volume; IC, inspiratory capacity; FRC, functional residual capacity; IRV, inspiratory reserve volume; V_T, tidal volume; ERV, expiratory reserve volume (ICRP, 1994).

current standardised methods. These data were then used in regression analyses against age in years (A), mass in kg (W), and standing height in m (H). The resulting regression equations for respiratory volumes and air flows in healthy adult Caucasian subjects are given in Tables B.1 and B.2 in Annex B of the HRTM (ICRP, 1994).

(173) Similar types of regression analyses were carried out for groups of Caucasian children of different ages. Complete sets of reference data were not available at the time the HRTM was published (1994), but a considerable number of regression equations for respiratory function parameters for various age ranges are summarised in Table B.4, Annex B of ICRP (1994).

5.4.4. Reference values for physiological parameters

(174) As noted above, dosimetric calculations for inhaled radioactive particles and gases require reference values for lung volumes and ventilation parameters as a function of age and gender. Tables of reference values are given in the HRTM to summarise the broad range of information included in its Annex B on Respiratory Physiology (ICRP, 1994). These reference values are presented in the following text.

Lung volumes

(175) The following table, drawn from Table 7 in the HRTM, gives reference values for respiratory volumes and capacities as a function of age from an age of 3 months to adulthood, and for gender.

Reference values for respiratory volumes and capacities[a]

					15 years		Adult	
	3 months	1 year	5 years	10 years	Male	Female	Male	Female
TLC (l)	0.28	0.55	1.6	2.9	5.4	4.5	7.0	5.0
FRC (l)	0.15	0.24	0.77	1.5	2.7	2.3	3.3	2.7
VC (l)	0.20	0.38	1.0	2.3	4.0	3.3	5.0	3.6
V_D (l)[b]	0.014	0.020	0.046	0.078	0.13	0.11	0.15	0.12

[a] Rounded values from Table 7 in *Publication 66* (ICRP, 1994). See Annex B of ICRP (1994) for published data on various populations.
[b] These are secondary values calculated by scaling the airway dimensions for body height.
TLC, total lung capacity; FRC, functional residual capacity; VC, vital capacity; V_D, dead space.

Breathing parameters

(176) The amount of air inhaled in a given period of time is a function of the tidal volume, V_T, and the respiration frequency, f_R. These parameters, in turn, are a function of the type of activity being performed at that time. Four different activity categories have been considered: resting (sleeping), sitting awake, light exercise, and

heavy exercise. Reference values for V_T and f_R, as well as the resulting ventilation per hour, B, are given in the following table, based on Table 8 of the HRTM (ICRP, 1994) for persons of ages ranging from 3 months to adulthood at each of these four activity levels.

Reference values for respiratory parameters at different levels of physical activity[a]

Activity	Resting (sleeping)			Sitting awake			Light exercise			Heavy exercise		
Maximal workload (%)	8			12			32			64		
Breathing parameters	V_T (l)	B (m^3/h)	f_R (min^{-1})	V_T (l)	B (m^3/h)	f_R (min^{-1})	V_T (l)	B (m^3/h)	f_R (min^{-1})	V_T (l)	B (m^3/h)	f_R (min^{-1})
Age												
3 months	0.039	0.09	38	N/A	N/A	N/A	0.066	0.19	48	N/A	N/A	N/A
1 year	0.074	0.15	34	0.10	0.22	36	0.13	0.35	46	N/A	N/A	N/A
5 years	0.17	0.24	23	0.21	0.32	25	0.24	0.57	39	N/A	N/A	N/A
10 years												
Male	0.30	0.31	17	0.33	0.38	19	0.58	1.1	32	0.84	2.2	44
Female	0.30	0.31	17	0.33	0.38	19	0.58	1.1	32	0.67	1.8	46
15 years												
Male	0.50	0.42	14	0.53	0.48	15	1.0	1.4	23	1.4	2.9	36
Female	0.42	0.35	14	0.42	0.40	16	0.90	1.3	24	1.1	2.6	38
Adult												
Male	0.63	0.45	12	0.75	0.54	12	1.3	1.5	20	1.9	3.0	26
Female	0.44	0.32	12	0.46	0.39	14	0.99	1.3	21	1.4	2.7	33

[a] Rounded values from Table 8 of Publication 66 (ICRP, 1994). See Annex B of ICRP (1994) for data from which these reference values were derived.

V_T, tidal volume; B, ventilation rate; f_R, respiration frequency; N/A, not applicable.

(177) Values for daily ventilation must include the types of activity involved. The following table gives reference values for time budgets associated with different activity levels performed in indoor and outdoor locations. The values are based on information given in the HRTM (ICRP, 1994) and *Publication 71* (ICRP, 1995b).

Reference values for daily time budgets for members of the general population (h)[a]

	Time budget (h/day)							
					15 years		Adult	
Location	3 months	1 year	5 years	10 years	Male	Female	Male	Female
Indoors								
At home: Asleep	17	14	12	10	10	10	8.5	8.5
Awake	7[b]	5[c]	6[c]	8[c]	7[d]	9[d]	7[c]	9.5[c]
Elsewhere: (e.g. at work)		4[c]	3[c]	3[c]	4[d]	3[d]	6.5[c]	4[c]
Outdoors		1[c]	3[c]	3[c]	3[e]	2[f]	2[f]	2[f]

[a] Modified from Table 5 in *Publication 71* (ICRP, 1995b) and Table B.16 in *Publication 66* (ICRP, 1994).
[b] Light exercise.
[c] One-third sitting + two-thirds light exercise.
[d] One-half sitting + one-half light exercise.
[e] Two-thirds light exercise + one-third heavy exercise.
[f] One-half sitting + three-eighths light exercise + one-eighth heavy exercise.

(178) The information in the two preceding tables on ventilation and time budgets has been used to calculate reference values for the amount of air inspired/day by members of the general public ranging in age from 3 months to adult. In the following table of reference values for ventilation for members of the general public, the total volume of air inspired/day is allocated among the four levels of exercise considered above.

Reference values for daily time budget and ventilation parameters at each exercise level for members of the public at various ages[a]

	3 months			1 year			5 years		
Exercise level	h	m³/h	m³	h	m³/h	m³	h	m³/h	m³
Sleep	17	0.09	1.5	14	0.15	2.1	12	0.24	2.9
Sitting				3.3	0.22	0.73	4.0	0.32	1.3
Light exercise	7.0	0.19	1.3	6.7	0.35	2.3	8.0	0.57	4.6
Heavy exercise									
Total			2.8			5.1			8.8
	10 years			15 years (male)			15 years (female)		
Exercise level	h	m³/h	m³	h	m³/h	m³	h	m³/h	m³
Sleep	10	0.31	3.1	10	0.42	4.2	10	0.35	3.5
Sitting	4.7	0.38	1.8	5.5	0.48	2.6	7.0	0.40	2.8
Light exercise	9.3	1.1	10.3	7.5	1.38	10.4	6.8	1.3	8.8
Heavy exercise				1.0	2.92	2.9	0.25	2.6	0.65
Total			15.2			20.1			15.8
	Adult (male)			Adult (female)					
Exercise level	h	m³/h	m³	h	m³/h	m³			
Sleep	8.0	0.45	3.6	8.5	0.32	2.7			
Sitting	6.0	0.54	3.2	5.4	0.39	2.1			
Light exercise	9.8	1.5	14.7	9.9	1.3	12.9			
Heavy exercise	0.25	3.0	0.75	0.19	2.7	0.52			
Total			22.2			18.2			

[a] Rounded values derived from Table 6 of *Publication 71* (ICRP, 1995b) and the tables given above.

(179) In a similar way, values for daily ventilation rates are given for workers. The following table gives reference values for a set of activity levels for sedentary male and female workers, and males conducting heavy work like firemen, construction workers, farm workers, etc. Included for comparison are corresponding daily ventilation rates given in *Publication 23* (ICRP, 1975). The two sets of numbers agree quite well except for males conducting heavy work. For this category, the ventilation rate given in the HRTM (ICRP, 1994) is about 40% higher than the earlier *Publication 23* value, which actually related to light activity.

Reference values of daily ventilation rates for dosimetric modelling: adult workers[a]

	Air breathed (m³/day)		
	Sedentary worker		Heavy worker
Activity	**Male**	**Female**	**Male**
Sleeping (8 h)	**3.6** *(3.6)*[b]	**2.6** *(2.9)*	**3.6** *(3.6)*
Occupational (8 h)			
1/3 sitting	**9.6** *(9.6)*	**7.9** *(9.1)*	
2/3 light exercise			
7/8 light exercise			**13.5** *(9.6)*
1/8 heavy exercise			
Non-occupational (8 h)			
4/8 sitting			
3/8 light exercise	**9.7** *(9.6)*	**8.0** *(9.1)*	**9.7** *(9.6)*
1/8 heavy exercise			
Total air breathed (m^3)	**22.9** *(22.8)*	**18.5** *(21.1)*	**26.8** *(22.8)*

[a] **From Table B.17 in *Publication 66* (ICRP, 1994).**
[b] **Values in parentheses from *Publication 23* (ICRP, 1975).**

(180) All of the preceding ventilation calculations are based on the concept of prorating hourly ventilation rates associated with different levels of exercise to the number of hours/day budgeted to each exercise level. In addition to the excellent discussion of the factors underlying these ventilation parameters and their uncertainties given in the HRTM (ICRP, 1994), the interested reader is referred to discussions given in *Publication 71*, 'Age-Dependent Doses to Members of the Public from Intake of Radionuclides: Part 4 – Inhalation Dose Coefficients' (ICRP, 1995b), and to Appendix C of Volume 2 of 'Probabilistic Accident Consequence Uncertainty Analyses – Uncertainty Assessment for Internal Dosimetry' (Goosens et al., 1998).

5.5. Comparisons with Asian data

(181) Age-related data for males and females from four relatively detailed studies (Boyd, 1941, 1952; IAEA, 1998) are shown in Fig. 5.3. The Boyd data are those given earlier in Table 5.1. From these graphs, one can see that the Japanese and Chinese results fall generally in the same locations as the data of Boyd. The values for India, especially for adult males, are lower.

(182) Table 5.5 provides age-related data for the mass of the lungs, with blood, for Japan, China, and India taken from the IAEA report (1998). When these values are compared with the reference values given in this report, one can see that the Japanese and Chinese values are quite similar to the reference values but the values for Indian males and females are about 30% lower.

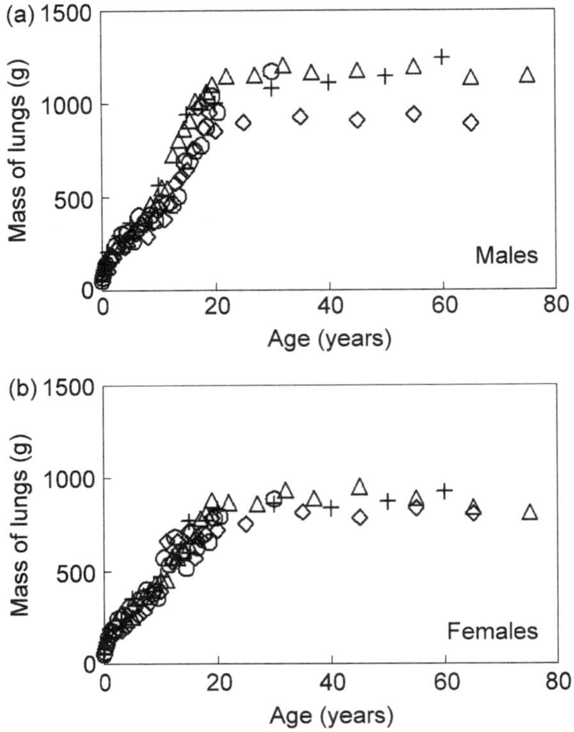

Fig. 5.3. Mass of the lungs, including blood, in males and females as determined in four autopsy studies. (○) Western data (Boyd, 1941, 1952); (△) Japanese data; (+) Chinese data; (◇) Indian data (IAEA, 1998).

Table 5.5. Mass of the lungs, with blood, as a function of age in Asian populations compared with ICRP reference values[a]

		Mass (g)					
		Newborn	1 year	5 years	10 years	15 years	Adult
Males	Japan	90	190	320	550	910	1170
	China	61	210	360	560	940	1060
	India	63	120	250	460	650	840
	Tanaka model	–	190	320	520	930	1200
	ICRP reference values[b]	60	150	300	500	900	1200
Females	Japan	90	190	260	450	640	910
	China	57	190	350	470	770	840
	India	63	98	210	410	600	670
	Tanaka model	–	190	310	540	710	910
	ICRP reference values[b]	60	150	300	500	750	950

[a] Asian values taken from IAEA report (1998).
[b] From this report.

6. ALIMENTARY SYSTEM

6.1. Introduction

(183) The ICRP is preparing a publication on the human alimentary tract that provides updated information on features of the alimentary system and associated tissues pertinent to biokinetic and dosimetric modelling for radionuclides. This chapter lists reference values selected by the ICRP Task Group on the Human Alimentary Tract, and summarises the information on which those values were based.

6.2. Structure and functions of the alimentary system

(184) The alimentary system (Fig. 6.1), also referred to as the digestive or gastrointestinal system, includes the mouth, tongue, salivary glands, pharynx, oesophagus, stomach, intestines, liver, gallbladder, and pancreas. This system is concerned primarily with the intake, digestion, and absorption of nutrients (alimentation), and elimination of unabsorbed material and endogenously secreted material from the body. The upper portion of the alimentary system possesses some respiratory features, since the mouth and parts of the pharynx are shared alimentary and respiratory pathways. Two of its glands, the pancreas and liver, play more general systemic roles in the body.

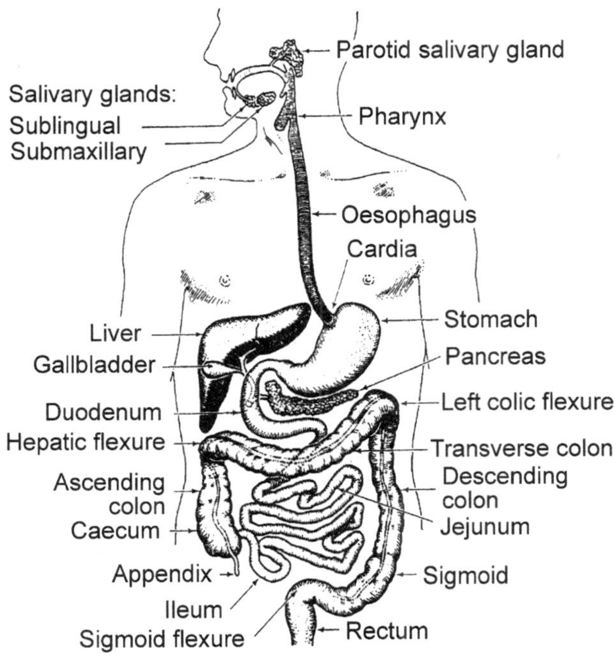

Fig. 6.1. The human alimentary tract and associated structures (reprinted with permission from Orten and Neuhaus, 1982 Human Biochemistry, 10th ed. © C.V. Mosby Co., London, UK).

(185) Essentially, the alimentary tract is an epithelium-lined muscular tube capable of propelling ingested material through a series of different physiological environments created by its secretory and absorptive epithelia. The motility of the tract depends mainly on muscles within its wall, controlled by the autonomic nervous system. In the case of the mouth and anus, motility depends on skeletal muscles under voluntary motor control. Food broken down mechanically by the teeth is exposed to digestive enzymes that break down large molecules into smaller molecules that can be absorbed by epithelial cells. The absorbed molecules then pass into the vascular system for circulation within the body. As the interior surface of the alimentary tract is continuous at the mouth and anus with the external surface of the body, material within its lumen can be regarded as being outside the body. Material enters the interior milieu (the systemic circulation and tissues) only in the form of small molecules and ions that traverse the epithelial lining of the tract.

(186) The glands lining the tract supply the water, enzymes, and chemical environment required for digestion and the movement of material through the tract. Small glands are present in the wall of the tract, e.g. gastric glands of the stomach, while larger glands are connected to the tract by secretory ducts. These larger glands are the major oral salivary glands (parotid, submandibular, and sublingual), the pancreas, and the liver.

6.3. Anatomical data

6.3.1. Mouth

(187) Digestion begins in the mouth with chewing, which breaks up large food particles into smaller pieces that are easily swallowed. The cavity of the mouth is divided into an anterior vestibule or labial cavity (between the lips, cheeks, and teeth) and a posterior cavity or buccal cavity that lies within the dental arches and communicates with the oral pharynx.

6.3.2. Salivary glands

(188) A salivary gland is any cell or organ discharging a secretion into the oral cavity. Distinction is made between the major salivary glands, located at some distance from the oral mucosa, with which they connect by extraglandular ducts, and the minor salivary glands that lie in the mucosa or submucosa, opening directly through the mucosa or indirectly through many short ducts. The major salivary glands are the paired parotid, submandibular, and sublingual glands. The minor salivary group includes those in the tongue, the lingual glands, and the labial, buccal, and palatal glands.

(189) The mass of the parotid glands is roughly twice that of the submaxillary glands and four to five times that of the sublingual glands (ICRP, 1975). The total weight of the salivary glands at birth is about 6 g (ICRP, 1975). It has been estimated that the salivary glands triple their birth weight in the first 6 months and by

the age of 2 years are five times as large as at birth (Sinclair, 1985). The salivary glands acquire their adult structure by age 2 years (Sinclair, 1985), but continue to increase in size and weigh about 85 g in the adult male (ICRP, 1975).

(190) For purposes of assigning reference values, it is assumed that the mass of the salivary glands is 6 g at birth and that it increases four-fold by age 1 year. The mass is assumed to increase at the same rate as total body mass after age 1 year, reaching 85 g in the adult male and 70 g in the adult female. A mass ratio of 10:5:2 is assumed for parotid, submaxillary, and sublingual glands.

Reference values for mass of pairs of major salivary glands

	Mass (g)							
					15 years		Adult	
Glands	Newborn	1 year	5 years	10 years	Male	Female	Male	Female
Parotid (2)	3.5	14	20	26	40	38	50	41
Submaxillary (2)	1.8	7	10	13	20	19	25	21
Sublingual (2)	0.7	3	4	5	8	8	10	8
Total	6.0	24	34	44	68	65	85	70

Specific gravity of soft tissues in the alimentary system

(191) The specific gravity of the salivary glands is approximately 1.045 (1.04–1.05). Approximately the same value has been determined for all soft tissues of the alimentary tract (ICRP, 1975).

6.3.3. Teeth

(192) Reference data for the teeth are given in Chapter 9, which addresses the skeleton.

6.3.4. Tongue

(193) The tongue is a highly muscular organ of deglutition, taste, and speech. It is partly oral and partly pharangeal in position, and is attached by its muscles to the hyoid bone, mandible, styloid processes, soft palate, and the wall of the pharynx. A covering mucosal layer is firmly attached to the underlying muscle. The dorsum (upper surface) is generally convex in all directions at rest. Numerous mucosal irregularities and elevations called papillae cover the anterior dorsum. Some of the papillae contain taste buds. The posterior dorsum is devoid of papillae but has low elevations due to lymphoid nodules embedded in the submucosa, collectively termed the lingual tonsil.

(194) Reported masses of the tongue in the adult male are generally in the range 65–94 g (ICRP, 1975). Reference values for the mass of the tongue are based on the assumption that the tongue represents 0.1% of total body mass.

Reference values for mass of the tongue

	Mass (g)	
Age	**Male**	**Female**
Newborn	3.5	3.5
1 year	10	10
5 years	19	19
10 years	32	32
15 years	56	53
Adult	73	60

6.3.5. Pharynx

(195) The pharynx is situated behind the nasal cavities and mouth. It is a musculo-membranous tube with three regions: the nasopharynx, which is solely respiratory in function; and the oropharynx and laryngopharynx, which are both respiratory and alimentary. The nasopharynx lies above the soft palate, the oropharynx extends to the upper border of the epiglottis, and the laryngopharynx connects to the oesophagus. The oropharynx opens into the mouth.

6.3.6. Tonsillar ring

(196) The tonsils are well-outlined, subepithelial lymphatic organs located in the mucous membrane of the digestive tract in the region where the oral cavity communicates with the pharynx. The two palatine tonsils, the lingual tonsil, and the pharangeal tonsil form an almost complete ring, with smaller collections of lymphoid tissue in the intertonsillar intervals.

(197) The palatine tonsils are often referred to simply as 'the tonsils'. They are located on either side of the oropharynx. The palatine tonsil is typically ovoid in shape, but its size and appearance vary with age and with tissue changes involving hypertrophy and inflammation. The tonsils increase rapidly in size for the first 5 or 6 years of life. They reach a maximum size at puberty and project noticeably into the oropharynx. Tonsillar involution begins at puberty when the lymphoid tissue begins to undergo atrophic changes. Little tonsillar tissue remains in old age.

(198) The palatine tonsils are poorly developed in the newborn. The mass of one palatine tonsil has been estimated as 0.4 g at age 2 years, 0.8 g at age 5 years, slightly more than 1 g in the second decade, and 1.5 g in adults. These figures are based on the entire tonsil including adherent and interstitial connective tissue (Scammon, 1923). They are not consistent with the typical growth pattern for lymphoid tissue, that is, maximum development before puberty and a decline thereafter in both relative and absolute size (see Section 4.2.4). According to Sinclair (1985), the maximum size of the tonsils and adenoids is usually attained by the age of 6 years.

(199) Reference values for the mass of the palatine tonsils are rounded values based on the reported masses indicated above, but assuming that the maximal mass is attained between ages 5 and 10 years.

Reference values for mass of two palatine tonsils

Age	Mass (g)	
	Male	Female
Newborn	0.1	0.1
1 year	0.5	0.5
5 years	2	2
10 years	3	3
15 years	3	3
Adult	3	3

(200) The lingual tonsil is located in the dorsum or root of the tongue. It is not well defined but composed of 30–100 follicles arranged in longitudinal rows. The tonsillar tissue spreads over the entire root of the tongue in infants and children but covers only a small area in adults.

(201) The nasopharangeal tonsil hangs from the roof of the nasopharynx. In surface view, it is an oblong pyramid with apex pointing towards the nasal septum. When enlarged, it is commonly referred to as the adenoid or adenoids. It increases rapidly in size during the first few years of life. Involution begins at about the sixth year and is usually complete before puberty, although it may still be found in adults.

6.3.7. General features of the alimentary canal

(202) The alimentary canal is a continuous hollow tube that extends from the pharynx to the anus. Some authors also include the mouth as part of the canal.

Layers of the canal

(203) Throughout its length, the alimentary canal is made up of four concentric layers. From the lumen outwards, these layers are the mucosa, submucosa, muscularis, and adventitia or serosa.

(204) The mucosa, or mucous membrane, has three components: a superficial epithelium; an underlying stroma composed of a vascularised, highly cellular, reticular connective tissue (lamina propria); and a thin layer of smooth muscle (muscularis mucosae). The epithelium functions as a barrier and the site of secretion and absorption. The protective function against mechanical, thermal, and chemical injury is most evident in the oesophagus and terminal part of the rectum, where the epithelium is thick and stratified and is covered in mucous which acts as a protective lubricant. Elsewhere in the gut, the epithelium is simple, either cuboidal or columnar, and includes cells for absorption and various types of secretory cells. The barrier function and selectivity of absorption is assisted by the presence of tight

junctions over the entire epithelium. The surface area of the epithelium is increased by the presence of mucosal folds and pits (plicae and rugae), by crypts, by villi, and by glands, while microvilli on the surface of individual absorptive cells considerably increase the area of plasma membranes presented to the contents of the gut. Some glands lie in the lamina propria and some in the submucosa, and the liver and pancreas lie outside the wall of the gut. All glands drain into the lumen of the gut through individual ducts. There are also scattered endocrine cells within the epithelial lining.

(205) The epithelial layer is constantly renewed by cell division and differentiation, originating from stem cells located in the basal layer of the epithelium of the oesophagus (as for the oral cavity and pharynx) and in the crypts in other regions. The depth of the stem cells from the intestinal lumen varies between regions.

(206) The submucosa is a fibrous layer that in some places contains accumulations of lymphatic tissue as well as glands that extend from the mucosa. The submucosa is a vascular service area containing large blood vessels that send finer vessels into the layers that represent the specific organ functions, the mucosa and the muscularis.

(207) The muscularis contains two or more layers of muscle. This muscle is smooth in all parts except the upper oesophagus and the anal sphincter. Contractions of the inner, circular layers constrict the lumen, and contractions of the outer, longitudinally arranged layers shorten the tube. At the various sphincters and valves along the length of the tube, the layer of circular muscle is greatly thickened.

(208) The adventitia of the tract is composed of several layers of loose connective tissue, alternating between collagenous and elastic tissue.

Blood and lymphatic vessels

(209) Most regions of the alimentary canal are richly supplied with blood, lymphatic vessels, and nerves. The largest arteries are arranged longitudinally in the submucosa, and smaller branches also run in the adventitia. In the small intestine, each villus usually contains a single central lymphatic vessel known as a lacteal.

(210) Reference blood volumes and blood flow rates for tissues of the digestive system are given in Chapter 7.

Lymphatic tissue

(211) The lymphatic tissue of the oesophagus, stomach, and intestines occurs primarily in the lamina propria and may be in the form of diffuse lymphatic tissue, solitary lymphatic nodules, or aggregate nodules. Diffuse lymphatic tissue occurs under the simple epithelia of the intestines. The degree of cellularity has been related to the bacterial count in the lumen. This layer represents a barrier to foreign organisms and large molecules. The most abundant cells are macrophages, plasma cells, and eosinophils. Solitary nodules are found in the oesophagus, in the pylorus of the stomach, and along the entire length of the small and large intestine. Aggregate nodules, or Peyer's patches, are found in the small intestine and the appendix. These are oval bodies, usually 1–4 cm long but occasionally larger, and are composed of 10–60 closely packed nodules. These patches occur mainly in the lower part of the ileum, but a few are found in the jejunum and lower abdomen. Aggregate nodules are always present in the vermiform appendix but do not occur elsewhere in the large intestine.

6.3.8. Oesophagus

General features of the oesophagus

(212) The oesophagus is a muscular tube extending from the pharynx to the stomach. The proximal oesophagus is striated, the lower oesophagus is smooth muscle, and there is a transition zone with a mixture of smooth and striated muscle (Meyer et al., 1986; Johnson, 1998). The oesophagus may be divided into four anatomical or functional segments: cervical portion, representing ~20% of the total length; thoracic portion, ~65%; diaphragmatic portion, ~5%; and abdominal portion, ~10% (ICRP, 1975). In the living person, the lumina of the cervical and abdominal portions are closed except during the passage of food, but the thoracic portion is more or less open and contains some air.

Thickness of the wall of the oesophagus

(213) The mucous membrane layer of the oesophagus lies in many folds except during the passage of a bolus. The oesophageal wall is thinner in the newborn than in the adult, but the epithelium thickens rapidly after birth (Scammon, 1923). Older measurements of the thickness of the oesophageal wall of the adult are generally in the range 3.5–5.6 mm (ICRP, 1975). Measurements on living adult subjects based on modern imaging techniques indicate a central value in the range 2.1–3.6 mm (Chen, 1994; Lahoti et al., 1995; Kishimoto et al., 1998; Berkovich et al., 2000).

Diameter of the oesophagus

(214) The diameter of the distended oesophagus in the adult has been estimated as 13–19 mm at the level of the constrictions and 16–22 mm at the level of the dilated segments (ICRP, 1975). Early studies of the rate of growth of the oesophagus do not provide reliable absolute estimates of its diameter, but suggest a substantial increase in the diameter between infancy and ages 12–16 years and only a slight increase after age 16 years (data summarised by Scammon, 1923; Blackfan, 1933).

Length of the oesophagus

(215) The length of the oesophagus as determined in older autopsy studies is generally in the range 23–30 cm in adult males and 20–26 cm in adult females (Scammon, 1923; ICRP, 1975). Autopsy measurements on infants and children indicate an oesophageal length of about 8–10 cm at birth, 12 cm at age 1 year, 18 cm at 10 years, and 19 cm at 15 years (ICRP, 1975). The similarity in the values for ages 10 and 15 years is inconsistent with the rate of growth of the upper body during that period, and suggests that the subjects may not have been representative.

(216) The length of the oesophagus has been determined in a number of modern studies by external imaging techniques. Reported values vary considerably, apparently due mainly to differences in the definition of 'oesophageal length' in medical studies and, to a lesser extent, to intersubject variability. In a study of 51 normal adults (27 males and 24 females) from the USA, oesophageal length, defined as the average distance from the proximal end of the upper oesophageal sphincter to the distal end of the lower oesophageal sphincter, was 28.3 ± 2.4 cm (Awad et al., 1999).

(217) The length of the oesophagus as determined by external imaging is slightly greater on average in adult males than adult females (Wang, 1991; Li et al., 1994), and is correlated with body height in children and adults (Beckstrand et al., 1990; Song et al., 1991; Awad et al., 1999). A number of linear relations between body height and 'oesophageal length' are given in the literature, but these were generally developed for medical applications (insertion of orogastric or nasogastric tubes) and refer to distances from the upper incisors or nares to the oesophagogastric junction, which are greater than the actual length of the oesophagus. The formula:

$$\text{length of oesophagus} = 0.15 \times \text{height (cm)} + 2\ \text{cm}$$

agrees with central estimates of the distance from the proximal end of the upper oesophageal sphincter to the distal end of the lower oesophageal sphincter in infants and adults. This formula was used to derive reference values for the length of the oesophagus at ages 1–15 years.

Reference values for length of the oesophagus (cm)

				15 years		Adult	
Newborn	**1 year**	**5 years**	**10 years**	**Male**	**Female**	**Male**	**Female**
10	**13**	**18**	**23**	**27**	**26**	**28**	**26**

Mass of the oesophagus

(218) For purposes of deriving reference values for the masses of the oesophagus, stomach, and intestines, Tipton and Cook (1969) and collaborators at the New York Medical Examiner's Office determined the masses of these tissues in 49 male and 12 female cadavers. Measured values for mass of the oesophagus are shown in Tables 6.1 and 6.2.

Table 6.1. Measured mass of the oesophagus in 49 adult males (Tipton and Cook, 1969)

	Mean±SD	Median	Range
Age (years)	43±12	41	22–68
Body mass (kg)	73±7	74	59–86
Height (cm)	169±6	169	157–183
Oesophagus mass (g)	37±6	36	23–50

Table 6.2. Measured mass of the oesophagus in 12 adult females (Tipton and Cook, 1969)

	Mean±SD	Median	Range
Age (years)	43±9	45	28–55
Body mass (kg)	65±6	64	59–82
Height (cm)	166±3	165	159–170
Oesophagus mass (g)	34±7	34	25–50

(219) Rounded values of 40 g and 35 g are selected as reference values for the mass of the oesophagus in adult males and females, respectively. Reference values for younger ages are based on the assumption that the rate of growth of the oesophagus is similar to that of the body as a whole, which seems consistent with available information on the dimensions of the oesophagus.

Reference values for mass of the oesophagus (g)

				15 years		Adult	
Newborn	**1 year**	**5 years**	**10 years**	**Male**	**Female**	**Male**	**Female**
2	**5**	**10**	**18**	**30**	**30**	**40**	**35**

6.3.9. Stomach

General features of the stomach

(220) The stomach is a hollow bag that initially stores ingested material. It is connected to the oesophagus at an opening called the cardiac orifice, and is connected to the intestine at an opening called the pyloric orifice. The stomach lies in longitudinal folds, or rugae, when the organ is not distended with food. In man, the gastric epithelium is a single column. At the cardiac opening, the cells are continuous with the basal layer of the stratified epithelium of the oesophagus. The lining of the stomach is indented by numerous pits that supply several million tubular glands. The glands are divided into three categories: the cardiac glands occur in the first 5–40 mm from the cardiac orifice; the pyloric glands occur near the intestine; and the gastric glands lie between these two extremities. The cells of the cardiac and pyloric glands all appear to be of the mucous type. The epithelium of the gastric glands is more diversified, containing enzyme- and acid-secreting cells as well as mucous cells.

(221) The mucous membrane of the stomach is 0.3–1.5 mm thick, being thinnest in the cardiac region. Underlying the epithelium is a richly vascularised lamina propria. Smooth muscle fibres extend upwards from the muscularis mucosae around the glands, and their shortening probably aids in the expulsion of secretory products. The submucosa consists of coarse collagenous bundles and elastic fibres, blood vessels and lymphatic vessels, and clusters of fat cells are common in older people. The

muscularis is composed of three layers of fibres with different orientations. The serosa consists largely of connective tissue and is continuous with the peritoneum.

(222) The size, shape, and position of the stomach vary considerably due to such factors as its state of filling, the degree of contraction of its musculature, the presence or absence of peristaltic waves, the respiratory phase, the position of the body, the pressure exerted by contraction of the abdominal wall, and the amount of filling of adjacent intestines. The size, shape, and position of the stomach may also vary from one person to another due to differences in the build of the body. The stomach may be cylindrical or roughly crescent-shaped when empty of food, or pear-shaped when partially distended, but the most common form in the upright posture is the fish-hook or J-shape. Typically, the stomach lies obliquely in the upper left quadrant of the abdominal cavity and is directed caudally, anteriorly, and to the right.

(223) The stomach may be subdivided into two main parts: (1) the first or cranial portion, which includes the cardial portion, the fundus, and the body; and (2) the second portion, which includes the pyloric portion and the pylorus. The first and second portions represent 60% and 40% of the total stomach, respectively.

Mass of the stomach

(224) Data on the mass of the stomach as determined in the study by Tipton and Cook (1969) are summarised in Table 6.3 for adult males and Table 6.4 for adult females. The central estimates of stomach mass are reasonably consistent with estimates of Scammon (1919) based on collected data for adult subjects ($n = 839$).

Table 6.3. Measured mass of the stomach in 49 adult males (Tipton and Cook, 1969)

	Mean±SD	Median	Range
Age (years)	43±12	41	22–68
Body mass (kg)	73±7	74	59–86
Height (cm)	169±6	169	157–183
Stomach mass (g)	150±46	140	110–450

Table 6.4. Measured mass of the stomach in 12 adult females (Tipton and Cook, 1969)

	Mean±SD	Median	Range
Age (years)	43±9	45	28–55
Body mass (kg)	65±6	64	59–82
Height (cm)	166±3	165	159–170
Stomach mass (g)	140±18	140	110–170

(225) Scammon (1919) also collected reported measurements of stomach mass for subjects ($n = 543$) in the first two decades of life. The data for all age groups are summarised in Table 6.5. These data indicate that the growth rate of the stomach in postnatal life is equal to or slightly greater than that of the body as a whole (Scammon, 1919).

(226) Reference values for the mass of the stomach wall in adult males and females are based on data of Tipton and Cook (1969). Reference values for ages 0–15 years are based on data summarised in Table 6.5.

Table 6.5. Mass of the stomach as a function of age (Scammon, 1919)

Age	*n*	Average mass (g)
Newborn	167	6.5
0–3 months	34	10.9
3–6 months	39	14.1
6–12 months	71	18.3
1–2 years	62	27.1
2–4 years	55	37.9
4–7 years	48	51.8
7–14 years	35	89.8
14–20 years	32	128.9
20–60 years	839	154.5

Reference values for mass of the stomach wall (g)

				15 years		**Adult**	
Newborn	**1 year**	**5 years**	**10 years**	**Male**	**Female**	**Male**	**Female**
7	20	50	85	120	120	150	140

6.3.10. Small intestine

General features of the small intestine

(227) The small intestine is a thin-walled tube about 3 m (2.3–3.8 m) long in the adult. It extends from the pylorus of the stomach to the colon.

(228) Most digestion and absorption occurs in the small intestine. Large molecules of intact or partially digested carbohydrate, fat, and protein are broken down by enzymes into monosaccharides, fatty acids, and amino acids that can be absorbed across the membranes of the epithelial cells by diffusion or mediated transport. Other organic nutrients, as well as salts and water, are also absorbed in the small intestine.

(229) The lining of the small intestine possesses gross and microscopic devices for increasing the surface area available for digestive and absorptive activities. The surface is studded with numerous villi, or mucosal projections, which serve as absorptive units and which are unique to this segment of the alimentary tract. At their bases are simple tubular invaginations, called crypts of Lieberkühn, that extend to the muscularis mucosae but do not penetrate it. The villi have a single columnar epithelial cover and a core of highly cellular reticular connective tissue (lamina propria). The villi vary in height and form in different regions of the human small intestine. Each villus contains an artery, a capillary network, and a vein, as well as a central lymphatic or

lacteal. The vascularity of the villi is considerably greater than that of the tissue around the crypts.

(230) With regard to structural characteristics as well as functional and histological criteria, the small intestine may be divided into three portions: duodenum, jejunum, and ileum. The upper duodenum is characterised by Brunner's glands, which are submucosal in position. Secretions from these glands empty into the intestinal crypts and probably serve to lubricate the entering gastric contents and separate and suspend solid food particles.

(231) Differences in the form of the villi occur in the three regions. In the duodenum, the villi are short, leaf-like folds; the villi in the jejunum are rounded, finger-like projections; and those in the ileum tend to have a club-like form. Villi are typically taller and more numerous in the jejunum than in the ileum.

Length of the small intestine

(232) The anatomical length of the intestine represents length as measured at autopsy or from material removed during surgery, while the physiological length represents length as measured in a living person. Anatomical lengths are often given in standard textbooks of anatomy. These values are usually higher than the physiological lengths, unless they were measured shortly after death when shortening of the intestines may be observed. Soon after death, the tissue loses its tonus, resulting in elongation.

(233) Reference values for the length of the small intestine given here refer to the physiological length. Reference values for newborns and adults are based on central estimates of data summarised in Table 58 of *Publication 23* (ICRP, 1975). For both newborns and adults, the central estimates of the length of the small intestine are approximately 1.6×body height. This relation is assumed to hold for ages 1–15 years and for adult females.

Reference values for the physiological length of the small intestine (cm)

				15 years		Adult	
Newborn	1 year	5 years	10 years	Male	Female	Male	Female
80	120	170	220	270	260	280	260

(234) In the adult, the duodenum, jejunum, and ileum represent approximately 8%, 37%, and 55%, respectively, of the total physiological length of the small intestine (ICRP, 1975).

Diameter of the small intestine

(235) The diameter of the lumen of the small intestine changes with age and varies with location within the intestine. Values in the range 1.2–2.6 cm have been estimated for the small intestine in newborns (ICRP, 1975). For the adult, estimates are in the range 3–6 cm for the first part of the small intestine and decrease to 1.5–2.5 cm for the last part (ICRP, 1975).

Mass of the small intestine

(236) Data on the mass of the small intestine as determined in the study by Tipton and Cook (1969) are summarised in Table 6.6 for adult males and Table 6.7 for adult females.

Table 6.6. Measured mass of the small intestine (g) in 49 adult males (Tipton and Cook, 1969)

	Mean±SD	Median	Range
Age (years)	43±12	41	22–68
Body mass (kg)	73±7	74	59–86
Height (cm)	169±6	169	157–183
Small intestine mass (g)	650±78	650	460–830
Duodenum	56±9	55	35–70
Jejunum	280±39	290	200–380
Ileum	310±33	300	220–380

Table 6.7. Measured mass of the small intestine (g) in 12 adult females (Tipton and Cook, 1969)

	Mean±SD	Median	Range
Age (years)	43±9	45	28–55
Body mass (kg)	65±6	64	59–82
Height (cm)	166±3	165	159–170
Small intestine mass (g)	600±76	590	470–750
Duodenum	57±10	60	45–75
Jejunum	250±39	230	200–330
Ileum	290±29	290	220–350

(237) Reference masses of the small intestine in adult males and females are based on the data summarised in Tables 6.6 and 6.7, respectively. Reference values for ages 0–15 years are based on the assumption that the rate of growth of the intestines parallels that of the stomach.

Reference values for mass of the small intestine wall (g)

				15 years		Adult	
Newborn	**1 year**	**5 years**	**10 years**	**Male**	**Female**	**Male**	**Female**
30	**85**	**220**	**370**	**520**	**520**	**650**	**600**

6.3.11. Large intestine

General features of the large intestine

(238) The large intestine, or colon, begins at the ileocaecal valve and consists of a caecum and appendix; the ascending, transverse, and descending segments; the sigmoid colon; and a terminal portion, the rectum, ending at the external orifice of the anus. Data on the large intestine, particularly data related to the motility of the luminal contents, are often reported in terms of the right colon, left colon, and rectosigmoid region or simply the rectosigmoid. The right colon is defined as the ascending colon including the caecum, plus the proximal half of the transverse colon. The left colon is the distal half of the transverse colon plus the descending colon. The rectosigmoid is the sigmoid colon plus the rectum.

(239) In contrast to the small intestine, the mucosa of the large intestine lacks villi. It has deep, straight glands about 0.5 mm deep. The lamina propria contains many solitary lymphatic nodules, often so large as to extend into the submucosa. The submucosa differs from other regions of the tract mainly in its large accumulations of fat cells. The muscularis of the colon and caecum has circular and longitudinal arrangements of fibres that allow considerable constriction of the lumen, and rearrangement and movement of the contents.

(240) The rectum is divided into upper and lower parts. The upper part extends from the third sacral vertebra to the pelvic diaphragm. The lower part, called the anal canal, continues down to the anus. The lining of the upper rectum lies in large, circular folds. The mucous membrane is similar to that of the colon, but its glands are longer and are composed almost entirely of mucous cells. Solitary lymphatic nodules and a continuous layer of longitudinal muscle are present. The serosa of the rectum is replaced by adventitious connective tissue. The anal canal is 2–3 cm in length and roughly elliptical in cross-section. At the anus, its lining becomes continuous with the external skin. In the anal canal, the epithelium changes abruptly from simple columnar to stratified.

Length of the large intestine and its segments

(241) Most reported estimates of the length of the large intestine refer to anatomical length determined after death. These may overestimate the length in the living person by ~50%. Central estimates for the physiological length of the large intestine of the newborn and adult are ~45 cm (range 20–70 cm) and 110 cm (range 91–125 cm), respectively (Table 6.8; ICRP, 1975). These central estimates are used as reference values for the newborn and adult. Values for ages 1–15 years are based on the assumption that the length of the large intestine is linearly related to height. Reference values for body height and for the length of large intestine for newborns and adults give the following linear relation:

$$\text{length of intestine} = 0.52 \times \text{height (cm)} + 18.5 \text{ cm}$$

(242) Reference values for segments of the large intestine commonly considered in studies of colonic transit times are scaled from anatomical lengths given in *Publication*

23 (ICRP, 1975) for the adult male (Table 6.8). Estimates are also provided for the mass of colon segments addressed in *Publication 23* (ICRP, 1975) and in the study of Tipton and Cook (1969).

Reference values for the physiological length of the large intestine and its segments (cm)

					15 years		Adult	
Segment	**Newborn**	**1 year**	**5 years**	**10 years**	**Male**	**Female**	**Male**	**Female**
Right colon	**14**	**18**	**23**	**28**	**30**	**30**	**34**	**30**
Left colon	**16**	**21**	**26**	**31**	**35**	**35**	**38**	**35**
Rectosigmoid	**15**	**21**	**26**	**31**	**35**	**35**	**38**	**35**
Total	**45**	**60**	**75**	**90**	**100**	**100**	**110**	**100**

Table 6.8. Estimated values for the physiological length of segments of the colon divided as in *Publication 23* (ICRP, 1975)

					15 years		Adult	
Segment	Newborn	1 year	5 years	10 years	Male	Female	Male	Female
Ascending[a]	7	9	11	14	15	15	17	15
Transverse	14	18	23	27	30	30	33	30
Descending	9	12	15	18	20	20	22	20
Sigmoid	11	15	19	22	25	25	27	25
Rectum	4	6	7	9	10	10	11	10
Total	45	60	75	90	100	100	110	100

[a] Includes caecum.

Mass of the large intestine and its segments

(243) Data on the mass of the large intestine as determined in the study by Tipton and Cook (1969) are summarised in Table 6.9 for adult males and Table 6.10 for adult females.

Table 6.9. Measured mass of the large intestine (g) in 49 adult males (Tipton and Cook, 1969)

	Mean ± SD	Median	Range
Age (years)	43 ± 12	41	22–68
Body mass (kg)	73 ± 7	74	59–86
Height (cm)	169 ± 6	169	157–183
Large intestine mass (g)	370 ± 73	370	200–650
Upper large intestine	210 ± 38	210	100–350
Ascending colon	91 ± 15	90	65–150
Transverse colon	120 ± 24	120	40–190
Lower large intestine	160 ± 36	160	100–300
Descending colon	88 ± 21	85	50–190
Sigmoid colon/rectum	75 ± 17	75	50–110

Table 6.10. Measured mass of the large intestine (g) in 12 adult females (Tipton and Cook, 1969)

	Mean ± SD	Median	Range
Age (years)	43±9	45	28–55
Body mass (kg)	65±6	64	59–82
Height (cm)	166±3	165	159–170
Large intestine mass (g)	360±50	350	270–460
Upper large intestine	200±27	190	150–260
Ascending colon	89±14	85	75–120
Transverse colon	110±14	110	75–130
Lower large intestine	160±24	150	120–200
Descending colon	88±13	90	65–110
Sigmoid/rectum	69±11	65	55–95

(244) For adult males and females, reference values for the mass of the large intestine and of the segments usually considered in studies of transit times through the lumen are based on the data summarised in Tables 6.9 and 6.10, respectively. Reference values for ages 0–15 years are based on the assumption that the rate of growth of the intestines parallels that of the stomach. Estimates of mass are also provided for the divisions of the colon addressed in *Publication 23* (ICRP, 1975) and in the study of Tipton and Cook (1969) (Table 6.11).

Reference values for mass of the large intestine and its segments (g)

					15 years		Adult	
Segment	**Newborn**	**1 year**	**5 years**	**10 years**	**Male**	**Female**	**Male**	**Female**
Right colon	**7**	**20**	**49**	**85**	**122**	**122**	**150**	**145**
Left colon	**7**	**20**	**49**	**85**	**122**	**122**	**150**	**145**
Rectosigmoid	**3**	**10**	**22**	**40**	**56**	**56**	**70**	**70**
Total	**17**	**50**	**120**	**210**	**300**	**300**	**370**	**360**

Table 6.11. Estimated values for mass of segments of the colon divided as in *Publication 23* (ICRP, 1975)

					15 years		Adult	
Segment	Newborn	1 year	5 years	10 years	Male	Female	Male	Female
Ascending[a]	4	12	29	51	73	73	90	90
Transverse	6	16	40	68	98	98	120	110
Descending	4	12	29	51	73	73	90	90
Rectosigmoid	3	10	22	40	56	56	70	70
Total	17	50	120	210	300	300	370	360

[a] Includes caecum.

Summary of reference values for masses of walls in the gastrointestinal tract (g)

					15 years		Adult	
Component	Newborn	1 year	5 years	10 years	Male	Female	Male	Female
Oesophagus	2	5	10	18	30	30	40	35
Stomach	7	20	50	85	120	120	150	140
Small intestine	30	85	220	370	520	520	650	600
Large intestine								
Right colon	7	20	49	85	122	122	150	145
Left colon	7	20	49	85	122	122	150	145
Rectosigmoid	3	10	22	40	56	56	70	70
Total mass	56	160	400	683	970	970	1210	1140

6.3.12. Liver

Structure and functions of the liver

(245) The liver is the largest gland in the body. It serves both as an exocrine gland, secreting bile through a system of ducts into the duodenum, and as an endocrine gland, synthesising a variety of substances that are released directly into blood.

(246) The liver is interposed between the intestinal tract and the general circulation. It receives a large volume of blood from the intestinal tract via the portal vein and a smaller volume of arterial blood via the hepatic artery (Fig. 6.2), and is drained by the hepatic veins into the inferior vena cava near the heart. In the portal blood, the liver receives all of the material absorbed from the intestinal tract, except that most of the lipid is transported via the mesenteric lymphatics to the thoracic duct. The absorbed products of digestion are metabolised or transformed in the liver and returned to blood for storage or use at other sites. The liver also receives toxic substances from the intestines or general circulation and is capable of degrading them by oxidation or hydroxylation, or detoxifying them by conjugation. For the most part, the degradation products or their harmless conjugates are excreted in the bile, a complex fluid that serves both as a vehicle for excretion of detoxified waste products via the intestines and a digestive secretion.

(247) Ammonia, which is produced during protein metabolism in body tissues, is converted in the liver to a harmless metabolite (urea) for excretion in the urine.

(248) The liver also synthesises several important proteins, including all plasma proteins except the immunoglobulins. It helps to control the general metabolism through its capacity to store carbohydrates as glycogen and to release glucose to maintain the normal concentration of glucose in the blood. It also serves as a storage site for several essential substances whose availability to the body may be sporadic, including iron and vitamins A, B_{12}, and D.

(249) The liver may be divided anatomically into a large right lobe representing about five-sixths of the whole organ and a thin, flattened left lobe representing the remaining one-sixth. The basic functional unit of the liver is the liver lobule, a cylindrical structure several millimetres long and 0.8–2 mm in diameter (Fig. 6.3). A

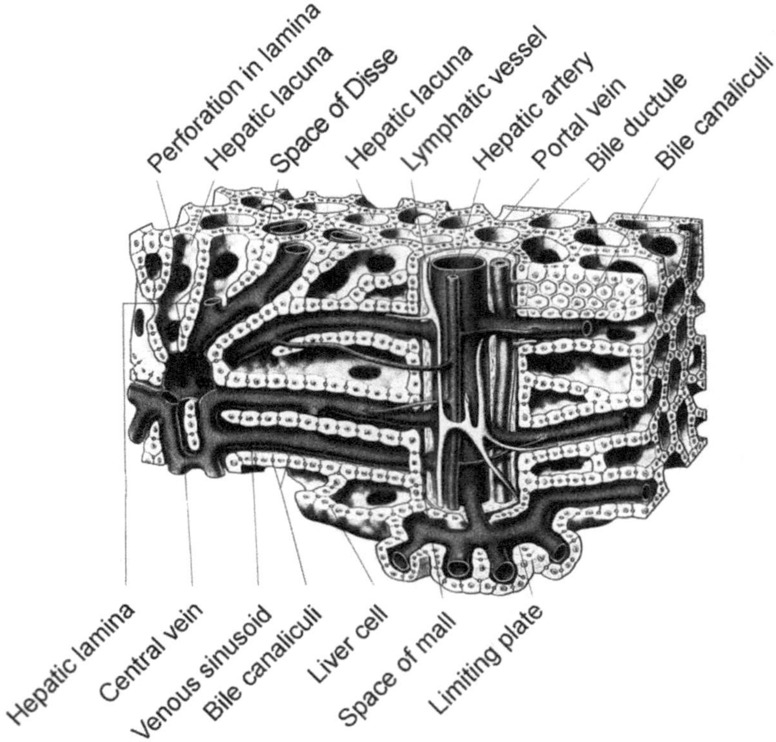

Fig. 6.2. Diagram of hepatic structure and blood supply. Reprinted with permission from Gray's Anatomy 35th ed. (Warwick and Wilkins, 1973) © W.B. Saunders Co. Phildelphia, PA. (Warwick and Williams, 1973).

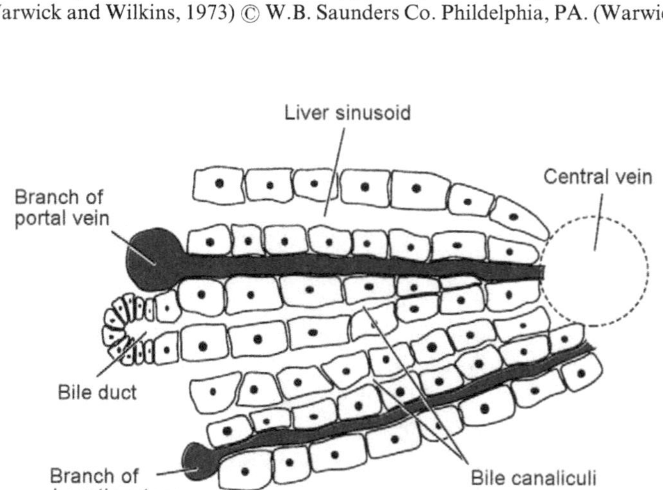

Fig. 6.3. Schematic of the liver lobule, showing the relationship between blood vessels, hepatocytes, and bile canaliculi Reprinted with permission from *Essential Medical Physiology*, 2nd ed., (Johnson, 1998) L.R. Johnson, Univ. of Tennessee Health Sciences Center, Memphis TN. Each hepatocyte is exposed to blood at one membrane surface and a bile canaliculus at the other.

lobule is organised around a central vein that receives blood through separations surrounded by plates of parenchymal cells (hepatocytes). The separations, called sinusoids, are supplied by blood from both the portal vein and the hepatic artery. The plates of hepatocytes are no more than two cells thick, and openings between the plates ensure that every hepatocyte is exposed to blood from both sources.

(250) The hepatocytes remove substances from the blood and secrete them into the biliary canaliculi lying between adjacent hepatocytes. The bile canaliculi empty into terminal bile ducts in the region between adjacent liver lobules. The functions and composition of bile are discussed in Section 6.4.2 that addresses the major secretions into the gastrointestinal tract.

(251) The sinusoids also contain large Kupffer cells, which are reticuloendothelial cells capable of phagocytising bacteria and other foreign matter in the blood. However, the bulk of the cells in a liver lobule and hence in the whole organ are hepatocytes.

Mass of the liver

(252) The mass of the normal liver has been determined in several autopsy studies. Age-specific data from relatively detailed studies are compared in Fig. 6.4. The

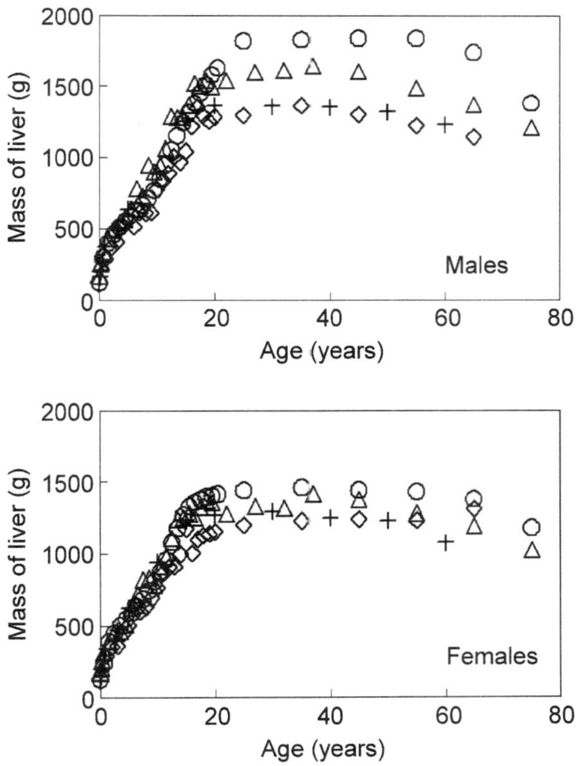

Fig. 6.4. Mass of the liver as determined in four populations: (○) Western data (Boyd, 1933, 1952); (△) Japanese data; (+) Chinese data; (◇) Indian data (IAEA, 1998).

indicated differences in liver masses in adults in different populations are reasonably consistent with established differences in total body size.

Reference values for mass of the liver

	Mass (g)	
Age	**Male**	**Female**
Newborn	130	130
1 year	330	330
5 years	570	570
10 years	830	830
15 years	1300	1300
Adult	1800	1400

Tissue composition of the liver

(253) Water represents about 71% of the fresh mass of the liver in the adult and 73% or more in infants. Protein, lipid, and glycogen typically represent about 14%, 3.5%, and 1.5%, respectively, of the wet mass of the liver in infants and about 18%, 7%, and 2%, respectively, in adults. In the adult, mineral represents about 1.3% of the wet mass of the liver.

(254) In the newborn, haematopoietic cells comprise about 5% of the volume of the liver, interstitial space about 25–35%, hepatic cells about 55–65%, and erythrocytes about 3–5%. For an organ of its size, the liver has remarkably little connective tissue. The interlobular space, where most of the connective tissue is found, made up about 6% of the liver in a 5-year-old subject and about 4.6% in an adult male subject (Pfuhl, 1932).

6.3.13. Gallbladder

General features of the gallbladder

(255) The gallbladder is a sack-like organ located on the under surface of the right lobe of the liver above the transverse colon and next to the duodenum. It consists of a blindly ending fundus, a body, and a neck. It is generally tubular in shape in the newborn, and conical or pear-shaped in the adult, but shows considerable variation in shape and size. In many persons, the gallbladder undergoes pathological processes that change its size and the thickness of its wall (Bloom and Fawcett, 1975). The wall thickness is typically 1–2 mm (ICRP, 1975).

(256) Between meals, bile secreted by the liver is stored in the gallbladder, which concentrates the bile by absorbing salts and water. During a meal, the gallbladder contracts, causing the concentrated solution to be injected into the small intestine.

Dimensions and volume of the gallbladder

(257) In the newborn, the gallbladder is typically 30–32 mm in length, and the width is about one-third of the length. In the adult, the gallbladder is 8–12 cm long and 4–5 cm wide (ICRP, 1975).

(258) Reported measurements or estimates of the volume of the gallbladder are of the order of 3 ml for ages 1–3 months, 9 ml for ages 1–3 years, 35 ml for ages 6–9 years, and 50–100 ml or more for adults (ICRP, 1975). A volume of 150–250 ml may be attained in the distended gallbladder of the adult (ICRP, 1975).

Mass of the gallbladder and its contents

(259) Reference values for the mass of the gallbladder in adult males and females are based on reported dimensions of the gallbladder (ICRP, 1975). Values for ages 0–15 years are based on the assumption that the mass changes in proportion to total body mass.

(260) Reference values for the mass of the contents of the gallbladder are based on an assumed content of 0.8 ml/kg body weight.

Reference values for mass of the gallbladder and contents

	Mass (g)			
	Male		Female	
Age	Wall	Contents	Wall	Contents
Newborn	0.5	2.8	0.5	2.8
1 year	1.4	8.0	1.4	8.0
5 years	2.6	15	2.6	15
10 years	4.4	26	4.4	26
15 years	7.7	45	7.3	42
Adult	10	58	8.0	48

6.3.14. Pancreas

Structure and function of the pancreas

(261) The pancreas is an elongated gland lying next to the liver, at about the level of the second and third lumbar vertebrae. On the right, its head is adherent to the middle portion of the duodenum, and its body and tail extend transversely across the back wall of the abdomen to the spleen.

(262) The pancreas is composed of two major types of tissue: the acini, which secrete digestive juices into the duodenum; and the islets of Langerhans, which secrete insulin and glucagons directly into the blood. The islets of Langerhans contain three major types of cell, called alpha, beta, and delta cells, with different structures and functions. The beta cells secrete insulin, the alpha cells secrete glucagons, and the delta cells secrete a substance called somatostatin.

(263) Some of the enzymes that carry out the digestive process in the small intestine are found on the luminal membranes of the epithelial cells, but most are secreted into the lumen by the pancreas. The exocrine portion of the pancreas secretes enzymes specific for each of the major types of organic molecules. The enzymes enter the small intestine through a duct leading from the pancreas to the upper portion of the small intestine, the duodenum. Sodium bicarbonate secreted in large amounts by the exocrine pancreas serves to neutralise the hydrochloric acid in the chyme coming from the stomach, which would otherwise inactivate the enzymes secreted by the pancreas into the small intestine.

Mass of the pancreas

(264) Reported data on the mass of the pancreas in Western adults and in Japanese and Chinese subjects of different ages are compared in Fig. 6.5. Age-specific data on the mass of the pancreas in Western subjects listed in *Publication 23* (ICRP, 1975) are not included in the figure because these older values are inconsistent with modern data for adults (de la Grandmaison et al., 2001), they are based on small

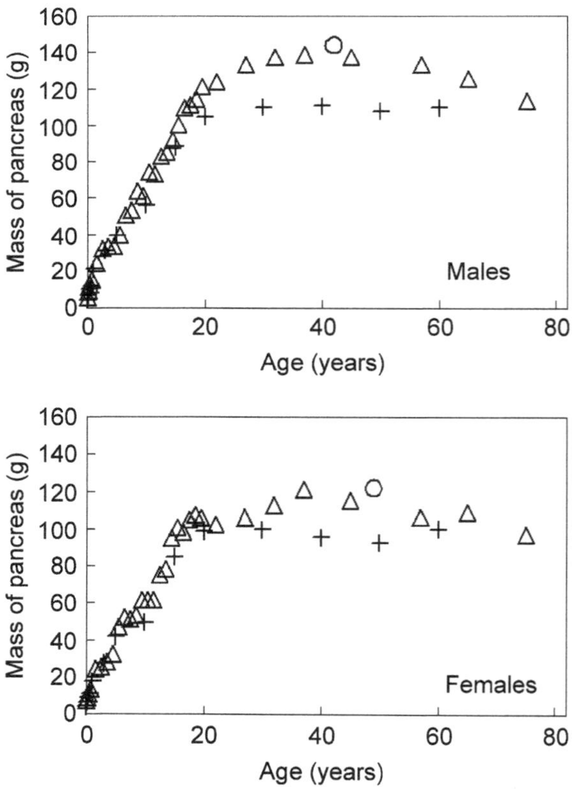

Fig. 6.5. Mass of the pancreas determined in three populations: (○) Western data (de la Grandmaison et al., 2001); (△) Japanese data; (+) Chinese data (IAEA, 1998).

sample sizes for some childhood ages, and both genders are combined for ages 0–20 years.

(265) The reference values for mass of the pancreas in adult males and females are based on data of de la Grandmaison et al. (2001). Values for ages 0–15 years are based on the assumption that the rate of growth of the pancreas is the same as that of the body as a whole. The reference values agree closely with the data for Japanese subjects for all ages, and agree reasonably well with the data for Chinese subjects for childhood ages.

Reference values for mass of the pancreas

	Mass (g)	
Age	Male	Female
Newborn	6	6
1 year	20	20
5 years	35	35
10 years	60	60
15 years	110	100
Adult	140	120

6.4. Physiological data

6.4.1. Alimentation

(266) The breakdown of solid ingested material begins in the mouth by the mechanical action of the teeth (mastication) and the tongue. These actions greatly increase the surface area of the materials and mix them with secretions from the salivary glands that begin the process of digestion. After swallowing (deglutition) and rapid transport to the stomach via the oesophagus, gastric digestion proceeds by the action of acidic, enzyme secretions from numerous gastric glands, which also secrete protective mucous. Passing through the pylorus into the first part of the small intestine, the duodenum, the semi-fluid products of gastric digestion encounter alkaline bile from the liver and gallbladder (entering via the bile duct), and pancreatic enzymes from the pancreatic duct. Bile salts physically disrupt liquid masses by detergent action, and the pancreatic secretions contain a wide variety of enzymes capable of hydrolysing many classes of macromolecules. Digestion proceeds throughout the considerable length of the small intestine, accompanied by absorption of the resulting small molecules, such as amino acids, monosaccharides, triglycerides, nucleotides, and vitamins, by the specialised epithelial cells (enterocytes) lining the small intestine. Enterocytes transport these molecules into the intercellular spaces of the intestinal walls to diffuse into the vascular plexuses lining the alimentary tract. The rate of such movements depends on the surface area of absorptive membrane bordering the intestinal lumen, which is enormous due to a combination of intestinal length, folding of the wall, and the presence of villi and microvilli.

(267) The alimentary tract also transports water and electrolytes across its wall. As the enzymes and lubricants are all in aqueous solutions or suspensions, large quantities of water and ions, especially sodium and chloride, are released into the tract. These are selectively resorbed through specialised absorptive cells which are especially numerous in the more distal parts of the small intestine, the colon, and the rectum. Absorptive cells in the small and large intestine also salvage bile salts and other secreted materials, and absorb vitamins produced by the symbiotic bacteria in the colon. The large intestine has numerous mucous glands that lubricate the passage of the increasingly solidified faecal material moving through it. Finally, faeces are stored and expelled under voluntary control via the colon, rectum, and anal canal.

6.4.2. Secretions into the gastrointestinal tract

(268) Secretions of the gastrointestinal tract are produced by the salivary glands, the epithelial cells of the gastrointestinal mucosa, the pancreas, and the liver. The relation of these structures is shown in Fig. 6.1.

(269) Approximately 7–8 l of endogenous secretions enter the gastrointestinal tract each day. The main constituents of gastrointestinal secretions are enzymes for the hydrolysis of foodstuffs, electrolytes to provide a favourable environment for the activity of those enzymes, and mucous for lubrication and protection of the walls of the gastrointestinal tract. Under normal conditions, the water and electrolytes of the digestive secretions are nearly completely re-absorbed. In certain diseases involving excessive vomiting or diarrhoea, serious imbalances in water or electrolytes may occur.

Reference values for daily secretions into the gastrointestinal tract of the adult

Site	Substance	Daily secretion (ml)
Stomach	Saliva	1200
	Gastric juices	2000
Small intestine	Pancreatic juices	1200
	Bile	700
	Brunner's gland secretions	50
	Other secretions	2000
Large intestine	All secretions	60

6.4.3. Transit times for luminal contents of the tract

(270) Information on the rate of transfer of material through the lumen of the alimentary tract is reviewed in an upcoming ICRP report on the human alimentary tract. The following discussion is abstracted from that report, and the typical transit times estimated in that report are adopted here as reference values. For an introduction to the literature on gastrointestinal transit times, the reader is referred to the following publications selected from the extensive bibliography given in the upcoming ICRP report: Moore et al., 1983; Klein and Wald, 1987; Stolovitz and Gisel, 1991;

Madsen, 1992; Guy Grand et al., 1994; Argenyi et al., 1995; Meier et al., 1995; Johnson, 1998; NCRP, 1998; Bennink et al., 1998, 1999; Bouchoucha and Thomas, 2000.

(271) The kinetics of material in the lumen of the alimentary tract depend on its composition and location within the tract. For example, liquids are usually removed from the stomach more rapidly than solids, and water or other non-caloric liquids are removed more rapidly than caloric liquids. Gastric emptying of liquids can be described reasonably well in terms of a mono-exponential function, while solids are removed from the stomach in a more nearly linear pattern. Liquids may move ahead of solids in the proximal right colon, but liquids and solids apparently transfer together through most portions of the colon in slow, highly variable mass movements.

(272) Due to differences in emptying patterns for various materials and segments of the alimentary tract, as well as individual preferences of investigators, transit data for the tract have been reported in a variety of units. For the purpose of deriving reference values, reported transfer times through the lumen were reduced to the common basis of a transit time. The transit time of an atom in a region of the tract is the length of time that it resides in that region. The transit time of a substance in a region is the mean of the distribution of transit times of its atoms.

(273) Reference values for transit times for the mouth are based on the assumption that the transit time of a liquid is the time from intake to first swallow, and the transit time of a solid is three-quarters of the time from intake to final swallow. For liquids, the time between intake and first swallow is assumed to be 2 s. For solids, the time from intake to final swallow is assumed to be 20 s, based on a diet that includes a relatively high percentage of hard solids and/or chewy soft solids such as bread and pasta. The implied transit times are 2 s for liquids and 15 s for solids. Transit times are assumed to be independent of age after infancy because changes with age in processing times for specific foods may be largely offset by changes in diet.

(274) Oesophageal transit is assumed to consist of two components representing relatively fast transfer of most of the swallowed amount and relatively slow transfer of residual material. Reference values describing the relative sizes and transfer times of the fast and residual components are based on data for subjects in an upright position. It is assumed that transit times for well-chewed solids are slightly greater than values for liquids and semi-solids, which are the most frequently studied materials. Reference transit times for residual material are intended to represent average or typical transit times, and substantially understate transit times that may occasionally occur for dry solids or pills.

(275) Reference values for transit times for the stomach are based on rounded central estimates of reported half-emptying times for solids, caloric liquids, and non-caloric liquids. It is assumed that the gastric emptying time in children of age ≥ 1 year is the same as that in the adult male. Based on typical patterns of clearance of liquids (nearly exponential) and solids (nearly linear) from the stomach, the transit time for liquids is estimated as 1.4 times the half-emptying time and the transit time for solids is assumed to equal the half-emptying time.

(276) Most reported central estimates for the transit time through the small intestine are of the order of 4 h (mean $\pm$ SD of collected values $= 3.9 \pm 1.5$ h). This excludes values for the frequently applied hydrogen breath test, which is now regarded as unreliable. Limited comparisons of small intestinal transit in adult males and females

and in adults and children have not revealed significant differences with gender or age in the rate of transit of material through the small intestine. The value of 4 h is adopted as the reference value for adult males and females, and all age groups.

(277) The portion of the alimentary tract extending from the caecum to the anus is viewed as consisting of three regions: right colon, left colon, and rectosigmoid. This is a standard division for diagnostic and experimental examinations of colonic transit. On average, the transit time is about the same for each of these regions, but considerable variation from this pattern has been observed in individual cases. Reference values for transit times for the right colon, left colon, and rectosigmoid are based on the following central estimates and assumptions: (1) In the adult male, the total colonic transit time (caecum to anus) is 36 h. (2) The colonic transit time in adult females is one-third greater than that in adult males, i.e. 48 h. (3) In adults, the transit time is the same for the right colon, left colon, and rectosigmoid, i.e. 12 h for each segment in males and 16 h for each segment in females. (4) In males, the colonic transit time increases by about 25% (precisely 8 h) between birth and adulthood, with the rate of increase being highest during the first year of life and more gradual thereafter. (5) The increase with age in the colonic transit time is associated with increased residence in the right colon and left colon, except for a presumed increase in residence time in the rectosigmoid from adolescence to adulthood in females.

Reference values for transit times of luminal contents through major segments of the alimentary tract

	Age group				
				Adult	
	Newborn	1 year	5–15 years	Males	Females
Mouth					
Solids	–	15 s	15 s	15 s	15 s
Liquids	2 s	2 s	2 s	2 s	2 s
Total diet	2 s	12 s	12 s	12 s	12 s
Oesophagus – fast (90%)					
Solids	–	8 s	8 s	8 s	8 s
Liquids	4 s	5 s	5 s	5 s	5 s
Total diet	4 s	7 s	7 s	7 s	7 s
Oesophagus – residual (10%)					
Solids	–	45 s	45 s	45 s	45 s
Liquids	30 s	30 s	30 s	30 s	30 s
Total diet	30 s	40 s	40 s	40 s	40 s
Stomach					
Solids	–	75 mins	75 mins	75 mins	105 mins
Liquids – caloric	75 mins	45 mins	45 mins	45 mins	60 mins
Liquids – non-caloric	10 mins	30 mins	30 mins	30 mins	30 mins
Total diet	75 mins	70 mins	70 mins	70 mins	95 mins
Small intestine[a]	4 h	4 h	4 h	4 h	4 h
Right colon[a]	8 h	10 h	11 h	12 h	16 h
Left colon[a]	8 h	10 h	11 h	12 h	16 h
Rectosigmoid[a]	12 h	12 h	12 h	12 h	16 h

[a] Intestinal transit times apply to all material.

6.4.4. Daily faecal excretion

(278) The mass of faeces excreted per day varies substantially from one person to another and from one population to another, due largely to differences in dietary fibre. In a study of six healthy adult subjects, increasing dietary fibre intake from 17 to 45 g/day for 3 weeks increased faecal mass from 79 ± 6.6 g/day to 228 ± 29.9 g/day (mean$\pm$SD) (Cummings et al., 1976). Faecal mass averaged 51 g/day in six healthy male subjects on a low-fibre diet and 157 g/day when the same subjects were placed on a high-fibre diet (Beyer and Flynn, 1978). Mean values were 74.6 ± 23.4 g/day (SD) in seven healthy women on a low-fibre diet and 130.5 ± 29.4 g/day when fibre was added to the diet (Slavin and Marlett, 1980). Faecal mass averaged 470 g/day (range 178–980 g/day) in Ugandan rural villagers on unrefined diets, 225 g/day (range 150–350 g/day) in vegetarians in the UK, and 104 g/day (range 39–223 g/day) in UK naval personnel and wives on refined diets (Burkitt et al., 1972). In subjects on mixed diets including both refined and unrefined foods, mean faecal mass was 155 g/day in nurses in southern India and 175 g/day in hospital patients in the UK (Burkitt et al., 1972).

(279) In studies of 20 populations in 12 countries, daily faecal mass varied with fibre intake, with central values ranging from 72 to 470 g (Cummings et al., 1992). Daily faecal mass was found to be relatively low (80–120 g) in several Westernised populations. For example, in 220 healthy adults from the UK, median daily faecal excretion was 106 g in men and 99 g in women, with 17% of women but only 1% of men excreting less than 50 g/day. Diets characterised with moderately high fibre intake ($\sim$18 g/day) were associated with a daily faecal mass of approximately 150 g.

(280) In 173 subjects on whom fat-balance studies were being made in a hospital, the mean weight of daily faecal samples was 154 g (Eve, 1966). In 22 radiation workers, mean daily faecal excretion was about 135 g (Eve, 1966). A mean value of 145 g was determined in 16 healthy young males on self-selected diets (Slavin et al., 1985). In 62 subjects aged 18–80 years, average daily faecal excretion ranged from 19 to 278 g and was not correlated with age (Eastwood et al., 1984).

(281) In five healthy young Japanese male subjects, daily faecal excretion increased with dietary fibre and was approximately 140–150 g with a daily fibre intake of 20 g (Saito et al., 1991). In four 21–22-year-old healthy Japanese females on self-selected diets, the average daily faecal excretion was 94 g (Sakata et al., 2000). In a study of subjects from the Chokai and Akita Prefectures (Japan), daily faecal excretion averaged 191.6 g and 174.2 g, respectively (Shimada, 1986).

(282) The bowel habits of infants, young children, and adolescents have been investigated in several populations from different regions of the world (Burkitt et al., 1972; Weaver and Steiner, 1984; Fontana et al., 1989; Weaver and Lucas, 1993; Myo-Khin et al., 1994; Akinbami et al., 1995; Osatakul et al., 1995; Tham et al., 1996). Estimates of daily faecal excretion by infants up to 6 months are generally of the order of 20–25 g, but values from a few grammes to 50 g or more have been reported (Eve, 1966; Sievers et al., 1993; Rivero-Marcotegui et al., 1998). Central estimates of 31 g and 54 g were reported for two groups of children in the age range 7–18 months (Saavedra et al., 1989; Rivero-Marcotegui et al., 1998). Mean estimates of 41 g and 65 g were obtained for ages 19 months–4 years and >4–14 years,

respectively (Rivero-Marcotegui et al., 1998). A mean estimate of 110 g (range 71–142 g) was obtained for teenage boarding-school pupils from the UK (Burkitt et al., 1972). Central estimates up to 275 g have been obtained for school children from populations with high intakes of dietary fibre (Burkitt et al., 1972).

(283) Reference values for the mass of faeces excreted per day are based on reported estimates, supplemented with data on relative intakes of food and fluids as a function of age and gender. As far as practical, faecal excretion data associated with unusually high or low intakes of dietary fibre were excluded.

Reference values for the mass of faeces excreted per day

	Mass (g)	
Age	Male	Female
Newborn	24	24
1 year	40	40
5 years	50	50
10 years	70	70
15 years	120	120
Adult	150	120

(284) Approximately three-quarters of adult faeces are water. The solid matter is composed of about 30% dead bacteria, 10–20% fat, 10–20% inorganic matter, 2–3% protein, and 30% undigested roughage of the food and dried constituents of digestive juices such as bile pigment and sloughed epithelial cells (Guyton, 1982).

6.4.5. Average contents of the gastrointestinal tract

(285) Over a 24-h period, about 6 kg of material enters the stomach of an average adult male. This includes not only ingested food (roughly 20% of the total) and fluids ($\sim$25%) but also daily secretions of saliva ($\sim$20%) and gastric fluids ($\sim$35%). Almost all of this is passed to the small intestine, as only a few highly lipid-soluble substances such as alcohol and some drugs can be absorbed to blood from the stomach (Guyton, 1982). Based on reference values for transit times for material in the stomach given in this chapter, the estimated average contents of the stomach would be about 230–250 g, depending on precise quantities of solids, caloric liquids, and non-caloric liquids assumed. Eve (1966) estimated a 24-h average stomach content of 250 g based on total throughput of the stomach of 6400 g/day and an emptying time of 1 h for all material.

(286) In addition to roughly 6 kg of material received from the stomach each day, the small intestine receives about 1.2 kg of pancreatic juices, 0.7 kg of liver bile, 0.05 kg of Brunner's gland secretions, and 2 kg of other secretions. This amounts to total inflow of about 10 kg of material each day. The amount absorbed from the small intestine to blood each day includes several hundred grammes of carbohydrates, 100 g or more of fat, 50–100 g of amino acids, and 8–9 kg of water. Approximately 500–1000 ml of material is not absorbed but passes through the ileocecal valve into the right colon (Guyton, 1982).

(287) The average content of the small intestine cannot be estimated with much confidence from considerations of material flow due mainly to uncertainties in the rate of absorption of different substances and the precise quantities absorbed. Much of the water entering the small intestine may be absorbed in a matter of minutes, while other materials may be absorbed only after a relatively long digestion process. It seems likely, however, that the small intestine contains a greater mass of material than other segments of the tract in view of its large throughput and the extended digestion period for much of the material.

(288) Eve (1966) reported mass measurements on contents of the gastrointestinal tract in 15 cases of sudden death. The data are summarised in Table 6.12. The measured mass of material in the small intestine ranged from 65 to 735 g and averaged 260 g. This estimate must be used with caution due to the limited information on the cases. For example, there is no information concerning intake of food during the hours before death. Also, there is some question as to whether the gastrointestinal contents as measured in cadavers are representative of the living state, even for cases of sudden death. Nevertheless, the measurements provide first estimates of the contents of those segments with relatively slow turnover, that is, segments other than the stomach.

(289) The 24-h average content of the small intestine of the adult male was estimated by Eve (1966) as 400 g. This estimate is based on consideration of daily inflow, sites of dilution and concentration of the contents, the estimated interior volume of the small intestine, and radiographs of contents after swallowing opaque material.

(290) During a 24-h period, approximately 500–1000 ml of chyme passes through the ileocecal valve into the right colon in an adult male, and a small amount of fluid is secreted into this segment of the tract (Guyton, 1982). Most of the water and electrolytes entering the right colon are absorbed into blood. Some of the material entering the right colon passes to the left colon and is eventually excreted in faeces.

(291) The left colon and sigmoid colon function principally for storage rather than absorption of material (Guyton, 1982). The rectum serves mainly as a conduit. Entry of material from the sigmoid colon usually evokes the recto-anal inhibitory reflex, signalling the need to defaecate. The rectum serves as a storage organ when the amount of material received from the sigmoid colon is too small to evoke this reflex or when this reflex is neglected (Shafik et al., 1997).

Table 6.12. Mass of contents of segments of the gastrointestinal tract in cases of sudden death (Eve, 1966)

Segment	Mass of contents (g)		
	Mean	Standard deviation	Range
Stomach	82	96	0–380
Small intestine	260	179	65–735
Upper large intestine[a]	122	80	10–310
Lower large intestine[b]	111	80	5–275

[a] From the caecum to the left or splenic flexure.

[b] From the left flexure onwards.

(292) Eve (1966) estimated the average masses of the contents of the upper and lower large intestine of the adult male as 220 g and 135 g, respectively. The value for the upper large intestine was based on consideration of the interior dimensions of the segment, radiographs of contents, the daily mass of dejecta from a transverse colostomy (211 g), post-mortem measurements (122 g; see Table 6.12), and flow estimates (135–220 g). The value for the lower large intestine was based mainly on an assumed equivalence of the mass of the contents of this segment and the mass of faeces excreted daily. The latter was estimated by Eve (1966) as 135 g for the adult male compared with an estimate of 150 g used in the present document.

(293) The following reference values are selected for the mass of the contents in the segments of the gastrointestinal tract of the adult male: stomach, 250 g; small intestine, 350 g; right colon, 150 g; left colon, 75 g; and rectosigmoid colon, 75 g. The reference value for the stomach is based on consideration of total daily input into the stomach and typical transit rates from the stomach to the small intestine. The reference values for the small intestine and right colon are based on the general considerations discussed by Eve (1966), but are lower than the values proposed by Eve for closer agreement with central values determined for cases of sudden death (Table 6.12). Also, it is considered that the upper large intestine as defined by Eve is larger than the right colon. The mass of contents of the rectosigmoid colon is set for consistency between the emptying rate of this segment and the mass of daily faecal excretion. The contents of the left colon and rectosigmoid colon are assumed to be equally divided between these two segments.

(294) Reference values for the adult male are adjusted for application to the adult female to account for estimated differences with gender in daily intake of food and fluids, daily secretions into the lumen of the tract, transit rates through the segments, and the mass of faeces excreted per day. Reference values for ages 0–15 years are scaled from the values for adult males, based on the mass of daily faecal excretion at different ages.

Reference values for contents of the gastrointestinal tract and daily faecal excretion (g)

Age	Total	Stomach	Small intestine	Right colon	Left colon	Rectosigmoid	Daily faeces
Newborn	144	40	56	24	12	12	24
1 year	240	67	93	40	20	20	40
5 years	300	83	117	50	25	25	50
10 years	420	117	163	70	35	35	70
15 years – male	720	200	280	120	60	60	120
15 years – female	720	200	280	120	60	60	120
Adult male	900	250	350	150	75	75	150
Adult female	830	230	280	160	80	80	120

6.4.6. Maturation of epithelial cells in the gut

(295) The following information was abstracted from a review by Karam (1999).

(296) The squamous lineage of the oesophagus forms a stratified epithelium that has an average turnover time of about 7.5 days.

(297) In the stomach, the oxyntic pit-gland unit includes pit, zymogenic, and parietal cells which respectively migrate outwards, inwards, and in both directions; their turnover times average 3, 194, and 54 days, respectively. The mucous units of the pyloric antrum are populated by pit cells that migrate outwards and gland cells that migrate inwards. Their turnover times are about 3 and 1–60 days, respectively.

(298) In the crypt-villus units of the small intestine, both absorptive and goblet cells migrate outwards, and for each the turnover time is about 3 days. Paneth cells migrate inwards and their turnover time is about 15 days.

(299) In the crypts of the descending colon, both vacuolated-columnar and goblet cells migrate outwards, and for each the turnover time is about 5 days.

(300) The ascending colon has an additional cell type called deep crypt secretory cells that migrate inwards. Their turnover time is about 14–21 days.

7. CIRCULATORY AND LYMPHATIC SYSTEMS

(301) The circulatory system consists of the heart, blood vessels (arteries, veins, and capillaries), and blood. The heart and blood vessels together are called the cardiovascular system.

(302) The heart is a hollow, muscular organ containing four chambers: right atrium, left atrium, right ventricle, and left ventricle. The large veins carry blood from tissues to the right atrium, from which it passes to the right ventricle. From the right ventricle, the blood is pumped through the pulmonary vessels to the left atrium, where it passes to the left ventricle and then is pumped into the aorta for distribution throughout the body via the large arteries. Blood moves from the large arteries to arterioles, the last small branches of the arterial system. The arterioles act as control valves through which blood is released into the capillaries.

(303) All cells of the body lie within a few cell diameters of capillaries, the smallest branches of the vascular system. Diffusion across the walls of the capillaries and through the interstitial fluid allows exchange of nutrients and metabolic end products between blood and cells.

(304) The lymphatic system is not part of the circulatory system per se but permits one-directional flow of interstitial fluid to blood. The lymphatic system is composed of lymphatic vessels, patches of lymphatic tissue, lymphatic organs containing lymph, and isolated lymphocytes. The smallest vessels are the lymphatic capillaries, which unite to form larger vessels, and the larger vessels (thoracic duct and right lymph duct) empty into veins. The lymphatic organs are located along the course of the lymphatic vessels, except for the spleen, which is a lymphatic organ within the bloodstream.

7.1. Heart

7.1.1. Mass of the heart

(305) Several authors have reported age- and gender-specific masses of the normal heart as determined at autopsy (Smith, 1928; Coppoletta and Wolbach, 1933; Boyd, 1952; De la Cruz et al., 1960; Schulz and Giordano, 1962; Rowlatt et al., 1963; Kitzman et al., 1988; Scholz et al., 1988). Generally, the reported mass includes the atria, ventricles, septa, endocardium, and the visceral layer of the pericardium but not the blood in the chambers.

(306) Most reported values for Western populations fall within 20% of the central values indicated for these populations in Fig. 7.1 for males and females. For comparison with Western data, Fig. 7.1 also includes estimated central values for Asian populations.

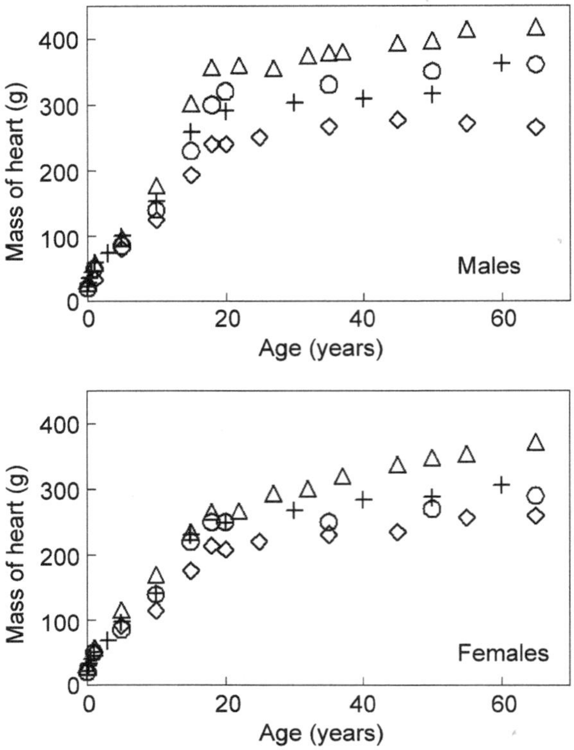

Fig. 7.1. Central estimates for mass of the heart (without blood) in males and females. (○) Western populations (see text for references); (△) Japanese data; (+) Chinese data; (◇) Indian data (IAEA, 1998).

Reference values for mass of the heart (g)

	Tissue only		Tissue plus blood in chambers	
Age	**Male**	**Female**	**Male**	**Female**
Newborn	**20**	**20**	**46**	**46**
1 year	**50**	**50**	**98**	**98**
5 years	**85**	**85**	**220**	**220**
10 years	**140**	**140**	**370**	**370**
15 years	**230**	**220**	**660**	**540**
Adult	**330**	**250**	**840**	**620**

7.1.2. Typical values for properties of heart tissue

(307) The following typical values for properties of heart tissue are based on data summarised in *Publication 23* (ICRP, 1975).

Total volume (including chambers):	
Newborn:	50 ml
Adult male:	750 ml
Adult female:	550 ml
Thickness of walls:	
Right and left atria:	0.05–0.35 cm
Left ventricle:	1.1–1.4 cm
Right ventricle:	0.5–0.7 cm
Water:	
Newborn:	84%
Adults:	72%
Protein:	16%
Ash:	1.1%
Specific gravity:	1.03

7.2. Properties of whole blood and its components

(308) The following typical values for properties of whole blood and its components are based on data summarised in *Publication 23* (ICRP, 1975).

7.2.1. Properties of whole blood

Water:	80%
Fat:	0.65%
Protein:	18%
Ash:	1%
Haemoglobin g/100 ml blood	
Birth:	17
1–2 years:	11.5
12–13 years:	14.5
18–20 years (male):	16.5
18–20 years (female):	14.5
Specific gravity:	1.06
pH:	7.4

7.2.2. Properties of red blood cells

Life span in adults:	126 (112–154) days
Number/mm^3 blood	
Birth:	4.8×10^6
1–8 days:	5.1×10^6
14–60 days:	4.7×10^6
3–5 months:	3.5×10^6
6 months – 5 years:	4.6×10^6
6–15 years:	4.8×10^6
Adult male:	5.4×10^6
Adult female:	4.8×10^6
Rate of production (adults):	
Males:	3.5×10^9/kg body weight/day
Females:	2.63×10^9/kg body weight/day
Surface areas (adult males):	3500 m^2
Composition (adults):	
Water:	63 g/100 ml
Lipids:	480 mg/100 ml
Minerals:	670 mg/100 ml
Glucose:	83 mg/100 ml
Lipids:	480 mg/100 ml
Haemoglobin:	33.5 g/100 ml
Specific gravity:	1.09
pH:	7.2

7.2.3. Properties of white blood cells (leucocytes) and platelets

Total number of leucocytes or white blood cells: 7000 (5000–10 000)/mm^3 blood
Types of leucocytes and percentage of each in blood:

Juvenile neutrophils:	8%±5% (SD)
Segmented neutrophils:	47%±9%
Eosinophils:	3%±2%
Basophils:	0.6%±0.5%
Lymphocytes:	35%±7%
Monocytes:	6.5%±2%
Total number of platelets:	250 000 (140 000–440 000)/mm^3 blood

7.2.4. Properties of plasma (adults)

Water:	94%
Ash:	0.95%
Glucose:	95 mg/100 ml plasma
Specific gravity:	1.027
pH:	7.4

7.3. Red cell volume and plasma volume

(309) The total blood volume is essentially the sum of the volumes of blood plasma and erythrocytes (red blood cells) because the volume contributed by blood cells other than erythrocytes is small. Typically, red blood cells represent about 43% (42–52%) of the total blood volume in adult males and about 38% (37–48%) in adult females (Guyton, 1982; Johnson, 1998). The following reference values for the volumes of blood plasma and red blood cells in adults are based on these estimates and reference values for total blood volume (5300 ml for adult males and 3900 ml for adult females).

Reference values for volume of blood plasma and red blood cells (ml)

	Male	Female
Red blood cells	**2300**	**1500**
Plasma	**3000**	**2400**

7.4. Total blood volume

(310) In a given individual, the total blood volume changes to some extent during the course of a day because the circulating plasma volume varies with exercise, body position, and other factors (Rowell, 1974). Also, the red blood cell volume in an individual may change over time with long-term changes in altitude (resulting in increased volume), prolonged bed rest (resulting in decreased volume), or other factors. The following reference values are based on data collected from 18 studies

involving healthy subjects who were resting in the recumbent position at the time of measurement (Williams, 1994).

Reference values for total blood volume (l)

Age	Males	Females
Newborn	0.27	0.27
1 year	0.5	0.5
5 years	1.4	1.4
10 years	2.4	2.4
15 years	4.5	3.3
Adult	5.3	3.9

7.5. Cardiac output

(311) Cardiac output is defined as the quantity of blood pumped by the left ventricle into the aorta per unit time. There are substantial individual differences in cardiac output, as well as differences with age and gender. Reference values for cardiac output as a function of age and gender were derived as trimmed means of data collected from more than 50 studies involving healthy subjects who were resting in the recumbent position at the time of measurement (Williams, 1994).

Reference values for cardiac output

	Output (l/min)	
Age	Male	Female
Newborn	0.6	0.6
1 year	1.2	1.2
5 years	3.4	3.4
10 years	5.0	5.0
15 years	6.1	6.1
Adult	6.5	5.9

7.6. Functions and characteristics of blood vessels

(312) The blood vascular system can be divided into three general types of blood vessels with different functions: (1) the aorta and arteries, which distribute the output from the heart; (2) the microcirculation (capillaries), which is the diffusion and filtration system; and (3) the veins, the collecting system that returns blood to the heart. Typical diameters and blood velocity for blood vessels in the adult human are given in Table 7.1.

(313) At any given time, only about 5% of the total blood pool is contained in the systemic microcirculation. Reference values for the distribution of blood within the vascular system in a recumbent adult male are given below. These values are based

Table 7.1. Typical values for vessel diameter and blood velocity for the systemic circulation in adult humans (Brobeck, 1979)

Structure	Diameter (cm)	Blood velocity (cm/s)
Ascending aorta	2.0–3.2	63[a]
Descending aorta	1.6–2.0	27[a]
Large arteries	0.2–0.6	20–50[a]
Capillaries	0.0005–0.001	0.05–0.1[b]
Large veins	0.5–1.0	15–20[b]
Venae cavae	2.0	11–16[b]

[a] Mean peak value.
[b] Mean velocity over extended period.

on data collected in Table 3.3 of Brobeck (1979), Table 3 of Rothe (1983), and Table 8 of Leggett and Williams (1991).

Reference values for distribution of blood in the vascular system of adult man

Region	Total blood volume (%)
Heart chambers	**9**
Pulmonary	**10.5**
Arteries	**3**
Capillaries	**2**
Veins	**5.5**
Systemic	**80.5**
Aorta and large arteries	**6**
Small arteries	**10**
Capillaries	**5**
Small veins	**41.5**
Large veins	**18**

7.7. Blood volumes and flow rates for organs and tissues

7.7.1. A schematic description of blood flow through organs and tissues

(314) A model of the main directions of blood flow in the human body is given in Fig. 7.2. The model simplifies the actual paths of movement of blood but includes sufficient detail for most practical applications in biokinetic modelling and dosimetry of internally deposited radionuclides.

(315) The blood content of the heart consists of blood in the four chambers and the coronary pool that supplies nutrients to the heart. Venous return from the systemic circulation or intravenously injected material flows into the right heart, is pumped via the pulmonary circulation through the lungs, enters the left heart, and then is pumped into the aorta. The relatively complicated coronary circulation is simplified considerably in Fig. 7.2; for example, blood actually leaves the coronary circulation through a system of vascular connections with the various cardiac chambers.

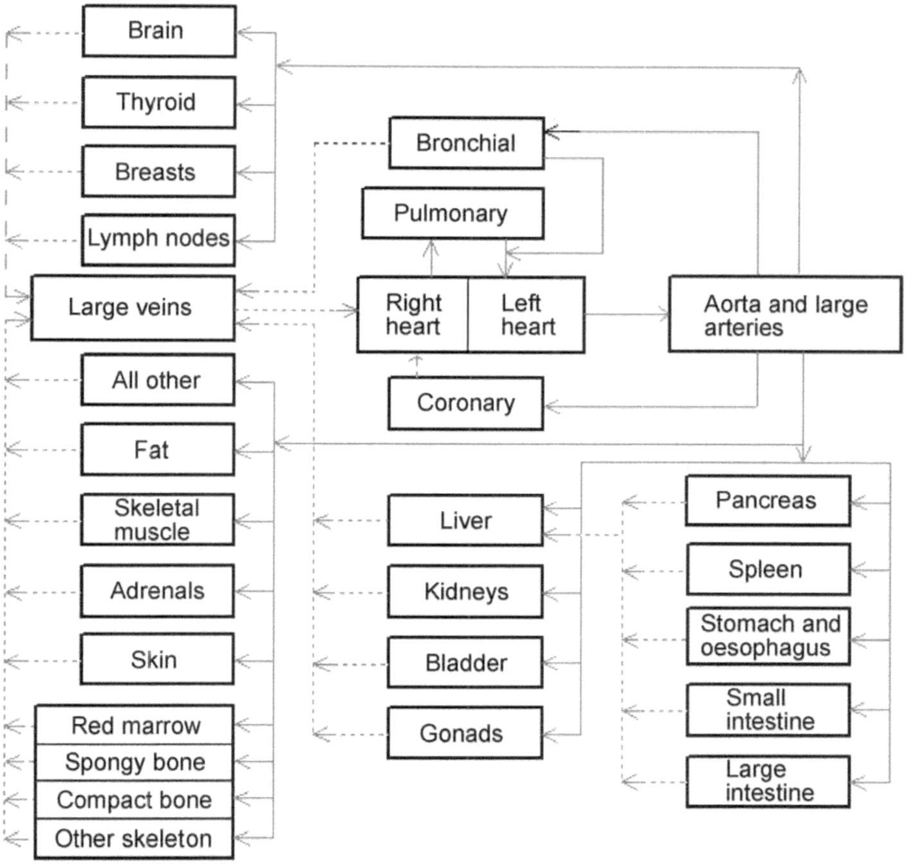

Fig. 7.2. Schematic of blood flow in the human body (Leggett and Williams, 1995). Solid lines represent arterial flow and dashed lines represent venous flow. Reprinted with permission from *Health Physics* © Lippincott, Williams & Wilkins, Baltimore, MD.

(316) The blood in the lungs includes the pulmonary pool that receives oxygen from the lungs and a bronchial pool that supplies nutrients to the lungs. The schematic (Fig. 7.2) does not include some generally less important aspects of the bronchial circulation, such as shunting of bronchial arterial flow to the systemic circulation or various connections between the bronchial and the pulmonary circulations.

(317) The portion of cardiac output known as the portal circulation flows through capillary beds of the spleen, pancreas, stomach, intestines, and part of the oesophagus, merges in the portal vein, and is then circulated through the liver. Although venous outflow from much of the oesophagus and from the anal canal does not pass through the liver, this 'non-portal' flow typically represents a small portion of the total venous outflow from the alimentary tract. The schematic does not depict collateral circulation from the liver to the lungs, which may become important in some diseases.

7.7.2. Reference blood volumes and blood flow rates for organs and tissues of adults

(318) Normal values for regional blood volumes and the distribution of cardiac output have been proposed on the basis of an extensive review and analysis of the literature (Williams and Leggett, 1989; Leggett and Williams, 1991, 1995). The proposed values are adopted as reference values.

Reference values for regional blood volumes and blood flow rates in adults

	Blood content (% total blood volume)		Blood flow rate (% cardiac output)	
Organ or tissue	Male	Female	Male	Female
Fat	5.0	8.5	5.0	8.5
Brain	1.2	1.2	12	12
Stomach and oesophagus	1.0	1.0	1.0	1.0
Small intestine	3.8	3.8	10	11
Large intestine	2.2	2.2	4.0	5.0
Right heart	4.5	4.5		
Left heart	4.5	4.5		
Coronary tissue	1.0	1.0	4.0	5.0
Kidneys	2.0	2.0	19	17
Liver	10	10	6.5 (arterial) 25.5 (total)	6.5 (arterial) 27.0 (total)
Pulmonary	10.5	10.5		
Bronchial tissue	2.0	2.0	2.5	2.5
Skeletal muscle	14	10.5	17	12
Pancreas	0.6	0.6	1.0	1.0
Skeleton	7.0	7.0	5.0	5.0
Red marrow	4.0	4.0	3.0	3.0
Trabecular bone	1.2	1.2	0.9	0.9
Cortical bone	0.8	0.8	0.6	0.6
Other skeleton	1.0	1.0	0.5	0.5
Skin	3.0	3.0	5.0	5.0
Spleen	1.4	1.4	3.0	3.0
Thyroid	0.06	0.06	1.5	1.5
Lymph nodes	0.2	0.2	1.7	1.7
Gonads	0.04	0.02	0.05	0.02
Adrenals	0.06	0.06	0.3	0.3
Urinary bladder	0.02	0.02	0.06	0.06
All other tissues	1.92	1.92	1.39	1.92
Aorta and large arteries	6.0	6.0		
Large veins	18	18		

7.7.3. Differences with age in blood volumes and flow rates for organs and tissues

(319) Differences with age in regional blood volumes (expressed as a percentage of total blood volume) and blood flow rates (expressed as a percentage of cardiac output) are indicated by direct measurements and are also suggested by physiological

and anatomical considerations. The percentage of cardiac output to the kidneys may be substantially lower in infants than adults but appears to increase to within a few percent of the values for adults by age 2–3 years (Rubin et al., 1949; Carlsen and Nathan, 1987). The blood perfusion rate of the brain appears to be higher at some childhood ages than during adulthood (Gordon, 1956; Settergren et al., 1976; Leahy et al., 1979; Raju et al., 1987; Raynaud et al., 1990). Data on laboratory animals indicate that both the blood perfusion rate and the blood content of the skeleton may be as much as two to three times as great in rapidly growing animals as in mature adults (Kaliss and Pressman, 1950; Brookes, 1971; Whiteside et al., 1977; Linderkamp et al., 1980; Schnitzer et al., 1982). Comparisons of (1) the vascularity of skeletal components in immature and mature human subjects, (2) skeletal physiology in laboratory animals and man, and (3) behaviour of bone-seeking radionuclides in laboratory animals and man suggest that broadly similar changes with age probably occur in the human skeleton. In piglets, a significant decrease in the blood content as a percentage of total blood volume has been observed during the first 2 weeks of life for liver, lung, and skeleton but not for other tissues (Linderkamp et al., 1980).

7.7.4. Shifts in regional blood flow and blood volume with changing activity and posture

(320) With a change from a supine or sitting position to an upright posture, as much as 15% of total blood volume may be shifted from the intrathoracic and splanchnic regions to the lower body, mainly to veins of the legs, buttocks, and pelvic area (Harris and Heath, 1962; Brobeck, 1979; Blomqvist and Stone, 1983; Rowell, 1983). Thermal stress in the resting person causes a substantial shift of blood from the intrathoracic and splanchnic regions to the skin (Rowell, 1974). During vigorous exercise, there is a transfer of blood from the splanchnic region to the intrathoracic region and the skin (Rowell, 1974, 1983). In exercising humans, the blood content of the splanchnic region may decline by about 35% (Wade et al., 1956), the blood content of the spleen by 40% (Froelich et al., 1988), and the blood content of the liver by as much as 15% (Froelich et al., 1988). These values suggest a decline of 60% or more of the blood content of the intestines during exercise. The blood content of the lungs may increase by roughly 30% during heavy exercise (Froelich et al., 1988), while the blood content of the pulmonary capillaries may increase by as much as a factor of two (cf. Lewis et al., 1958; Bates et al., 1960; Johnson et al., 1960). The blood content of the kidneys probably changes little, if any, during exercise (Froelich et al., 1988). The perfusion rate of skeletal muscle may change enormously during exercise. Regional blood flow within the brain may vary in some circumstances (Greenberg et al., 1978; Heistad and Kontos, 1983), but it is not evident whether the total blood content of the brain changes significantly under different physiological conditions.

7.8. Lymphatic system

(321) Lymphatic tissue includes a framework of stroma made of reticular fibres and reticulum cells; collagen, elastic, and smooth muscle fibres; and free cells within the meshes of the stroma which are the lymphocytes. These constituents are present

in different proportions so that three types of lymphatic tissue may be distinguished, namely loose, dense, and nodular tissue. Except for the lymphocytes, which are present in most tissues, the lymphatic tissue is contained in the red bone marrow and in the lymphatic organs: lymph nodes, spleen, thymus, mucous membranes, tonsils, adenoids, Peyer's patches, and the vermiform appendix.

7.8.1. Number of lymph nodes in the body

(322) The number of lymph nodes in the body is large, and the wide distribution of lymphatic tissue makes it difficult to estimate the total number or mass of the lymph nodes. There are at least 600–700 lymph nodes in the total body, 8–37 in the armpits, at least 50–60 in the lung hilus, and 200–500 in the mesentery (ICRP, 1975). The total mass of the mesenteric lymph nodes has been estimated to be about 4 g at ages 0–1 year, about 13 g at age 11 years, and about 11 g at ages 20–45 years (see Table 39 of *Publication 23*, ICRP, 1975). Pochin (1966) estimated a mean mass of the tracheobronchial lymph glands of 15 g (range 10–30 g) for nine adults ranging in age from 18 to 65 years. One infant aged 2 years had approximately 3.5 g of tracheobronchial lymph glands.

7.8.2. Mass of lymphatic tissues

(323) The following reference values for the mass of 'fixed' lymphatic tissue are based on estimates given in *Publication 23* (ICRP, 1975) but have been scaled to the mass of the updated reference adult male and female.

Reference values for the mass of 'fixed' lymphatic tissue in adults

Male	730 g
Female	600 g

(324) The mass and distribution of lymphocytes as a function of postnatal age have been estimated by Osgood (1955). Reference values based on Osgood's estimates are given below.

Reference values for the total mass and distribution of lymphocytes

Age	Mass of lymphocytes (g)	Distribution of lymphocytes (%)			
		Red marrow	Blood	Spleen, lymph nodes, etc.	Outside haematopoietic tissues
Newborn	150	5.0	0.3	16	78.7
1 year	650	3.0	0.2	12	84.8
5 years	650	3.0	0.2	12	84.8
10 years	900	4.5	0.2	9.5	85.8
15 years	1250	6.0	0.2	7.5	86.3
Adult male	1500	7.0	0.2	7.0	85.8
Adult female	1300	7.0	0.2	7.0	85.8

8. UROGENITAL SYSTEM

8.1. Introduction

(325) The urogenital system includes the urinary organs (kidneys, urinary bladder, ureters, urethra) and the reproductive organs (testies, prostate gland, ovaries, uterus). Except where other specific references are given, the discussion of typical characteristics of the urinary and reproduction systems is taken from reviews by Vander et al. (1980), Guyton (1982), Fawcett (1986), Guyton and Hall (1996), and Schafer (see Chapters 23–30 of Johnson, 1998).

8.2. Anatomical data

8.2.1. Kidneys

Structure and functions of the kidneys

(326) The paired kidneys are bean-shaped organs that lie between the parietal peritoneum and the posterior wall of the abdomen and hence are external to the peritoneal lining of the abdominal cavity. Relative to the vertebral column, the kidneys are located between the level of the last thoracic and third lumbar vertebrae, and are partially protected by the eleventh and twelfth pairs of ribs. The right kidney is slightly lower than the left due to the presence of the liver above the right kidney.

(327) A person's kidney is about the size of his/her clenched fist. Despite its small mass, the kidney processes enormous amounts of solute and water each day, and finely regulates the excretions of most substances to match their rates of ingestion and metabolic production.

(328) The kidney is divided into two main regions; the cortex and the medulla (Fig. 8.1). The cortex is the outer, richly vascular layer. The medulla is the inner, less vascular layer.

(329) The kidney is covered by a layer of connective tissue called the capsule, which protects the more delicate parenchyma. The functional units of the kidney are the nephrons, whose epithelial linings regulate the composition of the urine. Each kidney has about one million nephrons.

(330) The network of arterioles, capillaries, and venules connecting the arterial and venous sides of the renal circulation is very different from that found in other organs, and is responsible for many of the unique functional characteristics of the kidneys. The most unusual feature of this network is the presence of two capillary beds in series, the glomerular capillaries and the peritubular capillaries.

(331) Afferent arterioles branch off the radial arteries and feed the glomerular capillaries, the first of the two capillary networks. The glomerular capillary bed is embedded in Bowman's capsule, which forms the initial portion of the nephron, and fluid filtered from the glomerular capillaries enters Bowman's space (Fig. 8.2). The complex of the glomerular capillaries and Bowman's capsule is called the glomerulus. The relatively high blood pressure in these capillaries compared with that of Bowman's space serves to filter fluid passing in the capillaries. Filtration of the fluid at the glomerulus is the initial step in the formation of urine.

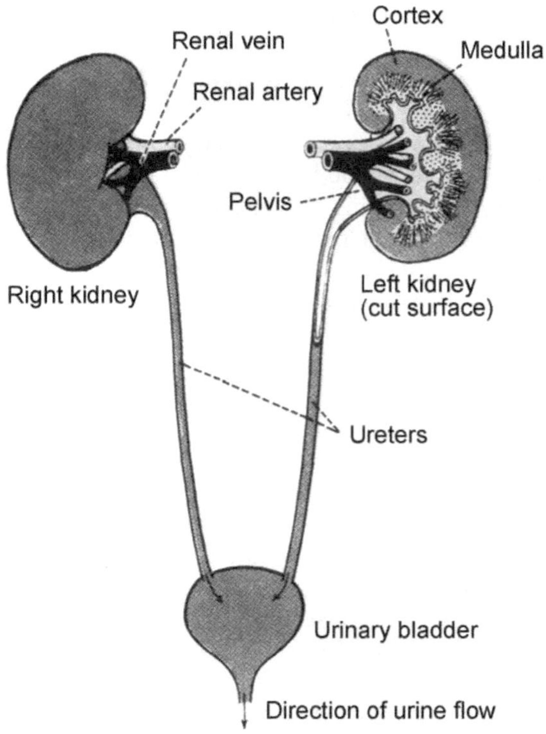

Fig. 8.1. The urinary system. Reprinted with permission from Guyton, *Human Physiology and Mechanics of Disease*, 3rd ed. (1982) © W.B. Saunders Co. Philadelphia, PA.

(332) In contrast to other capillary beds, the gomerular capillary network empties not into a venule but into another resistance vessel, the efferent arteriole. The efferent arteriole gives rise to the second capillary bed, the peritubular capillaries, that lies adjacent to the tubular components of the nephron. As blood pressure in both the cortical and medullary regions of the peritubular capillaries is relatively low, these capillaries can take up the fluid and solutes that have been re-absorbed by the renal tubules from the ultrafiltrate formed by the glomerulus.

(333) The glomerulus is comprised of a single epithelial cell layer throughout its length, but the cells that constitute different tubular segments differ in both anatomic and functional characteristics. The tubules may be divided into the following functional regions: the proximal tubule, comprising the proximal convoluted and straight tubules; the thin descending limb of the loop of Henle; the thin and thick segments of the ascending limb of the loop of Henle; the distal convoluted tubule; and the collecting tube.

(334) In addition to its role in the regulation of solute and water excretion, the kidney has two important endocrine functions; conversion of vitamin D_3 to calcitriol (1,25 dihydroxy vitamin D_3), and synthesis of erythropoietin. Vitamin D_3 in the diet and that formed in the skin must be hydroxylated to be fully active, and enzymes in the kidney are responsible for the final step of the conversion process.

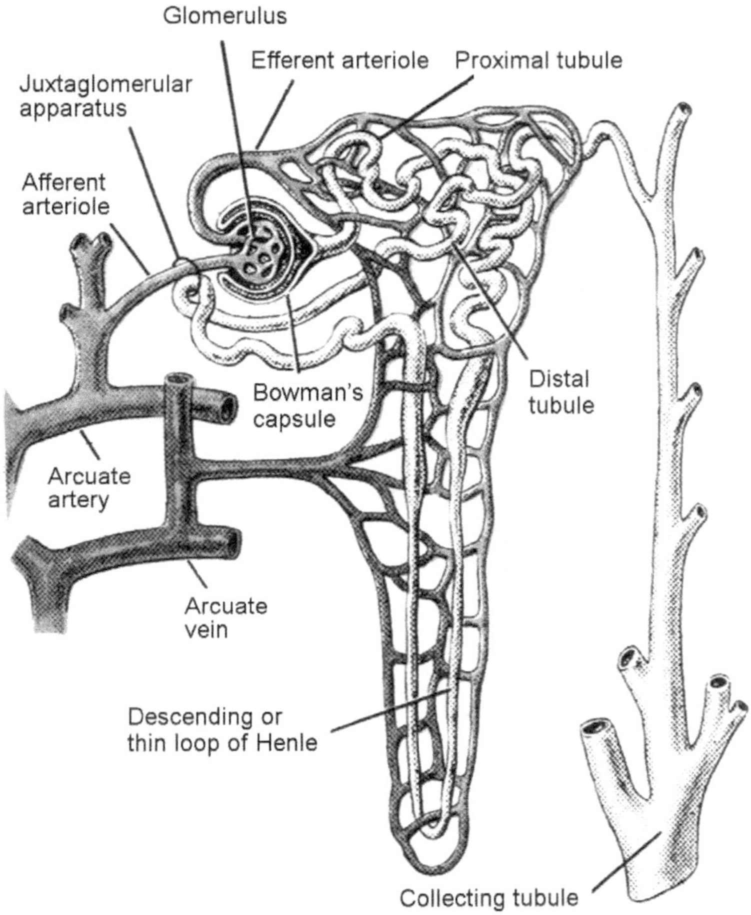

Fig. 8.2. The nephron (from Guyton, 1982; after H. Smith). Reprinted with permission from *Human Psychology and Mechanics of Disease*, 3rd ed. (1982). © W.B. Saunders Co, Philadelphia, PA.

Erythropoietin, which is secreted by peritubular interstitial cells in the kidney, acts on erythroid progenitor cells in the bone marrow as a colony-stimulating factor and increases the production of red blood cells.

Mass of the kidneys

(335) Reported values for the total mass of both kidneys as a function of postnatal age in different populations are summarised in Fig. 8.3. The kidney masses determined in Western subjects (Blackfan, 1933) are in close agreement with those determined in Japanese subjects, despite the typically lower body mass of the Japanese in the late teens and adulthood, and Chinese subjects (IAEA, 1998). Lower kidney masses are indicated for Indian subjects (IAEA, 1998). The following age- and gender-specific reference values for the mass of the kidneys are based on the reasonably consistent data for Western, Japanese, and Chinese populations.

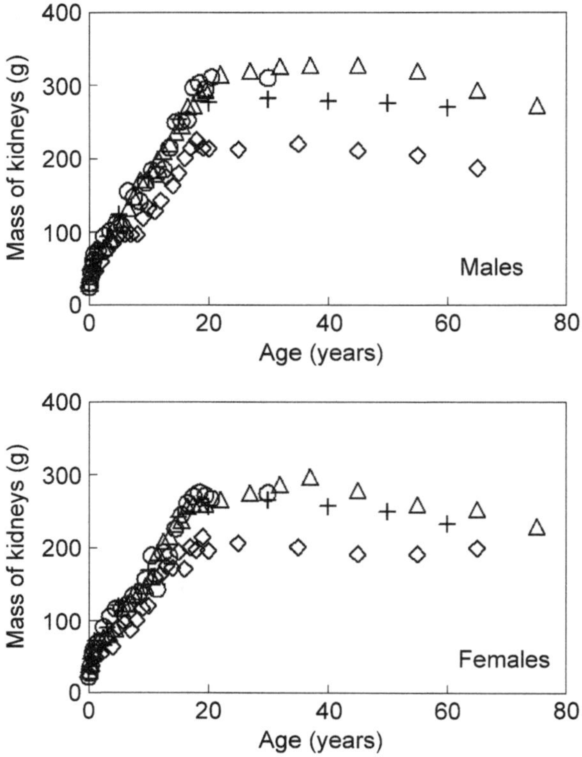

Fig. 8.3. Mass of both kidneys in males and females as determined in four autopsy studies (○) Western data (Blackfan, 1933); (△) Japanese data; (+) Chinese data; (◇) Indian data (IAEA, 1998).

(336) Recently, de la Grandmaison et al. (2001) reported on adult kidney weights obtained at autopsy. These specimens were obtained from Caucasoid adults who died of external causes and showed no pathological changes. In 355 adult males, the mean mass of both kidneys$\pm$SD was 322 ± 80 g. The corresponding mass in 329 adult females was 271 ± 76 g. These mean values are in excellent agreement with the earlier data on kidney masses, are consistent with the reference values given below.

Reference values for the mass of both kidneys

	Mass (g)	
Age	**Male**	**Female**
Newborn	25	25
1 year	70	70
5 years	110	110
10 years	180	180
15 years	250	240
Adult	310	275

Specific gravity of the kidneys

(337) The specific gravity of the kidney is approximately 1.035 in the newborn and 1.05 in the adult (ICRP, 1975).

Dimensions of the kidney and its components

Table 8.1. Dimensions of the kidney and its components[a]

Dimensions (cm)	Newborn	Adult
Length	4–6	10–12
Transverse diameter	2–2.5	5–6
Anteroposterior diameter	1.2–1.5	3–4
Width		
Cortex	0.8–1.5	0.8 (0.4–1.3)
Medulla	~0.8	1.6–1.9
Thickness of capsule		0.01–0.02

[a] From *Publication 23* (ICRP, 1975).

Volumetric composition of the kidney

(338) In the adult, the cortex represents about 70% of the volume of the kidneys (peripheral, ~64%; renal columns, ~6%), the medulla about 25%, and the collecting system about 5%. The ratio of cortex to medulla may be higher for the adult than for the newborn (ICRP, 1975).

(339) The cells of the tubules of the kidney comprise the tubular cell volume, the interstitial volume represents all of the tissue other than the tubular cells, and the extracellular volume includes the interstitial volume plus the fluid in the tubules and the blood in the blood vessels. Measurements on 15 human subjects indicate a tubular cell volume of about 94 ml, an interstitial volume of about 27 ml, and an extracellular volume of about 49 ml (one kidney) (ICRP, 1975).

Composition of the kidney

(340) Collected data from the literature suggest that, on average, water represents about 76% of the adult kidney, protein about 17%, lipid about 2.7%, and minerals about 1.1% (ICRP, 1975).

8.2.2. Ureters

Size and function of the ureters

(341) The ureters are two slightly flattened tubes through which urine passes from the kidneys to the urinary bladder. Each ureter is about 6–7 cm long in the newborn and 27–30 cm long in the adult, with little difference in length in the male and female (Table 8.2). The diameter of the ureter is relatively larger in the infant than in the adult.

Table 8.2. Typical values for size of ureters and urethra, and physiological capacity of the bladder[a]

Age and gender	Length of ureters (cm)	Physiological capacity of the urinary bladder (ml)	Length of urethra (cm)	Width of external urethral orifice (cm)
Male				
Newborn	6–7	80	6.0	0.5
1 year	9–10	100	6.7	0.5
2–3 years	12–14	150	7.9	0.6
Adult	27–30	200–400	15–17	0.7
Female				
Newborn	6–7	80	2.2	0.6
1 year	9–10	100	2.3	0.6
2–3 years	12–14	150	2.4	0.7
Adult	27–30	200–400	3.8	0.7

[a] Modified from *Publication 23* (ICRP, 1975).

Except for three slightly constricted portions that may be as small as 0.1 cm in diameter, the ureter is fairly uniform in size in the adult at about 1 cm in diameter. The ureters enter the bladder at the upper lateral angle of the base of the bladder (Fig. 8.4). The openings into the urinary bladder leading from the two kidneys are about 5 cm apart for a distended bladder and about 2.5 cm apart for an empty bladder. Peristaltic waves moving at the rate of 2–3 cm/s propagate the urine in the ureter from the renal pelvis to the urinary bladder. The urine enters the urinary bladder in spurts about 10–30 s apart (ICRP, 1975).

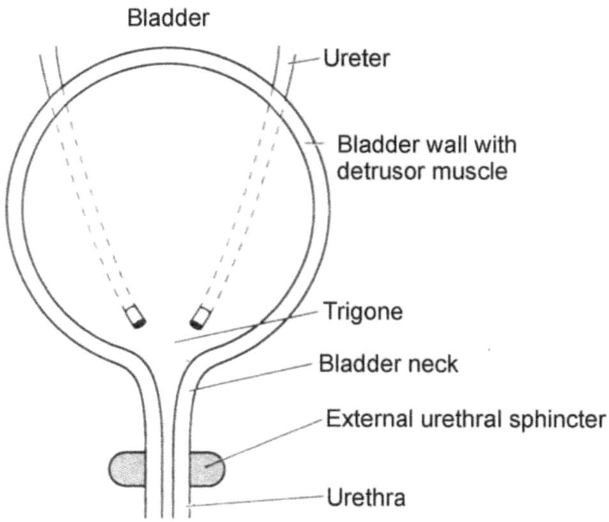

Fig. 8.4. Schematic of the urinary bladder Reprinted with permission from Johnson, *Essential Medical Physiology* 2nd ed. (1998) © L.R. Johnson, Univ. of Tennessee Health Sciences Center, Memphis, TN.

Reference values for characteristics of the ureters

Thickness of epithelium	**65 μm**
Thickness of wall	**0.7 mm**
Thickness of muscularis (three layers)	**0.5 mm**
Water as percentage of total mass	**70%**

Mass of the ureters

Reference values for mass of two ureters

	Mass (g)	
Age	**Male**	**Female**
Newborn	**0.77**	**0.77**
1 year	**2.2**	**2.2**
5 years	**4.2**	**4.2**
10 years	**7.0**	**7.0**
15 years	**12**	**12**
Adult	**16**	**15**

8.2.3. Urinary bladder

Structure and function of the urinary bladder

(342) Urine is carried from the kidneys via the ureter to the urinary bladder (Fig. 8.4), where it is stored until it exits the body via the urethra. The bladder is a hollow muscular organ situated in the pelvic cavity posterior to the symphysis pubis. In the male, it is directly anterior to the rectum. In the female, it is anterior to the vagina and inferior to the uterus. In the infant, the bladder lies at a relatively high position in the abdomen compared with the adult. It descends relatively rapidly during the first 3 years, sinks more slowly until about the ninth year, remains stationary from the ninth year until puberty, and then slowly descends and reaches its adult position.

(343) The bladder is a movable organ restricted by folds of the peritoneum. The shape of the bladder depends on age and the amount of urine it contains. In the child, the bladder is pear-shaped or spindle-shaped. In the adult, the deflated bladder assumes the form of a tetrahedron and lies almost entirely within the pelvis, and the full bladder is nearly spherical.

(344) Smooth muscle layers in the bladder wall provide the contractile force in voiding. The ureters enter the bladder on its posterior side, above the bladder neck (Fig. 8.4). The tension of the detrusor muscle in the bladder wall keeps the entry from the ureter closed so that urine does not reflux towards the kidneys. When the pressure of a ureteral peristaltic wave exceeds the pressure in the bladder, the sphincter opens transiently, allowing urine to flow into the bladder. Both the external and internal sphincters prevent urine movement out of the bladder until micturition is initiated.

(345) The volume of the bladder can increase from nearly zero after micturition to a maximum of about 0.5–0.6 l in the adult. As the volume increases, the tension in the bladder wall rises in a non-linear fashion, remaining relatively low until the volume reaches about 300–400 ml and then increasing at a relatively high rate with additional entry of urine (Fig. 8.5). Once the bladder pressure reaches a sufficient level, a reflex called the micturition reflex is initiated. Expulsion of urine from the bladder is driven by muscle contraction. The physiological capacity of the bladder is a function of age and gender. The physiological capacity is an imprecise quantity, defined as the amount of urine in the bladder when a sensation to void is noticed without undue discomfort. The capacity (without the modifier) is defined as the amount of urine in the bladder causing undue distress. The capacity and physiological capacity of the bladder probably vary to some extent with the size of the person, but the habit of urination also has a direct bearing on these quantities. If the individual urinates frequently, he/she may be uncomfortable retaining the average amount of urine. There is probably no inherent difference in capacity between the male and female urinary bladder, but if a greater capacity occurs, it is probably due to habit of urination.

Mass of the urinary bladder

(346) Reported values for the mass of the urinary bladder tissue in adults are in the range 30–60 g (ICRP, 1975). There is little direct information on the mass of the bladder during growth.

(347) In the following table, the reference value for the mass of the urinary bladder in the adult male has been set at 50 g, as a rounded central value in the range 30–60 g. The value for the adult female is set at 40 g based on consideration of relative body mass of males and females. Values for ages 0–15 years are based on the theoretical growth pattern for the urinary bladder given in Fig. 59 of *Publication 23* (ICRP, 1975).

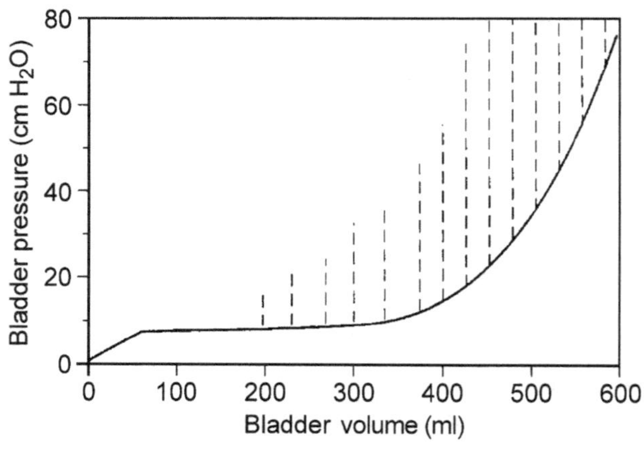

Fig. 8.5. Relationship between pressure in the bladder and bladder volume in the adult (Johnson, 1998). As filling progresses beyond 200 ml, pressure waves (represented by dashed lines) begin to appear, contributing to the sensation of bladder fullness. These increase in frequency and intensity as the bladder continues to fill. Reprinted with permission from *Essential Medical Physiology*, 2nd ed. (1998) © L.R. Johnson, Univ. of Tennessee Health Sciences Center, Memphis, TN.

Reference values for mass of the urinary bladder

	Mass (g)	
Age	**Male**	**Female**
Newborn	4	4
1 year	9	9
5 years	16	16
10 years	25	25
15 years	40	35
Adult	50	40

Composition of the urinary bladder

(348) Water represents approximately 65% and minerals about 0.8% (0.5–1.1%) of the mass of the bladder wall.

8.2.4. Urethra

(349) The urethra is a membranous canal conveying urine from the urinary bladder to the surface. The male and female urethras differ substantially. For example, it is about three times longer in newborn males than females, and even greater differences are seen in adult males and females (Table 8.2).

(350) When non-functioning, the urethra is flattened. During micturition, the diameter of the lumen is about 8.3–11.6 mm in males and 7–8 mm in females. The epithelium of the adult male or female urethra is about 0.03–0.09 mm in width. The total thickness (mucous membrane lamina propria and muscular layer) of the urethra of the adult female has been estimated as 3.5–5.5 mm (ICRP, 1975).

Reference values for mass of the urethra

	Mass (g)	
Age	**Male**	**Female**
Newborn	0.48	0.14
1 year	1.4	0.42
5 years	2.6	0.78
10 years	4.4	1.3
15 years	7.7	2.3
Adult	10	3

8.2.5. Testes

Structure and function of the testes

(351) The testes are two ovoid organs in which the male gametes, the sperm, are formed. The testes produce testosterone, the primary male sex hormone, that stimulates the development and maintenance of male sexual characteristics. The testes are enclosed in the scrotum and are exterior to the abdomen.

(352) The epididymes are oblong bodies, one located at the upper posterior region of each testis, where the sperm are stored. One epididymis has a volume of about 2 cm^3 and consists of a highly coiled tube and surrounding, entwining connective tissue. When stretched, the tube measures about 4–5 cm in length.

Mass of the testes and epididymes

(353) Reported mass and volume of the testes are highly variable (Rundle and Sylvester, 1962; Sosnik, 1985; Johnson et al., 1987). In 309 testes, the mass of the testis ranged from 3.0 to 34.5 g and averaged 14.7 ± 6 g (Sosnik, 1985). The mean mass of the testis decreased with age, being 16.8 g in young men, 15.0 g in middle-aged men, and 13.6 g in old men (Sosnik, 1985). In another study, the mean mass of paired testes was 49 ± 3 g in 15 men aged 20–48 years and 33 ± 3 g in 15 men aged 52–90 years (Johnson et al., 1987). In a study of 1056 males aged 18–96 years, a reduction in testicular volume was apparent only in the eighth decade of life, after exclusion of men with diseases shown to be associated with decreased testicular size (Handelsman and Staraj, 1985). Reference values for the mass of the testes at different ages are given below.

Reference values for mass of the testes and epididymes

	Mass (g)	
Age	**Testes (2)**	**Epididymes (2)**
Newborn	**0.85**	**0.25**
1 year	**1.5**	**0.35**
5 years	**1.7**	**0.45**
10 years	**2.0**	**0.60**
15 years	**16**	**1.6**
Adult	**35**	**4.0**

Specific gravity of the testes

(354) The specific gravity of the testes is approximately 1.04 (ICRP, 1975; Handelsman and Staraj, 1985).

Composition of the testes

(355) In the adult, water represents about 81%, fat about 3%, protein about 12%, and minerals about 1.1% (0.9–1.3%) of the mass of the testes (ICRP, 1975).

(356) Sections of the testes of the newborn show a large amount of connective tissue surrounding small convoluted tubes. The connective tissue does not increase at a rate equal to that of the tubules, and hence forms a decreasing portion of the mass of the testes with growth. The interstitial cells of Leydig increase in number from birth to puberty (ICRP, 1975).

(357) In the adult, the connective tissue represents 20–25% of the total volume of the testes. The ratio of the interstitial tissue to the tubular tissue ranges from 5 to 17%. Each testis is divided into about 250 conical and intercommunicating compartments of varying size. These are called the lobules of the testis. Each lobe contains one to three convoluted seminiferous tubules in which the sperm are formed. The seminiferous tubules are distributed throughout the testis except for an outer layer that is about 0.8 mm thick. The uncoiled tubules measure about 70–80 cm in length and have a diameter of about 150–300 μm.

Data on spermatozoa

(358) The head of a spermatozoan is about 5.0 μm long, 3.5 μm wide, and 2.5 μm thick. The midpiece and tail are, respectively, about 4.5 and 45 μm long, giving a total length of about 55 μm.

(359) The duration of spermatogenesis in man is about 64 days. The duration of one cycle of the geminal epithelium is about 16 days, and it is estimated that there are four cycles. The spermatozoa survival time in terms of fertility is about 1.5–72 h, and in terms of mobility it is about 48–72 h (ICRP, 1975).

8.2.6. Prostate gland

Structure and function of the prostate gland

(360) The prostate gland is located in the pelvis and is anterior to the rectum. It surrounds the neck of the urinary bladder and the urethra, and when enlarged can restrict the flow of urine. In general, it is a somewhat flattened conical structure whose base is directed upwards and in contact with the caudal surface of the urinary bladder.

(361) The prostate gland secretes a thin, alkaline fluid that adds to the bulk of the semen and serves to increase the motility and fertility of the sperm. During emission, the capsule of the prostate gland contracts simultaneously with the contractions of the vas deferens and seminal vesicles. The alkaline characteristic of the prostatic fluid may be important for successful fertilisation of the ovum, because the fluid of the vas deferens is relatively acidic due to the presence of metabolic end products of the sperm and consequently inhibits sperm motility and fertility. Also, the vaginal secretions are acidic (pH 3.5–4.0). Sperm do not become optimally motile until the pH of the surrounding fluids rises to about 6–6.5. It is probable that prostatic fluid neutralises the acidity of the other fluids and enhances the motility and fertility of the sperm.

Mass of the prostate gland

(362) The prostate gland grows slowly during the first few years of life, increasing in mass from less than 1 g at birth to about 1.6 g at age 10 years. Maturation is rapid at puberty, and the gland continues to grow until about age 30 years. After the age of 40 years in a healthy male, the prostate gland gradually becomes smaller. By age 70 years, the volume is less than that of a male of age 25 years (ICRP, 1975). However, in many older men, the prostate gland increases in mass due to benign prostatic hyperplasia. The occurrence of this hyperplasia was reported in one study to be 14% in men aged 40–50 years, increasing to 43% in men >60 years old (Kirby, 2000). Reference values for the mass of the prostate gland at different ages are given below.

Reference values for mass of the prostate gland

	Mass (g)
Newborn	0.8
1 year	1.0
5 years	1.2
10 years	1.6
15 years	4.3
Adult	17

Composition of the prostate gland

(363) The prostate gland is composed of both glandular and muscular tissue. In the adult, water represents about 83%, lipids about 1.2%, and minerals about 1.1% (0.7–1.5%) of the mass of the prostate glands. Proteins represent nearly 15% of the total mass (ICRP, 1975).

8.2.7. Ovaries and fallopian tubes

Structure and function of the ovaries

(364) The ovaries are paired, flattened ellipsoid structures that produce ova and ovarian hormones. Each ovary measures 2.5–5 cm in length, 1.5–3 cm in width, and 0.6–1.5 cm in thickness.

(365) The ovaries lie in the upper pelvic cavity, one on each side of the uterus. Their position may be altered by other pelvic organs, especially the uterus. They are attached to the broad ligament of the uterus, which is itself part of the parietal peritoneum which surrounds the ovary and ovarian ligament. The ovaries become displaced during the first pregnancy and probably never return to their original position.

(366) The ovary has a thick peripheral zone or cortex made up largely of connective tissue. Embedded in this connective tissue are follicles containing the female sex cells, oocytes. The younger the person, the more numerous are the follicles. Over 400 000 have been counted in both ovaries of a normal young adult. Fewer than 1000 are released by ovulation during a woman's reproductive life, and the others

degenerate. The number of follicles decreases progressively throughout life. They are hard to find at menopause, although a few may persist into old age.

(367) The fallopian or uterine tubes or oviducts serve to convey the ova from the ovary to the uterus. Typically, the ovum is 0.09 mm in diameter. An ovum is viable for about 24 h but probably is not fertilisable for more than 12 h. The time of transport of an ovum from the fallopian tube to the uterus is 3 days. The time of ovulation is typically 14±2 days prior to the next menstrual cycle.

Mass of the ovaries and fallopian tubes

(368) The following reference values for the mass of the ovaries and fallopian tubes as a function of postnatal age are based on data summarised in *Publication 23* (ICRP, 1975).

Reference values for masses of the ovaries and fallopian tubes

	Mass (g)	
Age	**Ovaries (2)**	**Fallopian tubes (2)**
Newborn	**0.3**	**0.25**
1 year	**0.8**	**0.25**
5 years	**2.0**	**0.35**
10 years	**3.5**	**0.50**
15 years	**6.0**	**1.1**
Adult	**11**	**2.1**

Specific gravity of the ovaries

(369) The specific gravity of the ovaries is approximately 1.05 (ICRP, 1975).

Composition of the ovary

(370) The ovary has a thick peripheral zone or cortex that surrounds a zone called the medulla. The cortex is made up of connective tissue or stoma. The medulla is composed of connective tissue fibres, smooth muscle cells, and numerous blood vessels, nerves, lymphatic vessels, and supporting tissue. From birth until the menarche, the growth of the ovary is largely the result of an increase in size of the stroma and the covering mantle. Simultaneously with the increase in size of the stroma, there is a decrease in the number of oocytes.

(371) In the adult, water represents about 78%, fat about 1.6%, ash about 1.0% (0.8–1.4%), and protein about 14% or more of the mass of the ovary.

8.2.8. Uterus

Structure and function of the uterus

(372) The uterus is the organ in which the fertilised ovum normally becomes embedded, and in which the developing organism grows and is nourished until birth. The shape, size, and position of the uterus depend on age and other circumstances, such as pregnancy. In the infant, the uterus is in the abdominal cavity and it is larger relative to the whole body than in an adult. In the child, there is little change in size until the prepubertal period when a stage of active growth begins. At puberty, the uterus is located in the pelvic cavity and is pear-shaped. In the adult, the position of the uterus is influenced by the bladder and rectum, depending upon whether one or both are filled or empty. With the bladder and rectum both empty, the body of the uterus is nearly horizontal when the individual is standing. As the bladder fills, the uterus is bent backwards towards the sacral vertebrae. The distention of the rectum also influences the position of the uterus. Some coils of the small intestine and occasionally the distended sigmoid colon rest on regions of the uterus. During menstruation, the uterus is enlarged and more vascular. In old age, it becomes atrophied.

(373) The uterus is about 35 mm in length at birth. The length decreases during the first year of life and is about 25–27 mm from age 1 to 6 years. The length increases slowly over the next 4–5 years, reaching about 31 mm by age 10 years, and then begins to increase more rapidly during puberty. Typical lengths for ages 13, 15, 18, and 35 years are about 40 mm, 50 mm, 55 mm, and 60 mm, respectively.

Mass of the uterus

(374) The reference values for the mass of the uterus in infants, children, and adolescents are based on data reported by Scammon (1930). In the table of reference values for mass of the uterus given below, the value for the adult female is a central value based on several studies (ICRP, 1975).

Reference values for mass of the uterus

	Mass (g)
Newborn	4.0
1 year	1.5
5 years	3
10 years	4
15 years	30
Adult	80

Specific gravity of the uterus

(375) The specific gravity of the uterus is approximately 1.05 (ICRP, 1975).

Composition of the uterus

(376) In the non-pregnant adult female, water represents about 79%, fat about 1.4% (0.9–2.2%), and mineral about 1% (0.9–1.2%) of the mass of the uterus.

(377) The uterus has a mucous membrane lining, called the endometrium, that is about 0.3–1.0 mm thick and increases to about 5–7 mm at the beginning of menstruation.

8.3. Physiological data

8.3.1. Glomerular filtration and tubular re-absorption

(378) The blood perfusion rate of the kidneys, about 4 ml blood/g tissue/min, is extremely high compared with most other organs. This high rate of blood flow is required to produce the high level of glomerular filtration needed for excretion of metabolic by products such as urea, uric acid, and creatinine. The metabolic cost of the transport processes constantly occurring in the kidneys is considerable, representing about 8% of the total oxygen consumption of the body.

(379) Glomerular filtration is the ultrafiltration of a large volume of fluid from the glomerular capillaries into Bowman's space. Solutes smaller than proteins generally pass freely across the glomerular membranes and are delivered to the proximal nephron at high rates. Re-absorption, which is the regulated transport of water and solutes from the filtrate to the blood carried in the peritubular capillaries, prevents the excretion of much of the physiologically important content of the filtrate.

(380) The relatively high hydrostatic pressure of the blood in the glomerular capillaries is responsible for the force favouring ultrafiltration from the glomerular capillaries. In a middle-aged adult male, the glomerular filration rate (GFR) averages about 125 ml/min, corresponding to about 180 l/day. Assuming the rate of plasma flow (RPF) through the kidneys of the young adult male is about 700 ml/min, approximately 18% of the plasma entering the kidneys is filtered into the glomeruli. This value (0.18) is referred to as the filtration fraction (FF): FF = GFR/RPF. The GFR is roughly proportional to body size and may be more nearly proportional to lean body mass, and hence is lower on average in females than males. The GFR declines with age due to a decrease in the number of functioning glomeruli.

(381) Due to their small size, solutes with molecular mass less than 5000 Da are freely filtered at the glomerulus. This includes all components of plasma except proteins and those solutes that bind to plasma proteins. In most cases, the concentration of cations in the filtrate is nearly the same as the concentration in plasma. Some anions such as phosphate and a few cations, particularly divalent cations, bind in substantial quantities to plasma proteins, so that their free ionised concentration is substantially lower than their plasma concentration. For example, roughly half of calcium in plasma is bound to plasma proteins and, consequently, the rate of calcium filtration is only about half the rate calculated from the product of the GFR and the total calcium concentration in plasma.

Table 8.3. Relative concentrations of substances in the glomerular filtrate and in the urine[a]

	Glomerular filtrate, assuming GFR = 125 ml/min		Urine, assuming urinary excretion rate of 1.1 ml/min		
Substance	Quantity/min	Concentration (A)	Quantity/min	Concentration (B)	Plasma clearance/min (B:A)
Na^+	18 mEq	144 mEq/l	0.14 mEq	140 mEq/l	1.0
K^+	0.63 mEq	5 mEq/l	0.066 mEq	66 mEq/l	13
Ca^{2+}	0.5 mEq	4 mEq/l	0.0053 mEq	5.3 mEq/l	1.3
Mg^{2+}	0.38 mEq	3 mEq/l	0.017 mEq	17 mEq/l	5.7
Cl^-	13 mEq	104 mEq/l	0.15 mEq	150 mEq/l	1.4
HCO_3^-	3.5 mEq	28 mEq/l	0.015 mEq	15 mEq/l	0.54
$H_2PO_4^-/HPO_4^{2-}$	0.25 mEq	2 mEq/l	0.054 mEq	54 mEq/l	27
SO_4^{2-}	0.09 mEq	0.7 mEq/l	0.035 mEq	35 mEq/l	50
Glucose	125 mg	100 mg/100 ml	~0 mg	~0 mg/100 ml	~0.0
Urea	31 mg	25 mg/100 ml	18 mg	1800 mg/100 ml	72
Uric acid	3.8 mg	3 mg/100 ml	0.42 mg	42 mg/100 ml	14
Creatinine	1.4 mg	1.1 mg/100 ml	1.2 mg	120 mg/100 ml	110

[a] Modified from Guyton (1982).

(382) The extent of concentration of a filtered substance in the tubular fluid is determined by the relative re-absorption or secretion of the substance vs the re-absorption of water. Filtered substances may be divided into three classes with regard to their extent of concentration in urine. (1) Nutritionally important substances, including glucose, proteins, amino acids, acetoacetate ions, and vitamins, are re-absorbed much more rapidly than water. Their concentrations fall rapidly in the proximal tubules and are nearly zero throughout the remainder of the tubular system and in the urine. (2) Concentrations of metabolic end products become progressively greater throughout the tubular system because they are re-absorbed to a much smaller extent than water. (3) Many ions are normally excreted in the urine in concentrations not greatly different from those in the glomerular filtrate and extracellular fluid. For example, sodium and chloride ions, on average, are re-absorbed from the tubules in proportions not too dissimilar from that of water. Table 8.3 summarises the extent of concentration of different substances in the tubular fluids.

(383) Water transport in the tubules occurs entirely by osmotic diffusion. Whenever some solute in the glomerular filtrate is absorbed by active re-absorption or by diffusion caused by an electrochemical gradient, the resulting decreased concentration of solute in the tubular fluid and increased concentration in the peritubular fluid cause osmosis of water out of the tubules. Due to the considerable variation in the permeabilities of the different tubular segments, the portion of the glomerular filtrate that is re-absorbed varies considerably from one segment to another. Approximate proportions of total re-absorption occurring in the different segments are as follows: proximal tubules, 65%; loop of Henle, 15%; distal tubules, 10%; collecting ducts, 9.3%. The balance, 0.7% of the filtrate, is excreted in urine.

(384) Although tubular re-absorption generally increases in conjunction with increased glomerular filtration, the kidney does not show complete 'glomerulotubular balance' in that increased filtration may result in a net increase in urine output, as shown in Table 8.4.

Table 8.4. Approximate relative values for glomerular filtration rates, rates of fluid re-absorption, and rates of urine output for the average adult human[a]

Glomerular filtration rate (ml/min)	Rate of tubular re-absorption (ml/min)	Rate of urine output (ml/min)
50	49.8	0.2
75	74.7	0.3
100	99.5	0.5
125	124	1
150	145	5
175	163	12

[a] From Guyton (1982).

8.3.2. Daily urinary excretion

(385) The volume of urine excreted each day varies with age, gender, diet, exercise, and other factors. In adults, the 24-h urine volume is typically about 1200–2000 ml (ICRP, 1975; Orten and Neuhaus, 1982; Asplund and Aberg, 1992; Borghi et al., 1996; Leiper et al., 1996; Johnson, 1998). A reasonable central estimate for a 73-kg adult male may be about 1600 ml/day, or about 22 ml/kg/day. A similar value (22.5 ± 7.7 ml/kg/day) was determined in 21 healthy German children, aged 6–11 years (Ballauff et al., 1988). With excessive water intake, urine output can be as high as 10% of the glomerular filtration rate or approximately 250 ml/kg/day (Johnson, 1998). During prolonged periods of high water loss or low water intake, urine output may decrease to as little as 6–7 ml/kg/day (Johnson, 1998).

Reference values for daily urinary excretion

	Excretion (ml/day)	
Age	**Male**	**Female**
Newborn	**300**	**300**
1 year	**400**	**400**
5 years	**500**	**500**
10 years	**700**	**700**
15 years	**1200**	**1200**
Adult	**1600**	**1200**

8.3.3. Urinary excretion of selected elements

Sodium

(386) As the amount of sodium filtered by the glomeruli each day is several times greater than the total body content, massive amounts of sodium must be re-absorbed by the renal tubules to avoid a serious imbalance of electrolytes. Active re-absorption of sodium accounts for most of the oxygen consumed by the kidneys.

(387) As indicated above, about two-thirds of the total glomerular filtrate is re-absorbed in the proximal tubules. Most of this is in association with active transport of sodium through the proximal tubular epithelium. Re-absorption of sodium causes diffusion of negative ions through the membrane as well, and the cumulative re-absorption of ions creates an osmotic pressure that moves water through the membranes. Almost the same proportions of water and sodium ions are re-absorbed in the proximal tubules.

(388) Very little sodium or water is re-absorbed in the thin segments of the loops of Henle, but active transport of chloride ions in the diluting segment of the distal tubules causes sodium and other cations to be absorbed as well. On average, less than 10% of the sodium chloride in the original glomerular filtrate still remains by the time the fluid reaches the late distal tubules. Sodium re-absorption in the late distal tubules and collecting ducts is highly variable, depending largely on the concentration of aldosterone, a hormone secreted by the adrenal cortex. If large amounts of aldosterone are present, nearly all of the remaining sodium is re-absorbed from the late distal tubules and collecting ducts, and virtually none of the sodium is lost in urine. Due mainly to the variability of the aldosterone concentration, sodium excretion in urine may be as little as 0.1 g/day or as much as 30–40 g/day.

Potassium and caesium

(389) Potassium is filtered into the nephron by the glomeruli, but nearly all of the filtered potassium is re-absorbed into the epithelial cells and peritubular capillaries along the proximal tubule, loop of Henle, and possibly the beginning portion of the distal tubule. The maintenance of potassium balance in normal humans under ordinary conditions requires that no more than about 20% of the filtered potassium be excreted in urine. As the concentration of potassium in the filtered plasma is relatively low, this represents only a small portion of the body's potassium. Changes in urinary potassium excretion appear to be due to changes in the net secretion of potassium into the distal tubules and collecting duct from the adjacent peritubular capillaries, via the epithelial cells of the nephron. Superficial nephrons deliver 5–10% of the filtered potassium to the distal tubule regardless of the total body potassium balance.

(390) Potassium is transported in parallel to sodium in the proximal tubules and loops of Henle. As is the case for sodium, approximately 65% of the potassium in the glomerular filtrate is absorbed in the proximal tubules and another 25% is absorbed in the diluting segment of the distal tubules. By the time the tubular fluid reaches the late distal tubules, the total quantity of potassium is less than 10% of that in the original glomerular filtrate.

(391) There are two main factors that alter the rate of potassium tubular secretion, namely, the potassium concentration in the renal tubular cells, and the secretion of the hormone aldosterone from the adrenal cortex. When a high-potassium diet is ingested, the temporary rise in the potassium concentration in the extracellular fluid is followed by a rise in the potassium concentration in most of the body cells, including the renal tubular cells. This higher concentration facilitates potassium secretion from the tubular cells and raises its urinary excretion. Similarly, a negative

potassium balance reduces potassium entry into the lumen, thereby decreasing its excretion. A temporary rise in the potassium concentration in the extracellular fluid also leads to an increase in the secretion of aldosterone. Aldosterone circulates to the kidney, where it increases tubular potassium secretion, thereby increasing potassium excretion. On the other hand, a lowered extracellular potassium level lowers aldosterone production, thereby decreasing potassium excretion.

(392) The daily excretion of potassium in urine, faeces, and sweat closely matches the daily ingestion of potassium. Approximately 85% of the total excretion of potassium is via urine (Leggett and Williams, 1986). Assuming a daily intake of potassium of 3.5 g, daily urinary excretion of potassium would amount to about 3 g.

(393) The renal mechanisms for excretion of the potassium analogue, caesium, appear to be qualitatively similar to those for potassium (Sastry and Spalding, 1968). That is, caesium atoms are filtered into the nephron at the glomerulus, but most of the filtered atoms are re-absorbed into the epithelial cells and peritubular capillaries along the proximal tubule, loop of Henle, and possibly the beginning portion of the distal tubule. Changes in urinary losses may be due mainly to changes in the net secretion into the distal tubules and collecting duct from the adjacent peritubular capillaries, via the epithelial cells of the nephron. There is probably considerable discrimination between potassium and caesium by re-absorption and secretion processes in the tubules, with the result that the ratio of filtered to excreted atoms may be substantially different for potassium and caesium.

Calcium and strontium

(394) The plasma concentration of calcium is regulated in part by calcitriol, which helps to control the rate of absorption from the gastrointestinal tract in response to demands for the maintenance of the normal concentration of calcium in extracellular fluid and the remodelling of bone. The plasma concentration is also regulated in part by parathyroid hormone, which controls the release of calcium from the bone. Nevertheless, the kidney is essential in regulating the final output of calcium to match the daily intake and maintain a constant total body calcium. In the steady-state balance of calcium, urinary excretion must match the daily gastrointestinal absorption, which is of the order of 0.2 mg.

(395) Although the normal plasma concentration of calcium is 8–10 mg/dl, nearly half of this is bound to plasma proteins and cannot be filtered at the glomerulus. Based on a glomerular filtration rate of 180 l/day, the estimated mass of calcium filtered by the kidneys each day is about 9 g. Only 1.5–3% of this amount is excreted in urine, however, indicating substantial re-absorption along the nephron. Both active and passive processes appear to be involved in this re-absorption. Approximately 60% of filtered calcium is re-absorbed passively in the proximal nephron and approximately 30% is re-absorbed in the loop of Henle by uncertain mechanisms. The distal tubule and collecting duct re-absorb about 8% of the filtered calcium and excrete 1.5–3%. The distal tubule responds to physiologic stimuli in order to regulate the final excretion of calcium by active processes. As the plasma calcium concentration rises or falls, re-absorption in the distal tubule decreases or increases, respectively. Parathyroid hormone and calcitonin also serve to increase calcium re-absorption in

the distal tubules, but the precise mechanism is not understood. Re-absorption of calcium is stimulated in metabolic alkalosis and is inhibited by phosphate depletion, acidosis, or extracellular fluid volume expansion.

(396) Strontium is a close physiological analogue of calcium. Although it has not been clearly demonstrated that the mechanisms of tubular re-absorption of strontium are identical to those of calcium, a high correlation has been established between the ratio of excreted to filtered strontium and the ratio of excreted to filtered calcium under a variety of conditions (Walser and Robinson, 1963). It has also been shown that the kidney discriminates to some extent between calcium and strontium, and that renal clearance of strontium generally exceeds that of calcium (Walser and Robinson, 1963).

8.3.4. Urinary excretion of selected metabolic end products

Creatinine

(397) Creatinine is produced in muscle tissue by the metabolism of creatine phosphate, which is taken in the diet primarily in meats. Almost no creatinine is ingested directly. In order for the body to maintain a constant creatinine content, the rate of creatinine excretion must equal its rate of metabolic production, which is roughly 2 mg/day for a healthy young adult male. There is no re-absorption of creatinine in the tubules. It is actively secreted into the urine in the late proximal nephron but at a slow rate relative to its rate of glomerular filtration, with the result that the rate of creatinine excretion may be only about 10% higher on average than its rate of filtration. Thus, creatinine clearance provides a useful measure of the glomerular filtration rate.

(398) The rate of creatinine production and hence its rate of excretion by an individual varies substantially during a 24-h period, and large intersubject variation in creatinine excretion is also seen. In a longitudinal study involving 144 normal subjects followed over 9 years, men had 21% higher serum creatinine and 33% higher urine creatinine/kg body mass than women (James et al., 1988). Black subjects had 5% higher urine creatinine/kg body mass than white subjects, perhaps reflecting a higher relative muscle mass in blacks. The intra-individual variability in urine creatinine excretion averaged 15% and did not differ with race or gender.

(399) The reference values given in the following table for daily creatinine excretion as a function of age and gender are based on data summarised by Jackson (1966), Cheek (1968), and Simeckova et al. (1998).

Reference values for urinary excretion of creatinine

	Amount excreted (g/day)	
Age	Males	Females
Newborn	0.05	0.05
1 year	0.11	0.11
5 years	0.33	0.33

10 years	**0.65**	**0.65**
15 years	**1.4**	**1.0**
Adult	**1.7**	**1.0**

Urea

(400) Ammonia is produced during protein metabolism in body tissues and is converted in the liver to urea, which is excreted in the urine. Typically, 30 g of urea is produced per day in the adult male, but the amount varies considerably due to the high variability in the amount of protein in the diet. The concentration of urea in plasma is also highly variable but is typically about 25 mg/100 ml. Based on a plasma flow rate of 700 ml/min into the kidneys, the input rate of urea would be about 175 mg/min (25 mg/dl×7 dl/min), and the rate of filtration into the glomeruli about 31.5 mg/min (0.18×175 mg/min, where 0.18 is a typical filtration fraction). The normal rate of urea excretion is about 18 mg/min (Table 8.3). Thus, about 60% of the filtered urea passes on through the tubules into the urine.

Other important metabolic end products

(401) The urate ion is re-absorbed in the tubules to a much greater extent than urea; of the filtered amount, only about 15% is excreted in the urine. Several other end products, including sulphates, phosphates, and nitrates, are transported in much the same way as urate ions. All of these are re-absorbed to a much smaller extent than water, but each is actively absorbed to an extent that keeps their concentrations in the extracellular fluid from falling too low.

8.3.5. Citric acid

(402) The excretion of citric acid has been found to be higher for persons on a high-carbohydrate diet than on a high-protein diet. The level of excretion is elevated with the level of administered oestrogens and vitamin D, and reduced in situations of vigorous muscular activity (Lentner, 1981). Several sets of measured values for the excretion of citric acid in adults and children are given in Lentner (1981). In 30 men, the mean ± SD excretion of citric acid was 528 ± 283 mg/day. In 17 women, the corresponding excretion level was 707 ± 378 mg/day. Excretion of citric acid by children was quantified relative to their body mass. In 13 children aged 0–29 days, the mean ± SD excretion level was 3.83 ± 1.67 mg/day/kg. For eight children between the ages of 1 and 23 months, the observed excretion was 3.15 ± 1.98 mg/day/kg, and for six children aged 2–14 years, 2.95 ± 1.44 mg/day/kg.

9. SKELETAL SYSTEM

9.1. Introduction

(403) *Publication 70* (ICRP, 1995) provides updated reference values for selected anatomical and physiological features of the skeleton that may be useful for the development of biokinetic and dosimetric models for radionuclides. This chapter lists the reference values for the postnatal skeleton given in that document and summarises the information on which those values were based. The reader is referred to *Publication 70* for a more detailed discussion and a complete listing of original references.

9.2. Anatomical data

9.2.1. Definition of the skeleton

(404) The skeletal system as defined here includes bone, bone marrow, periosteum, all cartilage of the body, teeth, and the blood vessels contained in those tissues. Periarticular tissue, a heavy, thick, connective tissue situated around joints such as knee and hip, is difficult to remove completely from dissected bones and was included, in part, in the skeleton in the ICRP's earlier Reference Man document, *Publication 23* (ICRP, 1975a). Periarticular tissue is not included in the revised reference skeleton described here.

9.2.2. Bone as a tissue

(405) Bone consists largely of an organic matrix impregnated with inorganic salts and permeated by a complex cellular network (Fig. 9.1). The matrix of bone is composed of various proteins, carbohydrates, lipids, and other substances, but the bulk of the organic material is made up of a protein called collagen. The inorganic matter of bone consists mainly of submicroscopic deposits of forms of calcium phosphate.

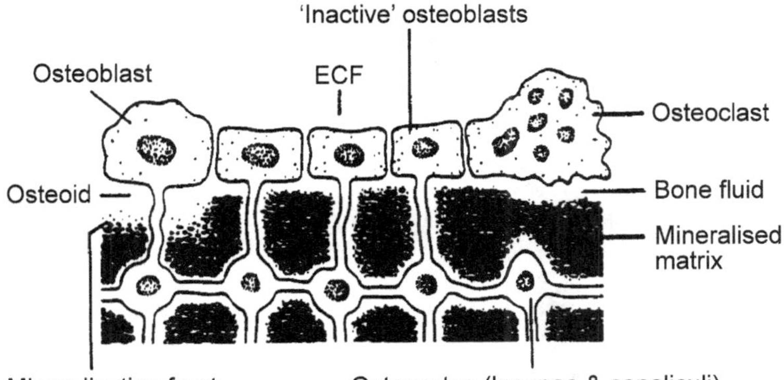

Fig. 9.1. Schematic representation of the lacunar–canalicular system of bone as it opens into the cellular space on the bone surface. From Jaworski (1976). Reprinted with permission from Proceedings of the first workshop on Bone Morphometry (1976). © Univ. of Ottawa Press, ON, Canada

(406) In bone formation, bone-forming cells (osteoblasts) synthesise the organic matrix, and this pre-osseous tissue (osteoid) then undergoes mineralisation. This results in a hard, durable structure but not a permanent one. Throughout life, there is a continual modification (remodelling) of bone by bone-resorbing cells, called osteoclasts, and osteoblasts to maintain the mechanical competence of the structure and to accommodate conditioning forces that are applied through locomotion, lifting, and the maintenance of posture. Bone remodelling may also serve a role in calcium homeostasis.

(407) Two main types of bone structure can be distinguished by differences in hardness, porosity, and soft tissue content; compact (cortical) bone and trabecular (cancellous, spongy) bone (Fig. 9.2). Compact bone is the hard, dense bone that forms the outer wall of all bones, but the bulk of compact bone is found in the shafts of the long bones. Trabecular bone is a soft, spongy bone composed of a latticework of fragile appearance and located at the interior of flat bones and the ends of long bones. Trabecular bone has a much higher porosity or soft tissue content (consisting mainly of bone marrow) and consequently a much lower fractional volume than compact bone. The fractional volume refers to the proportion of volume remaining within external surfaces of bone after subtraction of volumes of all holes normally occupied by organic material. Not all bone tissue is easily classified as either compact or trabecular, since there is often a zone between the two bone types that is intermediate in porosity and surface:volume ratio.

(408) The dominant microscopic structure of compact bone is the haversian system or osteon. The typical osteon is a cylinder running parallel to the long axis of bone and is about 200 μm in diameter, but there is considerable variation in the shape, direction, and size of these structures. Within the osteon is a central canal about 40 μm in diameter, containing blood vessels, lymphatics, nerves, and connective tissue.

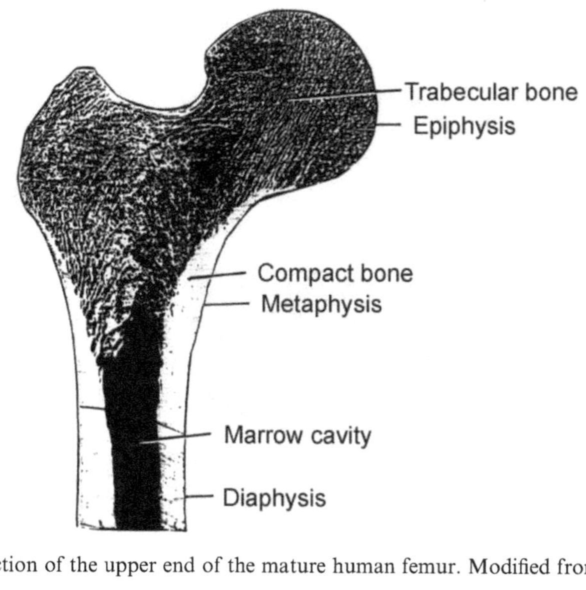

Fig. 9.2. A section of the upper end of the mature human femur. Modified from Moss (1966).

The walls of the osteon consist of concentric lamellae (layered bone) about 7 μm thick. Between the haversian systems of compact bone are irregularly shaped systems of lamellar bone, called interstitial systems, separated from the haversian systems by thin lines of dense connective tissue called cement lines.

(409) Haversian canals are connected with one another and communicate with the bone marrow and exterior surfaces of bone via supporting channels called Volkmann's canals. Volkmann's canals are typically oblique or transverse and are structurally distinct from haversian canals in that they are not surrounded by concentrically arranged lamellae but traverse the lamellae around haversian systems. The haversian systems, together with Volkmann's canals, serve to supply nutrients to the canalicular network, which in turn carries the nutrients to the cells in the interior of compact bone.

(410) Cancellous bone has relatively few haversian systems and usually consists primarily of angular pieces of lamellar bone. The bone cells are generally nourished by diffusion from the endosteal surface via minute canaliculi that interconnect the lacunae and extend to the surface.

(411) Bones are normally covered in a fibrous sheath, called the periosteum. The periosteum consists of a variably thick layer of fibrous connective tissue and, during growth, a thin inner layer of bone-forming cells called osteoblasts. In the adult, these cells revert to a resting form. The periosteum is penetrated by blood vessels that communicate with Volkmann's canals, which in turn communicate with vessels of the haversian canals. The periosteum is abundantly supplied with nerves. Muscle tendons and ligaments may attach directly into the compact outer surface of a bone, or they may blend with outer layers of the periosteum. The numerous small blood vessels penetrating the periosteum may help keep the periosteum attached to the underlying bone. In addition, there are coarse bundles of collagenous fibres, called Sharpey's fibres or perforating fibres, that turn inwards from the outer layer of the periosteum and penetrate the outer circumferential lamellae and interstitial systems of the bone.

(412) The endosteum is a layer of cells lining the walls of all cavities in bone that house the bone marrow. The endosteum resembles the periosteum in its bone-forming potential but is much thinner, usually being composed of a single layer of cells without associated connective tissue fibres. All cavities of bone, including the haversian canals and the marrow spaces within trabecular bone, are lined by endosteum.

(413) In the adult human, the typical long bone is composed of a central cylindrical shaft called a diaphysis; two roughly spherical, terminal articular regions, called epiphyses; and two intermediate cone-like regions, called metaphyses, that connect the shaft and articular ends (Fig. 9.2). In growing children, the epiphysis is separated from the diaphysis by a cartilaginous epiphyseal plate, which is united to the diaphysis by columns of trabecular bone in the metaphysis.

(414) The flat bones of the skull generally lack a central marrow cavity but consist of two plates of compact bone with an intervening trabecular region, called the diploë. The outer surfaces of both plates are covered with a periosteum, and the diploic space is lined with an endosteum. In the case of the bones of the skull vault, the outer surface is lined by a connective tissue covering called the pericranium and the inner surface is lined by the dura mater of the brain. These linings do not differ greatly in structure or function from the periosteum and endosteum of long bones.

9.2.3. Fresh mass of the skeleton

Adults

(415) Fresh masses of dissected skeletons have been reported for more than 40 male subjects and more than 30 female subjects, excluding emaciated or extremely old subjects [see Tables 1 and 2 of *Publication 70* (ICRP, 1995a)]. It appears that reported skeletal masses usually include articular cartilage but exclude most other cartilage. Due to difficulties in removal of all adherent soft tissues, however, the underestimate due to the exclusion of cartilage may be partially offset by inclusion of other extraneous material in the dissected skeletons.

(416) Based on reported data for dissected skeletons, skeletal mass as a percentage of adipose-free total body mass appears to be reasonably constant, averaging about 20% for adult male subjects and about 21% for adult female subjects. The skeleton of a 176-cm-tall adult male weighing 73 kg typically represents about 14.5% of total body mass (~10.5 kg), and that of a 60-kg, 163-cm-tall adult female typically represents about 13% of total body mass (~7.8 kg).

Pre-adults

(417) Results of a modern study involving 40 subjects indicate that the skeleton of the newborn represents 11.3% of total body mass as an average, while several older studies involving one subject each yielded values of 16–18% [see Table 4 of *Publication 70* (ICRP, 1995a)]. Reported values appear to include variable amounts of soft or semi-soft tissues that are difficult to remove from the developing skeleton, and thus are expected to overestimate the actual mass of the skeleton.

(418) Data for older infants, children, and adolescents are sparse and widely scattered, and some of the subjects may have died of wasting diseases. Therefore, these data are of little value with regard to selection of reference skeletal mass.

(419) As a reference value, the mass of the skeleton at birth is assumed to represent 10.5% of the total body mass. Reference values for skeletal mass at ages 1, 5, 10, and 15 years are indirect estimates based on consideration of estimates of the mass of skeletal components and reported age-specific mass of the 'dry' or 'dry, fat-free' skeleton [data tabulated in *Publication 70* (ICRP, 1995a)]. Reference values for adults are based on estimates given earlier that the skeleton typically represents about 14.5% of total body mass in adult males and 13% in adult females.

Reference values for mass of the skeleton

	Mass (g)	
Age	Male	Female
Newborn	370	370
1 year	1170	1170
5 years	2430	2430
10 years	4500	4500
15 years	7950	7180
Adult	10 500	7800

9.2.4. Fresh masses of individual bones

(420) Reported fresh masses of individual bones including bone marrow were determined for 20 adult Russian subjects of normal build and for up to 40 Russian newborns (Table 9.1). With regard to the percentage of total fresh skeletal mass contributed by the various bones, no substantial differences with gender are evident. There are, however, considerable differences between newborns and adults. The most striking difference is in the relative mass of the skull, which accounts for 32% of the skeletal mass in newborns but only about 12% in adults. Bones of the trunk have similar relative masses in adults and newborns, while bones of the limbs are relatively smaller in newborns.

(421) Fresh masses of individual bones, exclusive of bone marrow, have also been determined for adult Russian subjects, adult Japanese subjects, and newborn infants or third-trimester fetuses (Table 9.2). In the fetus and infant, the bones of the head represent more than 40% of the marrow-free skeleton, compared with 14–20% in adults. The trunk represents fairly similar proportions of the mineralised skeleton in the fetus and infant. The limbs represent nearly two-thirds of the mineralised skeleton in adults but only one-third in the fetus and newborn.

9.2.5. Mass of the dry skeleton

(422) Masses of so-called 'dry' or 'dry, fat-free' human skeletons provide useful information on differences with race, age, and gender in the mass of the skeleton. It

Table 9.1. Percentage of total fresh skeletal mass contributed by various bones, including bone marrow (Borisov, 1973; Borisov and Marei, 1974)

Bone	Male	Female	Newborn
Head			
Skull	11.8±1.6	11.9±0.8	32.1
Mandible	1.2±0.2	1.2±0.2	1.6
Trunk			
Vertebrae and sacrum	19.0±1.6	20.4±1.5	21.4
Ribs	7.0±0.4	5.6±0.4	5.0
Sternum	1.2±0.2	1.2±0.2	
Limbs			
Femora	15.3±1.5	15.9±0.7	9.5
Tibiae and fibulae	11.3±1.4	11.9±0.7	6.0
Pelvic bones	10.6±0.8	10.5±1.0	6.4
Feet	6.3±0.7	6.8±0.5	4.5
Humeri	5.3±0.5	4.7±0.4	4.5
Radii and ulnae	3.6±0.6	3.2±0.3	2.5
Scapulae	3.6±0.2	2.9±0.2	2.7
Hands	2.3±0.3	2.4±0.5	3.4
Clavicles	0.8±0.1	0.7±0.1	0.5
Patellae	0.7±0.1	0.6±0.1	

Table 9.2. Percentage of total fresh skeletal mass contributed by various bones (mineralised tissue only)

Bone	Adult male		Adult female		Newborn[c]
	Russian subjects[a]	Japanese subjects[b]	Russian subjects[a]	Japanese subjects[b]	
Head	14.3	16.5	15.9	19.8	42.5±3.1
Skull	12.4±1.4		14.4±2.4		39.9±3.1
Mandible	1.9±0.3		1.5±0.3		2.6±0.2
Trunk	19.4	18.9	20.3	18.6	23.4±2.0
Vertebrae	9.4±1.3	9.1	10.5±2.0	9.0	
Sacrum	2.0±0.3	2.0	2.7±0.5	1.9	
Ribs	7.4±1.4	7.3	6.4±0.7	7.2	
Sternum	0.6±0.1	0.5	0.7±0.3	0.5	
Limbs	66.4	64.6	64.1	61.7	34.1±2.4
Femora	18.5±1.2	18.6	18.6±1.0	17.8	
Tibiae	10.9±1.3	10.5	9.8±1.2	10.1	
Fibulae	2.3±0.4	2.5	2.2±0.4	2.4	
Pelvic bones	8.8±1.2	8.4	10.3±0.8	8.8	4.9±0.4
Feet	6.4±0.4	5.5	6.3±1.6	5.2	
Humeri	7.1±0.4	6.8	6.1±0.4	5.9	
Radii	2.2±0.2	2.1	1.8±0.2	1.9	
Ulnae	2.8±0.3	2.7	2.2±0.2	2.4	
Hands	2.5±0.4	2.5	2.5±0.3	2.3	
Patellae	0.6±0.1	0.7	0.7±0.1	0.7	
Scapulae	3.2±0.3	3.1	2.7±0.3	3.0	
Clavicles	1.1±0.1	1.2	0.9±0.1	1.2	
Scapulae plus clavicles					3.6±0.2

[a] Data of Mechanik (1926) for Russian subjects (six males and seven females), as reduced by Bigler and Woodard (1976).

[b] Data of Tanaka et al. (1981), based on a collection of individual bones from a large number of modern-day Japanese subjects.

[c] Data of Hudson (1965). Includes fetuses in third trimester.

appears from such data that skeletal masses are greater in black subjects than white subjects of the same gender after about age 3 years. Interpretation of the data is complicated by the small numbers of skeletons considered, the dissimilar age distributions of the subjects, and the fact that the extent of drying and defatting of bones varies from one study to another.

(423) Relative masses of dry or dry, fat-free bones or of various skeletal divisions (e.g. skull, upper limbs, lower limbs) are discussed and tabulated in *Publication 70* (ICRP, 1995a). The skull contributes over 40% of the total mass of the dry skeleton of the infant and young child, but only about 20% in adults. This difference is largely balanced by the percentage contribution of the lower limbs, which increases from about 20% in the infant to more than 40% in the adolescent and adult. Slight decreases with age in the relative contribution of the vertebral column, ribs, and sternum are nearly balanced by increases with age in the contribution of the upper limbs. These patterns are similar in white males, white females, black males, and black females.

9.2.6. Relative amounts of compact and trabecular bone

(424) Measured fractions of compact and trabecular bone, within individual bones, are given in Table 9.3. Typically, 75–85% of the total bone mass in adults is compact bone and the remainder is trabecular bone in the human or canine skeleton. The percentage of trabecular bone is usually higher in the axial than in the appendicular skeleton. In long bones, the proportion of trabecular bone is generally relatively high in the metaphyses and relatively low in the diaphyses.

Reference values for division of bone mass in adult male or female

Compact bone	**80%**
Trabecular bone	**20%**

9.2.7. Surface:volume ratios for compact and trabecular bone

(425) Each bone has four surfaces: periosteal, haversian (intracortical), cortical-endosteal (inner cortical), and trabecular endosteal, with the last three being in continuity. The periosteal envelope (an envelope is a surface that divides space into an inside and an outside) encloses all tissues of a single bone. The endosteal envelope, which is subdivided into trabecular, inner cortical, and haversian surfaces, encloses all of the soft tissues within the bone except osteocytes and their processes.

Table 9.3. Cortical and trabecular portions of different bones as percentages of bone tissue mass

	Johnson (1964)		Spiers and Beddoe (1983)	
Bone	Cortical	Trabecular	Cortical	Trabecular
Femur	67	33	77	23
Tibia	74	26	83	17
Humerus	80	20	90	10
Radius	84	16	87	13
Ulna	87	13	87	13
Fibula	76	24	89	11
Vertebral column				
Cervical	25	75		
Thoracic	25	75		
Lumbar	34	66		
Sacrum	75	25		
Innominates	90	10		
Skull	95	5		
Hands	95	5		
Feet	95	5		
Chest cage (clavicle, sternum, scapula, ribs)	94	6		

Thus, bone tissue lies inside the periosteal envelope and outside the endosteal envelope. The total volume of bone tissue (absolute bone volume) is the volume of the skeleton minus the volume of soft tissues within the endosteal envelope. According to this definition, absolute bone volume includes the volume of the lacunar–canalicular system.

(426) The volume of cortical bone in a typical adult male is estimated as 2130 cm^3 and that of trabecular bone as 580 cm^3, giving a total volume of 2710 cm^3 for all bone tissue. The volumes of cortical and trabecular bone are calculated from the following estimates given in this chapter and/or *Publication 70* (ICRP, 1995a): (1) the ash contents of hydrated cortical and trabecular bone are 1.18 g/cm^3 and 1.08 g/cm^3, respectively; (2) calcium represents 37.5% of bone ash by mass; (3) the calcium content of the skeleton of a typical adult male weighing 73 kg and standing 176 cm tall is 1180 g; and (4) 80% of the calcium in the skeleton is in cortical bone and 20% is in trabecular bone.

(427) Measurements of the surface:volume ratio of compact bone in the adult human are generally in the range 2–4 mm^2/mm^3 and average about 3 mm^2/mm^3 (30 cm^2/cm^3) [see Table 11 of *Publication 70* (ICRP, 1995a)]. Based on a cortical volume of 2130 cm^3, the surface area of all cortical bone in a typical adult male would be about 30×2130 cm^2 or about 6.5 m^2.

(428) Most reported measurements of the surface:volume ratio in trabecular bone are in the range of 14–24 mm^2/mm^3. An exception is parietal trabecular bone, whose surface:volume ratio appears to be roughly three-fold smaller than that of other trabecular bone [see Table 12 of *Publication 70* (ICRP, 1995a)]. A value of 18 mm^2/mm^3 (180 cm^2/cm^3) may be a reasonable estimate of the mean surface:volume ratio of all trabecular bone of adults. This yields an estimate of 180×580 cm^2 or about 10.5 m^2 for the surface area of all trabecular bone, and a total surface area of about 17 m^2 for all bone tissue of an adult male with 1180 g of skeletal calcium.

(429) Measurements indicate that the surface:volume ratio may not vary substantially with age for most bones. An exception is the parietal bone, where thicker trabeculae and smaller cavities in children may give rise to a smaller ratio for children than for adults.

Reference values for volume and surface area of bone in the adult male

Volume of bone tissue (i.e. inside the periosteal envelope and outside the endosteal envelope)	
All bone tissue	**2710 cm^3**
Cortical bone	**2130 cm^3**
Trabecular bone	**580 cm^3**
Surface:volume ratio	
Cortical bone	**3 mm^2/mm^3 (30 cm^2/cm^3)**
Trabecular bone	**18 mm^2/mm^3 (180 cm^2/cm^3)**
Total surface area	
All bone	**17 m^2**
Cortical bone	**6.5 m^2**
Trabecular bone	**10.5 m^2**

9.2.8. Age- and gender-related changes in characteristics of compact bone

(430) The vascularity and porosity of compact bone change continually throughout life. In early development of the skeleton, compact bone is highly vascular and has numerous resorption cavities and developing osteons, and a large portion of the bone surface shows formation and destruction. In contrast, the compact bone of a young adult has a more uniform appearance and is relatively inert in terms of formation and destruction. By the fifth decade, compact bone begins to become more porous due to an increasing number of incompletely developed osteons and increased resorption of bone. In the midshaft of the femur, the total volume represented by haversian canals may increase by more than 100% in males and more than 50% in females from the sixth to the ninth decade of life. Compact bone tissue in the endosteal region may be replaced by trabecular bone or removed completely in older persons.

9.2.9. Age- and gender-related changes in characteristics of trabecular bone

(431) The structure of trabecular bone also undergoes continual changes throughout life. During growth, there are rapid changes in trabeculae, particularly in the ends of long bones, where growth in the length of bone requires removal of some trabeculae and compaction of others to form a whorled arrangement of new cortical bone. Even after bone growth has slowed or ceased, there are changes in the pattern and arrangement of trabecular bone in response to changes in tension and compression on the bone. After the skeleton has matured, there is a continual net loss in trabecular bone mass, amounting to 25–45% of the peak trabecular mass in normal humans.

(432) In at least some bones, there is a fairly rapid decrease in trabecular bone volume in the first few months of life, and a continual but slower decrease thereafter. Conversely, there is a rapid increase in the size of trabecular cavities during infancy and a continued but more gradual increase during childhood. There also appears to be some increase in the size of trabeculae during infancy and childhood.

9.2.10. Bone density

(433) Bone density is the mass of bone per unit volume, but there are several ways to view the volume to which mass is referred. For example, bone density may refer to: (1) the volume of mineralised bone tissue excluding voids associated with lacunae and canaliculi; (2) that volume including those voids; (3) mineralised bone with voids plus associated soft tissue (either bone marrow or contents of haversian canals); or (4) the whole bone. In practice, voids associated with lacunae and canaliculi are generally included in the volume referent. Some variation arises in reported bone densities because the density depends on the treatment of a bone sample (e.g. soaking, drying, defatting) before measurement. Reported values for the density of fresh bone with associated soft tissues vary substantially, depending on the amount of bone marrow and other soft tissues present.

(434) The density of the whole fresh adult skeleton is approximately 1.3 g/cm^3. Dry, mineralised collagenous bone matrix has a density of about 2.3 g/cm^3. The density of fresh bone, free of marrow, is typically 1.9–2.0 g/cm^3 in the adult. The density of fresh cortical bone may be slightly greater than that of fresh trabecular bone. The density of trabecular bone with marrow is typically of the order of 1.1 (0.8–1.4) g/cm^3.

(435) The density of hydrated bone tissue increases with age from birth to adulthood. In the newborn, the specific gravity of hydrated cortical bone tissue is in the range of 1.5–1.8 g/cm^3 and may average about 1.65 g/cm^3. Depending on the bone and the measurement site within that bone, the hydrated density of bone may rise by 5–25% or more from early childhood to early adulthood, and may continue to rise gradually to about age 40 years.

(436) The function:

$$CD(A) = -0.000156A^2 + 0.0125A + 1.65, A \leq 40 \text{ years}$$

where A is age in years and $CD(A)$ is cortical density in g/cm^3, may provide a reasonable estimate of the increase with age, from birth through the fourth decade of life, in the average density of human cortical bone. In the fifth or sixth decade, a decline in the hydrated density of bone begins that may be drastic in some regions of some bones.

Reference values for density of skeletal components

	Density (g/cm^3)
Whole skeleton, adults	1.3
Dry, mineralised collagenous bone matrix, adults	2.3
Hydrated cortical bone	
Newborn	1.65
1 year	1.66
5 years	1.70
10 years	1.75
15 years	1.80
Adult	1.90

9.2.11. Composition of bone and bones

Organic and inorganic components of bone tissue

(437) The interstitial substance of bone has two major components; an organic matrix and inorganic salts. In bone formation, bone-forming cells (osteoblasts) synthesise an organic matrix (osteoid), and this pre-osseous tissue then undergoes mineralisation. The matrix of bone contains various proteins, carbohydrates, lipids, and other substances, but the bulk of the organic material is made up of a protein called collagen. Immature bone contains relatively less mineral and relatively more organic material than does mature bone.

(438) The inorganic matter of bone consists mainly of submicroscopic deposits of forms of calcium phosphate. Bone mineral may represent a wide array of intermediates seen in the transition of solution Ca^{2+} and P_i to solid-phase hydroxyapatite [$Ca_{10}(PO_4)_6(OH)_2$], with younger or more recently calcified structures predominating in dicalcium phosphate dihydrate [$Ca(HPO_4)\cdot 2H_2O$], amorphous calcium phosphate [$Ca_9(PO_4)_6$(var.)], and possibly octacalcium phosphate [$Ca_4H(PO_4)_3$], and more mature structures being predominantly hydroxyapatite.

(439) Reported percentage masses of calcium and phosphorus in bone ash are remarkably consistent [see Table 24 of *Publication 70* (ICRP, 1995a)], usually being slightly less than the theoretical values for hydroxyapatite.

Reference values for percentage masses of calcium and phosphorus in bone ash

	Ash content (% by mass)	
Age	Ca	P
Newborn	36.5	18
1 year	36.5	18
5 years	37	17.5
10 years	37	17.5
15 years	37	17.5
Adult	37.5	16.5

(440) In addition to calcium, bone ash contains small amounts of sodium, magnesium, and other cations. Other than phosphate, the main anions of bone ash are carbonate and citrate, and there are small amounts of chloride and fluoride.

Water, fat, protein, and ash contents of bones and the whole skeleton

(441) Reported water, fat, protein, and ash contents of bones or the entire skeleton are highly variable [see Tables 25 and 26 and Fig. 16 of *Publication 70* (ICRP, 1995a)], probably due largely to differences in tissue preparation. The ash content of cortical bone may increase by about 5–7% from early childhood to early adulthood. The protein content of cortical bone does not appear to change with age.

(442) It appears that half or more of the skeleton of the fetus and infant, but a third or less of the adult skeleton, is water. The proportion of water in the femur shaft falls during development from about 35% in the fetus at 14 weeks gestation to about 12% in an adult. In the epiphyses of the femur, the water content falls from about 80–85% in the fetus to about 50% by age 11–12 years. The water content of compact bone as a percentage of wet mass may be about 15–20% at age 5 years and may gradually decrease by roughly one-third over the next 10–15 years.

(443) There is little fat in the skeleton in early life, but the fat content increases substantially during maturation, largely because of the replacement of active bone marrow by fat. By early adulthood, all marrow in shafts of long bones and part of that in the trabeculae is essentially inactive, fatty marrow. In adults, fat may represent as much as 20–25% of the mass of the skeleton.

(444) The ash content of the skeleton increases substantially from birth to adulthood, representing less than 20% of total skeletal mass in the infant and an estimated 27–31% in young or middle-aged adults, based on direct measurements as well as theoretical values derived from the calcium content of the skeleton. A lower ash content is expected for elderly persons, because the rate of loss of bone tissue at higher ages is expected to be greater than the rate of reduction in total skeletal mass.

(445) Indirect estimates of the ash content of the skeleton can also be made for children, based on gender- and age-specific estimates of total body calcium given later. The following reference values are based on consideration of both direct measurements and indirect estimates. The assumption is made that the ash content of the skeleton is independent of gender.

Reference values for ash content of the skeleton

Age	Ash (% by mass)
Newborn	20
1 year	23
5 years	24
10 years	24
15 years	26
Adult	29

Changes with age in the elemental content of bone and bones

(446) Calcium typically represents about 24% of the mass of dry, fat-free bones. Smaller values are found for whole long bones from infants and children, due in part to a low calcium:ash ratio for the epiphyses. Also, during the suckling period, there is a fall in the degree of calcification of the cancellous bone of the metaphyses. The mass percentage of calcium in whole bones and bone parts, including bone tissue, increases substantially from infancy to adulthood as the water content falls.

Reference values for the calcium content of bone

Age	Ca (% by mass)
Newborn	16.5
1 year	17
5 years	19
10 years	20
15 years	20.5
Adult	21.5

(447) The ratio calcium:phosphorus appears to be fairly constant after early gestation, except in the epiphyses, where this ratio decreases continually throughout the growth period. The ratio calcium:nitrogen probably increases until birth, decreases with demineralisation of the skeleton during the suckling period, and then increases again until the skeleton is mature.

The calcium accretion rate during growth

(448) The calcium content of the total body (TBCa) or of the skeleton, which contains about 99% of the body's calcium, has been measured by chemical analysis in several cadavers. Also, numerous external measurements of TBCa in living subjects, mainly adults, are available. Based on these two sources of information, the total mass of skeletal calcium is estimated as 1180 g in a healthy 35-year-old male weighing 73 kg and standing 176 cm tall, and 860 g in a healthy 35-year-old female weighing 60 kg and standing 163 cm tall.

(449) TBCa in the newborn is about 0.8% of total body mass. There is little direct information on TBCa for the period between infancy and adulthood. Balance considerations, radiomorphometry, and chemical analysis of bones indicate that there is a kind of 'osteoporosis' or decalcification of the skeleton during the first year or more of life that could result in a slight, temporary decline of TBCa as a fraction of total body mass, particularly in children receiving human milk.

(450) The following reference values for the calcium content of the infant and adult skeletons were based on direct measurements summarised in *Publication 70* (ICRP, 1995a). Reference values for young children and adolescents were based on consideration of several different calcium-accretion models described in *Publication 70*, but rely most heavily on the 'height–age' model described in that document. The mass of total body calcium is assumed to be independent of gender from birth to age 10 years.

Reference values for skeletal calcium

	Mass (g)	
Age	**Male**	**Female**
Newborn	**28**	**28**
1 year	**100**	**100**
5 years	**240**	**240**
10 years	**460**	**460**
15 years	**830**	**760**
Adult	**1180**	**860**

(451) Reference values for the mass of bone tissue are based on the above reference values for skeletal calcium, together with reference values given earlier for the calcium content of wet bone.

Reference values for the mass of bone tissue

	Mass (g)	
Age	**Male**	**Female**
Newborn	**170**	**170**
1 year	**590**	**590**
5 years	**1260**	**1260**
10 years	**2300**	**2300**
15 years	**4050**	**3700**
Adult	**5500**	**4000**

9.2.12. Cartilage

Structure and function of cartilage

(452) Cartilage is a pliable, resistant, dense connective tissue composed largely of collagen and non-collagenous proteins. It acts as a shock absorber and as a bearing surface that allows bones to move smoothly against one another while supporting great mass. It also serves to protect some tubular organs and makes possible the growth in length of bones. Most of the axial and appendicular skeleton is first formed as cartilage but is later replaced by bone.

(453) Cartilage consists of cells, called chondrocytes, embedded in a gel-like matrix. Unlike other connective tissues, cartilage has no blood vessels and no nerves. While bone cells must be near a vascular space because of the impermeability of bone, cartilage cells receive nutrients via a permeable matrix that is in direct contact with extracellular fluid.

(454) Three types of cartilage, called hyaline, elastic, and fibro cartilage, are distinguishable by the amount of gel-like matrix and the relative abundance of the collagenous and elastic fibres embedded in this matrix. Hyaline cartilage, the most abundant type, is found on the ventral ends of the ribs, in the tracheal rings and larynx, and on the joint surfaces of bones. Elastic cartilage is found primarily in the external ear, the walls of the external auditory and eustachian tubes, and the epiglottis. Fibro cartilage is associated with the intervertebral discs, certain articular cartilages, the symphysis pubis, the ligaments of joints, and sites of attachment of certain tendons to bones. In this document, all cartilage, including nasal cartilage and the auricle of the ear, is considered as part of the skeleton.

Amount of cartilage in the body

(455) At birth, cartilaginous tissue represents roughly one-third of the skeletal mass and 4% of total body mass. Based on limited information, the mass of cartilage in adults is estimated as 1.5% of total body mass. No direct information was found on the total mass of cartilage in the body between early infancy and adulthood. A model of the rate of change of the cartilage content of the skeleton between infancy and adulthood was based on consideration of qualitative changes with age in the composition of bones. The assumption was made that the decline in cartilage as percentage of skeletal mass during growth parallels the decline in the water content of the skeleton [see Tables 25 and 26 of *Publication 70* (ICRP, 1995a)].

Reference values for the mass of cartilage

	Mass (g)	
Age	**Male**	**Female**
Newborn	130	130
1 year	360	360
5 years	600	600
10 years	820	820
15 years	1140	920
Adult	1100	900

Other properties of cartilage

(456) The ash content of dry cartilage tissue is roughly 4%. The specific gravity of fresh cartilage is about 1.1.

9.2.13. Bone marrow

Structure and functions of bone marrow

(457) Bone marrow is a soft, highly cellular tissue that occupies the cylindrical cavities of long bones and the cavities within the trabecular bone of the vertebrae, ribs, sternum, and the flat bones of the cranium and pelvis. Total bone marrow consists of a sponge-like, reticular, connective tissue framework called stroma; myeloid (blood-cell-forming) tissue; fat cells; small accumulations of lymphatic tissue; and numerous blood vessels and sinusoids.

(458) There are two types of bone marrow; red and yellow. Red marrow is haemopoietically active and gets its colour from the large numbers of erythrocytes (red blood cells) being produced. Yellow marrow gets its colour from fat cells, which occupy most of the space within the stroma of the yellow bone marrow, although a few primitive blood cells also occur.

(459) In addition to erythrocytes, red marrow produces all granulocytes and monocytes (two types of white blood cells), platelets (subcellular structures involved in coagulation of the blood), and a substantial portion of lymphocytes (another type of white blood cell). Yellow marrow does not produce blood cells but may be converted to red marrow in response to unusual demands for blood cells.

Number of bone marrow cells

(460) The total number of bone marrow cells has not been determined with much precision but is estimated to be of the order of 10^8 cells at gestational age 13 weeks, 10^9 at 22 weeks, and 2×10^{10} at birth. The following estimates have been made for the numbers of the erythrocytic series in the adult human as a function of body mass:

Nucleated erythrocytes:	5×10^9/kg body mass
Marrow reticulocytes:	5×10^9/kg
Circulating reticulocytes:	3.3×10^9/kg
Circulating erythrocytes:	3.3×10^{11}/kg

(461) Typically, there may be about three non-erythroid cells to one erythroid cell in marrow. Thus, there may be about 2×10^{10} nucleated marrow cells per kg body mass in the adult. Changes with age in differential counts of major cell lineages are discussed in *Publication 70* (ICRP, 1995a).

Distributions and masses of active, inactive, and total bone marrow

(462) During prenatal life, all of the bone marrow is red except shortly before birth, when small amounts of fat may appear. Thus, for the fetus and newborn, the mass of total bone marrow and that of red marrow are essentially the same.

(463) In the infant, all bones contain dark red, haemopoietically active marrow. During childhood, a transformation of haemopoietically active red marrow to relatively inactive yellow marrow begins. This transformation occurs at different rates in different bones, but by early adulthood, essentially all marrow in shafts of long bones as well as part of the marrow in the trabeculae is inactive.

(464) In the near-term fetus and newborn, the total bone marrow represents 1.2–1.5% of total body mass, with about 30% of the bone marrow residing in the skull, 20–25% in the trunk, and 45–50% in the limbs. The percentage of total body mass represented by active marrow may not change greatly during the maturation process, although the distribution of active marrow changes substantially (Table 9.4). By early adulthood, active marrow is located primarily in the ribs, vertebrae, and os coxae, with the skull containing only about 8% and the limbs only about 10% of the total active marrow. The age-specific distribution of active marrow indicated in Table 9.4 is based on a collection of quantitative and qualitative age-specific marrow

Table 9.4. Active marrow in a given bone expressed as a percentage of active marrow in the body (Cristy, 1981)

	Percentage of active marrow at various ages (years)						
Bone	0	1	5	10	15	25	40
Cranium	27.0	25.1	15.9	11.6	9.2	7.7	7.6
Mandible	2.5	2.4	1.6	1.1	0.9	0.8	0.8
Scapulae	2.7	2.7	2.7	2.9	3.3	2.9	2.8
Clavicles	0.8	0.8	0.9	0.9	1.0	0.8	0.8
Sternum	0	0.8	1.7	2.1	2.7	3.0	3.1
Ribs	9.2	8.9	8.8	10.9	13.6	15.2	16.1
Cervical vertebrae	3.4	2.8	2.2	2.7	3.3	3.7	3.9
Thoracic vertebrae	8.3	8.4	8.9	10.9	13.7	15.3	16.1
Lumbar vertebrae	2.4	4.3	6.8	8.4	10.5	11.7	12.3
Sacrum	0.1	2.4	5.5	6.7	8.4	9.4	9.9
Os coxae	9.2	11.1	13.1	15.6	18.5	19.5	17.5
Femora, upper half	3.7	4.1	6.8	9.4	9.2	7.4	6.7
Femora, lower half	3.7	3.9	6.3	6.1	2.0	0	0
Tibiae, fibiae, patellae	8.0	8.7	9.0	5.5	0	0	0
Ankle and foot bones	8.3	4.7	2.5	0	0	0	0
Humeri, upper half	2.3	2.4	2.4	2.5	3.1	2.5	2.3
Humeri, lower half	2.3	2.3	2.2	1.6	0.7	0	0
Ulnae and radii	2.5	2.5	2.0	1.1	0	0	0
Wrist and hand bones	3.6	1.9	0.9	0	0	0	0

cellularity data for specific bones, together with information on relative volumes of body regions at the indicated ages.

Reference values for masses of active and inactive bone marrow (g)

	Active		Inactive	
Age	**Male**	**Female**	**Male**	**Female**
Newborn	**50**	**50**	**0**	**0**
1 year	**150**	**150**	**20**	**20**
5 years	**340**	**340**	**160**	**160**
10 years	**630**	**630**	**630**	**630**
15 years	**1080**	**1000**	**1480**	**1380**
Adult	**1170**	**900**	**2480**	**1800**

9.2.14. Teeth

Tissues and composition of teeth

(465) All teeth consist of a crown projecting above the gum and one or more roots that occupy sockets on the bone of the maxilla or mandible. Incisors have a single root, lower molars have two roots, and upper molars have three roots. The hard portions of a tooth consist of dentine (or dentin), enamel, and cementum, which have specific gravities of approximately 3.0, 2.14, and 2.03, respectively. The bulk of the tooth consists of dentine. This tissue surrounds a central pulp chamber, which continues downwards into each root as a narrow canal that communicates with the periodontal membrane. In the region of the crown, the outer surface of the dentine is covered by a layer of enamel. The root is covered by a thin layer of cementum.

(466) The water content of enamel that can be removed by normal drying techniques is about 3% by mass, and that of dentine and cementum is about 10% by mass, but some firmly bound water is also present. The water content of pulp, which is a soft tissue, is much higher than that of the hard tissues.

(467) As much as 95.6% of the moist mass and 99.4% of the dry mass of enamel is inorganic material. Corresponding values for dentine are 71% and 80%, respectively. The principal inorganic constituents of both enamel and dentine are calcium, phosphorus, magnesium, and carbonate. The relative amounts of these substances vary with age and physiological state but for moist enamel are typically about 35%, 16.5%, 0.4%, and 2.5%, respectively, and in moist dentine are typically about 24%, 11.5%, 0.9%, and 3.0%, respectively. The inorganic material occurs as crystallites. The ionic lattice is an apatite pattern, perhaps hydroxyapatite with adsorbed carbonate ions in the surface.

(468) The organic matter of enamel is about 25% keratin, 5% insoluble collagen, 10% soluble collagen, 15% 'enamel protein', 25% peptides, and 20% citrate. Collagen may represent as much as 85–90% of the organic matter of dentine.

Primary teeth (or deciduous, temporary, or milk teeth)

(469) There are 20 primary teeth. Symmetric sets of four teeth (left upper, right upper, left lower, right lower) are often identified by capital letters A–E: A, central incisor; B, lateral incisor; C, canine; D, first molar; and E, second molar. The full primary dentition may be depicted as follows:

	Right	Left
Upper	E D C B A	A B C D E
Lower	E D C B A	A B C D E

(470) Eruption times of the deciduous teeth vary considerably from one person to another. The deciduous teeth typically begin to erupt at postnatal age 6–8 months and normally reach their full complement at age 6–8 years. The normal sequence of eruption is A B D C E, with lower teeth usually appearing slightly ahead of upper teeth. The roots of primary teeth usually continue to develop for 2 years after tooth eruption, and about 3 years after eruption, the roots begin to be resorbed due to pressure from underlying secondary teeth. When all of the root or roots of a tooth have been resorbed, the crown is shed and a secondary tooth takes its place. Primary teeth are typically shed in the order in which they erupt, with lower teeth being shed before upper teeth.

(471) The mass of the developing teeth is about 0.7–0.8 g at birth and about 3 g at age 30 weeks (Stack, 1964). At full maturity, the mass of the primary teeth is about 9–10 g.

Secondary teeth (permanent teeth)

(472) There are usually 32 secondary teeth. Symmetric sets of four teeth are often depicted by numbers 1–8: 1, central incisor; 2, lateral incisor; 3, canine; 4, first premolar; 5, second premolar; 6, first molar; 7, second molar; and 8, third molar or wisdom tooth. The full secondary dentition may be depicted as follows:

	Right	Left
Upper	8 7 6 5 4 3 2 1	1 2 3 4 5 6 7 8
Lower	8 7 6 5 4 3 2 1	1 2 3 4 5 6 7 8

(473) Teeth 1–5 replace primary teeth (1 replaces A, 2 replaces B, and so forth), but molar teeth, 6–8, do not succeed primary teeth. The normal order of eruption is 6, 1, 2, 3, 4, 5, 7, 8, with lower teeth usually erupting slightly ahead of upper teeth. The first molar (6) typically erupts at about 6 years of age. The wisdom teeth appear at about 18 years of age as an average, but their eruption age varies considerably. The permanent dentition (all 32 teeth) weighs about 45–50 g in moist condition.

Reference values for the mass of teeth, including developing teeth

	Mass (g)

Age	Male	Female
Newborn	0.7	0.7
1 year	5	5
5 years	15	15
10 years	30	30
15 years	45	35
Adult	50	40

9.2.15. Summary of masses of major skeletal components

Summary of reference values for masses of major skeletal components (g)

	Age (years)							
					15 years		Adult	
Component	Newborn	1 year	5 years	10 years	Male	Female	Male	Female
Bone	170	590	1260	2300	4050	3700	5500	4000
Active marrow	50	150	340	630	1080	1000	1170	900
Inactive marrow	0	20	160	630	1480	1380	2480	1800
Cartilage	130	360	600	820	1140	920	1100	900
Teeth	0.7	5	15	30	45	35	50	40
Miscellaneous	19.3	45	55	90	155	145	200	160
Skeletal Calcium	28	100	240	460	830	760	1180	860
Total skeleton[a]	370	1170	2430	4500	7950	7180	10 500	7800

[a] Sum of bone, active marrow, inactive marrow, cartilage, teeth, and miscellaneous. As defined in this document, the skeleton does not include periarticular tissue or blood but does include periosteum and blood vessels, both of which are included in 'miscellaneous'.

9.3. Physiological data

9.3.1. Bone remodelling

(474) In the following, bone remodelling refers to a process of bone turnover that replaces existing bone but changes the shape and total amount of bone very slowly or not at all. Bone modelling refers to local influences that alter the size and shape of growing bones. Bone growth refers to a process that increases the volume of bones.

(475) The remodelling process is carried out by certain cells on the bone surfaces, namely, osteoclasts, osteoblasts, and their precursors. Each surface is always in one of three functional states: forming, resorbing, or quiescent. Bone-resorbing surfaces are scalloped by Howship's lacunae containing osteoclasts and poorly characterised mononuclear cells. Bone-forming surfaces are covered by osteoid seams and osteoblasts.

(476) As a result of continual remodelling, bones of adults are composed of many small elements of bone made at different times. These elements are called bone

structural units (BSUs). The BSUs are held together by dense connective tissue (so-called 'cement' lines or surfaces).

(477) The characteristic structural unit of adult compact bone is the secondary osteon or haversian system (Fig. 9.3), which is a cylinder about 200 μm in diameter, running roughly parallel to the long axis of the bone, with a central canal about 40 μm in diameter. Within the canal run blood vessels, lymphatics, nerves, and connective tissue, all continuous with those of the bone marrow and the periosteum.

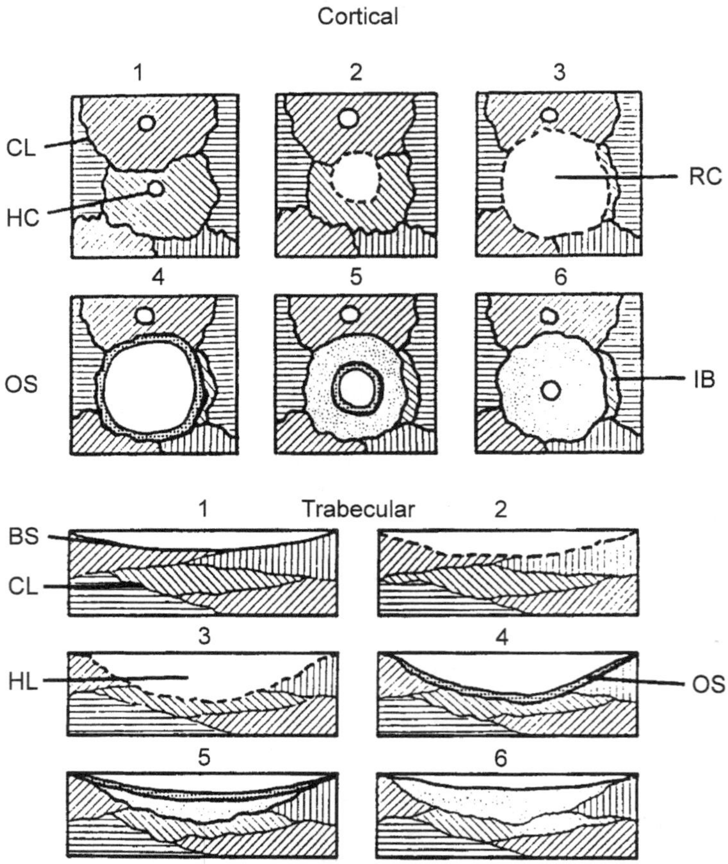

Fig. 9.3. Evolution of bone structural units (BSUs) in cortical and trabecular bone. The original BSUs (Stage 1) are demarcated by cement lines (CL). In cortical bone, the resorptive process (Stages 2 and 3) enlarges the haversian canal (HC) and in this illustration removes most of one and part of four other BSUs to form a resorption cavity (RC). In trabecular bone, the resorptive process erodes from the bone surface (BS) and in this illustration removes part of three BSUs to form a Howship's lacuna (HL). The formation process converts the resorption perimeter (dashed line) to a new cement line (Stage 4) within which an osteoid seam (OS) is laid down and the new BSU is progressively constructed (Stages 5 and 6). IB, interstitial bone. From Parfitt (1983) Reprinted with permission from *Bone Histomorphometry* (1983) © CRC Press, Boca Raton, FL.

The mean length of a human cortical BSU is about 2.5 mm and the mean volume is about 0.065 mm^3.

(478) In trabecular bone, the BSUs are flattened and lie roughly parallel to the plane of the trabecular plates (Fig. 9.3). The BSUs forming the trabecular surface are shaped somewhat like shallow segments of a cylinder of radius about 600 μm, with each segment being about 50 μm in depth at the centre and about 1 mm in length. The mean volume of a trabecular surface BSU is about 0.025 mm^3.

(479) Bone-remodelling rates have been estimated by a variety of indirect methods, such as analysis of the rate of turnover of radionuclide labels or of the rate of change with age in the number of osteons in compact bone. Remodelling rates of relatively small regions of the skeleton, primarily from the rib and ilium, have been studied more directly by tetracycline-based histological analysis.

(480) Estimates of bone remodelling based on turnover of bone-seeking radionuclides suggest potentially large variation in cortical remodelling rates in different parts of the skeleton. Most data suggest an average cortical remodelling rate of 2–4%/year during adulthood.

(481) Remodelling rates are less well established for trabecular bone than for compact bone. Estimates based on turnover of bone-seeking radionuclides are generally of the order of 10–25%/year for adult trabecular bone.

Table 9.5. Representative values for bone remodelling in the adult skeleton

Quantity	Cortical	Trabecular
Fractional volume (mm^3/mm^3)	0.95	0.20
Surface: volume ratio (mm^2/mm^3)	3	18
Total bone volume (mm^3)	2.1×10^6	0.6×10^6
Total tissue volume (mm^3)	2.2×10^6	3.0×10^6
Total internal surface (mm^2)	6.5×10^6	10.5×10^6
Total calcium (g)	944	236
Mineral apposition rate (μm/day)	1.0	0.75
Duration of formation (days)	94	67
Bone formation rate (mm^3/mm^3/year)	0.03	0.18
Bone turnover rate (%/year)	3	18
Total turnover (cm^3/day)	0.18	0.30
Total turnover (g Ca/day)	0.08	0.12
Resorbing surface		
Percent of total surface	3.0	6.0
Per unit bone volume (mm^2/mm^3)	0.09	1.0
Total (m^2)	0.20	0.63
Forming surface		
Percent of total surface	3.0	6.0
Per unit bone volume (mm^2/mm^3)	0.09	1.0
Total (m^2)	0.20	0.63
Inert surface		
Percent of total surface	96.4	92.8
Per unit bone volume (mm^2/mm^3)	2.85	16.2
Total (m^2)	6.27	9.74
Osteoid volume		
Percent of total volume	0.1	0.8
Total (cm^3)	2.2	4.8

(482) Typical values for bone remodelling and related processes in adult humans are summarised in Table 9.5. A value of 3%/year is estimated as the average rate of remodelling of compact bone in adult humans, based on histological data and estimates of the rate of turnover of radionuclides in adult humans. A value of 18%/year is estimated as the average rate of remodelling of trabecular bone in adult humans, based on histological data, estimates of the rate of turnover of radionuclides in adult humans, and the presumption that the amount of remodelling per unit area of bone surface is the same in trabecular as in compact bone. Remodelling rates vary substantially with age during adulthood; the indicated typical values for adults are estimated averages during adulthood.

Reference values for bone remodelling

	Rate (%/year)	
Age	**Cortical**	**Trabecular**
Newborn	**300**	**300**
1 year	**105**	**105**
5 years	**56**	**66**
10 years	**33**	**48**
15 years	**19**	**35**
Adult	**3**	**18**

9.3.2. Turnover times of bone marrow cells

(483) A small number of cells in the bone marrow, called stem cells, have the capacity for both self-duplication and differentiation. If their progeny are able to differentiate into several different types of mature blood cells, they are called pluripotential haemopoietic stem cells. The immediate progeny of pluripotent stem cells that retain the capacity for self-renewal but are able to differentiate only into a single end-cell type are called unipotential stem cells or committed stem cells.

(484) The pluripotent stem cell giving rise to all blood cells is designated the colony-forming unit or colony-forming unit-spleen. Some of the progeny of this cell lose their pluripotentiality and become irreversibly committed to production of erythrocytes. Studies of these unipotential progenitor cells in cultures have revealed two successive stages of stem cells, called the erythroid burst-forming units and erythroid colony-forming units. The colony-forming units also give rise to a progenitor stem cell committed to formation of granulocytes and monocytes, as well as the committed stem cell of thrombopoiesis (platelet production), called the colony-forming unit-megakaryocyte.

Erythropoiesis

(485) In normal persons, the red cells are produced exclusively within the red bone marrow. In the infant, all bone marrow actively produces these cells, but with maturation, the red marrow retreats from the extremities and in adults is found mainly in the vertebrae, ribs, pelvis, cranium, scapulae, sternum, and upper ends of the femora and humeri.

(486) In normal erythropoiesis, there is a clearly defined flow of cells from the primitive, common stem cell to the mature red cell in the blood. Upon entering the erythropoietic compartment, the stem cell rapidly assumes cytological characteristics of the differentiated line. As the cytological characteristics of the nucleus and cytoplasm change, the cells receive successively different names – pro-erythroblasts, large basophilic normoblasts (or erythroblasts), small basophilic normoblasts, polychromatophilic normoblasts, late non-dividing normoblasts, reticulocytes, and the erythrocyte. In the first four cells in this lineage, there is mitosis and deoxyribonucleic acid synthesis, but these phenomena are rarely if ever seen beyond the fourth cell level.

(487) The overall transit time from pro-erythroblast to reticulocyte has been estimated at about 72 h. The following maturation times may be typical of specific cells in this series:

Pro-erythroblast:	30 (20–40) h
Basophilic normoblast:	15 h
Polychromatophilic normoblasts:	11 h
Late non-dividing normoblasts:	16 h

(488) The time for marrow reticulocyte maturation is about 65 h. Active haemoglobin synthesis occurs during the first 1.5 days when the marrow reticulocyte synthesises roughly one-quarter of the haemoglobin of the cell and then declines to a rate of synthesis of $<5\%$ during the final day, before release of the reticulocyte into the circulation. Reticulocytes appear to spend a further maturation time of about 25 h in blood.

Granulopoiesis

(489) The earliest morphologically recognisable cell of the granulocyte series is the myeloblast, a small nucleated cell devoid of granules. This cell transforms after about 1 day into a larger nucleated, granulated cell called a promyelocyte. The granulocyte lineage then diverges along three separate paths of differentiation.

(490) The entire transit time from stem cell to mature granulocyte is estimated as 10–14 days. The following turnover times are estimated for the neutrophilic series:

Myeloblasts:	15 h
Promyelocytes:	24 h
Myelocytes:	70–104 h
Metamyelocyte to mature neutrophil:	158–200 h

(491) The production rate of granulocytes in humans may be of the order of 1.6×10^4/kg/day. The majority of end cells in this series are neutrophils. A large reserve of metamyelocytes, band forms, and mature neutrophils, perhaps amounting to as much as 10 times the daily production, is maintained in the marrow and can be mobilised to meet unusual demands. Mature neutrophils are preferentially released, but many band forms and even metamyelocytes may enter the circulation during infections.

Monopoiesis

(492) The monocyte-macrophage cell line shares with the granulocytes a common committed stem cell. This lineage includes, in order of appearance, the monoblast, promonocytes, and monocytes. About half of the promonocytes of the marrow rapidly proliferate to generate non-proliferating monocytes. The remainder constitutes a reserve of slowly renewing progenitor cells that can be activated to meet unusual demands for tissue macrophages. The monocyte production rate may be of the order of 7×10^6/kg body mass/h. The stem cell to monocyte transit time is about 55 h. Monocytes probably remain in the circulation no more than about 12–16 h before migrating to the tissues, where they differentiate into macrophages, the functional phase of this cell line. Maintenance of macrophage population in tissues depends largely on continuous inflow of monocytes from blood. Although macrophages are capable of cell division, their proliferation normally does not contribute substantially to renewal of the population in tissues.

Thrombopoiesis

(493) Thrombocytes and platelets are cellular elements of the blood of vertebrates that protect against blood loss by promoting clotting at sites of injury. The term 'thrombopoiesis' refers to the development of thrombocytes and platelets in haemopoietic organs. The anucleate platelets of mammals are the functional equivalent of nucleated thrombocytes in lower vertebrates, and are formed by fragmentation of the cytoplasm of huge polymorphonuclear cells called megakaryocytes, found among the other haemopoietic cells in bone marrow.

(494) The committed stem cell of mammalian thrombopoiesis gives rise to the earliest morphologically identifiable cell of this lineage, the megakaryoblast. Subsequent cells in this lineage are the promegakaryocyte and megakaryocyte, which forms the platelet. The generation from stem cell to platelet-producing megakaryocyte is estimated at 10 days in humans. The maturation time of the megakaryocyte is estimated at 10–25 days. A regulatory mechanism seems to ensure that production is responsive to needs for circulating platelets. Excessive bleeding is followed in several days by a three- to four-fold increase in megakaryocyte numbers in the marrow and a rebound in circulating platelets to 150–200% of the initial level.

10. INTEGUMENTARY SYSTEM

10.1. Introduction

(495) This chapter addresses anatomical and physiological characteristics of the integumentary system, with emphasis on features of the skin that are important in radiation dosimetry. The material complements information given in *Publication 59*, 'The Biological Basis for Dose Limitation in the Skin' (ICRP, 1991), which addresses the response of the skin to radiation and discusses factors that may influence observed dose–response relationships.

10.2. Components and functions of the integumentary system

(496) The skin and its appendages such as hair, nails, glands, and attached subcutaneous tissue constitute the integumentary system of the body. Major constituents of this system are shown in Fig. 10.1. The integumentary system helps to hold the various components of the body in place and protect them from injury. Also, it receives stimuli from the environment, excretes various substances, and takes part in thermoregulation and water balance.

(497) The skin consists of two distinct layers; the epidermis and the dermis. The epidermis, which is the outermost layer, forms an uninterrupted cellular covering over the entire surface of the body. The dermis, also called the cutis vera or true

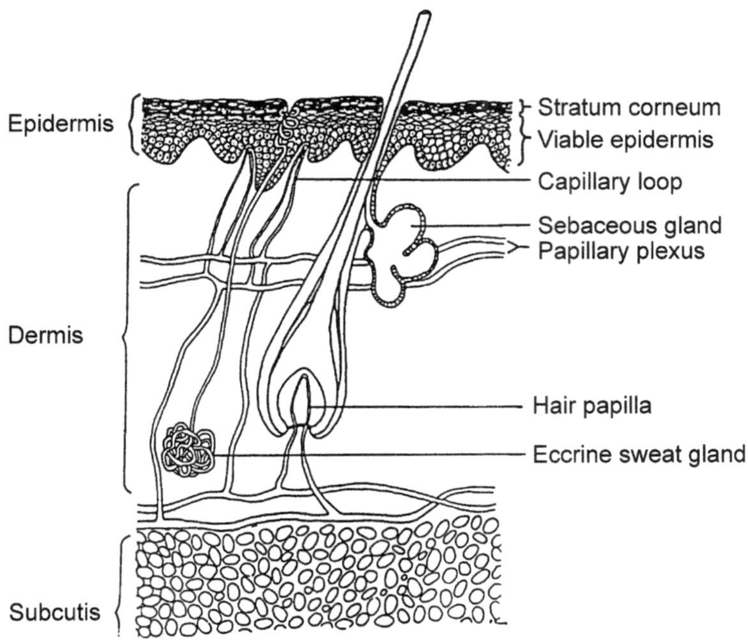

Fig. 10.1. Schematic diagram of various units of the integumentary system (after Kligman et al., 1985).

skin, lies adjacently beneath the epidermis. Beneath the dermis is a looser connective tissue layer called the subcutis or hypodermis whose collagen and elastin fibres are directly continuous with those of the dermis. The hypodermis is not considered part of the skin.

(498) The epidermis is specialised locally to form skin appendages such as hair and nails (Fawcett, 1986). Its cells produce keratin, a fibrous protein essential to the general protective functions of skin, and melanin, a dark amorphous pigment that determines skin colour and protects against ultraviolet radiation from the sun (Roberts, 1977; Lucky and Nordlund, 1985; Fawcett, 1986). The melanin-producing cells, or melanocytes, constitute about 2–5% of the total cells in the epidermis. The keratin-producing cells, or keratinocytes, constitute about 80–90% of the total cells in the epidermis (Gomez and Berman, 1985). The Langerhans cells, which are part of the body's immune system, are also commonly found in the epidermis and represent about 5% of all cells in this tissue.

(499) Pathologists and histologists recognise five different layers on those body surfaces where the epidermis attains its greatest thickness, namely the palms of the hands and soles of the feet. These layers starting at the surface and going inwards are as follows (Allen, 1985; Fawcett, 1986):

- stratum corneum (also called the horny or cornified layer)
- stratum lucidum
- stratum granulosum (also called the granular layer)
- stratum spinosum (also called the spinous cell layer)
- stratum basale (also called the basal cell layer).

(500) On other body surfaces, the epidermis is much thinner and simpler in structure. The spinous cell layer and cornified layer are always present, although the latter may be quite thin. A granular layer may also be identifiable, but a definite stratum lucidum is seldom seen in the thinner epidermis of the general body surfaces (Fawcett, 1986).

(501) The stratum basale or basal cell layer is about one cell thick and forms the junction between the epidermis and dermis as shown in Fig. 10.2 (Johnson, 1979). The folds in the epidermal–dermal junction are commonly called rete ridges. The rete ridges are found to run parallel to the surface of the skin over relatively long distances, and to rise and fall about 30% around their mean depth (Whitton, 1973; Konishi and Yoshizawa, 1985; Roesch, 1986). The epidermal keratinocytes are produced by mitosis in the basal cell layer and become transformed ultimately into anucleated cells of the cornified layer or stratum corneum, that consists of dead cells that are eventually sloughed or abraded from the body.

(502) On normally clothed regions of the body, the stratum corneum consists of 15–25 cell layers and measures 7–15 μm in total thickness (Holbrook and Odland, 1974). However, the stratum corneum on the 'horny pads' of the palms and soles may reach a thickness of 600 μm or more (Kligman, 1969). In the newborn, the stratum corneum in these regions is already thicker than that on most other body surfaces, but pressure and friction in postnatal life cause considerable additional

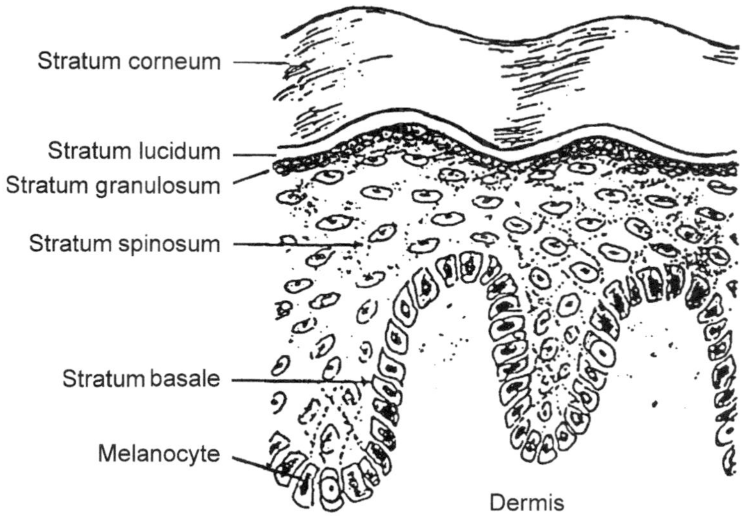

Fig. 10.2. Illustration of the stratified cellular epidermis (after Johnson, 1979).

thickening of the 'horny pads' on the soles and palms (Fawcett, 1986). Environmental factors also cause some additional thickening of both the stratum corneum and the entire epidermis on other body surfaces such as the forearms and lower legs.

(503) In term newborns, the number of cell layers in the different epidermal components (e.g. stratum corneum or stratum spinosum) and the total thickness of the epidermis (roughly 50 μm) are similar to those of adults (Holbrook, 1982). In preterm newborns, the stratum corneum consists of only a few cell layers and as a consequence is much thinner than that of either term newborns or adults (Holbrook, 1982).

(504) The postnatal influence on cellular development of the epidermis is marked in preterm infants so that the epidermis of even the most immature infant (24–28 weeks of gestation) resembles that of the term infant (36–40 weeks of gestation) after about 2 weeks (Evans and Rutter, 1986). Rapid cellular development of the epidermis was found to continue in both preterm and term infants up to approximately 16 weeks of age, but very little change was noted after that age (Evans and Rutter, 1986).

(505) The main function of the dermis is to provide a tough matrix to support the many structures embedded in it, namely blood vessels, nerve endings, hair follicles, and skin glands (Kligman et al., 1985). The dermis is composed of stable fibres, predominately collagen and elastin, and a ground substance containing mainly glycosaminoglycans and glycoproteins. On a dry-mass basis, the ground substance represents about 0.2% of the dermis, elastin about 2–4%, and collagen about 70–80% (Gomez and Berman, 1985; Kligman et al., 1985; Uitto, 1986). The collagen fibres of the dermis are loosely meshed together to form bundles running in all directions, but the bundles are mostly oriented parallel to the surface of the skin (Fawcett, 1986). Collagen gives high tensile strength to the skin and allows the skin

to stretch without tearing. The normal tension of skin on the body is maintained by the elastin fibres, which form thick abundant networks about the collagen bundles.

(506) The outer surface of the dermis is usually uneven and is elevated into papillae that project into the concavities between the ridges on the lower surface of the epidermis. This sculptured surface of the dermis is called the papillary layer. The deeper main portion of the dermis is called the reticular layer. These two layers cannot be clearly separated. As the dermis passes into the subcutaneous layer without a sharp boundary, its thickness and mass are difficult to determine with much precision (Fawcett, 1986).

(507) At various levels of the dermis are hair follicles, sweat glands, and sebaceous glands, which are epidermal derivatives extending down into the dermis. Blood vessels, nerves, and nerve endings are also abundant in the dermis (Fawcett, 1986).

(508) The subcutis or hypodermis is a loose connective tissue lying below the dermis and merging into the subcutaneous adipose tissue. Its collagen and elastin fibres are directly continuous with those of the dermis (Fawcett, 1986). In body regions such as the palms of the hands and soles of the feet where the skin is closely attached to underlying tissues, the fibres in the hypodermis are more numerous and thicker than in other body regions where the skin is flexible and freely movable. The hypodermis serves in part as a shock absorber against certain kinds of trauma (Kligman et al., 1985). It also modulates conductive heat losses and aids in the metabolism of fat. Varying numbers of fat cells are found throughout the hypodermis and in clusters in the deeper parts of the dermis. The number of fat cells in each region depends on age, gender, and nutrition.

(509) For purposes of this document, the hypodermis is considered as part of the body's adipose tissue. Adipose tissue is discussed in Chapter 11.

10.3. Skin thickness

10.3.1. Summary of reported data

(510) Early studies of skin thickness based on excised skin generally yielded erroneous estimates because it was not recognised that the thickness increases substantially immediately after excision. This results from a decrease in the surface area due to the reduction of the lateral tension that exists when the skin is stretched over the body (Harvey, 1971; Whitton, 1973; Kligman et al., 1985; Konishi and Yoshizawa, 1985).

(511) Estimates of epidermal, dermal, or total skin thickness corrected for shrinkage of excised samples have been reported by several investigators (Southwood, 1955; Whitton, 1973; Whitton and Everall, 1973; Konishi and Yoshizawa, 1985). These estimates are reasonably consistent with in-vivo measurements of total skin thickness based on non-invasive methods such as radiography and pulsed ultrasound (Shuster et al., 1975; Tan et al., 1982; Millington and Wilkinson, 1983). Corrected estimates of the thickness of the epidermis and dermis from different portions of the body of young children and adults are given in Tables 10.1 and 10.2, respectively (Southwood, 1955).

Table 10.1. Thickness of epidermis and dermis at various body sites at ages 0–5 years, based on excised skin and corrected for shrinkage[a]

Site	Epidermis (μm)	Dermis (μm)
Thigh		
Medial	27–50	510–640
Lateral	27–44	560–810
Posterior	–[b]	860
Lower leg		
Medial	23–52	530–830
Lateral	48–73	440–690
Posterior	24–43	510–530
Upper arm		
Medial	41	510
Lateral	23–44	460–900
Forearm		
Flexor	29–44	560–760
Extensor	53	940
Thorax (anterior)	38–57	540–860
Abdomen (anterior)	23–41	580–710
Back	22–46	530–840
Pubis	37	930
Axilla	39	470
Finger	380	–

[a] Adapted from Southwood (1955).
[b] Not given.

(512) As indicated in Tables 10.1 and 10.2, the thickness of the epidermis varies considerably from one region of the body to another (Whitton, 1973; Whitton and Everall, 1973; Konishi and Yoshizawa, 1985; Charles, 1986; Roesch, 1986). However, values within the relatively narrow range of 40–50 μm may be representative of a large portion of the body.

(513) The thickness of the epidermis at most body sites appears to depend little, if at all, on age, gender, or race. However, the thickness of the epidermis on the hands and feet of adults is highly variable from site to site with reported measurements ranging up to 700 μm for the fingertips and up to 1400 μm on the soles of the feet (Southwood, 1955; Odagiri, 1969; Whitton, 1973; Konishi and Yoshizawa, 1985).

(514) Skin thickness is sometimes reported as the 'mass thickness', given in units of mg/cm^2 and calculated as linear thickness×the density of skin (approximately 1.1 g/cm^3). Typical mass thicknesses of different regions of the body are shown in Fig. 10.3.

(515) Total skin thickness was determined by radiographic techniques on the flexor aspect of the forearm of 74 Caucasian males and 80 Caucasian females in the age range 15–93 years (Shuster et al., 1975). The collagen content of the skin was also measured using punch biopsy samples from the forearms of 27 of the males and 26 of the females. The collagen content per unit surface area of the skin (mg/mm^2) decreased nearly linearly with age in adults of both genders. On average, the

Table 10.2. Thickness of the epidermis and dermis at various body sites at ages 20–60 years, based on measurements on excised skin and corrected for shrinkage[a]

	Males		Females	
Site	Epidermis (μm)	Dermis (μm)	Epidermis (μm)	Dermis (μm)
Thigh				
Medial	50–70	1100–1300	18–55	830–1000
Lateral	39–78	1200–1800	45–63	950–1400
Posterior	37–91	1100–1300	35–60	1000–1200
Lower leg				
Medial	38–55	860–1900	35–110	690–820
Lateral	55–78	920–1700	39–56	630–1000
Posterior	47–80	980–1700	39–59	730–1100
Upper arm				
Medial	37–52	1200–1300	34–43	730–800
Lateral	41–71	1300–1900	40–54	670–1300
Forearm				
Flexor	34–65	980–1200	39–61	670–920
Extensor	49–65	1000–1200	53–55	710–830
Thorax (anterior)	39–62	1400–2000	25–47	870–1500
Abdomen (anterior)	34–49	1700–2600	34–46	1100–1500
Back	49–92	2200–2500	45–61	1500–1900
Pubis	42–48	920–1400	43	870
Axilla	43–44	1100–1300	51	1100
Finger	420–670	1200	380–540	890–1300
Face	52	2300	–[b]	–
Sole	940–1400	1300–1800	850–1100	1500

[a] Adapted from Southwood (1955).
[b] Not given.

collagen content of skin was about 15–20% greater in males than in females. Skin thickness on the forearms remained nearly constant in females less than 50 years of age. For females over 50 years of age and for adult males of all ages, the skin thickness decreased at a rate of about 4% per decade of life.

(516) Pulsed ultrasound techniques were used to investigate variation of total skin thickness with age and gender in 261 Caucasian subjects (122 males and 139 females) in the age range 1–87 years (Tan et al., 1982). Fitted and smoothed curves summarising measurements of forearm skin thickness (flexor aspect) are shown in Fig. 10.4. For adult males and females, the decrease in skin thickness was found to be about 3.6% and 2.0%, respectively, per decade of life. Variation of skin thickness with body site, as determined in three adult male subjects in the age range 24–31 years, is shown in Table 10.3.

10.3.2. Central estimates

(517) Previous values (ICRP, 1975) for skin thickness were established as follows. The dermal thickness of an infant was estimated to be 660 μm based on data in

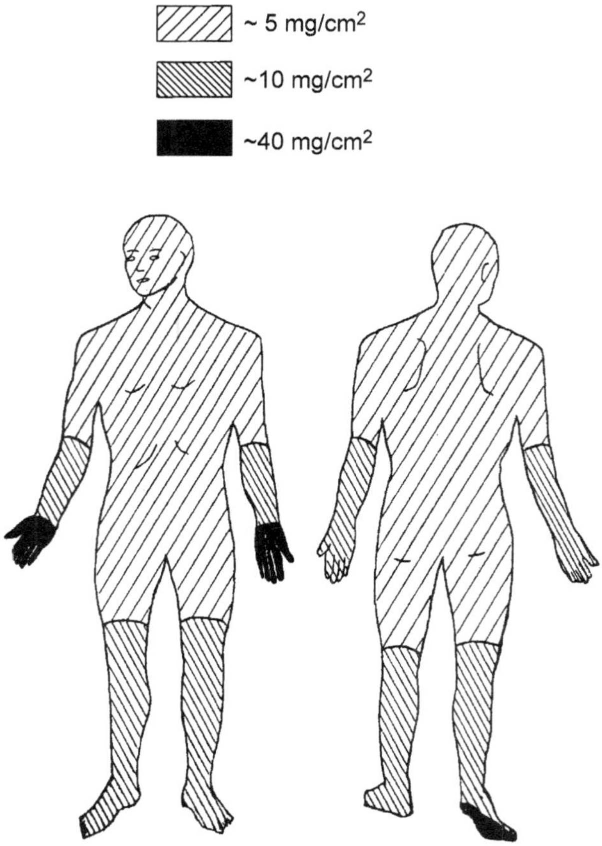

Fig. 10.3. Variation in mean epidermal thickness with body region in adults (after Whitton, 1973; Charles, 1986).

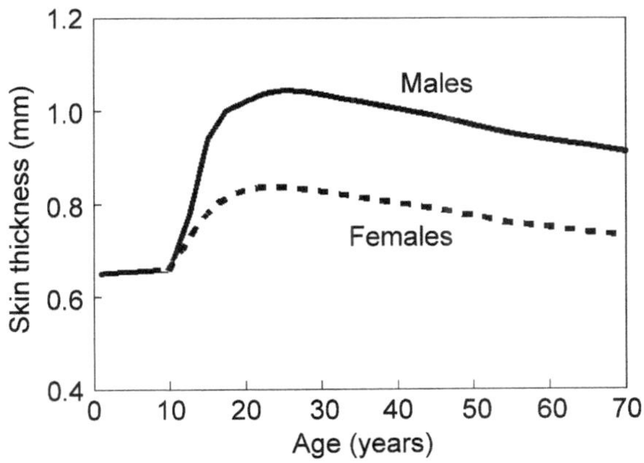

Fig. 10.4. Typical changes with age and gender in forearm skin thickness (flexor aspect), as indicated by pulsed ultrasound measurements of Tan et al. (1982).

Table 10.3. Variation with site in total skin thickness of adult males as measured by pulsed ultrasound methods[a]

Site	Skin thickness[b] (μm)
Forearm	
Flexor	1100±50
Extensor	1300±80
Upper arm	
Flexor	970±100
Extensor	1300±50
Lower leg	
Medial	1100±50
Lateral	1300±160
Thigh	
Medial	990±80
Lateral	1300±160
Chest	1600±90
Abdomen	1800±230
Back	2500±230

[a] Adapted from Tan et al. (1982).

[b] Mean±SD of measurements on three adult males of mean age 26 years (range 24–31 years).

Table 10.1 (Southwood, 1955). Ratios of dermal:epidermal thickness were estimated for female adults as 19:1 and for male adults as 25:1 based on the data for general body surfaces in Table 10.2 (Southwood, 1955). The mean epidermal thickness for adults of both genders was taken as 50 μm. The mean dermal thickness was calculated for female adults as 950 μm (19×50 μm) and for male adults as 1250 μm (25×50 μm). The mean epidermal thickness for infants was taken as 40 μm.

(518) A re-assessment was done on the basis of updated information summarised in this chapter. For infants, the total skin thickness for all body sites was estimated as 660 μm (no change from the previous estimates) based on forearm measurements for infants less than 10 years of age. For adult males, the mean skin thickness on the arms and legs was estimated as 1200 μm and on the head and trunk as 2000 μm. Estimates for adult males were reduced by 20% for application to adult females. Derived values are listed in Table 10.4.

Table 10.4. Typical values for epidermal and dermal thickness

		Thickness	
		Epidermis (μm)	Dermis (μm)
Infant	All sites	45	620
Adult male	Head and trunk	45	2000
	Upper arms and thighs	45	1200
	Forearms and lower legs	90	1200
Adult female	Head and trunk	45	1600
	Upper arms and thighs	45	960
	Forearms and lower legs	90	960

(519) Derived values for linear thickness were converted to mass thickness using a density of 1.1 g/cm^3. Dermal values were obtained by subtracting appropriate values for the mass thickness of the epidermal unit of total skin. Revised estimates of mass thickness are given in Table 10.5.

Table 10.5. Typical values for skin mass thickness

	Skin mass thickness (mg/cm^2)[a]		
Site	Total	Epidermis	Dermis
Infants			
Head and trunk	73	5	68
Upper arms and legs	73	5	68
Lower arms and legs	73	5	68
Adult males			
Head and trunk	225	5	220
Upper arms and legs	135	5	130
Lower arms and legs	140	10	130
Adult females			
Head and trunk	180	5	175
Upper arms and legs	110	5	105
Lower arms and legs	115	10	105

[a] Values based on a density of 1.1 g/cm^3 for skin.

(520) The following reference values for epidermal thickness as a function of age have been selected based on the information given above.

Reference values for thickness of the epidermis in males and females

	Thickness (μm)
Newborn	**45**
1 year	**45**
5 years	**45**
10 years	**50**
15 years	**60**
Adult	**70**

10.4. Surface area of the skin

(521) Estimates of the surface area of the body are given in Section 4.2.2 in Chapter 4. The reference values derived there are used in the following section to estimate the mass of the epidermis, dermis, and total skin, and are listed below for the reader's convenience.

Reference values for body surface area

	Area (m^2)	
Age	**Male**	**Female**
Newborn	0.24	0.24
1 year	0.48	0.48
5 years	0.78	0.78
10 years	1.12	1.12
15 years	1.62	1.55
Adult	1.90	1.66

10.5. Mass of the skin

(522) The total skin mass has been measured in a number of infants and adults (Bischoff, 1893; Vierordt, 1906; Jackson, 1909; Klose, 1914; Muchow, 1925; Roe, 1932; Shohl, 1939; Wilmer, 1940a,b; Kopsch, 1955; Martin and Saller, 1962). Reported values vary widely, probably due to a combination of biological variability, different dissection techniques, and different definitions of the skin. Some investigators have included the relatively massive hypodermis as well as the dermis and epidermis in their reported values. Reported values that clearly exclude the hypodermis generally are of the order of 200 g for infants and 3 kg for adults.

(523) Reference values for the mass of the skin are based on estimates of skin thickness and the surface area of the body. The derived values are reasonably consistent with central estimates based on reported values that clearly exclude the hypodermis.

(524) For a newborn infant, the surface area of the body is about 0.24 m^2 and the mean epidermal mass thickness is about 5 mg/cm^2 (Table 10.5), yielding an estimate of $0.005\ g/cm^2 \times 2400\ cm^2 = 12$ g for the mass of the epidermis. Similarly, the mean dermal mass thickness is estimated as $0.068\ g/cm^2 \times 2400\ cm^2 = 163$ g. The total mass of the skin of a newborn infant is estimated as $12\ g + 163\ g = 175$ g.

(525) As there does not appear to be much change in skin thickness from birth to about age 10 years, the derived masses for epidermis, dermis, and total skin of infants can be scaled by body surface area to give estimates for ages 1, 5, and 10 years. This gives estimates of 350 g for the total skin mass at age 1 year, 570 g at age 5 years, and 820 g at age 10 years. The derived values for the epidermal and dermal masses are 24 g and 326 g, respectively, for age 1 year; 39 g and 531 g, respectively, for age 5 years; and 56 g and 764 g, respectively for age 10 years.

(526) Derived skin masses for adults take into account the differences in skin thickness in different regions of the body. The total surface area of the arms and legs of an adult male is about 1.1 m^2 and that of the head and trunk is about 0.8 m^2. Half of the total area of the arms and legs, or 0.55 m^2, is assumed to be located on the forearms and lower legs. Based on skin mass thicknesses given in Table 10.5, the epidermal mass is estimated as $0.01\ g/cm^2 \times 5500\ cm^2 = 55$ g for the forearms and

lower legs, 0.005 $g/cm^2 \times 5500\ cm^2 = 27.5$ g for the upper arms and thighs, and 0.005 $g/cm^2 \times 8000\ cm^2 = 40$ g for the head and trunk. The dermal mass is estimated as 0.22 $g/cm^2 \times 8000\ cm^2 = 1760$ g for the head and trunk, and 0.13 $g/cm^2 \times 11\ 000\ cm^2 = 1430$ g for the arms and legs. The estimated mass of the total skin of the adult male is the sum of the individual values for the epidermis and dermis, or 3312.5 g, which is rounded to 3300 g. The mass of the epidermis is estimated as 120 g and the balance, 3180 g, is assigned to the dermis.

(527) Based on differences in total body surface and skin thickness in adult males and females, the masses of epidermis, dermis, and total skin in the adult female are assumed to be 70% of the corresponding values for the adult male. The following values are derived for the adult female: total skin, 2300 g; epidermis, 85 g; and dermis, 2215 g.

(528) For males or females aged 15 years, skin thickness is estimated as the average of the values for infants and for adults of the same gender (see Fig. 10.4). Based on calculations analogous to those for the adult male, the masses of the total skin, epidermis, and dermis in the 15-year-old male are estimated as 2000 g, 100 g, and 1900 g, respectively. The corresponding values for the 15-year-old female are 1700 g, 80 g, and 1620 g. The estimates for total skin for age 15 years involve more liberal rounding than estimates for other ages due to uncertainties concerning the rate of increase in skin thickness during adolescence.

Reference values for the mass of epidermis, dermis, and total skin

	Males			Females		
Age	**Epidermis**	**Dermis**	**Total skin**	**Epidermis**	**Dermis**	**Total skin**
Newborn	**12**	**163**	**175**	**12**	**163**	**175**
1 year	**24**	**326**	**350**	**24**	**326**	**350**
5 years	**39**	**531**	**570**	**39**	**531**	**570**
10 years	**56**	**764**	**820**	**56**	**764**	**820**
15 years	**100**	**1900**	**2000**	**80**	**1620**	**1700**
Adult	**120**	**3180**	**3300**	**85**	**2215**	**2300**

10.6. Specific gravity of the skin

(529) The specific gravity of the dermis, epidermis, or total skin in most regions of the body is approximately 1.1 at all ages and in both genders (Vierordt, 1906; Leider and Buncke, 1954; Kopsch, 1955; Martin and Saller, 1962). Values of 1.2 or higher have been reported for the stratum corneum (Scheuplein, 1966; Anderson and Cassidy, 1973; Weigand et al., 1974).

10.7. Hair

(530) Hairs are slender keratinous filaments that develop from the matrix cells of follicular invaginations of the epidermal epithelium. They vary from several millimetres to more than 1 m in length, and from 0.005 to 0.6 mm in thickness (Fawcett, 1986). They are

composed mainly of water (4–13%, fresh weight) and protein (85–91%), but include some fat (ICRP, 1975). The specific gravity of hair is approximately 1.3 (ICRP, 1975).

(531) Each hair arises in a tubular invagination of the epidermis, the hair follicle, which extends down into the dermis, where it is surrounded by connective tissue (Fawcett, 1986). The hair is not a continuously growing organ but has phases of growth that alternate with periods of rest (Fawcett, 1986). The total life span of a hair differs with body region and type of hair. Eyebrows, eyelashes, and axillary hair have a life span of 3–4 months, but the hair of the scalp has a life span of about 4 years (ICRP, 1975).

(532) The mass of all hair on the body varies considerably from one person to another due to genetic differences as well as fashion trends and individual tastes. As a crude estimate based on consideration of Western hair styles in recent years, hair may represent about 0.03% of total body mass in adult males and 0.3% in adult females.

10.8. Nails

(533) The nails of the hands and feet are a form of hardened skin. In this case, the keratinisation process occurring in the epithelium results in a hardened, translucent, rectangular plate, which is the body of the nail. The root of the nail lies beneath a fold of skin called the nail fold. The surface of the skin covered by the nails of the fingers and toes is called the nail bed. The nails grow in length and thickness through cellular activity in the proximal portion of the nail bed.

(534) The rate of nail growth varies with age, season, and the digit (ICRP, 1975). The average rate of growth of the fastest growing fingernail (the third) has been estimated as 0.069 mm per 24 h until age 3 years, 0.123 mm per 24 h between ages 20 and 30 years, and 0.088 mm per 24 h after age 80 years (Martin and Saller, 1962). In winter, the nail growth rate is about 10% lower than in summer (Martin and Saller, 1962). The average growth rate of the toenails has been estimated as 0.25 mm/week (ICRP, 1975).

(535) The mass of the nails of the fingers and toes was estimated in *Publication 23* (ICRP, 1975) from the specific gravity and dimensions of the nails. The specific gravity is approximately 1.3. The fingernails of the adult are generally 9–14 mm in breadth and 10–13 mm in length. The average thickness of nails for males is about 0.38 mm and for females is about 0.35 mm. The derived mass of 10 fingernails is 0.7 g. The toenails were estimated to weigh about three times as much as the fingernails (ICRP, 1975). Thus, all 20 nails on the fingers and toes of an adult may weigh about 3 g.

10.9. Major glands of the skin

10.9.1. Sebaceous glands

(536) The sebaceous glands lie in the dermis. Most of these glands are associated with hair, but some are free and their ducts open directly onto the surface of the skin. They secrete an oily substance called sebum onto the hair and upon the surface of the epidermis. The secretion results from the destruction of the epithelial cells and is accompanied by a regenerative multiplication of epithelial elements. There are marked regional differences in the secretion rate. For example, the secretion rate on

the forehead is three to four times higher than on other parts of the body (ICRP, 1975; Fawcett, 1986).

(537) The sebaceous glands are scattered over the surface of the body except in the palms, soles, and the sides of the feet. They vary from 0.2 to 2 mm in diameter and generally are largest and most numerous on the scalp, forehead, cheeks, and chin, where their density is about 400–900/cm^2. On the remaining parts of the body, there are about 100/cm^2 except on the dorsal aspect of the hands, where there are 0–50/cm^2 (ICRP, 1975; Fawcett, 1986).

10.9.2. Sweat glands

(538) The eccrine sweat glands are coiled, tubular glands distributed along the surface of the skin. There are between two and five million sweat glands in an adult. They are most numerous on the palms of the hands and soles of the feet, where they average about 420/cm^2 (ICRP, 1975; Fawcett, 1986).

(539) The secretory portions of the sweat glands are located mainly in the dermis, and usually measure 0.3–0.4 mm in diameter. In the armpit and around the anus, the secretory portions of some of the sweat glands may reach 3–5 mm in diameter (Fawcett, 1986). The volume of a sweat gland is typically about 0.015 mm^3. The total volume of sweat glands of an adult male has been estimated as 34 cm^3.

(540) Heat is the principal stimulus to eccrine sweating. About 130 sweat glands/cm^2 can be thermally activated at one time (ICRP, 1975; Fawcett, 1986).

10.10. Cellular renewal in the epidermis

(541) The cell renewal time for the epidermis varies with age and with the region of the body. Most reported values are in the range 10–30 days, but values as low as 6 days or less or as high as 4 months or more have been reported for some regions of the body (ICRP, 1975).

11. ADDITIONAL ORGANS AND TISSUES

11.1. Adipose tissue

11.1.1. Structure and functions of adipose tissue

(542) Body fat corresponds to two histological entities, called essential and non-essential fat (see Chapter 4). Essential fat is found in constituents of cells and represents only about 2% of lean body mass. Reference values for the mass of body fat given earlier in this report refer to non-essential fat or storage fat, which either accumulates or is used in response to an alteration in caloric balance. It occurs as closely packed fat cells in a loose connective tissue called adipose tissue that is also made up of collagenous and elastic fibres, lymphoid and mast cells, fibroblasts, and capillaries.

(543) In addition to storing energy in the form of lipids, adipose tissue serves to cushion and insulate the body. Adipose tissue includes the hypodermis or subcutaneous adipose, the fatty tissue that surrounds organs such as the kidneys and intestines, and the yellow marrow, all of which can be separated from other tissues at autopsy. A smaller mass of adipose tissue, called inseparable or interstitial adipose tissue, is interspersed among the cells of an organ so intimately that it would be included with the mass of the dissected organ.

11.1.2. Mass of adipose tissue

(544) The fat content of adipose tissue is relatively low in the newborn infant, representing less than half the total mass. The fat content increases due to fat-cell enlargement during the first 6 months of life, and sometime between 6 and 12 months of age the number of fat cells begins to increase as well. It has not been clearly established whether fat-cell size attains the adult level prior to puberty, but the number of fat cells and the fractional mass of fat in adipose tissue apparently continue to increase slowly in children of normal weight and rapidly in children who are becoming obese. The normal growth of adipose mass that occurs during adulthood involves enlargement of fat cells and possibly an increase in the number of fat cells (Faust, 1986).

(545) The fat content of adipose tissue is of the order of 40% during the first few months of postnatal life, 60% at age 1 year, and 80% (60–90%) in adults (Fomon, 1966; ICRP, 1975; Holliday, 1986). Reference values for the mass of adipose tissue are derived from reference values given in Chapter 4 for the mass of non-essential fat, based on the assumption that the fat content of adipose tissue is 40% at birth, 60% at 1 year, 65% at 5 years, 70% at 10 years, 75% at 15 years, and 80% in adults.

Reference values for the mass of adipose tissue

	Mass (g)	
Age	**Male**	**Female**
Newborn	930	930
1 year	3800	3800
5 years	5500	5500
10 years	8600	8600
15 years	12 000	18 700
Adult	18 200	22 500

(546) The derived reference values for mass of adipose tissue include interstitial adipose tissue and yellow bone marrow, and thus are partially accounted for by the reference masses of other tissues addressed in this report. In *Publication 23* (ICRP, 1975), interstitial adipose tissue was estimated to represent about 6.7% of the total mass of adipose tissue in an adult male. Estimates based on mass balance (i.e. consideration of the largest mass of separable adipose tissue that would fit into the reference body mass listed in the present report for a given age and gender) give reasonably similar values but suggest that the percentage decreases between birth and adulthood. Derived values for interstitial adipose tissue as a percentage of the total adipose tissue are approximately 4% for the newborn, 6% for age 1 year, 6.5% for 5 years, 7% for 10 years, 7.5% for 15 years, and 8% for the adult. Considerable uncertainty is associated with these estimates of typical percentages, and large interindividual variability is expected.

11.2. Adrenal glands

(547) The paired adrenal or suprarenal glands are roughly triangular, flattened organs typically located above the kidneys. Each adrenal gland consists of two definite divisions; the cortex and the medulla. According to *Gray's Anatomy* (Williams, 1995), each gland in adults measures about 50 mm vertically, 30 mm transversely, and 10 mm in the anteroposterior dimension.

11.2.1. Mass of the adrenal glands

(548) Each adrenal gland is about one-third the size of a kidney at birth but only about one-thirtieth the size of a kidney in adults. This change in ratio is due not only to renal growth but also to involution of the fetal cortex (outer layer). By the end of the second month of life, the mass is about one-half of the mass at birth. In the latter half of the second year, the mass begins to increase, gradually regaining its natal mass around puberty, after which the mass increases little in adult life. *Gray's Anatomy* gives a mass of about 5 g for each gland in an adult, with the inner medulla comprising about one-tenth of the total mass (Williams, 1995).

(549) Other information on the mass of adrenal glands as a function of postnatal age is presented in Fig. 11.1. These data are taken from autopsy studies on European

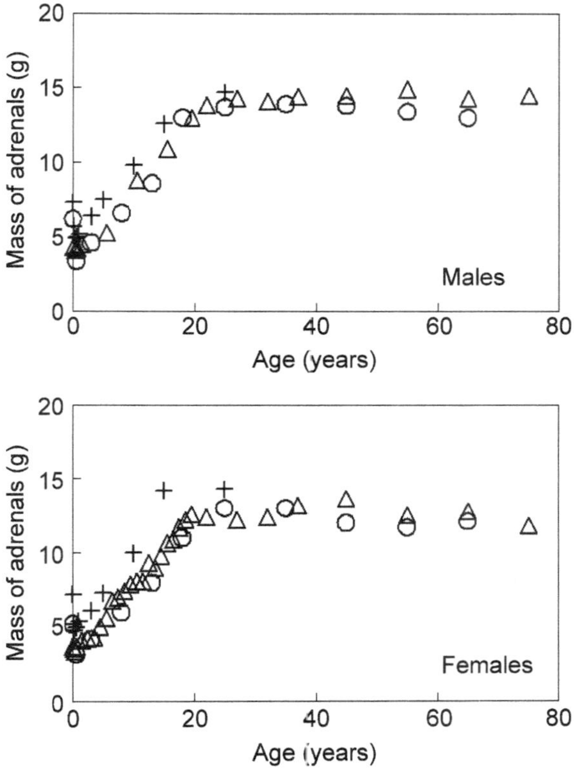

Fig. 11.1. Mass of the adrenal glands in males and females as determined in three populations. (○) Western data (Roessle and Roulet, 1932); (△) Japanese data; (+) Chinese data (IAEA, 1998).

(Roessle and Roulet, 1932), Japanese, and Chinese (IAEA, 1998) subjects. Reasonably similar masses and patterns of growth of the adrenal glands are indicated in these three populations.

Reference values for the mass of two adrenal glands

	Mass (g)	
Age	**Male**	**Female**
Newborn	**6.0**	**6.0**
1 year	**4.0**	**4.0**
5 years	**5.0**	**5.0**
10 years	**7.0**	**7.0**
15 years	**10**	**9.0**
Adult	**14**	**13**

11.2.2. Specific gravity of the adrenal glands

(550) The specific gravity of the adrenal glands is approximately 1.02 (ICRP, 1975).

11.3. Brain

(551) The brain, one of the body's largest organs, is that part of the central nervous system which is enclosed within the skull. It includes the cerebrum, cerebellum, and the brain stem with the meninges. The cerebrum is the large oblong structure occupying most of the cranial cavity. It is divided into the right and left cerebral hemispheres by a deep median sagittal grove. The cerebellum lies between the brain stem and the cerebrum; it is posterior to and under the cerebrum. The brain stem consists of the diencephalon or interbrain, midbrain, pons, and medulla oblongata.

11.3.1. Mass of the brain

(552) There are numerous reported measurements of the mass of the human brain (ICRP, 1975; Dekaban, 1978; Voigt and Pakkenberg, 1983; Tanaka, 1992; Hartmann et al., 1994; Jain, 1995; IAEA, 1998). The results of Dekaban (1979) are representative of reported data for Western populations and were used as the basis for selection of reference values. Dekaban surveyed more than 20 000 autopsy reports from several general hospitals for the purpose of determining changes in the mass of the brain and the relation of brain mass to body height and mass, from birth to old age. Subjects were selected only if the autopsy had been performed within 30 h of death, the body had been refrigerated, the brain was free of pathological lesions, and the body height and mass had been recorded. In total, 2773 males and 1963 females were selected for this study.

(553) Reported mean values for the mass of the brain as a function of age and gender are given in Fig. 11.2. The brain masses were greater in males than in females beginning in early childhood. The largest increase in brain mass occurred during the first 3 years of life, when the value quadrupled over the mass at birth. Between age 3 years and adulthood, the mass of brain increased only by about 15%. Progressive decline in brain mass began at about 45–50 years and by age 85 years was about 10% lower than the maximum mass, which was attained at about age 19 years. The variability in brain mass was small at most ages, with the coefficient of variation being less than 5% between ages 6 and 85 years. The largest coefficients of variation (up to about 25%) were determined for ages in the range 0–3 years.

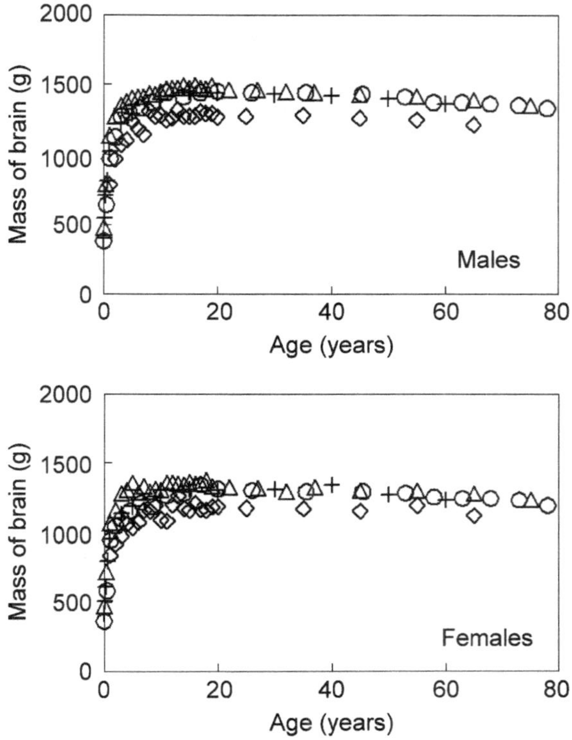

Fig. 11.2. The mass of the brain in males and females as determined in four populations. (○) Western data (Dekaban, 1978); (△) Japanese data; (+) Chinese data; (◇) Indian data (IAEA, 1998).

Reference values for mass of the brain

	Mass (g)	
Age	**Male**	**Female**
Newborn	**380**	**380**
1 year	**950**	**950**
5 years	**1310**	**1180**
10 years	**1400**	**1220**
15 years	**1420**	**1300**
Adult	**1450**	**1300**

11.3.2. Specific gravity of the brain

(554) The specific gravity of the brain is approximately 1.04 (ICRP, 1975).

11.4. Breasts

(555) The breasts or mammary glands are modified sweat glands that lie over the pectoralis major muscle and are attached to them by a layer of connective tissue (Fig. 11.3). At birth, both male and female mammary glands are undeveloped and appear as slight elevations on the chest. With the onset of puberty, the female breasts begin to develop and the ductile system matures, extensive fat deposition occurs, and the areola and nipple grow and become pigmented. These changes are correlated with an increased output of oestrogen by the ovary. Internally, each gland consists of 15–20 lobes or compartments, separated by adipose tissue. Each lobe consists of smaller compartments called lobules that are composed of connective tissue in which milk-secretion cells, referred to as alveoli, are embedded. During adolescence, the alveoli proliferate, enlarge, and become secretory. Also fat deposition continues, increasing the size of the glands. The function of the mammary glands is milk secretion and ejection, together called lactation. Alveoli convey the milk into a series of secondary tubules leading to the mammary ducts. The ducts expand to form sinuses called ampullae, where milk may be stored.

11.4.1. Mass of the breasts

(556) Based on their review of the literature through the early 1970s, the authors of *Publication 23* (ICRP, 1975) derived the following estimates for the typical mass of both breasts:

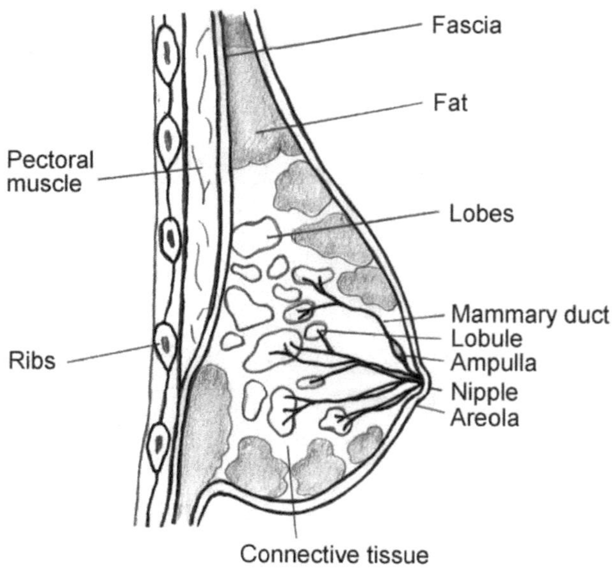

Fig. 11.3. Female mammary gland (sagittal view).

- newborn: 0.06–0.12 g
- young adult female, before lactation: 360 g (range 280–400 g)
- young adult female, during lactation: 560–1800 g
- adult male: 26 g.

(557) Katch et al. (1980) measured the volume of both breasts of 45 young women, aged 18–31 years, whose mean body mass and mean percent body fat closely approximate the means for this age group. The total volume of both breasts was 476±237 ml (mean±SD), or about 240 ml for one breast. The median value was 385 ml, or about 190 ml for one breast.

(558) Kramer and Drexler (1980) and Kramer et al. (1982) found that the size of one cup of the most frequently sold brassiere of a large European manufacturer is 286 ml. They contended that this value, corresponding to a mass of about 570 g for both breasts, is unlikely to be a substantial overestimate of the typical breast size.

(559) Cristy (1982) reviewed information on the dimensions and mass of the female breast, and recommended a value of about 190–200 ml as a representative volume of one breast in the young adult female. This would correspond to a mass of about 400 g for both breasts.

(560) The information given above suggests that the mass of both breasts in the adult female is typically 500 g. This is adopted as the reference value for the adult. The reference value for the mass of both breasts in the 15-year-old female is taken to be one-half of the adult value.

Reference values for the mass of both breasts

	Mass (g)	
Age	**Male**	**Female**
15 years	**15**	**250**
Adult	**25**	**500**

11.4.2. Mass of glandular tissue

(561) Recent work with magnetic resonance imaging and data from mammography indicates that the mass of glandular tissue is about 40% of the total mass of the breast (Heggi, 1996; Klein et al., 1997; Lee et al., 1997). The observed distribution of estimated glandular fraction in a mammography quality assurance study is shown in Fig. 11.4 (Rosenberg et al., 2001). The average glandular fraction was 42.9% with a median value of 39%. Kruger and Schueler (2001) reported an average glandular fraction of 33% (median 28%).

(562) Using the reference value for the mass of both breasts in the adult female given above, 500 g, and assuming the glandular fraction is 40%, a glandular mass of 100 g is indicated for each breast. Presumably the glandular mass of the lactating breast would be somewhat higher as the reservoirs are occupied with milk prior to its letdown. Glandular tissue does not appear to be uniformly distributed within the breast as is

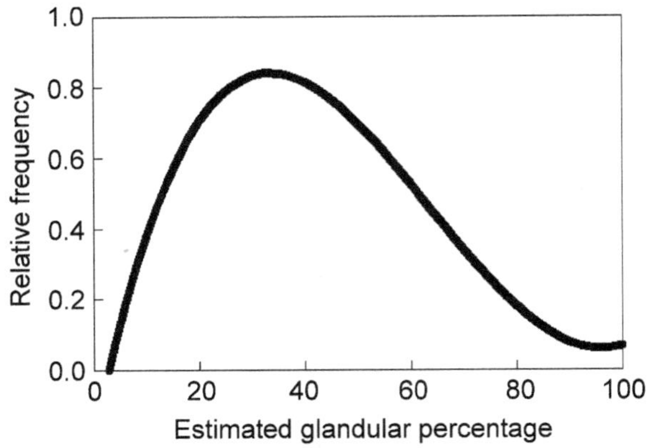

Fig. 11.4. Distribution of estimated glandular percentage based on mammography data (after Rosenberg et al., 2001).

often assumed in the dosimetry of mammographic exposures. Rather, the glandular tissue appears to be more prominent in the upper and outer quadrant of the breast.

11.4.3. Specific gravity of female breast tissue

(563) The specific gravity of female breast tissue is approximately 1.05 (ICRP, 1975)

11.4.4. Breast milk

(564) The mature breast contains epithelial glandular tissue of the tubulo-alveolar type, fibrous connective tissue (stroma) surrounding the glandular tissue, and interlobular adipose tissue (Cowie, 1974). The glands consist of branching ducts with terminal secretory lobules comprising several blind-ended branches or expansions, the alveoli (acini). Ducts converge to 15–20 larger lactiferous ducts which open at the apex of the nipple. Each lactiferous duct is therefore connected to a system of ducts and lobules, enclosed and intermingled with connective tissue stroma, collectively forming a lobe of the mammary gland. The stroma contains variable amounts of adipose tissue.

(565) As the output of oestrogen and progesterone rises during pregnancy, the ducts increase in the number and length of their branches; the secretory alveoli proliferate and expand with the synthesis and secretion of milk. The product in late pregnancy and for the first days after parturition is different from the later milk and is known as colostrum. It contains many cytoplasmic fat globules and macrophages, and is rich in immunoglobulins but otherwise has a composition similar to that of blood plasma. True milk secretion begins a few days after parturition as a response to a reduction in circulating oestrogen and progesterone, a change which appears to be associated with increased production of prolactin (Wolstenholme and Knight, 1972; Neville et al., 1988).

(566) Human milk is a complex fluid composed of about 88% water, 7% lactose, 4% fat, 1% protein, and various ions, notably calcium, sodium, potassium, phosphate,

and chloride. Vitamins and immunoglobulins (mainly IgA) are also present (George and Lebanthal, 1983). In a detailed study of changes in milk composition during lactogenesis, Neville et al. (1991) demonstrated reductions in the sodium, chloride, and protein concentrations in milk and an increased secretion of lactose during the first 2 days after parturition. This preceded large increases in the volume of milk produced. The onset of copious milk secretion between 40 h and 96 h postpartum was accompanied by parallel increases in citrate, glucose, phosphate, and calcium concentrations, and a decrease in pH. Other studies have shown increased secretion of milk proteins, including α-lactalbumin and casein, as milk production increases (Lonnerdal et al., 1976; Kulski and Hartmann, 1981). The changes taking place during this period of lactogenesis are thought to involve closure of the junctional complexes between mammary alveolar cells, preventing direct access of tissue fluids to the lumen of the mammary alveoli and an increase in the synthetic activity of the mammary alveolar cells.

(567) All studies reporting volumes of milk produced during the onset of lactation show low levels for the first 2 days, increasing markedly on Days 3 and 4 and levelling off from Day 5 and during the second week (Kaucher et al., 1945; Roderuck et al., 1946; McClelland et al., 1978; Saint et al., 1984; Neville et al., 1988). Similar volumes were reported for studies undertaken in the USA (Neville et al., 1988), Australia (Saint et al., 1984), and Scotland (McClelland et al., 1978) in which data were obtained by test weighing of infants before and after feeds. Values were approximately 50 ml for the first day, 100–200 ml for the second day, and 500–600 ml by Day 5. Other data reported from a study in the USA showed production rising to 1000 ml/day by Day 5 (Kaucher et al., 1945; Roderuck et al., 1946). In that study, milk was obtained by manual expression and the results suggest that milk production in early lactation can exceed requirements.

(568) Figure 11.5 shows the mean and standard deviation of milk intake reported by Neville et al. (1988). These intake values, obtained from 13 women feeding six male and seven female infants, indicate that consumption increases to an average of

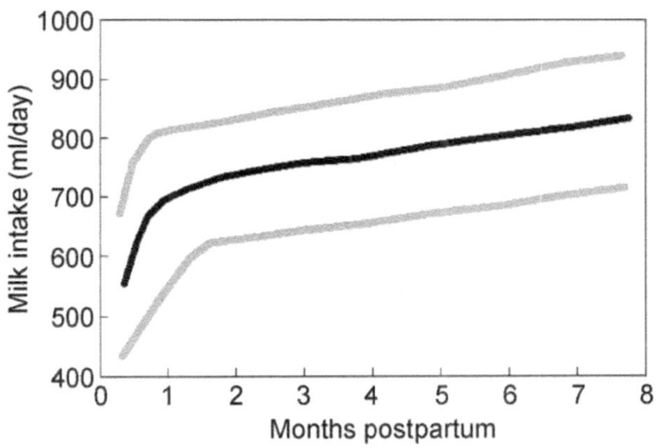

Fig. 11.5. Milk intakes during established lactation. The three lines show the smoothed mean and ±1 SD from the longitudinal study of Neville et al. (1988).

about 700 ml/day by 1 month after birth and then gradually increases to an average of about 800 ml/day by 6 months. These data apply to nutrition exclusively by breast-feeding. Neville et al. (1988) also showed that results from similar studies conducted in different American, European, and African countries all fell within the bounds indicated in Fig. 11.5 by the upper and lower curves.

(569) There is a wide variation in the duration of breast-feeding and the time at which women choose to begin weaning. The time taken to introduce solid foods and cease milk consumption is also very variable. Although solid foods are likely to be introduced earlier than 6 months by most mothers, suckling may continue for many months. Neville et al. (1991) compared milk production in groups of women who either began weaning at 6 months with the intention of ceasing breast-feeding by 15 months, or non-weaning subjects who supplemented their infants' diet with solid foods after 6 months but maintained an average breast-feeding frequency of six times per day. Although the volume produced by the non-weaning group tended to decline as they added supplements to their infants' diets, the rate of decline was much slower than in the weaning subjects. In the weaning group, there was a direct relationship between milk volume produced and feed frequency. Changes in milk composition were observed when volumes fell below 400 ml/day, reversing the changes observed during lactogenesis (Neville et al., 1991).

11.5. Chest wall thickness

(570) One of the important applications of in-vivo monitoring for internally deposited radionuclides is the use of chest counting to determine the presence and quantity of relatively insoluble radionuclides in the lungs (ICRP, 1997). This technique works well for radionuclides having energetic photon emissions but is much more difficult for situations in which the method must rely on low-energy photon emissions such as the 17-keV uranium L x rays used in counting ^{239}Pu. In this latter case, only the photon emissions that pass through the tissue between the ribs will be detected as the ribs will block out the rest of the photons. Due to the very low energies of these photons, considerable absorption will occur in the layers of muscle and adipose tissue before reaching the radiation detectors. Proper calibration and interpretation of the results requires knowledge of the thickness and general composition of the chest wall where radiation measurements are made.

(571) Ultrasonic measurements have been used to determine chest wall thickness in studies such as those reported by Dean (1973), Fry and Summerling (1980), Summerling and Quant (1982), Berger and Lane (1985), Palmer et al. (1989), Kruchten and Anderson (1990), Kang et al. (1993), Vickers (1996), and Kramer et al. (2001a,b). A number of factors have been shown to influence these measurements including the subject's height, body mass, age, and gender; whether the subject is in a sitting or supine position; and the size and location of the chest wall covered by radiation detectors for which chest wall thickness measurements are made. Examples of this latter factor are that some facilities use two 127-mm-diameter phoswich crystal detectors, and other facilities use two-, three-, or six-detector arrays of 51-mm or 71-mm germanium detectors that cover different sized areas of the chest surface.

(572) Results for both male and female workers are given in Table 11.1. These results show that there is considerable variability in chest wall thickness among individuals. The values given reflect a total thickness of the chest wall that has two components: adipose and muscle tissues. The relative adiposity values given in the table express the thickness of the adipose layer as a fraction of the total thickness. As can be seen in the last column, the female values have a larger relative adiposity due to the anatomical differences on the anterior portion of the chest wall. Many of the authors listed above have developed empirical equations relating chest wall thickness to ratios of body mass to height or to $(\text{height})^2$. Some authors also factor age into the calculations. These relationships seem to differ among facilities and all of them have considerable uncertainty associated with them. The computational approach for determining chest wall thickness from such relationships is generally used only for routine screening chest counts or in facilities where no equipment is available to measure chest wall thickness. Careful follow-up of suspected individual

Table 11.1. Examples of chest wall thickness values in workers at facilities in several countries

		England[a]	S. Korea[b]	Canada[c]	Canada[c]	USA[d]	USA[d]
Gender		Male	Male	Male	Male	Male	Female
No. of subjects		135	121	47	137	33	37
Position		Supine	Supine	Supine	Seated	Seated	Seated
Chest wall thickness (cm)[e]	Min.	1.9	1.9	2.9	2.1	2.6	2.1
	Mean	3.0	2.7	4.0	3.7	3.2	3.7
	Max.	4.2	4.1	5.3	7.1	4.5	5.6
Relative adiposity[f]	Min.	0.17	–[g]	–	0.05	0.23	0.44
	Mean	0.28	–	–	0.22	0.34	0.64
	Max.	0.45	–	–	0.40	0.53	0.76
Height (cm)	Min.	152	159	155	155	161	145
	Mean	173	171	176	178	180	165
	Max.	196	182	191	191	193	175
Body mass (kg)	Min.	50	54	65	64	61	40
	Mean	74	69	86	90	87	65
	Max.	116	98	109	150	129	99
Age (years)	Min.	20	24	29	23	25	24
	Mean	45	41	44	45	43	39
	Max.	63	59	63	63	72	61

[a] Summerling and Quant (1982).
[b] Kramer et al. (2001b).
[c] Kramer et al. (2001a).
[d] Vickers (1996).
[e] Rounded to two significant figures.
[f] Average adipose thickness divided by arithmetic average total thickness of chest wall.
[g] Value not given.

exposure cases requires better definition of the chest wall thickness by ultrasonic measurements, or by magnetic resonance imaging scans if more accurate results are required.

11.6. Connective tissue

11.6.1. Structure and functions of connective tissue

(573) Connective tissues serve to anchor, support, and connect the structures of the body. Examples of connective tissues are tendons, which attach muscles to bone; ligaments, which connect bones together; and adipose tissue, which serves to store energy in the form of lipids and to cushion and insulate the body.

(574) Bloom and Fawcett (1975) describe 'connective tissue proper' as consisting of cells and extracellular fibres embedded in an amorphous ground substance containing tissue fluid. The cells of connective tissue are categorised as fixed cells or wandering cells. Fixed cells include: fibroblasts, which produce and maintain connective tissue; fixed macrophages, which engulf cells and pathogens; adipocytes, which store lipids; and melanocytes, which store the pigment melanin. Wandering cells include: mobile macrophages; mast cells, which contain histamine and the clotting agent heparin; lymphocytes or white blood cells; mesenchymal cells that differentiate into fibroblasts and macrophages; and plasma cells that produce antibodies. The ground substance of connective tissue is a clear, syrupy material that fills the spaces between cells. The fibres of connective tissue have been divided traditionally into three types: collagen, reticular fibre, and elastic fibre.

(575) The functions of connective tissue vary with the properties of its extracellular substance. The fibres are responsible for tensile strength and resilience, and the aqueous phase of the ground substance is the medium through which nutrients and wastes pass between the blood and connective tissue cells.

(576) Connective tissue is categorised either as loose or dense, depending on whether the fibres are loosely woven or densely packed. Loose connective tissues provide some protection and strength to tissues and are found around several organs. For example, they are found in the wall of the urinary bladder, where they prevent overexpansion.

(577) Dense connective tissue is further divided into two categories, regular and irregular, depending on whether the fibres have a regular or seemingly random arrangement. For example, tendons are considered as dense regular connective tissues because their fibres are arranged in densely packed, parallel bundles. Dense regular connective tissues provide strong attachments between structures.

11.6.2. Mass of connective tissues

(578) Much of the connective tissue in the body represents an integral part of the structure of other tissues addressed in this document and hence is included in the estimated masses of those tissues. Separable connective tissues whose masses have not been accounted for to this point include various dense connective tissues, primarily

periarticular tissue, tendons, and fascia. Periarticular tissue, which is situated around joints such as knee and hip, was included in part in the reference mass of the skeleton given in *Publication 23* (ICRP, 1975) but is not considered as part of the skeleton in the present report. Limited autopsy data suggest that periarticular tissue represents roughly 2%, and tendons and fascia about 1–1.5%, of the total body mass (Moore et al., 1968; ICRP, 1975). Derived values for the mass of separable dense connective tissue are given in Table 11.2.

Table 11.2. Derived values for mass of separable dense connective tissues[a]

	Mass (g)	
Age	Male	Female
Newborn	120	120
1 year	350	350
5 years	700	700
10 years	1100	1100
15 years	1900	1800
Adult	2600	2100

[a] Primarily periarticular tissue, tendons, and fascia.

11.7. Eye

(579) Basic anatomical features of the eye are illustrated in Fig. 11.6.

(580) A brief summary of these anatomical features, as provided by Charles and Brown (1975), is given below.

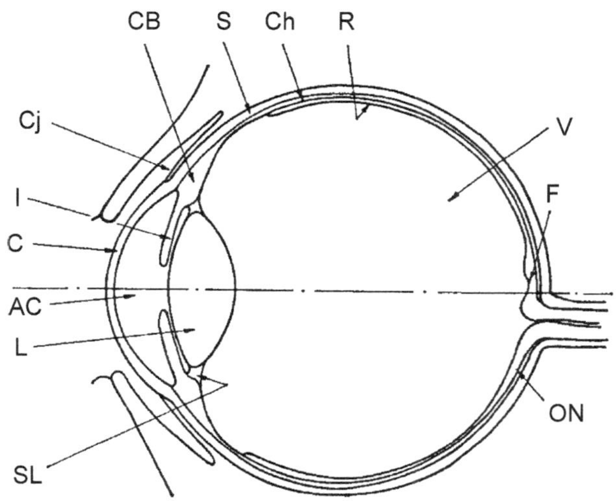

Fig. 11.6. Sagittal section of the eye. AC, anterior chamber; CB, ciliary body; ON, optic nerve; Cj, conjunctiva; SL, suspensory ligament of lens (zonule); Ch, choroids; V, vitreous body; C, cornea; F, fovea; I, iris; L, lens; R, retina; S, sclera. Reprinted with permission from Charles and Brown *Physics on Medicine and Biology* (1975) © Institute of Physics Publishing, Bristol, UK.

> The central line along which the refractive components of the eye are aligned is called the optical axis. An image is focused at the retina due to refraction in the cornea (C) and the lens (L). Variable focusing (accommodation) is provided by the muscles of the ciliary body (CB) acting through the suspensory ligament of the lens to produce changes in its radii of curvature. The space between the cornea and the lens is referred to as the anterior chamber. The ciliary body (CB), choroids (Ch), and iris (I) form a continuous vascular tunic known as the uvea... In a normal population, with the lens in an unaccommodated position, the image of an object at infinity may be brought to a focus in front of, or behind, or on the retina. The first two cases, which may require correction, are known as myopia (short sight) and hypermetropia (long sight) while the third is referred to as emmetropia. Duke-Elder (1961) has reviewed the incidence of refractive errors. Results are typified by a recent study of more than 2000 eyes by Sorsby (1964) who showed that there is a considerable deviation from a normal distribution in favour of emmetropia. More than 70% of the eyes were emmetropic and the remainder were about equally divided between myopic and hypermetropic.

(581) A number of detailed anatomical features of the eyes are available in *Publication 23* (ICRP, 1975). Only key features of dosimetric importance are summarised here.

11.7.1. Eyeball

Mass of the eyeballs

(582) Table 97 in *Publication 23* (ICRP, 1975) lists masses of two eyeballs as measured in 39 human subjects ranging in age from 1 year to adult and an unspecified number of newborns. From this information, reference values have been derived and are given in the following table.

Reference values for the mass of two eyeballs

	Mass (g)	
Age	Male	Female
Newborn	6	6
1 year	7	7
5 years	11	11
10 years	12	12
15 years	13	13
Adult	15	15

Specific gravity of eyeballs

(583) The specific gravity of the eyeball varies between 1.022 and 1.030 (ICRP, 1975).

11.7.2. Lens

(584) As described in *Publication 23* (ICRP, 1975), the lens is a transparent, biconvex, semi-solid body in the eye that is devoid of a blood supply. The anterior surface is called the anterior pole and the posterior surface is called the posterior pole. The junction of these two poles defines the equator of the lens. The lens consists of a mass of transparent cells and lens fibres enclosed in an elastic membrane called the lens capsule. The central portion of the lens, called the nucleus, gradually becomes denser and harder than the peripheral portions.

Mass of the lens

(585) Data presented in *Publication 23* (ICRP, 1975) indicate that the mass of both lenses in newborns is about 0.13 g, increasing to about 0.4 g in young adult males and females. This mass continues to increase in older adults, reaching a value of about 0.45 g after age 60 years.

Specific gravity of the lens

(586) The reported range of specific gravity of the lens is 1.079–1.121. The specific gravity appears to increase with age from age 20 years to age 90 years (ICRP, 1975).

Location of cells at risk

(587) Charles and Brown (1975) presented important information on the identification of cells most at risk from radiation and specified their location on the eye. They examined the results of published studies of radiation-induced opacities in survivors of the atomic bombings, persons who received radiotherapy, and eye-irradiation studies in laboratory animals. These studies provided strong evidence that damaged cells of the germinative epithelium in the equatorial region were the important precursors to radiation-induced cataracts.

(588) Charles and Brown (1975) also evaluated the relevant depth of the lens in the eye. From the dimensional results published by Lowe (1972), Lowe and Clark (1973a,b), and Brown (1972, 1973a,b, 1974), they constructed geometrical models of ocular dimensions for the unaccommodated eye. They modelled eyes for a 20–65-year-old emmetropic individual, a young myopic individual, and an old hypermetropic individual. Their results indicated that in the normal adult population, the minimum depth of the cells at risk is 2.3 ± 0.4 mm. The upper and lower values are associated with younger and older subjects, respectively. Reference values for critical dimensions of this type from *Publication 23* (ICRP, 1975) are given below.

Reference values for lens depth and size in adult males and females

	Lens depth and size (cm)
Anterior aspect of lens to anterior pole of cornea	0.3–0.4
Anterior aspect of lens to anterior aspect of closed lid	0.8
Equator of lens to anterior of corneal border	0.3
Equatorial diameter of lens	0.9
Axial thickness of lens	0.4

11.8. Muscle (skeletal)

11.8.1. Types of muscle tissue

(589) There are three main types of muscle tissue: (1) skeletal, voluntary, or striated; (2) smooth, involuntary, non-striated, or visceral; and (3) cardiac or heart. The present section is concerned with skeletal muscle alone.

11.8.2. Distribution, structure, and function of skeletal muscle

(590) In the newborn, approximately 40% of the total skeletal muscle is in the head and trunk, 20% is in the upper extremities, and 40% is in the lower extremities. In the adult, approximately 25–30% is in the head and trunk, 18–20% is in the upper extremities, and 55% is in the lower extremities (ICRP, 1975).

(591) Muscle tissue consists of cylindrical, multinucleated cells called fibres. Skeletal muscle has many long fibres that have the ability to contract, which results in the movement of attached structures such as the skeleton.

(592) Skeletal muscles have a mixture of two basic types of fibres: fast twitch and slow twitch. Fast-twitch fibres are capable of contracting faster and developing greater forces than slow-twitch fibres, and they have greater anaerobic capacity. Slow-twitch fibres develop force relatively slowly but can maintain contractions longer and have higher aerobic capacity than fast-twitch fibres. Distance runners and bicyclists, for example, rely largely on aerobic energy generated by slow-twitch muscle, while sprinters and weight lifters rely largely on anerobic energy generated by fast-twitch fibres.

11.8.3. Mass of skeletal muscle

(593) Central estimates of skeletal muscle mass as a percentage of total body mass based on dissection data are approximately 23% for newborn infants, 40% for adult males, and 29% for adult females (ICRP, 1975; Malina, 1986). Some direct measurements are also available for young children and adolescents (Blackfan, 1933). The data are sparse and variable, however, and do not reveal a clear pattern of change with age.

(594) Indirect estimates of the rate of increase of skeletal muscle mass during growth have been made on the basis of urinary creatinine excretion (Malina, 1969; Cheek, 1974) or changes in total body potassium (Lloyd and Mays, 1987). The mass of creatinine excreted per day appears to be a particularly useful index for skeletal muscle mass because urinary creatinine is almost entirely a by product of muscle metabolism. A constant relationship between muscle mass and daily creatinine excretion has been suggested on the basis of animal studies (Heymsfield et al., 1983). Experimentally determined values for 'creatinine equivalence' (kg muscle mass/g urinary creatinine) in animals range from 17 to 22 (Heymsfield et al., 1983; Malina, 1986).

(595) A definitive creatinine equivalence for humans has not been established because creatinine measurements and direct measurements of muscle mass are not available for the same subjects. The lower-bound estimate established from data on laboratory animals, 17 kg muscle/g urinary creatinine, is consistent with central estimates for muscle mass in adult humans as determined from dissection data, when comparison is made with the age-specific estimates of urinary creatinine clearance in Chapter 8. This relation is used to derive reference values for skeletal muscle mass for ages 1–15 years, based on the reference values for creatinine excretion given in Chapter 8. The reference values for skeletal muscle mass in newborns, adult males, and adult females are consistent with dissection data.

Reference values for mass of skeletal muscle

	Mass (g)	
Age	**Male**	**Female**
Newborn	**800**	**800**
1 year	**1900**	**1900**
5 years	**5600**	**5600**
10 years	**11 000**	**11 000**
15 years	**24 000**	**17 000**
Adult	**29 000**	**17 500**

11.9. Pituitary gland (hypophysis)

(596) The pituitary gland is located anterior to the spinal cord where it joins onto the brain. In *Publication 23* (ICRP, 1975), the observed mass of the pituitary gland is given for a group of 336 male and female subjects ranging in age from newborn to 84 years. From these data, the following reference values have been selected.

Reference values for mass of the pituitary gland

Age	Mass (g)	
	Males	Females
Newborn	0.1	0.1
1 year	0.15	0.15
5 years	0.25	0.25
10 years	0.35	0.35
15 years	0.5	0.5
Adult	0.6	0.6

11.10. Spleen

(597) The oval spleen is the largest mass of lymphatic tissue in the body. It is situated in the left hypochondeiac region between the fundus of the stomach and the diaphragm. Its visceral surface contains the contours of the organs adjacent to it; the gastric impression (stomach), renal impression (left kidney), and colic impression (left flexure of colon). The diaphragmated surface is smooth and convex and conforms to the concave surface of the diaphragm to which it is adjacent.

11.10.1. Mass of the spleen

(598) The mass of the spleen has been measured in several studies. Age- and gender-specific data from relatively detailed studies of four populations (Boyd, 1933, 1941; IAEA, 1998) are compared in Fig. 11.7. Remarkable agreement among these studies is found for pre-adult ages, recognising that the studies represent countries with considerably different anthropological characteristics and dietary habits. Greater differences in the results of these studies are seen for adults. These differences cannot be explained completely by differences with race in body size. For example, peak values for adult male Japanese are still about 15% lower than those for adult male Americans after normalisation of the data sets to total body mass.

(599) The following reference values for mass of the spleen are based mainly on data of Boyd (1933, 1941).

Reference values for mass of the spleen

Age	Mass (g)	
	Male	Female
Newborn	9.5	9.5
1 year	29	29
5 years	50	50
10 years	80	80
15 years	130	130
Adult	150	130

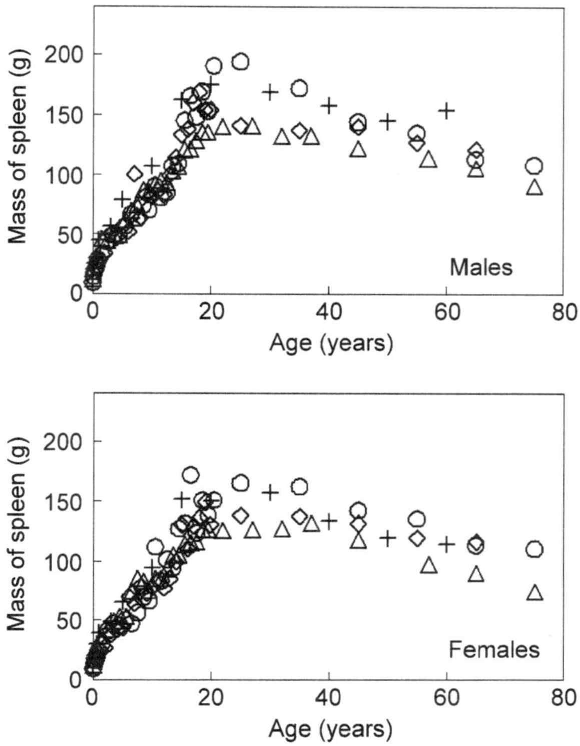

Fig. 11.7. Mass of the spleen as determined in four populations. (○) Western data (Boyd, 1933, 1941); (△) Japanese data; (+) Chinese data; (◇) Indian data (IAEA, 1998).

11.10.2. Specific gravity of the spleen

(600) The specific gravity of the spleen is approximately 1.06 (ICRP, 1975).

11.11. Thymus

(601) The thymus is a bi-lobed structure with the two parts joined by connective tissue. It is situated in the mediastinum between the lungs and anterior to the aortic arch. Extensions into the neck are common. The thymus is a relatively large organ at birth and reaches a maximum size during adolescence. After puberty, the thymus undergoes retrogression or involution. The stroma becomes infiltrated with fatty tissue and the parenchyma is largely replaced. Before its retrogression, the thymus plays a fundamental role in the immunological processes of the body (ICRP, 1975).

(602) *Gray's Anatomy* (Williams, 1995) summarises current views about the change in thymus mass as a function of age.

It was previously believed that it increased in size until puberty after which it declined dramatically (Bratton, 1925; Young and Turnbull, 1931; Boyd, 1932). However, many of the studies giving rise to this conclusion were based on post-mortem findings after illness of varying durations, and several authors commented that the thymus weights recorded were, therefore, probably under-estimates. Studies of thymus weight after sudden death have recorded a wide variation at all ages, but the general pattern is an increase to about age 10 years, a modest decline between age 10 years and adulthood, and a further slight decline after the fifth decade (Kendall, 1981; Steinmann, 1986; Tanaka, 1992). Computed tomography and imaging studies of the thorax have given similar results (Moore et al., 1983).

11.11.1. Mass of the thymus

(603) The typical mass of the thymus is 10–15 g at birth and reaches a maximum mass of about 30–40 g at about the time of puberty (Warwick and Williams, 1973; Fawcett, 1986). Thereafter, the thymus undergoes a gradual atrophy and replacement by fat, and may weigh only a few grammes in some older adults (Warwick and Williams, 1973).

(604) The mass of the thymus as a function of age is presented in Fig. 11.8. The data for Western subjects are taken from *Publication 23* (ICRP, 1975; also see Krogman, 1941) and represent mean values based on collective information for male and female subjects from the USA and England. The gender-specific values for Japanese subjects are typical masses based on the measurements of Tanaka (1992).

(605) The data in Fig. 11.8 are suggestive of differences with race in the mass of the thymus relative to body size, in view of the higher mean values for Japanese subjects than for Western subjects during adolescence and adulthood. On the other

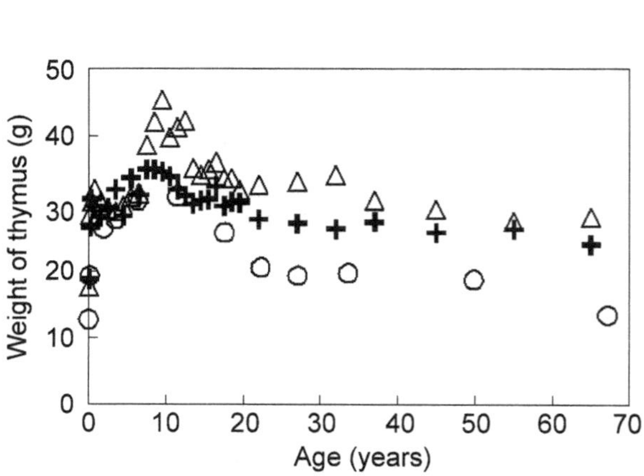

Fig. 11.8. Mass of the thymus as reported for Western and Japanese subjects. (○) Data for Western subjects, mean values based on collective information for both genders (ICRP, 1975). Gender-specific values for Japanese subjects (△, male; +, female) are typical masses based on data of Tanaka (1992).

hand, the differences in reported thymus masses may have resulted in part from differences in autopsy techniques and, in adults, in the definition of the scarcely recognisable thymus. It is also conceivable that the data for Western subjects, which were collected in the first half of this century, are less representative of current Western man than the newer Japanese data. In this regard, it is known that the thymus can diminish rapidly in size due to a variety of stimuli such as disease, stress, and dietary deficiencies, and can also show rapid regeneration (Fawcett, 1986). The following reference values for the mass of the thymus are based on the data shown in Fig. 11.8.

Reference values for mass of the thymus

	Mass (g)	
Age	**Male**	**Female**
Newborn	**13**	**13**
1 year	**30**	**30**
5 years	**30**	**30**
10 years	**40**	**35**
15 years	**35**	**30**
Adult	**25**	**20**

11.11.2. Specific gravity of the thymus

(606) The specific gravity of the thymus is approximately 1.07 in the newborn and 1.025 in the adult (ICRP, 1975).

11.12. Thyroid

(607) The thyroid gland is located just below the larynx. The right and left lateral lobes lie on either side of the trachea. The lobes are connected by a mass of tissue called the isthmus that lies in front of the trachea, just below the cricoid cartilage. The pyramidal lobe, when present, extends upwards from the isthmus.

11.12.1. Mass of the thyroid

(608) The mass of the thyroid gland varies with many factors, including age, gender, and the level of iodine in the diet. Typical ranges of thyroid masses at different ages, based on measurements collected from several autopsy studies, are shown in Fig. 11.9 (Boyd, 1941; Mochizuki et al., 1963; Raulier-Fabry and Hammer, 1965; Kay et al., 1966; Hegedus et al., 1983, 1986; Pankow et al., 1985; Oberhofer et al., 1989; Tanaka, 1992).

(609) Ultrasound has become a widely used procedure for detection of thyroid nodules, and the derived images may be used to estimate thyroid mass as an indicator of the functional status of the gland. The volume of the thyroid is commonly

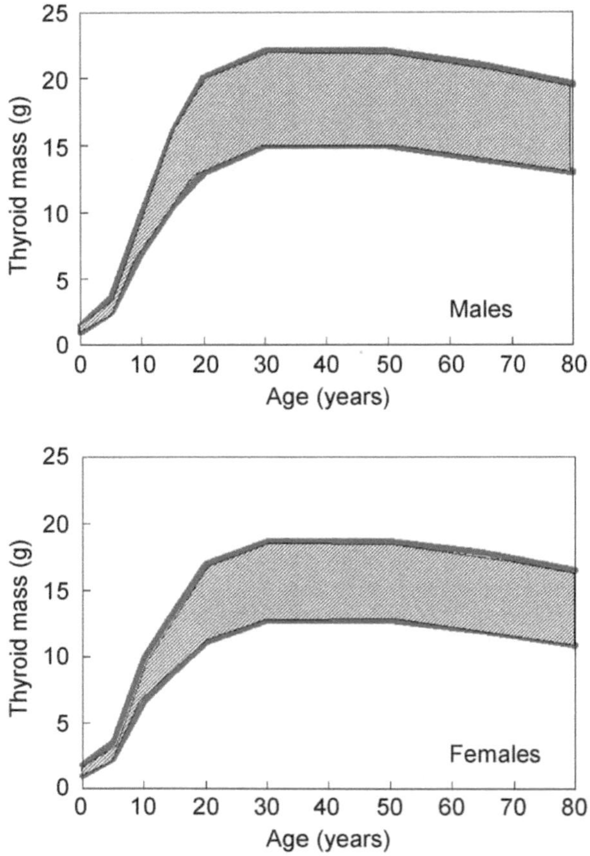

Fig. 11.9. Mass of the thyroid gland as a function of postnatal age.

estimated by representing each thyroid lobe by an ellipsoid of revolution. The mass of the thyroid is calculated as the product of the thyroid volume and the specific gravity of the thyroid gland. The isthmus connecting the two lobes is included by some authors and omitted by others. Additionally, estimated thyroid masses involve uncertainties associated with interequipment and interobserver variation (Özgen et al., 1999; Zimmermann et al., 2001).

(610) Data based on sonographic measurements may be used to compare thyroid masses in populations with different levels of iodine in the diet (Table 11.3). The data indicate substantially higher thyroid masses in populations with mild iodine deficiency than in populations with iodine sufficiency.

(611) Reference values for the mass of the thyroid are within the range of autopsy measurements indicated in Fig. 11.9. Values slightly higher than the central estimates derived from autopsy data were selected in view of the relatively large portion of the world population with suspected iodine insufficiency.

Table 11.3. Comparison of median values for mass of the thyroid gland (g) in children in countries or regions with suspected iodine insufficiency with those having an iodine sufficiency. Results are based on sonographic measurements

Dietary iodine	Country or region	Mass (g)[a]	
		5 years	10 years
Iodine sufficiency	Europe[b]	1.6	2.9
	Malaysia[c]	–	3.3
	Switzerland[d]	2.3	3.8
	USA[e]	–	4.3
	WHO and ICCIDD[f]	2.4	3.4
Iodine insufficiency suspected	Belarus (Gomel)[g]	3.1	6.6
	Belarus (Mogilev)[g]	4.8	7.4
	Russia (Bryansk)[g]	4.1	8.5
	Ukraine (Kiev)[g]	6.8	9.3
	Ukraine (Zhitomir)[g]	4.4	5.7

[a] The thyroid mass, in grammes, is taken to be numerically equal to the measured thyroid volume, in cm^3.
[b] Guntekust and Martin-Teichert (1993).
[c] Foo et al. (1999).
[d] Hess and Zimmerman (2000).
[e] Xu et al. (1999).
[f] Zimmerman et al. (2001). Corrected values.
[g] Yamashita and Shibata (1997). Values for boys only.

Reference values for mass of the thyroid gland

Age	**Mass (g)**	
	Male	**Female**
Newborn	**1.3**	**1.3**
1 year	**1.8**	**1.8**
5 years	**3.4**	**3.4**
10 years	**7.9**	**7.9**
15 years	**12**	**12**
Adult	**20**	**17**

11.12.2. Specific gravity of the thyroid gland

(612) The specific gravity of the thyroid gland is approximately 1.05 (ICRP, 1975).

12. PREGNANT WOMAN: ANATOMICAL AND PHYSIOLOGICAL CHANGES

(613) Implantation and subsequent rapid growth of the conceptus brings about a series of changes in the mother that last for the entire period of gestation. Placental hormones that invoke adjustments to support the growth of the conceptus while satisfying the mother's own needs modulate many of the changes.

12.1. Anatomical changes

12.1.1. Normal mass gain during pregnancy

(614) Normal pregnant women gain a considerable amount of mass during the course of the gestation. This extra mass reflects increases in maternal body mass as well as the growth of the conceptus. Many cross-sectional studies of mass gain during pregnancy have been published. The results of a few studies are presented in Table 12.1. The subjects included in these studies are all white and of European origin, except for black women included in three of the studies. The mean pregnancy mass gain in both populations ranges from 9.3 to 11.7 kg, with an average of 10.1 kg. The average mass gain of the primigravidas is 11 kg, whereas the average mass gain of multigravidas and mixed population (mostly multigravidas) is about 1 kg smaller. The studies show higher mass gains in the UK population than in the US white population, the difference being approximately 1.0 kg (the difference is probably non-significant).

(615) A study of mass gain of Scottish primigravidas (Thomson and Billewicz, 1957) greatly influenced concepts on spontaneous mass gain in a well-fed white population. In this study, total mass gain between the end of the first trimester and term was 11.4 kg. Assuming that mass gain during the first trimester is approximately 1 kg, Hytten and Leitch (1971) concluded that the average woman gains 12.5 kg during pregnancy. A generalised curve of mass gain during pregnancy is shown in Fig. 12.1 assuming a total mass gain of 12.5 kg in healthy primigravidae eating without restriction.

(616) There is wide variation in the mass gain. The model value is between 0.41 and 0.45 kg/week as averaged between Week 20 and birth. Even in the highly selected

Table 12.1. Weight gain during pregnancy in selected US and UK studies

Country	Subjects (*n*)	Weight gain (kg)	Reference
UK	White (526)	11.7	Humphreys (1954)
	Black (474)	10.7	
UK	White (2868)	11.4	Thomson and Billewicz (1957)
USA	White (12 569)	9.9	Nyirjesy et al. (1968)
USA	White (6675)	9.9	Eastman and Jackson (1968)
	Black (5236)	9.3	
USA	White (8293)	10.4	Niswander et al. (1969)
	Black (6909)	10.2	

Adapted from Rosso (1990).

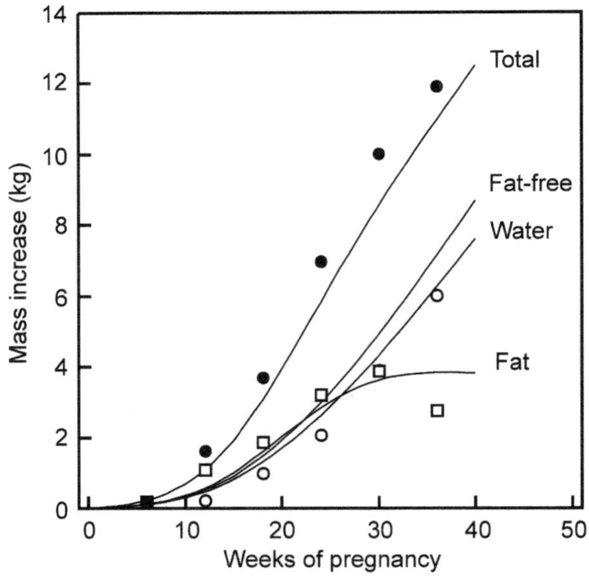

Fig. 12.1. Maternal body composition changes during gestation. Curves adapted by Munro and Eckerman (1998) from Hytten (1980). The datum points are from Goldberg et al. (1993) for body mass (●), fat (□), and fat-free (○) mass increases.

group of Scottish women, there are some who gained hardly any mass and others who put on more than twice the mean mass gain. A mass gain of 12.5 kg is adopted as a typical value for the primigravidae. While the gain in later pregnancies may be somewhat less, the difference on average is probably less than 1 kg. The components of the mass gain corresponding to the curve of Fig. 12.1 are given in Table 12.2.

(617) The changes in maternal body composition are summarised in Table 12.3 based on studies reviewed by Hytten and Leitch (1971), and Hytten (1991a,b,c). As seen in the table, the main changes associated with an intake are in the body water and fat. Some changes in protein accumulation occur because of the enlargement of the uterus and mammary glands, and changes in the blood volume. More recent studies of the changes in body composition during pregnancy confirm the progressive increase in maternal body water and fat, but they disagree with respect to absolute values. Van Raaij et al. (1988) estimate that the average fat accumulation in women gaining 12 kg in body mass is about 2.0 kg. Earlier, Durnin and Wormsley (1974) and Pipe et al. (1979) concluded that well-nourished pregnant women near term accumulate 1.9 kg of body fat. Interestingly, these authors suggest a fat accumulation of about 2.4 kg between the end of the first trimester and mid-gestation. This suggests that during the last half of gestation, maternal body fat would decrease by about 0.5 kg. In a later paper, Durnin (1991) reported somewhat higher accumulation values (2.5 kg) but still lower than the theoretical estimate of Hytten and Leith (1971) (see Table 12.3). The highest reported value for maternal fat accumulation (5.1 kg) was obtained in a group of Swedish women (Forsum et al., 1988).

Table 12.2. Analysis of weight gain during pregnancy

Tissues and fluids	Increase in mass (g) up to: 10 weeks	20 weeks	30 weeks	38 weeks
Fetus	5	300	1500	3400
Placenta	20	170	430	650
Amniotic fluid	30	350	750	800
Uterus	140	320	600	970
Breasts	45	180	360	405
Blood	100	600	1300	1450
Extracellular–extravascular fluid[a]	0	30	80	1480
Unaccounted maternal stores	310	2050	3480	3340
Total[a]	650	4000	8500	12 500
[a]No oedema. The following values are representative of generalised oedema.				
Extracellular–extravascular fluid	0	500	1530	4700
Total	650	4500	10 000	14 500

Table 12.3. The components of weight gain (g) during pregnancy

Component	Weeks of pregnancy: 10	20	30	40
Water	0	30	80	1496
Protein	36	165	498	925
Fat	328	2064	3594	3825

Fetal mass

(618) The mass of the developing fetus is discussed in Chapter 3 and is noted here as it contributes to the mass gain during pregnancy. As a general note, the fetal mass gain is based on cross-sectional data, although it is assumed here to reflect the pattern in the development of the reference individual.

Placental mass

(619) The mass of the placenta throughout pregnancy is shown in Fig. 12.2. The curve of that figure is based on measurement of over 50 000 placentas (Thomson et al., 1969). The mean mass of the placenta at term is 650 g. The data reported by McKeown and Record (1953), and Hosemann (1949) are also shown in Fig. 12.2. The mean placental mass observed at term by Hohler et al. (1972) was 487±98 g (n=563), and Stevens-Simon et al. (1995) reported a mean value of 462±80 g (n=77).

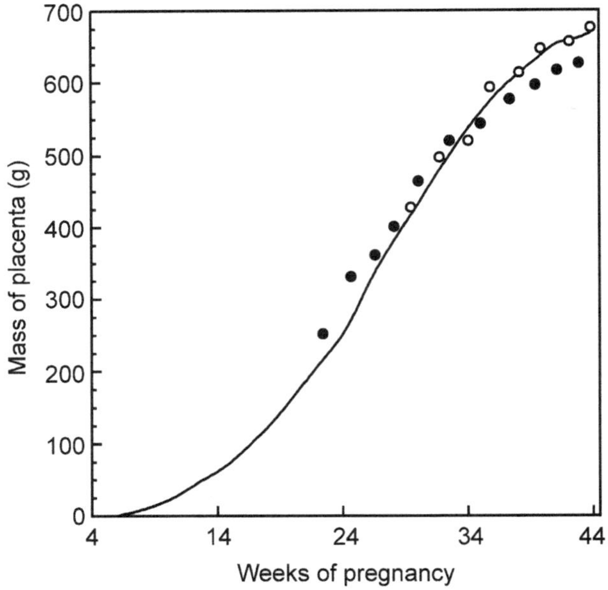

Fig. 12.2. Growth in mass of the placenta. The curve represents data for over 50 000 placentas (Thomson et al., 1969). The solid datum points are the data of Hosemann (1949) and the open datum points are from McKeown and Record (1953).

Amniotic fluid

(620) The amniotic fluid serves to give the fetus room to grow and move while protecting it from mechanical shock. Lind and Hytten (1972) and Lind et al. (1972) provide evidence that the amount of amniotic fluid during the first half of pregnancy is closely related to the fetal mass. During the second half of pregnancy, the amount of fluid presumably reflects the amount of fluid ingested by the fetus and the fetal urine production (maturation of the kidneys). Problems in measuring the amniotic fluid have been discussed by Hytten and Leitch (1971), McCarthy and Saunders (1978), and Abramovich (1978). The values of Fig. 12.3 beyond 20 weeks are reasonable speculations. There is wide scatter of values throughout the last trimester, ranging from 500 and 1500 ml, with a declining trend towards term. A maximum value of about 800 ml occurs at about 34 weeks with a slight decline at term (Hytten, 1991a).

Uterus

(621) Limited data have been published on the change in the mass of the uterus during pregnancy. Figure 12.4 shows the mass of 32 pregnant uteri collected by Hytten and Cheyne (1969), four collected by Morrione and Seifter (1962), the mean mass of nine uteri published by Woessner and Brewer (1963), and the range suggested by von Stieve (1932). The mean mass of the non-pregnant uterus varies from under 50 g in the nullipara to over 100 g in women with five or more pregnancies (Woessner and Brewer, 1963); a reference value of 80 g was adopted in Chapter 8.

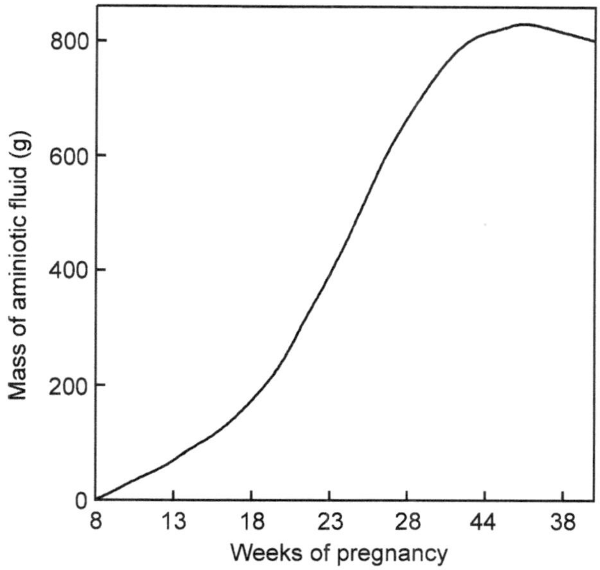

Fig. 12.3. Mass of amniotic fluid throughout pregnancy. Adapted from Hytten (1991a).

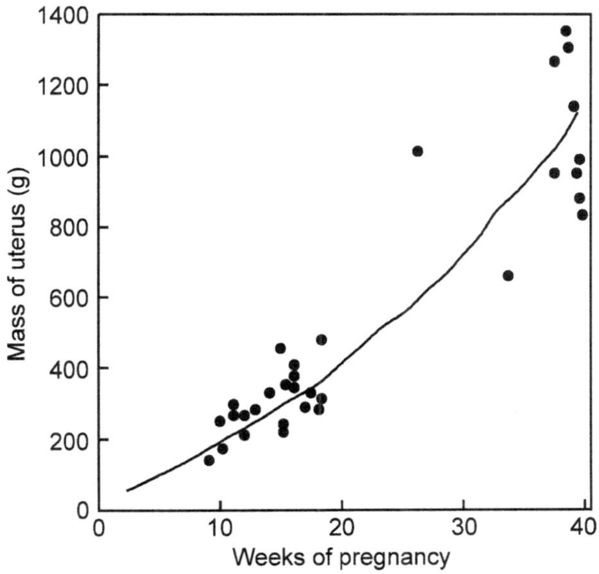

Fig. 12.4. Mass of the uterus throughout pregnancy. Data of von Stieve (1932), Morriane and Seifter (1962), Woessner and Brewer (1963), and Hytten and Cheyne (1969).

The data of Table 12.2 are based on Fig. 12.4 assuming a mean mass of 80 g for the uterus in the non-pregnant adult female.

Breasts

(622) The only data reported by Hytten (1991a) on the increase in the breasts was based on water-displacement methods (Hytten, 1954). The mean volume of the primigravid breast (both) in early pregnancy (9–12 weeks) was about 565 ml; it rose to about 665 ml by 20 weeks and 775 ml at term. The multiparae who were measured began pregnancy with a somewhat greater breast volume of 600 ml and reached a mean of 780 ml at term. Hytten (1991a) suggested that 25 ml are added to each breast during the first 10 weeks, a further 75 ml between 10 and 20 weeks, a further 100 ml between 20 and 30 weeks, with an additional 25 ml to term (a total of 225 ml to each breast).

Blood volume

(623) The increase in the blood plasma and red cells contribute to the mass gain of pregnancy as indicated in Table 12.2. The plasma volume and total red cell volume are under separate control and bear no fixed relationship to one another.

(624) The history of plasma volume in pregnancy was reviewed by Hytten and Leitch (1971), and Hytten (1985). Tracers that do not cross the placenta are used to measure only the maternal plasma volume. Measurements of 56 healthy primigravidae measured in the left lateral position by Pirani et al. (1973) show that plasma volume rises progressively throughout pregnancy to a plateau in the last 8 weeks. The data from a recent study by Whittaker et al. (1996) are shown in Fig. 12.5.

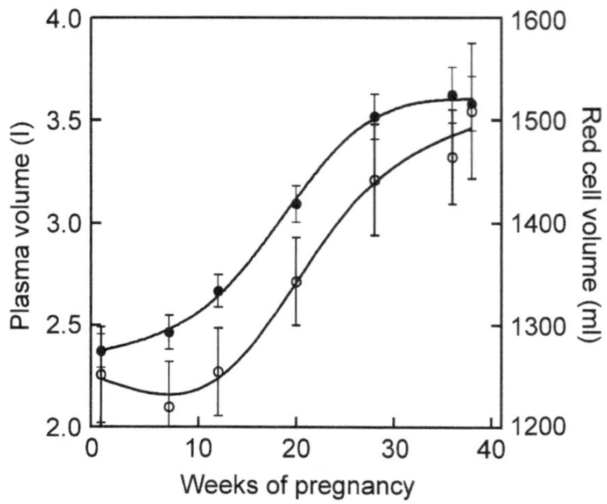

Fig. 12.5. Increase in maternal plasma volume (●) and total red cell volume (○) during pregnancy. The curves are spline fits to data from Whittaker et al. (1996). Non-pregnant (pre-pregnancy and postpartum) values are shown at gestational age 0. Adapted from Munro and Eckerman (1998).

(625) Healthy women, in a normal first pregnancy, increase their plasma volume from a non-pregnant level by about 1250 ml. In subsequent pregnancies, the increase is greater and may be about 1500 ml. Most of the increase takes place before 30–32 weeks and thereafter there is relatively little change. The increase is related to the size of the fetus, and there are particularly large increases in plasma volume associated with multiple pregnancies.

Red cell volume

(626) Considerably less information has been published on the red cell volume. Measurement of labelled red cells suggests a value of about 1400 ml for the quantity of red cells in the average healthy woman before pregnancy (Letsky, 1991). The rounded values for the increase in women not given iron medication is about 240 ml (18%) and for those given iron about 400 ml (30%). The mean red cell volume in women with twins was about 680 ml above the controls, and in women with triplets it was 900 ml above the controls (Rovinsky and Jaffin, 1965). The data from a recent study by Whittaker et al. (1996) are shown in Fig. 12.5.

Changes in blood volume at parturition

(627) Dramatic changes in maternal blood volume occur at delivery (Letsky, 1991). The blood loss at vaginal delivery is about 500 ml of blood (about 1000 ml for twins). For a Caesarean delivery, the blood loss would be about 1000 ml. Within a few days after delivery, the blood volume expands to near normal values because of an increase in plasma volume. The reduction in the haematocrit is proportional to the amount of blood lost during the delivery.

12.2. Physiological changes

(628) Several recent papers have highlighted maternal physiological changes, from the standpoint of general medical interest (Sibai and Frangieh, 1995) or from the standpoint of changes in toxicokinetics and pharmacokinetics (Mattison et al., 1991; Luecke et al., 1994; O'Flaherty, 1994; Roberts and Silbergeld, 1995; Munro and Eckerman, 1998).

12.2.1. Energy intake

(629) Basal metabolic rate (BMR) increases throughout pregnancy in absolute terms. However, little or no change in BMR per unit body mass is seen through pregnancy (Goldberg et al., 1993; Piers et al., 1995). Recent studies raise doubts about the earlier theoretical estimate of 85 000 kcal for the energy cost of pregnancy (Hytten, 1980, 1991b). A Five-Country Study showed the total energy costs ranging from about 19 000 kcal for undernourished Gambian women to 67 000 kcal for well-nourished Scottish woman, (Durnin, 1987) with an average total cost of 55 000 kcal. Actual increases in energy intake are quite modest, depending mainly on body size and level of physical activity (NAS, 1990; Rosso, 1990). Munro and Eckerman

(1998) suggest that assuming an increase in energy intake of 250–300 kcal/day during the second and third trimesters of pregnancy is reasonable.

12.2.2. Fluid intake

(630) Although a marked increase in thirst and fluid intake occurs during pregnancy (Hytten, 1991a), the intake is only transient, being significant around the fifth week of gestation as the thirst threshold decreases and continuing until recalibration of the osmoregulatory set point is complete around the tenth week (Davison, 1988). After these changes occur, pregnant women in general do not have elevated water intake nor excess urine production.

12.2.3. Respiratory function

(631) Respiratory function during pregnancy has been the subject of extensive reviews (Fishburne, 1979; Weinberger et al., 1980). During pregnancy, the respiratory function is influenced by various mechanical and biochemical factors. The major mechanical factor is increased intra-abdominal pressure caused by the enlarged uterus, which alters the position of the diaphragm and the configuration of the thoracic cage. The most characteristic change in respiratory function associated with pregnancy is increased resting ventilation. Changes in the minute volume

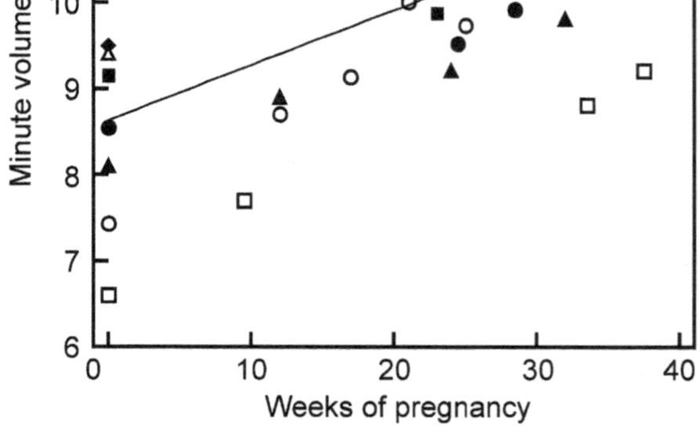

Fig. 12.6. Linear increases in minute volume with gestational age in weeks (time since last menstrual period). Non-pregnant (and postpartum) values are plotted at age 0. Data from serial studies: (●) Pernoll et al. (1975); (◆) Lotgering et al. (1991); (□) Rees et al. (1990); (▲) Lehmann and Fabel (1973); (■) Alaily and Carrol (1978); (○) Cugell et al. (1953); (△) Spätling et al. (1992).

begin as early as 8–11 weeks of pregnancy due to increases in tidal volume and corresponding minute volume that probably result from the rising progesterone level. The increased minute volume exceeds the increased O_2 consumption or metabolic rate. Data on minute volume from several studies are presented in Fig. 12.6.

12.2.4. Gastrointestinal function

(632) Despite early studies, e.g. Davison et al. (1970), that generally indicated an increased transit time in most or the entire gastrointestinal tract, recent studies find no change in stomach-emptying times at any point during pregnancy (Macfie et al., 1991; Sandhar et al., 1992; Whitehead et al., 1993). Data for transit times in the small intestine are sparse but are suggestive of a modest average increase with great individual variability (Parry et al., 1970). In the absence of better data, no change in the transit time in the small intestine can be quantified. The colonic transit time may increase in pregnancy as it does in the progesterone-dominated phase of the menstrual cycle (Wald et al., 1981; Sarna, 1991). Indirect evidence for an increased colonic transit time is that constipation in pregnancy is a relatively common occurrence. Wald et al. (1982) reported that five of 15 women had constipation thought to be in part a consequence of the reduced peristalsis in the large intestine. However, in the absence of better data, no change in gastrointestinal function is indicated.

12.2.5. Liver function

(633) Liver function during pregnancy has received attention because of changes in hepatic function tests and the occurrence of liver complications of unclear aetiology (Scholtes, 1979). The only change that may be related to change in hepatic function is elevation of serum cholesterol. Serial blood samples in bromosulphothalein tests revealed a 27% decrease in bile secretion during the last half of the pregnancy while the liver storage capacity increased by 122% (Combes et al., 1963). Tindall and Beazley (1965) confirmed these findings.

12.2.6. Renal function

(634) The kidneys probably enlarge during pregnancy because of the increased vascular volume (Cietak and Newton, 1985). The mass of the kidney at autopsy in 137 women dying during or slightly after pregnancy was 307 g, compared with the non-pregnant value of 250 g (Sheehan and Lynch, 1973). Pregnancy results in an increase in both the glomerular filtration rate (GFR) and the effective renal plasma flow (ERPF) (Dunlop, 1981; Duvekot and Peeters, 1994) as indicated in Fig. 12.7. Since GFR increases less than ERPF during early pregnancy, the ratio of GFR to ERPF, known as the filtration fraction, falls. Late pregnancy is associated with an increase in filtration fraction to values similar to the non-pregnant norm.

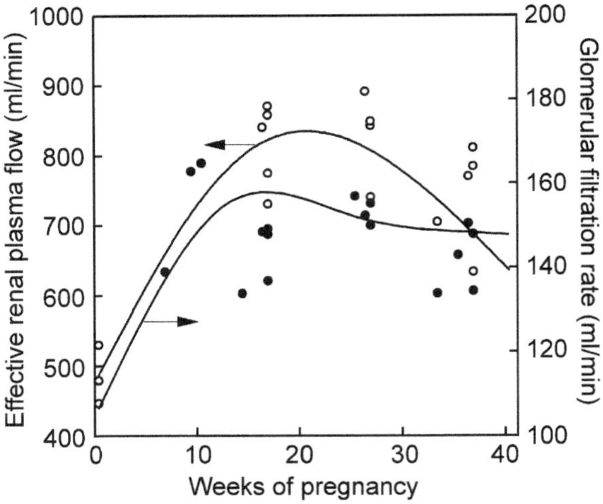

Fig. 12.7. Increase in glomerular filtration rate and effective renal plasma flow during pregnancy.

12.2.7. Cardiovascular function

(635) The main cardiovascular changes of interest from the standpoint of biokinetic modelling are a pronounced increase in cardiac output and a dramatic shift in the pattern of regional blood flow to various organs.

Cardiac output

(636) Cardiac output is known to increase in pregnancy; the underlying changes and time course of events have been reasonably well delineated, recently refined, and reviewed (Hunter and Robson, 1992; Duvekot and Peeters, 1994; van Oppen et al., 1996). The increased cardiac output results from increases in both the heart rate and stroke volume. Data from recent serial studies are plotted in Fig. 12.8. A comparison by van Oppen et al. (1996) of longitudinal studies showed increases continuing through the second trimester, with means rising, levelling, or decreasing somewhat in the third trimester. These reviewers concluded that the discordance in the third-trimester patterns was due to individual variability.

Regional blood flow

(637) The organs receiving the greatest increase in blood flow in pregnancy are the uterus, kidneys, and the skin, especially that of the hands and feet. Flow to the breasts also increases, although quantification is difficult. Reference values for regional blood flow in pregnancy are given below. It can be seen that the increase in uteroplacental blood flow dominates.

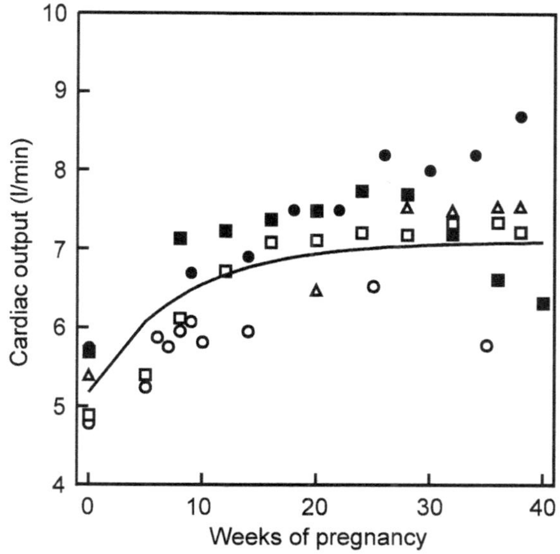

Fig 12.8. Maternal cardiac output as a function of gestational age. Pre-pregnancy and late postpartum values are shown at age 0. Data from serial studies of (○) Duvekot et al. (1993a), (□) Robson et al. (1989); (△) Thomsen et al. (1993); (●) Mabie et al. (1994); (■) van Oppen et al. (1995).

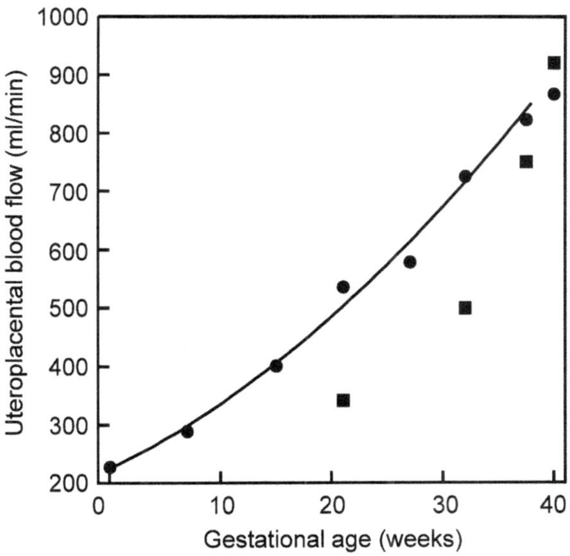

Fig. 12.9. Uteroplacental blood flow as a function of gestational age. The polynomial fit was calculated by weighting the data of (●) Thaler et al. (1990) and (■) Palmer et al. (1992) by the number of subjects in their studies. Weighted non-pregnant and postpartum values are shown as age 0.

Uterus

(638) Data from two studies (Thaler et al., 1990; Palmer et al., 1992) suggest that the increase in uteroplacental blood flow is much greater at term than the 500 ml/min estimate of reviews (de Swiet, 1991; Sturgiss et al., 1994), and is closer to the 900 ml/min value shown in Fig. 12.9.

Kidney

(639) A considerable portion of the increased cardiac output in pregnancy is seen as increased blood flow to the kidneys, with renal blood flow increases of about 70–80% or 400 ml/min above non-pregnant levels by the beginning of the second trimester (de Swiet, 1991). A decrease during the last trimester still leaves the renal blood flow at 50–60% above the non-pregnant level, an increment of about 300 ml/min at term (Sturgiss, 1994).

Skin

(640) A marked increase in blood flow to parts of the skin, particularly the hands and feet, takes place. Quantitative studies present a confusing and contradictory picture, particularly for other skin areas. Effects of posture and of smoking have invalidated much of the literature. In an attempt to allocate the increased cardiac output to various organs, de Swiet et al. (1991) ventured a guess of 500 ml/min as the total increase to skin by later pregnancy.

Breasts

(641) Estimates of increased breast blood flow are based on estimates of increased breast mass and amount to 150 ml/min at term in one recent study (Sturgiss et al., 1994).

Other

(642) It appears that no increase in liver blood flow takes place in pregnancy (Munnel and Taylor, 1947; Robson et al., 1990). Most sources have assumed no change in the blood flow to the brain, although a recent small study suggests a modest increase (Ikeda et al., 1993). In the absence of corroborating and more complete data, it is assumed that blood flow to the brain remains unchanged.

Summary

(643) The blood flow to regions of the body changes markedly in pregnancy as shown in the following table of reference values. To allow for the additional 400 ml/min to the uteroplacental circulation, flows of 0.56, 1.2, 0.63, 0.26, and 0.24 l/min were assigned to adipose tissue, kidney, skin, breast, and other tissue, respectively, in the pregnant female based on the data for non-pregnant women of Williams and Leggett (1989).

Reference values for blood flow to organs of the non-pregnant and pregnant woman near term

	Blood flow rate (% cardiac output)	
Organ/tissue	**Non-pregnant**	**Pregnant**
Fat	8.5	7.8
Brain	12.0	8.8
Gastrointestinal tract	17.0	12.5
Heart	5.0	3.7
Kidneys	17.0	16.6
Liver	27.0[a]	20.0[a]
Arterial	(6.5)	(4.8)
Portal	(20.5)	(15.2)
Lungs	2.5	1.8
Muscle	12.0	8.8
Pancreas	1.0	0.7
Skeleton	5.0	3.7
Skin	5.0	8.7
Spleen	3.0	2.2
Thyroid	1.5	1.1
Uterus	0.4	12.0
Breast	0.4	3.5
Other	3.2	3.3
Cardiac output (l/min)	5.9	7.3

[a] Total of values in parentheses.

13. ELEMENTAL COMPOSITION OF BODY TISSUES

13.1. Introduction

(644) The interaction of radiation with tissues of the body depends in part on the elemental composition of the tissues. This chapter specifies a composition suitable for use in evaluating the transport of radiation within the body and its energy deposition in the various tissues. Factors such as age, gender, diet, and state of health can affect the composition of body tissues (Woodard and White, 1986; White et al., 1991). However, the data presented here should be sufficient for alpha, electrons, photons, and neutrons of energies typically encountered in radiation protection.

13.2. Gross composition of body tissues

(645) The elemental composition of the body components water, fat, protein, carbohydrate, and bone mineral are given in Table 13.1 (ICRU, 1992). These values are used to calculate the content of the elements in the tissues as tabulated below.

Table 13.1. Elemental composition of body components

Component	H	C	N	O	P	S	Ca
Water	11.2	–	–	88.8	–	–	–
Fat	11.8	77.3	–	10.9	–	–	–
Protein	6.6	53.4	17.0	22.0	–	1.0	–
Carbohydrate	6.2	44.5	–	49.3	–	–	–
Bone ash	0.2	–	–	41.4	18.5	–	39.9

13.3. Elemental composition of body tissues

(646) The elemental composition of the soft tissues of the body is tabulated in Table 13.2. This tabulation is applicable to all ages other than the newborn. The composition of gender-specific tissues is given in Table 13.3 and that of the skeleton is given in Table 13.4. Data are provided for organs and tissues for which reference mass values have been assigned in Chapter 2. The elemental data for the soft tissues is largely adopted from *Report 46* (ICRU, 1992) and that of the skeleton is from *Publication 70* (ICRP, 1995a).

(647) During the first year of life, the magnitude of the water composition of the tissues declines. Information on the elemental composition of the newborn's soft tissues is given in Table 13.5 and that of the gender-specific tissues is given in Table 13.6. The newborn refers to the full-term fetus, and the compilation of Ziegler et al. (1976) provides information for the fetal development period. The composition of the newborn's skeletal tissues is included in Table 13.4.

Table 13.2. Composition of soft tissues for children and adults[a]

	Elemental composition (% by mass)									
Organ/tissue	H	C	N	O	Na	P	S	Cl	K	Other
Adrenals[b]	10.5	25.6	2.7	60.2	0.1	0.2	0.3	0.2	0.2	–
Alimentary tract										
Tongue[c]	10.2	14.3	3.4	71.0	0.1	0.2	0.3	0.1	0.4	–
Oesophagus	10.5	25.6	2.7	60.2	0.1	0.2	0.3	0.2	0.2	–
Stomach	10.6	11.5	2.2	75.1	0.1	0.1	0.1	0.2	0.1	–
Small intestine	10.6	11.5	2.2	75.1	0.1	0.1	0.1	0.2	0.1	–
Large intestine	10.6	11.5	2.2	75.1	0.1	0.1	0.1	0.2	0.1	–
Liver	10.3	18.6	2.8	67.1	0.2	0.2	0.3	0.2	0.3	–
Gallbladder[b]	10.5	25.6	2.7	60.2	0.1	0.2	0.3	0.2	0.2	–
Pancreas	10.6	16.9	2.2	69.4	0.2	0.2	0.1	0.2	0.2	–
Blood	10.2	11.0	3.3	74.5	0.1	0.1	0.2	0.3	0.2	0.1 Fe
Brain	10.7	14.5	2.2	71.2	0.2	0.4	0.2	0.3	0.3	–
Heart	10.4	13.9	2.9	71.8	0.1	0.2	0.2	0.2	0.3	–
Eyes	9.6	19.5	5.7	64.6	0.1	0.1	0.3	0.1	–	–
Fat	11.4	59.8	0.7	27.8	0.1	0.1	0.1	–	–	–
Skin	10.0	20.4	4.2	64.5	0.2	0.1	0.2	0.3	0.1	–
Muscle	10.2	14.3	3.4	71.0	0.1	0.2	0.3	0.1	0.4	–
Pituitary gland[b]	10.5	25.6	2.7	60.2	0.1	0.2	0.3	0.2	0.2	–
Respiratory tract										
Trachea[b]	10.5	25.6	2.7	60.2	0.1	0.2	0.3	0.2	0.2	–
Larynx	9.6	9.9	2.2	74.4	0.5	2.2	0.9	0.3	–	–
Lung	10.3	10.5	3.1	74.9	0.2	0.2	0.3	0.3	0.2	–
Spleen	10.3	11.3	3.2	74.1	0.1	0.3	0.2	0.2	0.3	–
Thymus[b]	10.5	25.6	2.7	60.2	0.1	0.2	0.3	0.2	0.2	–
Thyroid	10.4	11.9	2.4	74.5	0.2	0.1	0.1	0.2	0.1	0.1 I
Tonsils[b]	10.5	25.6	2.7	60.2	0.1	0.2	0.3	0.2	0.2	–
Urogenital system										
Kidneys	10.3	13.2	3.0	72.4	0.2	0.2	0.2	0.2	0.2	0.1 Ca
Ureters[b]	10.5	25.6	2.7	60.2	0.1	0.2	0.3	0.2	0.2	–
Urinary bladder	10.5	9.6	2.6	76.1	0.2	0.2	0.2	0.3	0.3	–
Urethra[b]	10.5	25.6	2.7	60.2	0.1	0.2	0.3	0.2	0.2	–
Epididymes[b]	10.5	25.6	2.7	60.2	0.1	0.2	0.3	0.2	0.2	–

[a] Based on composition data tabulated in *Report 46* (ICRU, 1992).
[b] Composition assigned to bulk soft tissue.
[c] Composition assigned to muscle.

Table 13.3. Composition of gender-specific tissues for children and adults[a]

	Elemental composition (% by mass)								
Organ/tissue	H	C	N	O	Na	P	S	Cl	K
Male									
Breast	11.4	59.8	0.7	27.8	0.1	–	0.1	0.1	–
Testes	10.6	9.9	2.0	76.6	0.2	0.1	0.2	0.2	0.2
Prostate	10.5	25.6	2.7	60.2	0.1	0.2	0.3	0.2	0.2
Female									
Breast	11.6	51.9	–	36.5	–	–	–	–	–
Ovaries	10.5	9.3	2.4	76.8	0.2	0.2	0.2	0.2	0.2
Fallopian tubes[b]	10.6	31.5	2.4	54.7	0.1	0.2	0.2	0.1	0.2
Uterus[b]	10.6	31.5	2.4	54.7	0.1	0.2	0.2	0.1	0.2

[a] Based on composition data tabulated in *Report 46* (ICRU, 1992).
[b] Composition assigned to bulk soft tissue.

Table 13.4. Composition of the skeleton

Organ/tissue	Elemental composition (% by mass)										
	H	C	N	O	Na	Mg	P	S	Cl	Ca	Fe
Active marrow	10.5	41.4	3.4	43.9	0.1	0.2	0.2	0.2	–	–	0.1
Inactive marrow	11.5	64.4	0.7	23.1	0.1	–	0.1	0.1	–	–	–
Cartilage	9.6	9.9	2.2	74.4	0.5	–	2.2	0.9	0.3	–	–
Teeth	2.2	9.5	2.9	42.1	–	0.7	13.7	–	–	28.9	–
Bone mineral[a]											
Newborn	4.2	16	4.5	50.2	–	0.3	8.0	0.3	–	16.5	
1 year	4.1	16	4.5	49.3	–	0.3	8.5	0.3	–	17	
5 years	4.0	16	4.5	46.9	0.1	0.2	9.0	0.3	–	19	
10 years	3.9	16	4.4	45.6	0.1	0.2	9.5	0.3	–	20	
15 years	3.8	16	4.3	45.2	0.2	0.2	9.5	0.3	–	20.5	
Adult	3.5	16	4.2	44.5	0.3	0.2	9.5	0.3	–	21.5	–

[a] Based on data summarised in *Publication 70* (ICRP, 1995a).

Table 13.5. Elemental composition of the newborn[a]

Organ/tissue	Elemental composition (% by mass)									
	H	C	N	O	Na	P	S	Cl	K	Other
Adrenals[b]	10.6	16.3	2.0	71.0	–	–	0.1	–	–	–
Alimentary tract										
Tongue[c]	10.4	10.3	2.4	76.2	0.1	0.1	0.1	0.2	0.2	–
Oesophagus	10.6	16.3	2.0	71.0	–	–	0.1	–	–	–
Stomach	10.6	11.5	2.2	75.1	0.1	0.1	0.1	0.2	0.1	–
Small intestine	10.6	11.5	2.2	75.1	0.1	0.1	0.1	0.2	0.1	–
Large intestine	10.6	11.5	2.2	75.1	0.1	0.1	0.1	0.2	0.1	–
Liver	10.3	12.6	2.7	73.3	0.1	0.3	0.2	0.2	0.3	–
Gallbladder[b]	10.6	16.3	2.0	71.0	–	–	0.1	–	–	–
Pancreas	10.6	16.9	2.2	69.4	0.2	0.2	0.1	0.2	0.2	–
Blood	10.0	13.1	4.0	72.0	0.1	0.1	0.2	0.2	0.2	0.1 Fe
Brain	10.8	5.5	1.1	81.6	0.2	0.3	0.1	0.2	0.2	–
Heart	10.6	7.5	1.8	79.3	0.2	0.1	0.1	0.2	0.2	–
Eyes	9.6	19.5	5.7	64.6	0.1	0.1	0.3	0.1	–	–
Fat	11.1	29.7	0.9	58.0	0.1	0.1	0.1	–	–	–
Skin	10.4	10.4	2.8	75.5	0.2	0.1	0.2	0.3	0.1	–
Muscle	10.4	10.3	2.4	76.2	0.1	0.1	0.1	0.2	0.2	–
Pituitary gland[b]	10.6	16.3	2.0	71.0	–	–	0.1	–	–	–
Respiratory tract										
Trachea[b]	10.6	16.3	2.0	71.0	–	–	0.1	–	–	–
Larynx	9.6	9.9	2.2	74.4	0.5	2.2	0.9	0.3	–	–
Lung	10.6	7.6	1.8	79.2	0.2	0.2	0.1	0.2	0.1	–
Spleen	10.5	8.6	2.4	77.6	0.2	0.2	0.1	0.2	0.2	–
Thymus[b]	10.6	16.3	2.0	71.0	–	–	0.1	–	–	–
Thyroid	10.4	11.9	2.4	74.5	0.2	0.1	0.1	0.2	0.1	0.1 I
Tonsils[b]	10.6	16.3	2.0	71.0	–	–	0.1	–	–	–
Urogenital system										
Kidneys	10.7	6.4	1.6	80.4	0.2	0.2	0.1	0.2	0.2	–
Ureters[b]	10.6	16.3	2.0	71.0	–	–	0.1	–	–	–
Urinary bladder	10.5	9.6	2.6	76.1	0.2	0.2	0.2	0.3	0.3	–
Urethra[b]	10.6	16.3	2.0	71.0	–	–	0.1	–	–	–
Epididymes[b]	10.6	16.3	2.0	71.0	–	–	0.1	–	–	–

[a] Based on composition data tabulated in *Report 46* (ICRU, 1992).

[b] Composition assigned to bulk soft tissue (Ziegler et al., 1976).

[c] Composition assigned to muscle.

Table 13.6. Elemental composition of the newborn[a]

Organ/tissue	Elemental composition (% by mass)								
	H	C	N	O	Na	P	S	Cl	K
Males									
Breast[b]	11.1	29.7	0.9	58.0	0.1	–	0.1	0.1	–
Testes[c]	10.6	16.3	2.0	71.0	–	–	0.1	–	–
Prostate[c]	10.6	16.3	2.0	71.0	–	–	0.1	–	–
Female									
Breast[b]	11.1	29.7	0.9	58.0	0.1	–	0.1	0.1	–
Ovaries[c]	10.6	16.3	2.0	71.0	–	–	0.1	–	–
Fallopian tubes[c]	10.6	16.3	2.0	71.0	–	–	0.1	–	–
Uterus[c]	10.6	16.3	2.0	71.0	–	–	0.1	–	–

[a] Based on composition data tabulated in *Report 46* (ICRU, 1992).
[b] Adipose tissue composition.
[c] Composition assigned to bulk soft tissue (Ziegler et al., 1976).

REFERENCES

Aboul-Khair, S.A., Buchanan, T.J., Crooks, J., et al. (1966). Structural and functional development of the human foetal thyroid. Clin. Sci. 31, 415–424.

Abramovich, D.R. (1978). The volume of amniotic fluid and its regulating factors. In: Fairweather, D.V.I., Eskes, T.K.A.B. (Eds.), *Amniotic Fluid – Research and Clinical Applications, 2nd edn,* P.31. Excerpta Medica, Amsterdam, The Netherlands, pp. 2–247.

Agren, J., Sjors, G., Sedin, G. (1998). Transepidermal water loss in infants born at 24 and 25 weeks of gestation. Acta Paediatr. 87, 1185–1190.

Akinbami, F.O., Erinoso, O., Akinwolere, O.A. (1995). Defecation pattern and intestinal transit in Nigerian children. Afr. J. Med. Sci. 24, 337–341.

Alaily, A.B., Carrol, K.B. (1978). Pulmonary ventilation in pregnancy. Br. J. Obstet. Gynecol. 85, 518–524.

Allen, A.C. (1985). Skin. In: Kissane, J.M. (Ed.), *Andersons's Pathology, 8th edn, Vol. 2.* C.V. Mosley, St. Louis, MO, USA, pp. 1570–1641.

Altman, P.L., Dittmer, D.S. (Eds.) (1968) *Metabolism.* Federation of American Societies for Experimental Biology, Bethesda, MD, USA.

Anderson, R.L., Cassidy, J.M. (1973). Variations in physical dimensions and chemical composition of human stratum corneum. J. Invest. Dermatol. 61, 30–32.

Antoine, J.M., Magliola, C., Couzy, F., et al. (1986). Estimation of the share of each water source for adults in France. Water intake provided to French adults. Ann. Nutr. Metab. 30, 407–414.

Ares, S., Pastor, I., Quero, J., et al. (1995). Thyroid gland volume as measured by ultrasonography in preterm infants. Acta Paediatr. 84, 58–62.

Argenyi, E.E., Soffer, E.E., Jadsen, M.T., et al. (1995). Scintigraphic evaluation of small bowel transit in healthy subjects: inter- and intra-subject variability. Am. J. Gastroenterol. 90, 938–942.

Asplund, R., Aberg, H.E. (1992). Micturition habits of older people. Voiding frequency and urine volumes. Scand. J. Urol. Nephrol. 26, 345–349.

Awad, Z.T., Watson, P., Filipi, C.J., et al. (1999). Correlations between esophageal diseases and manometric length: a study of 617 patients. J. Gastrointest. Surg. 3, 483–488.

Babson, S.G., Behrman, R.E., Lessel, R. (1970). Fetal growth: liveborn birth weights for gestational age of white middle class infants. Pediatrics 45, 937–944.

Ballauff, A., Kersting, M., Manz, F. (1988). Do children have an adequate fluid intake? Water balance studies carried out at home. Ann. Nutr. Metab. 32, 332–339.

Bates, D.V., Varvis, C.J., Donevan, R.E., et al. (1960). Variations in the pulmonary capillary blood volume and membrane diffusion component in health and disease. J. Clin. Invest. 39, 1401–1412.

Beckstrand, J., Ellett, M., Welch, J., et al. (1990). The distance to the stomach for feeding tube placement in children predicted from regression on height. Res. Nurs. Health 13, 411–420.

Beiring, G., Snadal, G., Sigvaldason, H., et al. (1985). Size at birth in Iceland. Acta Paediatr. Scand. 319 (Suppl.), 68–73.

Bell, E.F., Gray, J.C., Weinstein, M.R., et al. (1980). The effects of thermal environment on heat balance and insensible water loss in low-birth-weight infants. J. Pediatr. 96, 452–459.

Bennink, R., Peeters, M., Van den Maegdenbergh, V., et al. (1998). Comparison of total and compartmental gastric emptying and antral motility between healthy men and women. Eur. J. Nucl. Med. 25, 1293–1299.

Bennink, R., Peeters, M., Van den Maegdenbergh, V., et al. (1999). Evaluation of small-bowel transit for solid and liquid test meal in healthy men and women. Eur. J. Nucl. Med. 26, 1560–1566.

Berger, C.D., Lane, B.H. (1985). Biometric estimation of chest wall thickness of females. Health Phys. 49, 419–424.

Berkovich, G.Y., Levine, M.S., Miller Jr., W.T. (2000). CT findings in patients with esophagitis. AJR Am. J. Roentgenol. 175, 1431–1434.

Beyer, P.L., Flynn, M.A. (1978). Effects of high- and low-fiber diets on human feces. J. Am. Diet. Assoc. 72, 271–277.

Bhargava, S.K., Sachdev, H.P.S., Iyer, P.U., et al. (1985). Current status of infant growth measurements in the perinatal period in India. Acta Paediatr. Scand. 319 (Suppl.), 103–110.
Bigler, R.E., Woodard, H.Q. (1976). Skeletal distribution of mineralized bone tissue in humans. Health Phys. 31, 213–218.
Birbeck, J.A., Billewicz, W.Z., Thomson, A.M. (1975). Fetal growth from 50 to 150 days of gestation. Ann. Hum. Biol. 2, 319–326.
Bischoff, E. (1893). Some wet and dry mass determinations of the organs of human bodies. Z. Rat. Med. 20, 75–118 [in German].
Blackfan, K. D. (1933) *Growth and Development of the Child. Part II. Anatomy and Physiology.* White House Conference on Child Health and Protection Called by President Herbert Hoover. The Century Co., New York, NY, USA.
Blidner, I.N., McClemont, S., Anderson, G.D., et al. (1984). Size-at-birth standards for urban Canadian population. Can. Med. Assoc. J. 130, 133–140.
Blomqvist, C.G., Stone, H.L. (1983). Cardiovascular adjustments to gravitational stress. In: Shepherd, J.T., Abboud, F.M. (Eds.), *Handbook of Physiology, Section 2: The Cardiovascular System, Vol. III, Peripheral Circulation and Organ Blood Flow.* American Physiological Society, Bethesda, MD, USA, pp. 1025–1063.
Bloom, W., Fawcett, D.W. (1975). *A Textbook of Histology, 10th edn.* W.B. Saunders Company, Philadelphia, PA, USA.
Borghi, L., Meschi, T., Amato, F., et al. (1996). Urinary volume, water and recurrences in idiopathic calcium nephrolithiasis: a 5-year randomized prospective study. J. Urol. 155, 839–843.
Borisov, B.K. (1973) *Indexes of Human Fetus Development and Strontium and Calcium Abundance in the Skeleton Weight. Report INIS-mf-113,* Chemical Abstracts 82, p. 302 [in Russian].
Borisov, B.K., Marei, A.N. (1974). Mass parameters of adult human skeleton. Health Phys. 27, 224–229.
Bouchoucha, M., Thomas, S.R. (2000). Error analysis of classic colonic transit time estimates. Am. J. Physiol. Gastrointest. Liver Physiol. 279, G520–G527.
Boyd, E. (1932). The weight of the thymus gland in health and in disease. Am. J. Dis. Child. 43, 1162–1214.
Boyd, E. (1933). Normal variability in weight of the adult human liver and spleen. Arch. Pathol. 16, 350–372.
Boyd, E. (1935). *The Growth of the Surface Area of the Human Body.* University of Minnesota Press, Minneapolis, MN, USA.
Boyd, E. (1941). *Outline of Physical Growth and Development.* Burgess Publishing Co, Minneapolis, MN, USA.
Boyd, E. (1952). *An Introduction to Human Biology and Anatomy for First Year Medical Students.* Child Research Council, Denver, CO, USA.
Bratton, A.B. (1925). The normal weight of the human thymus. J. Pathol. Bacteriol. 28, 609–620.
Brenner, W.E., Edelman, D.A., Hendricks, C.H. (1976). A standard of fetal growth for the United States of America. Am. J. Obstet. Gynecol. 126, 555–564.
Brobeck, J.R. (Ed.) (1979) *Best and Taylor's Physiological Basis of Medical Practice, 10th edn.* Williams and Wilkins Co, Baltimore, MD, USA.
Brookes, M. (1971). *The Blood Supply of Bone.* Butterworths, London, UK.
Brown, N. (1972). Quantitative slit-image photography of the lens. Trans. Ophthal. Soc. UK 92, 303–307.
Brown, N. (1973a) Lens change with age and cataract. In: *CIBA Foundation Symposium on the Human Lens in Relation to Cataract.* Elsevier, Amsterdam, The Netherlands.
Brown, N. (1973b). The change in shape and internal form of the lens of the eye on accommodation. Expl. Eye Res. 15, 441–459.
Brown, N. (1974). The change in lens curvature with age. Expl. Eye Res. 19, 175–183.
Brudin, L.H., Rhodes, C.G., Valind, S.O., et al. (1987). Regional lung density and blood volume in non-smoking and smoking subjects measured by PET. J. Appl. Physiol. 63, 1324–1334.
Burkitt, D.P., Walker, A.R., Painter, N.S. (1972). Cancer of the colon and rectum. Epidemiologu and possible causative factors. Minn. Med. 55, 779–783.
Burkitt, D.P., Walker, A.R., Painter, N.S. (1972). Effect of dietary fibre on stools and the transit-times, and its role in the causation of disease. Lancet 2 (7792), 1408–1412.

Burmaster, D.E., Crouch, E.A.C. (1997). Lognormal distributions for body weight as a function of age for males and females in the United States, 1976–1980. Risk Analysis 17, 499–505.
Burmeister, W., Bingert, A. (1967). Die quantitativen Veränderungen der menschlichen Zellmasse zwischen dem 8 und 90 Lebensjahr. Klin. Wochenschr. 45, 409–416.
Calhoun, D.A., Li, Y., Braylan, R.C., et al. (1996). Assessment of the contribution of the spleen to granulocytopoiesis and erythropoiesis of the mid-gestation human fetus. Early Hum. Dev. 46, 217–227.
Campagnoli, C., Fisk, N., Overton, T., et al. (2000). Circulating hematopoietic progenitor cells in first trimester fetal blood. Blood 95, 1967–1972.
Carlsen, O., Nathan, E. (1987). Renal fraction of cardiac output cleared of radioactive indicator in ^{123}iodine-hippuran gamma camera renography. Clin. Physiol. 7, 165–171.
Chalk River (1950) *Conference on Permissible Dose*. A conference of representatives from the United Kingdom, Canada, and the United States, meeting at Chalk River, Ontario, Canada, 29–30 September 1949.
Charles, M.W. (1986). Skin, eye, and testes: current exposure problems and recent advances in radiobiology. J. Soc. Radiol. Prot. 6, 69–81.
Charles, M.W., Brown, N. (1975). Dimensions of the human eye relevant to radiation protection. Phys. Med. Biol. 20, 202–218.
Cheek, D.B. (1968). *Human Growth Body Composition, Cell Growth, Energy and Intelligence*. Lea and Febiger, Philadelphia, PA, USA.
Cheek, D.B., Hill, D.E. (1974). Effect of growth hormone on cell and somatic growth. In: Knobil, E., Sawyer, W.H. (Eds.), *Handbook of Physiology, Section 7: Endocrinology, Vol. 4, The Pituitary Gland and Its Neuroendocrine Control*. American Physiological Society, Washington, DC, USA, pp. 159–185.
Chen, M.H., Yan, K., Wang, B. (1994). [Manifestation of abdominal segment of esophagus by body surface ultrasonography and determination of normal values]. Zhonghua Yi Xue Za Zhi 74, 410–412. [in Chinese].
Cietak, K.A., Newton, J.R. (1985). Serial quantitative nephrosonography in pregnancy. Br. J. Radiol. 58, 405–413.
Combes, B., Shibata, H., Adams, R., et al. (1963). Alteration in sulphobromophthalein sodium-removal mechanism from blood during normal pregnancy. J. Clin. Invest. 9, 1431–1442.
Coppoletta, J.M., Wolbach, S.B. (1933). Body length and organ weights of infants and children. Am. J. Pathol. 9, 55–70.
Costa, A. (1986). Development of thyroid function between VI–IX months of fetal life in humans. J. Endo. Invest. 9, 273–280.
Cowie, A.T. (1974). Overview of the mammary gland. J. Invest. Dermatol. 63, 2–9.
Cristy, M. (1981). Active bone marrow distribution as a function of age in humans. Phys. Med. Biol. 26, 389–400.
Cristy, M. (1982). Representative breast size of reference female. Health Phys. 43, 930–932.
Cugell, D.W., Frank, N.R., Gaensler, E.A., et al. (1953). Pulmonary function in pregnancy. I. Serial observations in normal women. Am. Rev. Tubercul. Pulmon. Dis. 67, 568–597.
Cummings, J.H., Bingham, S.A., Heaton, K.W., et al. (1992). Fecal weight, colon cancer risk, and dietary intake of nonstarch polysaccharides (dietary fiber). Gastroenterology 103, 1783–1789.
Cummings, J.H., Hill, M.J., Jenkins, D.J., et al. (1976). Changes in fecal composition and colonic function due to cereal fiber. Am. J. Clin. Nutr. 29, 1468–1473.
Davison, J.M, Shiells, E.A., Philips, P.R., et al. (1988). Serial evaluation of vasopressin release and thirst in human pregnancy. J. Clin. Invest. 81, 798–806.
Davison, J.S., Davison, M.C., Hay, D.M. (1970). Gastric emptying time in late pregnancy and labour. J. Obstet. Gynaecol. Br. Commonw. 77, 37–41.
De la Cruz, M.V., Anselmi, G., Romero, A., et al. (1960). A qualitative and quantitative study of the ventricles and great vessels of normal children. Am. Heart J. 60, 675–690.
de la Grandmaison, G.L., Clairand, I., Durigon, M. (2001). Organ weight in 684 adult autopsies: new tables for a Caucasoid population. Forensic Sci. Int. 119, 149–154.
De Luca, R., Di Donna, V., Sicuranza, A., et al. (1984). Cutaneous evaporimetry. IX. Cutaneous water loss in old age. Boll. Soc. Ital. Biol. Sper. 60, 165–167.

de Swiet, M. (1991). The cardiovascular system. In: Hytten, F., Chamberlain, G. (Eds.), *Clinical Physiology in Obstetrics, 2nd edn.* Blackwell Scientific Publications, Oxford, UK, pp. 3–38.
Dean, P.N. (1973). Estimation of chest wall thickness in lung counting for plutonium. Health Phys. 24, 439–441.
Dekaban, A.S. (1978). Changes in brain weights during the span of human life: relation of brain weights to body heights and body weights. Ann. Neurol. 4, 345–356.
Dubois, D., Dubois, E.F. (1916). A formula to estimate the approximate surface area if height and weight be known. Arch. Intern. Med. 17, 863–871.
Duke-Elder, S. (1961). *System of Ophthalmology, Vol. V. Ophthalmic Optics and Refraction.* Henry Kimpton, London, UK.
Dunlop, W. (1981). Serial changes in renal haemodynamics during normal human pregnancy. Br. J. Obstet. Gynaecol. 88, 1–9.
Durnin, J.V.G.A. (1987). Energy requirements of pregnancy: an integration of the longitudinal data from the Five-Country Study. Lancet 2, 1131–1133.
Durnin, J.V.G.A. (1991). Energy requirements of pregnancy. Diabetes 40 (Suppl. 2), 152–156.
Durnin, J.V., Wormersley, J. (1974). Body fat assessed from total body density and its estimation from skinfold thickness: measurements on 481 men and women aged from 16 to 72 years. Br. J. Nutr. 32, 77–97.
Duvekot, J.J., Cheriex, E.C., Pieters, F.A.A., et al. (1993). Early pregnancy changes in hemodynamics and volume homeostasis are consecutive adjustments triggered by a primary fall in systemic vascular tone. Am. J. Obstet. Gynecol. 169, 1382–1392.
Duvekot, J.J., Peeters, L.L.H. (1994). Maternal cardiovascular hemodynamic adaptation to pregnancy. Obstet. Gynecol. Surv. 49, S1–S14.
Eastman, N.J., Jackson, E. (1968). Weight relationships in pregnancy. I. The bearing of maternal weight gain and prepregnancy weight on birth weight in full term pregnancies. Obstet. Gynecol. Surv. 23, 1003–1025.
Eastwood, M.A., Brydon, W.G., Baird, J.D., et al. (1984). Fecal weight and composition, serum lipids, and diet among subjects aged 18 to 80 years not seeking health care. Am. J. Clin. Nutr. 40, 628–634.
Edelman, I.S. (1961). Body water and electrolytes. In: Brozek, J., Henschel, A. (Eds.), *Techniques for Measuring Body Composition.* National Academy of Sciences–National Research Council, Washington, DC, USA, pp. 140–154.
Ellis, K.J. (1990). Reference man and woman more fully characterized. Variation on the basis of body size, age, sex, and race. Biol. Trace Elem. Res. 26/27, 385–400.
Enzan, H., Hara, H., Izumi, T., et al. (1983). Morphologic and radiological observations on the earliest bone marrow formation in human embryos and fetuses. Acta Pathol. Jpn. 33, 439–446.
Ershow, A.G., Cantor, K.P. (1989). *Total Water and Tap Water Intake in the United States: Population-Based Estimates of Quantities and Sources. Order No. 263-MD-810264.* National Cancer Institute, Bethesda, MD, USA.
Evans, N.J., Rutter, N. (1986). Development of the epidermis in the newborn. Biol. Neonate 49, 74–80.
Evans, T.C., Kretzschmar, R.M., Hodges, R.E., et al. (1967). Radioiodine uptake studies of the human fetal thyroid. J. Nucl. Med. 8, 157–165.
Eve, I.S. (1966). A review of the physiology of the gastrointestinal tract in relation to radiation doses from radioactive materials. Health Phys. 12, 131–161.
Eveleth, P.B., Tanner, J.M. (1976). *Worldwide Variation in Human Growth.* Cambridge University Press, Cambridge, UK.
Eveleth, P.B., Tanner, J.M. (1990). *Worldwide Variation in Human Growth, 2nd edn.* Cambridge University Press, Cambridge, UK.
FAO/WHO (1973). *Ad Hoc Expert Committee on Energy and Protein Requirements.* Report No. 522. World Health Organization Technical Report Service, Geneva, Switzerland.
Faust, I.M. (1986). Adipose tissue growth and obesity. In: Falkner, F., Tanner, J.M. (Eds.), *Human Growth, a Comprehensive Treatise, 2nd edn. Vol. 2. Postnatal Growth. Neurobiology.* Plenum Press, New York, NY, USA, pp. 61–75.
Fawcett, D.W. (1986). *Bloom and Fawcett: A Textbook of Histology, 11th edn.* W.B. Saunders, Philadelphia, PA, USA.

Fee, B.A., Weil Jr., W.B. (1963). Body composition of infants of diabetic mothers by direct analysis. Ann. NY Acad. Sci. 110, 869–897.

Fishburne, J.I. (1979). Physiology and disease of the respiratory system in pregnancy. A review. J. Reprod. Med. 22, 177–189.

Fomon, S.J. (1966). Body composition of the infant: I. The male "reference infant". In: Falkner, F. (Ed.), *Human Development*. W.B. Saunders, Philadelphia, PA, USA, pp. 239–245.

Fomon, S.J. (1967). Body composition of the male reference infant during the first year of life. Pediatrics 40, 863–870.

Fomon, S.J., Haschke, F., Ziegler, E.E. (1982). Body composition of reference children from birth to age 10 years. Am. J. Clin. Nutr. 35, 1169–1175.

Fontana, M., Bianchi, C., Cataldo, F., et al. (1989). Bowel frequency in healthy children. Acta Paediatr. Scand. 78, 682–684.

Foo, L.C., Zulfiqar, A., Nafikudin, M., et al. (1999). Local versus WHO/International Council for Control of Iodine Deficiency Disorders – recommended thyroid volume reference in the assessment of iodine deficiency disorders. Eur. J. Endocrinol. 140, 491–497.

Forbes, G.B. (1986). Body composition in adolescence. In: Falkner, F., Tanner, J.M. (Eds.), *Human Growth. A Comprehensive Treatise, 2nd edn.* Plenum Press, New York, NY, USA, pp. 119–145.

Forbes, G.B. (1987). *Human Body Composition. Growth, Aging, Nutrition, and Activity*. Springer-Verlag, New York, NY, USA.

Forster, R.E. (1962). Discussion. In: DeReuck, A.V.S., O'Connor, M. (Eds.), *Ciba Foundation Symposium on Pulmonary Structure and Function*. Little, Brown & Co, Boston, MA, USA, pp. 259–260.

Forsum, E., Sadurskis, A., Wager, J. (1988). Resting metabolic rate and body composition of healthy Swedish women during pregnancy. Am. J. Clin. Nutr. 47, 1233–1237.

Freeman, M.G., Graves, W.L., Thompson, R.L. (1970). Indigent Negro and Caucasian birth weight-gestational age tables. Pediatrics 46, 9–15.

Froelich, J.W., Strauss, H.W., Moore, R.H., et al. (1988). Redistribution of visceral blood volume in upright exercise in healthy volunteers. J. Nucl. Med. 29, 1714–1718.

Fry, F.A., Summerling, T. (1980). Measurement of chest wall thickness for assessment of plutonium in human lungs. Health Phys. 39, 89–92.

Gaspar, P.M. (1999). Water intake of nursing home residents. J. Gerontol. Nurs. 25, 23–29.

Gebre-Medhin, M., Sterky, G., Taube, A. (1978). Observations on intrauterine growth in urban Ethiopia. Acta Paediatr. Scand. 67, 781–789.

Gehan, E.A., George, S.L. (1970). Estimation of human body surface area from height and weight. Cancer Chemother. Rep. 54, 225–235.

Gellen, J., Pinter, S., Falkay, G., et al. (1973). Total water content and chloride concentration in embryo, placenta and decidua in the course of early human pregnancy. J. Obstet. Gynaecol. Br. Commonw. 80, 329–332.

George, D.E., Lebenthal, E. (1983). Human breast milk in comparison to cow's milk. In: Lebenthal, E. (Ed.), *Textbook of Gastroenterology and Nutrition in Infancy, Vol. 1*. Raven Press, New York, NY, USA.

Goldberg, G.R., Prentice, A.M., Coward, W.A., et al. (1993). Longitudinal assessment of energy expenditure in pregnancy by the doubly labeled water method. Am. J. Clin. Nutr. 57, 494–505.

Gomez, E.C., Berman, B. (1985). The aging skin. Clin. Geriatr. Med. 1, 285–305.

Goosens, L.H.J., Harrison, J.D., Kraan, D.C.P. et al. (1998). *Probabilistic Accident Consequence Analysis—Uncertainty Assessment for Internal Dosimetry, Appendix C*. Report NUREG/CR-6571 and EUR 16773. US Nuclear Regulatory Commission, Washington DC, USA and Commission of European Communities, Brussels, Belgium.

Goran, M.I. (1995). Variation in total energy expenditure in humans. Obes. Res. 3, 59–66.

Gordon, G.S. (1956). Influence of steroids on cerebral metabolism in man. Rec. Prog. Hormone Res. 12, 153–170.

Greenberg, J.H., Alavi, A., Reivich, M., et al. (1978). Local cerebral blood volume response to carbon dioxide in man. Circ. Res. 43, 324–331.

Gruenwald, P. (1966). Growth of the human fetus. I. Normal growth and its variations. Am. J. Obstet. Gynecol. 94, 1112–1132.

Guihard-Costa, A.M., Larroche, J.E. (1995). Fetal biometry: growth charts for practical use in fetopathology and antenatal ultrasonograph. Fetal Diagn. Ther. 10, 215–278.
Gump, F.E. (1978). Lung fluid and solute compartments. In: Staub, N. (Ed.), *Lung Water and Solute Exchange, Vol. 7*. Decker, New York, NY, USA, pp. 75–95.
Guntekust, R., Martin-Teichert, R. (1993). Requirements for goiter survey and the determination of thyroid size. In: Delange, F., Dunn, J.T., Glinoer, D. (Eds.), *Iodine Deficiency in Europe. A Continuing Concern*. Plenum Press, New York, NY, USA, pp. 109–118.
Guy Grand, B., Lehnert, V., Doassans, M., et al. (1994). Type of test-meal affects palatability and eating style in humans. Appetite 22, 125–134.
Guyton, A.C. (1982). *Human Physiology and Mechanisms of Disease, 3rd edn*. W.B. Saunders, Philadelphia, PA, USA.
Guyton, A.C., Hall, J.E. (1996). *Textbook of Medical Physiology, 9th edn*. W.B. Saunders, Philadelphia, PA, USA.
Hammarlund, K., Nilsson, G.E., Oberg, P.A., et al. (1977). Transepidermal water loss in newborn infants. I. Relation to ambient humidity and site of measurement and estimation of total transepidermal water loss. Acta Paediatr. Scand. 66, 553–562.
Handelsman, D.J., Staraj, S. (1985). Testicular size: the effects of aging, malnutrition, and illness. J. Androl. 6, 144–151.
Harris, P., Heath, D. (1962). *The Human Pulmonary Circulation*. E. & S. Livingstone, London, UK.
Hartmann, P., Ramseier, A., Gudat, F., et al. (1994). Normal weight of the brain in adults, referred to age, sex, height and body weight. Pathologe 15, 165–170.
Harvey, J.R. (1971). Alpha radiation, an external hazard? Health Phys. 21, 866–869.
Haycock, G.B., Schwartz, G.J., Wisotsky, D.H. (1978). Geometric method for measuring body surface area: a height-weight formula validated in infants, children, and adults. J. Pediatr. 93, 62–66.
Hegedus, L., Karstrup, S., Rasmussen, N. (1986). Evidence of cyclic alterations of thyroid size during the menstrual cycle in healthy women. Am. J. Obstet. Gynecol. 155, 142–145.
Hegedus, L., Perrild, H., Poulsen, L.R., et al. (1983). The determination of thyroid volume by ultrasound and its relationship to body mass, age, and sex in normal subjects. J. Clin. Endocr. 56, 260–263.
Heggi, J.C. (1996). Survey of doses in screening mammography. Australas. Phys. Eng. Sci. Med. 19, 207–216.
Heistad, D.D., Kontos, H.A. (1983). Cerebral circulation. In: Shepherd, J.T., Abboud, F.M. (Eds.), *Handbook of Physiology, Section 2: The Cardiovascular System, Vol. III, Peripheral Circulation and Organ Blood Flow*. American Physiological Society, Bethesda, MD, USA, pp. 137–182.
Hellman, L.H., Lobayashi, M., Fillisti, L., et al. (1969). Growth and development of the human fetus prior to the twentieth week of gestation. Am. J. Obstet. Gynecol. 103, 789–800.
Hendricks, C.H. (1964). Patterns of fetal and placental growth. The second half of normal pregnancy. Obstet. Gynecol. 24, 357–365.
Hendrikson, E.C., Seacat, J.M., Neville, M.C. (1985). Insensible weight loss in children under one year of age. Acta Paediatr. Scand. 74, 678–680.
Hess, S.Y., Zimmermann, M.B. (2000). Thyroid volumes in a national sample of iodine-deficient Swiss school children: comparison with the World Health Organization/International Council for the Control of Iodine Deficiency Disorders normative thyroid volume criteria. Eur. J. Endocrinol. 142, 599–603.
Heymsfield, S.B., Arteaga, C., McManus, C., et al. (1983). Measurement of muscle mass in humans: validity of the 24-hour urinary creatinine method. Am. J. Clin. Nutr. 37, 478–494.
Hill, J.R., Robinson, D.C. (1968). Oxygen consumption in normally grown, small-for-dates and large-for-dates newborn infants. J. Physiol. (Lond.) 199, 685–703.
Hohler II, C.W., Bardawil, W.A., Mitchell, G.W. (1972). Placental weight and water content relative to blood types of human mothers and their offspring. Obstet. Gynecol. 40, 799–806.
Holbrook, K.A. (1982). A histological comparison of infant and adult skin. In: Maibach, H.I., Boisets, K.E. (Eds.), *Neonatal Skin, Structure and Function*. Marcel Dekker, New York, NY, USA, pp. 3–31.
Holbrook, K.A., Odland, G.F. (1974). Regional differences in the thickness (cell layers) of the human stratum corneum: an ultrastructural analysis. J. Invest. Dermatol. 62, 415–422.
Holliday, M.A. (1986). Body composition and energy needs during growth. In: Falkner, F., Tanner, J.M. (Eds.). *Human Growth, Vol. 2, 2nd ed.* Plenum Press, New York, NY, USA, pp. 101–117.

Hosemann, H. (1949). Schwangershaftsdauer und Gewicht der placenta. Arch. Gynecol. 176, 453.
Hudson, G. (1965). Bone-marrow volume in the human foetus and newborn. Br. J. Haematol. 11, 446–452.
Humphreys, R.C. (1954). An analysis of the maternal and foetal weight factors in normal pregnancy. J. Obstet. Gynaecol. Br. Emp. 61, 764–771.
Hunter, S., Robson, S.C. (1992). Adaptation of the maternal heart in pregnancy. Br. Heart J. 68, 540–543.
Hytten, F.E. (1954). Clinical and chemical studies in human lactation. VI. The functional capacity of the breast. BMJ 1, 912–917.
Hytten, F.E. (1980). Nutrition. In: Hytten, F., Chamberlain, G. (Eds.), *Clinical Physiology in Obstetrics.* Blackwell Scientific Publications, Oxford, UK, pp. 163–192.
Hytten, F.E. (1985). Blood volume changes in normal pregnancy. Clin. Haematol. 14, 601–612.
Hytten, F.E. (1991a). Weight gain in pregnancy. In: Hytten, F., Chamberlain, G. (Eds.), *Clinical Physiology in Obstetrics, 2nd edn.* Blackwell Scientific Publications, Oxford, UK, pp. 173–203.
Hytten, F.E. (1991b). The alimentary system. In: Hytten, F., Chamberlain, G. (Eds.), *Clinical Physiology in Obstetrics, 2nd edn.* Blackwell Scientific Publications, Oxford, UK, pp. 137–149.
Hytten, F.E. (1991c). Nutrition. In: Hytten, F., Chamberlain, G. (Eds.), *Clinical Physiology in Obstetrics, 2nd edn.* Blackwell Scientific Publications, Oxford, UK, pp. 150–172.
Hytten, F.E., Cheyne, G.A. (1969). The size and composition of the human pregnant uterus. J. Obstet. Gynaecol. Br. Commonw. 76, 400–403.
Hytten, F.E., Leitch, I. (1971). *The Physiology of Human Pregnancy, 2nd edn.* Blackwell Scientific Publications, Oxford, UK.
IAEA (1998). *Compilation of Anatomical, Physiological and Metabolic Characteristics for a Reference Asian Man, Vol. 1 and 2.* Report IAEA-TECDOC-1005. International Atomic Energy Agency, Vienna, Austria.
ICRP (1960). *Report of Committee 2 on Permissible Dose for Internal Radiation.* ICRP Publication 2, Pergamon Press, Oxford, UK.
ICRP (1975). *Report of the Task Group on Reference Man.* ICRP Publication 23, Pergamon Press, Oxford, UK.
ICRP (1995b). *Age-dependent Doses to Members of the Public from Intake of Radionuclides: Part 4 – Inhalation Dose Coefficients.* ICRP Publication 71, ANN ICRP 25 (3–4).
ICRP (1991) The biological basis for dose limitation in the skin. ICRP Publication 59, Ann. ICRP 22 (2).
ICRP (1994). Human respiratory tract model for radiological protection. ICRP Publication 66, Ann. ICRP 24 (1–3).
ICRP (1995). Basic anatomical and physiological data for use in radiological protection: the skeleton. ICRP Publication 70, Ann. ICRP 25 (2).
ICRP (1997). Individual monitoring for internal exposures. ICRP Publication 78. Ann. ICRP 27 (3/4), 137.
ICRP (2001). Age-dependent doses to members of the public from intake of radionuclides. Part 6. Doses to the embryo and fetus from intakes of radionuclides by the mother. ICRP Publication 88, Ann. ICRP 31 (1–3).
ICRP (2002). Guide for the practical application of the ICRP human respiratory tract model. ICRP Supporting Guidance 3, Ann. ICRP 32 (1/2).
ICRU (1992). *Photon, Electron, Proton, and Neutron Interaction Data for Body Tissues.* Report 46. International Commission on Radiation Units and Measurements, Bethesda, MD, USA.
Ikeda, T., Ikenoue, T., Mori, N., et al. (1993). Effect of early pregnancy on maternal regional cerebral blood flow. Am. J. Obstet. Gynecol. 168, 1303–1308.
Jackson, C.M. (1909). On the prenatal growth of the human body and the relative growth of the various organs and parts. Am. J. Anat. 9, 119–165.
Jackson, S. (1966). Creatinine in urine as an index of urinary excretion rate. Health Phys. 12, 843–850.
Jain, S.C., Metha, S.C., Kumar, B., et al. (1995). Formulation of the reference Indian adult: anatomic and physiologic data. Health Phys. 68, 509–522.
Jakobovwitz, A., Iffy, L., Wingate, M.B., et al. (1972). The rate of early fetal growth in the human subject. Acta Anat. 83, 50–59.

James, G.D., Sealey, J.E., Aldermann, M. (1988). A longitudinal study of urinary creatinine and creatinine clearance in normal subjects. Race, sex, and age differences. An. J. Hypertens. 1, 124–131.

Jaworski, Z.F.G. (1976). Three dimensional view of the gross and microscopic structure of adult human bone. In: Jaworski, Z.F.G. (Ed.), *Proceedings of the First Workshop on Bone Morphometry, University of Ottawa, Ottawa, Canada, 28–31 March 1973*. University of Ottawa Press, Ottawa, Canada, pp. 3–7.

Jeje, A., Icoon, D. (1989). An analysis on the rates and regulation of insensible water loss through the eccrine sweat glands. J. Theor. Biol. 141, 303–324.

Johnson, L., Nguyen, H.B., Petty, C.S., et al. (1987). Quantification of human spermatogenesis: germ cell degeneration during spermatocytogenesis and meiosis in testes from younger and older adult men. Biol. Reprod. 37, 739–747.

Johnson, L.C. (1964). Morphologic analysis in pathology. In: Frost, H.M. (Ed.), *Bone Biodynamics*, Little Brown and Co., Boston, MA, USA, pp. 543–654.

Johnson, L.R. (1998). *Essential Medical Physiology, 2nd edn*. Lippincott-Raven, Philadelphia, PA, USA.

Johnson, M.L. (1979). Certain cutaneous diseases with significant systemic manifestations. In: Beeson, P.B., McDermott, W., Wyngaarden, J.B. (Eds.), *Cecil Textbook of Medicine, 15th edn*. W.B. Saunders, Philadelphia, PA, USA, p. 2266.

Johnson Jr., R.L., Spicer, W.S., Bishop, J.M., et al. (1960). Pulmonary capillary blood volume, flow and diffusing capacity during exercise. J. Appl. Phys. 15, 893–902.

Jones, P.R.M., Peters, J., Bagnall, K.M. (1986). Anthropometric measures of fetal growth. In: Falkner, F., Tanner, J.M. (Eds.), *Human Growth. A Comprehensive Treatise, Vol. 1*. Plenum Press, New York, NY, USA, pp. 255–274.

Juez, G., Ventura-Junca, P., Lucero, E.F. (1984). Crecimiento intrauterine en un grupo seleccionado de recien nacidos chilenos. Rev. Med. Chile 112, 759–764.

Kaliss, N., Pressman, D. (1950). Plasma and blood volumes of mouse organs, as determined with radioactive iodoproteins. Proc. Soc. Exp. Biol. Med. 75, 16–20.

Kang, C., Newton, D., Warner, A.J., et al. (1993). A comparison of techniques in the assessment of chest wall thickness and composition. Health Phys. 64, 406–411.

Karam, S.M. (1999). Lineage commitment and maturation of epithelial cells in the gut. Front. Biosci. 4, D286–D298.

Katch, V.L., Campaigne, B., Freedson, P., et al. (1980). Contribution of breast volume and weight to body fat distribution in females. Am. J. Phys. Anthropol. 53, 93–100.

Kaucher, M., Moyer, E.Z., Richards, A.J., et al. (1945). Human milk studies XX. The diet of lactating women and the collection and preparation of food and human milk for analysis. Am. J. Dis. Child. 70, 142–147.

Kawamura, H., Tanaka, G. (2000) Personal communication.

Kay, C., Abrahams, S., McClain, P. (1966). The mass of normal thyroid glands in children. Arch. Path. 82, 349–352.

Kendall, M.D. (1981). The thymus gland. In: *Anatomical Society of Great Britain and Ireland Symposium 1*. Academic Press, London, UK.

Kirby, R.S. (2000). The natural history of benign prostatic hyperplasia: what have we learned in the last decade?. Urology 56 (Suppl. 1), 3–6.

Kishimoto, R., Chen, M., Ogawa, H., et al. (1998). Esophageal varices: evaluation with transabdominal US. Radiology 206, 647–650.

Kitzman, D.W., Scholz, D.G., Hagen, P.T., et al. (1988). Age-related changes in normal human hearts during the first 10 decades of life. Part II (Maturity): A quantitative anatomic study of 765 specimens from subjects 20 to 99 years old. Mayo Clin. Proc. 63, 137–146.

Klein, H.A., Wald, A. (1987). Normal variation in radionuclide esophageal transit studies. Eur. J. Nucl. Med. 13, 115–120.

Klein, R., Aichinger, H., Dierker, J., et al. (1997). Determination of the average dose with modern mammography units for two large groups of patients. Phys. Med. Biol. 42, 651–671.

Kligman, A.M. (1969). Comments on the stratum corneum. In: *The Biologic Effects of Ultraviolet Radiation*. Pergamon Press, London, UK, pp. 165–167.

Kligman, A.M., Grove, G.L., Balin, A.K. (1985). Aging of human skin. In: Finch, C.E., Schneider, E.L.

(Eds.), *Handbook of the Biology of Aging, 2nd edn*. Van Nostrand Reinhold, New York, NY, USA, pp. 820–841.
Klose, E. (1914). Knowledge of body composition during nutritional disturbances. Jahrbuch Kinder 80, 154–187 [in German].
Konishi, E., Yoshizawa, Y. (1985). Estimation of depth of basal cell layer of skin for radiation protection. Radiat. Prot. Dosim. 11, 29–33.
Kopsch, A.A. (1955) *Rauber-Kopsch Lehrbuch und Atlas der Anatomie des Menschen (Rauber-Kopsch Textbook and Atlas of Human Anatomy) Vol. 2*. Georg Thieme, Stuttgart, Germany.
Kramer, G.H., Hauck, B.M., Allen, S.A. (2001a). Chest wall thickness measurements and the dosimetric implications for male workers in the uranium industry. Health Phys. 80, 74–80.
Kramer, G.H., Lee, T.-Y., Lee, J.-I., et al. (2001b). Chest wall thickness measurements and the dosimetric implications for male workers in the South Korean uranium industry. Radiat. Prot. Dosim. 95, 31–35.
Kramer, R., Drexler, G. (1980). Representative breast size of reference female. Health Phys. 40, 913–914.
Kramer, R., Williams, G., Drexler, G. (1982). Reply to M. Cristy. Health Phys. 43, 932–935.
Kramer, R., Zankl, M., Williams, G., et al. (1982). *The Calculation of Dose from External Photon Exposures using Reference Human Phantoms and Monte Carlo Methods: Part I. The Male (Adam) and Female (Eva) Adult Mathematical Phantoms. GSF Report S-885*. GSF-National Research Center for Environment and Health, Neuherberg, Germany.
Krogman, W.M. (1941). Growth of man. In: Denzer, H., Koningsberger, V.J., Vonk, H.J. (Eds.), *Tabulae Biologicae, Vol. 20*. Groetschel & Assema, Metz, France, pp. 1–963.
Kruchten, D.A., Anderson, A.L. (1990). Improved ultrasonic measurement techniques applied to assay of Pu and other transuranics in lung. Health Phys. 64, 406–411.
Kruger, R.L., Schueler, B.A. (2001). A survey of clinical factors and patient dose in mammography. Med. Phys. 28, 1449–1454.
Kulski, J.K., Hartmann, P.E. (1981). Changes in human milk composition during the initiation of lactation. Aust. J. Exp. Biol. Med. Sci. 59, 101–114.
Lahoti, D., Broor, S.L., Basu, P.P., et al. (1995). Corrosive esophageal strictures: predictors of response to endoscopic dilation. Gastrointest. Endosc. 41, 196–200.
Lamke, L.O., Nilsson, G.E., Reithner, H.L. (1977). Insensible perspiration from the skin under standardized environmental conditions. Scand. J. Clin. Lab. Invest. 37, 325–331.
Layton, D.W. (1993). Metabolically consistent breathing rates for use in dose assessments. Health Phys. 64, 23–36.
Leach, C.S., Leonard, J.I., Rambaut, P.C., et al. (1978). Evaporative water loss in man in a gravity-free environment. J. Appl. Physiol. 45, 430–436.
Leahy, F.A.N., Sankaran, K., Cates, D., et al. (1979). Quantitative noninvasive method to measure cerebral blood flow in newborn infants. Pediatrics 64, 277–282.
Lee, N.A., Rusinek, H., Weinreb, J., et al. (1997). Fatty and fibroglandular tissue volumes in the breasts of women 20–83 years old–Comparison of x-ray mammography and computer-assisted MR imaging. AJR Am. J. Roentgenol. 168, 501–506.
Leggett, R.W., Williams, L.R. (1986). A model for the kinetics of potassium in healthy humans. Phys. Med. Biol. 31, 23–42.
Leggett, R.W., Williams, L.R. (1991). Suggested reference values for regional blood volumes in humans. Health Phys. 60, 139–154.
Leggett, R.W., Williams, L.R. (1995). A proposed blood circulation model for reference man. Health Phys. 69, 187–201.
Lehmann, V., Fabel, H., 1973. Lungenfunktionunterschungen an Schwangeren. Teil II: Ventilation, Atemmechanik und Diffusionskapazitat, Z. Geburtsh. Perinatol, 177, 397–410.
Leider, M., Buncke, C.M. (1954). Physical dimensions of the skin. AMA Arch. Dermatol. Syphil. 54, 563–569.
Leiper, J.B., Carnie, A., Maughan, R.J. (1996). Water turnover rates in sedentary and exercising middle aged men. Br. J. Sports Med. 30, 24–26.
Lentner, C. (Ed.) (1981) *Geigy Scientific Tables. Vol. 3. Units of Measurement, Body Fluids, Composition of the Body, Nutrition, 8th edn*. Ciba-Geigy, Basel, Switzerland.

Lentner, C. (Ed.) (1984) *Geigy Scientific Tables. Vol. 3. Physical Chemistry, Composition of Blood, Hematology, Somatometric Data, 8th edn.* Ciba-Geigy, Basel, Switzerland.

Letsky, E. (1991). The hematological system. In: Hytten, F., Chamberlain, G. (Eds.), *Clinical Physiology in Obstetrics, 2nd edn.* Blackwell Scientific Publications, Oxford, UK, pp. 39–82.

Lewis, B.M., Lin, T., Noe, F.E., et al. (1958). The measurement of pulmonary capillary blood volume and pulmonary membrane diffusing capacity in normal subjects; the effects of exercise and position. J. Clin. Invest. 37, 1061–1070.

Li, Q., Castell, J.A., Castell, D.O. (1994). Manometric determination of esophageal length. Am. J. Gastroenterol. 89, 722–725.

Lieberman, L.S. (1982) Normal and abnormal sexual dimorphic patterns of growth and development. In: *Sexual Dimorphism in Homo sapiens. A Question of Size.* Praeger Publishers, New York, NY, USA, pp. 281–290.

Lin, C.C., Emanuel, I. (1972). A comparison of American and Chinese intrauterine growth standards. Are American babies really smaller? Am. J. Epidemiol. 95, 418–430.

Lind, T., Hytten, F.E. (1972). Fetal control of fetal fluids. In: Hodari, A.A., Mariona, F.G. (Eds.), *The Physiological Biochemistry of the Fetus.* C.C. Thomas, Springfield, IL, pp. 54–57.

Lind, T., Kendall, A., Hytten, F.E. (1972). The role of the fetus in the formation of amniotic fluid. J. Obstet. Gynaecol. Br. Commonw. 79, 289–298.

Linderkamp, O., Berg, D., Betke, K., et al. (1980). Blood volume and hematocrit in various organs in newborn piglets. Pediatr. Res. 14, 1324–1327.

Lloyd, R.D., Mays, C.W. (1987). A model for human body composition by total body counting. Hum. Biol. 59, 7–30.

Lonnerdal, B., Forsum, E., Hambraeus, L. (1976). A longitudinal study of the protein, nitrogen, and lactose contents of human milk from Swedish well-nourished mothers. Am. J. Clin. Nutr. 29, 1127–1133.

Lotgering, F.K., van Doorn, M.B., Struijk, P.C., et al. (1991). Maximal aerobic exercise in pregnant women: heart rate, O_2 consumption, CO_2 production, and ventilation. J. Appl. Physiol. 70, 1016–1023.

Lowe, R.F. (1972). Anterior lens curvature. Comparisons between normal eyes and those with primary angle-closure glaucoma. Br. J. Ophthal. 56, 409–413.

Lowe, R.F., Clarke, B.A.J. (1973a). Posterior corneal curvature. Correlations in normal eyes and in eyes involved with primary angle-closure glaucoma. Br. J. Ophthal. 57, 464–470.

Lowe, R.F., Clarke, B.A.J. (1973b). Radius of curvature of the anterior lens surface. Correlations in normal eyes and in eyes involved with primary angle-closure glaucoma. Br. J. Ophthal. 57, 471–474.

Lubchenco, L.O., Hausman, C., Dressler, M. (1963). Intrauterine growth as estimated from liveborn birth-weight data at 24 to 42 weeks of gestation. Pediatrics 32, 793–800.

Lucky, P.A., Nordlund, J.J. (1985). The biology of the pigmentary system and its disorders. Dermatol. Clin. 3, 197–216.

Luecke, R.H., Wosilait, W.D., Pearce, B.A., et al. (1994). A physiologically-based pharmacokinetic computer model for human pregnancy. Teratology 49, 90–103.

Luecke, R.H., Wolsilait, W.D., Young, J.F. (1995). Mathematical representation of organ growth in the human embryo/fetus. J. BioMed. Computing 39, 337–341.

Lukaski, H.C., Mendez, J., Buskirk, E.R., et al. (1981). A comparison of methods of assessment of body composition including neutron activation analysis of total body nitrogen. Metabolism 30, 777–782.

Lyons, E.A., Levi, C.S. (1983). Ultrasound in the first trimester of pregnancy. In: Callen, P.W. (Ed.), *Ultrasonography in Obstetrics and Gynecology.* W.B. Saunders, Philadelphia, PA, USA, pp. 71–92.

Mabie, W.C., DiSessa, T.G., Crocker, L.G., et al. (1994). A longitudinal study of cardiac output in normal human pregnancy. Am. J. Obstet. Gynecol. 170, 849–856.

Macfie, A.G., Magides, A.D., Richmond, M.N., et al. (1991). Gastric emptying in pregnancy. Br. J. Anaesthesia 67, 54–57.

Madsen, J.L. (1992). Effects of gender, age, and body mass index on gastrointestinal transit times. Dig. Dis. Sci. 37, 1548–1553.

Malina, R.M. (1969). Quantification of fat, muscle and bone in man. Clin. Orthoped. Rel. Res. 65, 9–38.

Malina, R.M. (1986). Growth of muscle tissue and muscle mass. In: Falkner, F., Tanner, J.M. (Eds.), *Human Growth. A Comprehensive Treatise, Vol. 2, 2nd edn*. Plenum Press, New York, NY, USA, pp. 77–99.

Martin, R., Saller, K. (1962) *Lehrbuch der Anthropologie (Textbook of Anthropology), Vol. 3*. Gustav Fisher, Stuttgart, Germany [in German].

Mattison, D.R., Blann, E., Malek, A. (1991). Physiological alterations during pregnancy: impact on toxicokinetics. Fundam. Appl. Toxicol. 16, 215–218.

Maurer, A., Micheli, J.L., Schutz, Y., et al. (1984). Transepidermal water loss and resting energy expenditure in pre-term infants. Helv. Pediatr. Acta 39, 405–418.

McCarthy, T., Saunders, P. (1978). The origin and circulation of the amniotic fluid. In: Fairweather, D.V.I., Eskes, T.K.A.B. (Eds.), *Amniotic Fluid – Research and Clinical Application, 2nd edn*. Excerpta Medica, Amsterdam, The Netherlands, pp. 1–4.

McClelland, D.B.L., McGrath, J., Samson, R.R. (1978). Antimicrobial factors in human milk. Studies of concentration and transfer to the infant during the early stages of lactation. Acta Paediatr. Scand. 271 (Suppl.), 3–20.

McDowell, M.A., Briefel, R.D., Alaimo, K., et al. (1994). *Energy and Macronutrient Intakes of Persons Ages 2 Months and Over in the United States: Third National Health and Nutrition Examination Survey, Phase 1, 1989–91*. Advance Data 255, US Dept. of Health and Human Services, Washington, DC, USA.

McKeown, T., Record, R.G. (1953). The influence of placental size on foetal growth according to sex and order of birth. J. Endocrin. 10, 73–77.

Meban, C. (1983). The surface area and volume of the human fetus. J. Anat. 137, 271–278.

Mechanik, N. (1926). Untersuchungen über das Gewicht des Knochenmarkes des Menschen. Z. Anat. Entwick 79, 58–99. [in German].

Meier, R., Beglinger, C., Dederding, J.P., et al. (1995). Influence of age, gender, hormonal status and smoking habits on colonic transit time. Neurogastroenterol. Motil. 7, 235–238.

Mevorach, R.A., Kogan, B.A. (1995). Fetal lower urinary tract physiology: In vivo studies. In: Zderic, S.A. (Ed.), *Advances in Experimental Medicine and Biology, Vol. 385*. Plenum Press, New York, NY, USA, pp. 385–391.

Meyer, G.W., Austin, R.M., Brady, C.E. (1986). Muscle anatomy of the human esophagus. J. Clin. Gastroentrol. 8, 131–134.

Miller, H.C., Merritt, A. (1979). *Fetal Growth in Humans*. Year Book Medical Publishers, Chicago, IL, USA.

Millington, P.F., Wilkinson, R. (1983). *Skin*. Cambridge University Press, Cambridge, UK.

Milner, R.D.G., Richards, B. (1974). An analysis of birth weight by gestational age of infants born in England and Wales, 1967 to 1972. J. Obstet. Gynaecol. Br. Commonw. 81, 956–967.

Mitra, S.C., Ganesh, V., Apuzzio, J.J. (1995). Fetal renal artery and umbilical artery Doppler flow and fetal urine output. Am. J. Perin. 12, 11–13.

Mochizuki, Y., Mowafy, R., Pasternak, B. (1963). Weights of human thyroids in New York City. Health Phys. 9, 1299–1301.

Moore, A.V., Korobkin, M., Olanow, W., et al. (1983). Age-related changes in the thymus gland, CT-pathologic correlation. AJR Am. J. Roentgenol. 141, 241–246.

Moore, F.D., Lister, J., Boyden, C.M., et al. (1968). The skeleton as a feature of body composition: values predicted by isotope dilution and observed by cadaver dissection in an adult female. Human Biol. 40, 135–188.

Moore, J.G., Tweedy, C., Christian, P.E., et al. (1983). Effect of age on gastric emptying of liquid-solid meals in man. Dig. Dis. Sci. 28, 340–344.

Moore, K.L. (1977). *The Developing Human*. W.B. Saunders, Philadelphia, PA, USA.

Moore, K.L., Persaud, T.V.N. (1998). *The Developing Human, 6th edn*. W.B. Saunders, Philadelphia, PA, USA.

Moore, K.L., Persaud, T.V.N., Shiota, K. (1994). *Color Atlas of Clinical Embryology*. W.B. Saunders, Philadelphia, PA, USA.

Morrione, T.G., Seifter, S. (1962). Alteration in the collagen content of the human uterus during pregnancy and post partum involution. J. Exp. Med. 115, 357–385.

Moss, M.L. (1966). Bone. In: Greep, R.O. (Ed.), *Histology, 2nd edn*. McGraw-Hill, New York, NY, USA, pp. 155–173.
Muchow, H.G.K. (1925) Integument: the skin, common integument. Tabulae Biologicae 2, 468–485 [in German] (as quoted by Leider and Buncke, 1954).
Munnel, E.W., Taylor, H.C. (1947). Liver blood flow in pregnancy-hepatic vein catheterization. J. Clin. Invest. 26, 952–956.
Munro, N.B., Eckerman, K.F. (1998). Impacts of physiological change during pregnancy on material biokinetic modeling. Radiat. Prot. Dosim. 79, 327–333.
Myo-Khin, Thein-Win-Nyunt, Kyaw-Hla, S., et al. (1994). A prospective study on defecation frequency, stool weight, and consistency. Arch. Dis. Child. 71, 311–313.
Naeye, R.L., Dixon, J.B. (1978). Distortion in fetal growth standards. Pediatr. Res. 12, 987–991.
NAS (1990). *Nutrition During Pregnancy. Part I. Weight Gain. Part II. Nutrient Supplements.* Institute of Medicine, National Academy Press, Washington, DC, USA.
NCHS (1987). *Anthropomorphic Reference Data and Prevalence of Overweight, United States 1976–1980, Data from the National Health Survey Series II, No. 238. US Department of Health and Human Services, Public Health Service, National Center for Health Statistics, DHHS Publication No. (PHS) 87-1668.* US Government Printing Office, Washington, DC, USA.
NCRP (1998). *Evaluating the Reliability of Biokinetic and Dosimetric Models and Parameters Used to Assess Individual Doses for Risk Assessment Purposes. NCRP Commentary No.15.* National Council on Radiation Protection and Measurements, Bethesda, MD, USA.
Neville, M.C., Allen, J., Archer, P., et al. (1991). Studies in human lactation: milk volume and nutrient composition during weaning and lactogenesis. Am. J. Clin. Nutr. 54, 81–92.
Neville, M.C., Keller, R., Seacat, J., et al. (1988). Studies in human lactation: milk volumes in lactating women during the onset of lactation and full lactation. Am. J. Clin. Nutr. 48, 1375–1386.
Nishida, H., Sakamoto, S., Sakanoue, M. (1985). New fetal growth curves for Japanese. Acta Paediatr. Scand. 319 (Suppl.), 62–67.
Niswander, K.R., Singer, J., Westphal, M., et al. (1969). Weight gain during pregnancy and prepregnancy weight. Obstet. Gynecol. 33, 482–491.
Nyirjesy, I., Logergan, W.M., Kane, J.J. (1968). Clinical significance of total weight gain in pregnancy. I. Primipara. Obstet. Gynecol. 32, 391–396.
O'Flaherty, E.J. (1994). Physiologically based pharmacokinetic models in developmental toxicology. Risk Anal. 14, 605–611.
O'Rahilly, R., Gardner, E. (1979). The initial development of the human brain. Acta Anat. 104, 12–133.
O'Rahilly, R., Müller, F. (1986). Human growth during the embryonic period proper. In: Falkner, F., Tanner, J.M. (Eds.), *Human Growth. A Comprehensive Treatise, Vol. 1.* Plenum Press, New York, NY, USA, pp. 255–274.
Oberhofer, R., Ober, A., Oberkofler, F., et al. (1989). Schilddrusenvolumen gesunder Erwachsener in einem Strumaendemgebiet (Thyroid gland volumes of healthy adults in an area with endemic goiter). Acta Med. Austriaca 16, 38–41.
Odagiri, H. (1969). Histological studies of the epidermis, especially on its regional differences. Jap. J. Dermatol. A79, 132–154 [in Japanese] (as quoted by Konishi and Yoshizawa, 1985).
Ogata, S., Uhthoff, H.K. (1990). The early development and ossification of the human clavicle–an embryologic study. Acta Orthop. Scand. 61, 330–334.
Olowe, S.A. (1981). Standards of intrauterine growth for an African population at sea level. J. Pediatr. 99, 489–495.
Orten, J.M., Neuhaus, O.W. (1982). *Human Biochemistry, 10th edn.* C.V. Mosby, London, UK.
Osatakul, S., Yossuk, P., Mo-suwan, L. (1995). Bowel habits of normal Thai children. J. Pediatr. Gastroenterol. Nutr 20, 339–342.
Osgood, E.E. (1955). Development and growth of hematopoietic tissues with a clinically practical method of growth analysis. Pediatrics 15, 733–751.
Özgen, A., Erol, C., Kaya, A., et al. (1999). Interobserver and intraobserver variations in sonographic measurement of thyroid volume in children. Eur. J. Endocrinol. 140, 328–331.

Pace, N., Rathbun, E.N. (1945). Studies of body composition: III. The body water and chemically combined nitrogen content in relation to fat content. J. Biol. Chem. 158, 685–691.

Palmer, H.E., Rieksts, G.A., Jefferies, S.J., et al. (1989). Improved counting efficiencies for measuring ^{239}Pu in the lung in the sitting position. Health Phys. 57, 747–752.

Palmer, S.K., Zamudio, S., Coffin, C., et al. (1992). Quantitative estimation of human uterine artery blood flow and pelvic blood flow redistribution in pregnancy. Obstet. Gynecol. 80, 1000–1006.

Pankow, B.G., Michalek, J., McGee, M.K. (1985). Adult human thyroid weight. Health Phys. 49, 1097–1103.

Parfitt, A.M. (1983). The physiologic and clinical significance of bone histomorphometric data. In: Recker, R.R. (Ed.), *Bone Histomorphometry: Techniques and Interpretation*. CRC Press, Inc, Boca Raton, FL, USA, pp. 143–223.

Parry, E., Shields, R., Turnbull, A.C. (1970). Transit time in the small intestine in pregnancy. J. Obstet. Gynecol. Br. Commonw. 77, 900–901.

Peault, B. (1996). Hematopoietic stem cell emergence in embryonic life: developmental hematology revisited. J. Hematother. 5, 369–378.

Pecorari, D., Costa, L., Barbone, F. (1985). Practical application of the Bristol Perinatal Growth Chart to Mediterranean population. Acta Paediatr. Scand 319 (Suppl.), 80–83.

Pedersen, J.F. (1980). Ultrasound evidence of sexual differences in fetal size in first trimester. BMJ 281, 1253–1254.

Penchaszadeh, V.B., Hardy, J.B., Melits, E.D., et al. (1972). Growth and development in an "inner city" population: an assessment of possible biological and environmental influences. I. Intrauterine growth. Johns Hopkins Med. J. 130, 384–398.

Pernoll, M.L., Metcalfe, J., Kovach, P.A., et al. (1975). Ventilation during rest and exercise in pregnancy and postpartum. Respir. Physiol. 25, 295–310.

Petoussi-Henss, N., Zankl, M., Fill, U., et al. (2002). The GSF family of voxel phantoms. Phys. Med. Biol. 47, 89–106.

Pfuhl, W. (1932). Die Leber. In: Mollendorff, W. (Ed.), *Handbuch der Mikroskopischen Anatomie des Menschen, Vol. 5, Part 2*. Springer, Berlin, Germany, p. 256.

Piers, L.S., Diggavi, S.N., Thangam, S., et al. (1995). Changes in energy expenditure, anthropometry and energy intake during the course of pregnancy and lactation in well-nourished Indian women. Am. J. Clin. Nutr. 61, 501–513.

Pipe, N.G., Smith, T., Halliday, D., et al. (1979). Changes in fat, fat-free mass and body water in human normal pregnancy. Br. J. Obstet. Gynaecol. 86, 929–940.

Pirani, B.B.K., Campbell, D.M., MacGillivray, I. (1973). Plasma volume in normal first pregnancy. J. Obstet. Gynaecol. Br. Commonw. 80, 884–887.

Pochin, E.E. (1966). The mass of the tracheobroncial lymph glands. Health Phys. 12, 563–564.

Potter, E.L., Craig, J.M. (1975) Rate of antenatal growth. In: *Pathology of the Fetus and Infant*. Year Book Medical Publishers. Chicago, IL, USA, pp. 15–25.

Rabinowitz, R., Peters, M.T., Vyas, S., et al. (1989). Measurements of fetal urine production in normal pregnancy by real-time ultrasonogrpahy. Am. J. Obstet. Gynecol. 161, 1264–1266.

Raju, T.N.K., Go, M., Ryva, J.C., et al. (1987). Common carotid artery flow velocity measurements in the newborn period with pulsed doppler technique. Biol. Neonate. 52, 241–249.

Ransome-Kuti, O. (1985). Inuterine growth, birthweights and maturity of the African newborn. Acta Paediatr. Scand. 319 (Suppl.), 95–102.

Ratnatunga, P.C., Thevaranjan, A.G. (1991). Insensible water loss in resting adults in Kandy, Sri Lanka. Ceylon Med. J. 36, 151–154.

Raulier-Fabry, C., Hammer, R. (1965) *Le Poids de la Thyroide en Fonction de l'Age*. Commissariat a l'Energie Atomique Report CEA-R2724, EUR. 2194f.

Raynaud, C., Chiron, C., Maziere, B.A., et al. (1990). Follow up of regional CBF in children from birth to 18 years with Xe-133. J. Nucl. Med. 31 (Suppl.), 892.

Rees, G.B., Pipkin, F.B., Symonds, E.M., et al. (1990). A longitudinal study of respiratory changes in normal human pregnancy with cross-sectional data on subjects with pregnancy-induced hypertension. Am. J. Obstet. Gynecol. 162, 326–330.

Reithner, L. (1981). Insensible water loss from the respiratory tract in patients with fever. Acta Chir. Scand. 147, 163–167.

Reithner, L., Johansson, H., Strouth, L. (1980). Insensible perspiration during anaesthesia and surgery. Acta Anaesthesiol. Scand. 24, 362–366.

Riesenfeld, T., Hammarlund, K., Sedin, G. (1987). Respiratory water loss in fullterm infants on their first day after birth. Acta Paediatr. Scand. 76, 647–653.

Riesenfeld, T., Hammarlund, K., Sedin, G. (1995). Respiratory water loss in relation to gestational age in infants on their first day after birth. Acta Paediatr. Scand. 84, 1056–1059.

Rivero-Marcotegui, A., Olivera-Olmedo, J.E., Valverde-Visus, F.S., et al. (1998). Water, fat, nitrogen, and sugar content in feces: reference intervals in children. Clin. Chem. 44, 1540–1544.

Roberts, D.F. (1977). Human pigmentation: its geographical and facial distribution and biological significance. J. Soc. Cosmet. Chem. 28, 239–242.

Roberts, J.S., Silbergeld, E.K. (1995). Pregnancy, lactation, and menopause: how physiology and gender affect the toxicity of chemicals. Mt. Sinai J. Med. 62, 343–355.

Robinson, H.P. (1973). Sonar measurement of fetal crown-rump length as means of assessing maturity in first trimester of pregnancy. BMJ 1, 8–31.

Robson, S.C., Hunter, S., Boys, R.J., et al. (1989). Serial study of factors influencing changes in cardiac output during human pregnancy. Am. J. Physiol. 256, 1060–1065.

Robson, S.C., Mutch, E., Boys, R.J., et al. (1990). Apparent liver blood flow during pregnancy: a serial study using indocyanine green clearance. Br. J. Obstet. Gynaecol. 97, 720–724.

Roderuck, C., Coryell, M.N., Williams, H.H., et al. (1946). Metabolism of women during the reproductive cycle IX. The utilisation of riboflavin during lactation. J. Nutr. 32, 267–283.

Roe, H.E. (1932). The mass of the skin and tela subcutanea of the human fetus. Anat. Rec. 55, 127–137.

Roesch, W.C. (1986). Problems related to the critical depth of skin. Radiat. Prot. Dosim. 14, 91–93.

Roessle, R., Roulet, F. (1932). *Mass und Zahl in der Pathologie (Mass and number in pathology). Pathologie and Klinik in Einzeldarstellungen, Vol. 5.* J. Springer, Berlin, Germany. pp. 1–144.

Rogers, G., Goodman, C., Rosen, C. (1997). Water budget during ultra-endurance exercise. Med. Sci. Sports Exerc. 29, 1477–1481.

Romney, S.I., Reid, D.E., Metcalfe, J., et al. (1955). Oxygen utilization by the human fetus in utero. Am. J. Obstet. Gynecol. 70, 791–797.

Rooth, G., Meirik, O., Karlberg, P.K. (1985). Estimation of the "normal" growth of Swedish infants at term. Acta Paediatr. Scand. 319 (Suppl.), 76–79.

Rosenberg, R.D., Kelsey, C.A., Williamson, M.R., et al. (2001). Computer-based collection of mammographic exposure data for quality assurance and dosimetry. Med. Phys. 28, 1546–1551.

Rosso, P. (1990). *Nutrition and Metabolism in Pregnancy: Mother and Fetus.* Oxford University Press, New York, NY, USA.

Rothe, C.F. (1983). Venous system: physiology of the capacitance vessels. In: Shepherd, J.T., Abboud, F.M. (Eds.), *Handbook of Physiology, Section 2: The Cardiovascular System, Vol. III, Peripheral Circulation and Organ Blood Flow.* American Physiological Society, Bethesda, MD, USA, pp. 397–452.

Rovinsky, J.J., Jaffin, H. (1965). Cardiovascular hemodynamics in pregnancy. I. Blood and plasma volumes in multiple pregnancy. Am. J. Obstet. Gynecol. 93, 1–15.

Rowell, L.B. (1974). Human cardiovascular adjustments to exercise and thermal stress. Physiol. Rev. 54, 75–159.

Rowell, L.B. (1983). Cardiovascular adjustments to thermal stress. In: Shepherd, J.T., Abboud, F.M. (Eds.), *Handbook of Physiology, Section 2: The Cardiovascular System, Vol. III, Peripheral Circulation and Organ Blood Flow.* American Physiological Society, Bethesda, MD, USA, pp. 967–1023.

Rowlatt, U.F., Rimoldi, H.J.A., Lev, M. (1963). The quantitative anatomy of the normal child's heart. Pediatr. Clin. North Am. 10, 499–588.

Rubin, M.I., Bruck, E., Rapoport, M. (1949). Maturation of renal function in childhood: clearance studies. J. Clin. Invest. 28, 1144–1162.

Rudolph, A.M., Heymann, M.A., Teramo, K.A.W., et al. (1971). Studies on the circulation of the previable human fetus. Pediatr. Res. 5, 452–465.

Rugh, R. (1973) The most dramatic and radiosensitive period in life–from conception to birth. In: *Health Physics in the Healing Arts, a Symposium held in San Juan, Puerto Rico, December 11–14, 1972*, pp. 435–441.

Rundle, A.T., Sylvester, P.E. (1962). Measurement of testicular volume. Arch. Dis. Child. 37, 514–517.

Rutter, N., Hull, D. (1979). Water loss from the skin of term and pre-term babies. Arch. Dis. Child. 54, 858–868.

Saavedra, J.M., Brown, K.H., Nakashima, J.A. (1989). A new approach to characterize whole-gut transit in infants with use of a nonabsorbable intestinal marker. Am. J. Clin. Nutr. 50, 1464–1471.

Saint, L., Smith, M., Hartman, P.E. (1984). The yield and nutrient content of colostrum and milk of women from giving birth to month postpartum. Br. J. Nutr. 52, 87–95.

Saito, T., Hayakawa, T., Nakamura, K. (1991). Fecal output, gastrointestinal transit time, frequency of evacuation and apparent excretion rate of dietary fiber in young men given diets containing different levels of dietary fiber. J. Nutr. Sci. Vitaminol. (Tokyo) 37, 493–508.

Sakata, Y., Ishigure, S., Shimbo, S. (2000). [Weight of feces and its daily fluctuation in young women. Part 1. A survey of the relation fecal weight and dietary habits and life-styles]. Nippon Koshu Eisei Zasshi 47, 385–393 [in Japanese].

Sandhar, B.K., Elliot, R.H., Windram, I., et al. (1992). Peripartum changes in gastric emptying. Anaesthesia 47, 196–198.

Sandiford, I., Wheeler, T. (1924). The basal metabolism before, during and after pregnancy. J. Bio. Chem. 62, 329–333.

Sarna, S.K. (1991). Physiology and pathophysiology of colonic motor activity. Part two of two. Dig. Dis. Sci. 36, 998–1018.

Sastry, B.V.R., Spalding, C.T. (1968). Fission products: sites for the elimination of cesium-137 in the nephrons of dogs. Toxicol. Appl. Pharmacol. 12, 141–155.

Scammon, R.E. (1919). Some graphs and tables illustrating the growth of the human stomach. Am. J. Dis. Child. 17, 395–422.

Scammon, R.E. (1923). A summary of the anatomy of the infant and child. In: Abt, I.A. (Ed.), *Pediatrics, Vol. I.* W.B. Saunders, Philadelphia, PA, USA, pp. 257–444.

Scammon, R.E. (1930). *The Growth of the Human Reproductive System.* Second International Congress for Sex Research, London, UK. pp. 118–123.

Scammon, R.E. (1953). Developmental anatomy. In: Schaeffer, J.P. (Ed.), *Morris' Human Anatomy, 11th edn.* Blaksiton, New York, NY, USA, pp. 11–59.

Scammon, R.E., Calkins, L.A. (1929). *The Development and Growth of the External Dimensions of the Human Fetus.* University Press, Minneapolis, MN, USA.

Scheuplein, R.J. (1966). *Molecular Structure and Diffusional Processes Across Intact Epidermis.* US Army Chemical Research and Development Laboratories, Semi-Annual Report AD822655 (as quoted by Anderson and Cassidy, 1973).

Schnitzer, J.E., McKinstry, P., Light, T.R., et al. (1982). Quantitation of regional chondroosseous circulation in canine tibia and femur. Am. J. Physiol. 282, H365–H375.

Scholtes, G. (1979). Liver function and liver diseases during pregnancy. J. Perinat. Med. 7, 55–68.

Scholz, D.G., Kitzman, D.W., Hagen, P.T., et al. (1988). Age-related changes in normal human hearts during the first 10 decades of life. Part I (Growth): A quantitative anatomic study of 200 specimens from subjects from birth to 19 years old. Mayo Clin. Proc. 63, 126–136.

Schulz, D.M., Giordano, D.A. (1962). Hearts of infants and children: weights and measurements. Arch. Pathol. 74, 464–471.

Schulz, D.M., Giordano, D.A., Schulz, D.H. (1962). Weights of organs of fetuses and infants. Arch. Pathol. 74, 244–250.

Schulz, L.O., Schoeller, D.A. (1994). A compilation of total daily energy expenditures and body weights in healthy adults. Am. J. Clin. Nutr. 60, 676–681.

Settergren, G., Lindblad, B.S., Persson, B. (1976). Cerebral blood flow and exchange of oxygen, glucose, ketone bodies, lactate, pyruvate and amino acids in infants. Acta Paediatr. Scand. 65, 343–353.

Shafik, A., Ali, Y.A., Afifi, R. (1997). Is the rectum a conduit or storage organ? Int. Surg. 82, 194–197.

Sheehan, H.L., Lynch, J.B. (1973). *Pathology of Toxaemia of Pregnancy*. Churchill Livingstone, Edinburgh, UK pp. 44–45.
Shepard, T.H., Shi, M., Fellingham, G.W., et al. (1988). Organ weight standards for human fetuses. Pediatr. Pathol. 8, 513–524.
Shimada, A. (1986). Eating habits and bowel transit time. Gan. No. Rinsho 32, 714–719 [in Japanese].
Shohl, A.T. (1939). *Mineral Metabolism*. Reinhold, New York, NY, USA.
Shuster, S., Black, M.M., McVitie, E. (1975). The influence of age and sex on skin thickness, skin collagen, and density. Br. J. Dermatol. 93, 639–643.
Sibai, B.M., Frangieh, A. (1995). Maternal adaptation to pregnancy. Curr. Opin. Obstet. Gynecol. 7, 420–426.
Sievers, E., Oldigs, H.-D., Schulz-Lell, G. (1993). Faecal excretion in infants. Eur. J. Pediatr. 152, 452–454.
Simeckova, A., Zamrazil, V., Cerovska, J. (1998). The effect of age on levels of magnesium and creatinine in the urine. Cas. Lek. Cesk 137, 753–756.
Simmons, K. (1944). The Brush Foundation Study of child growth and development. II. Physical growth and development. Monogr. Soc. Res. Child. Dev. 9, 1–87.
Sinclair, D. (1985). *Human Growth after Birth, 4th edn*. Oxford University Press, Oxford, UK.
Slavin, J.L., Marlett, J.A. (1980). Influence of refined cellulose on human bowel function and calcium and magnesium balance. Am. J. Clin. Nutr. 33, 1932–1939.
Slavin, J.L., Nelson, N.L., McNamara, E.A., et al. (1985). Bowel function of healthy men consuming liquid diets with and without dietary fiber. J. Parenter. Enteral Nutr. 9, 317–321.
Slayton, W.B., Juul, S.E., Calhoun, D.A., et al. (1998). Hematopoiesis in the liver and marrow of human fetuses at 5 to 16 weeks postconception: quantitative assessment of macrophage and neutrophil populations. Pediatr. Res. 43, 774–782.
Smith, B.R., Huff, D.S., Johnson, G.A. (1999). Magnetic resonance imaging of embryos: an Internet resource for the study of embryonic development. Comput. Med. Imaging Graph. 23, 33–40.
Smith, H.L. (1928). The relation of the weight of the heart to the weight of the body and of the weight of the heart to age. Am. Heart J. 4, 79–93.
Snyder, W.S., Ford, M.R., Warner, G.G., et al. (1978). *Estimates of Specific Absorbed Fractions for Monoenergetic Photon Sources Uniformly Distributed in Various Organs of a Heterogeneous Phantom. Medical Internal Radiation Dose Committee (MIRD) Pamphlet No. 5 Revised*. The Society of Nuclear Medicine, New York, NY, USA.
Song, T.J., Kim, Y.H., Ryu, H.S., et al. (1991). Correlation of esophageal lengths with measurable external parameters. Korean J. Intern. Med. 6, 16–20.
Sorsby, A. (1964). *Modern Ophthalmology, Vol. 3*. Butterworth, London, UK, pp. 3–20.
Sosnik, H. (1985). Studies on the participation of tunica albuginea and rete testis (TA and RT) in the quantitative structure of human testis. Gegenbaurs. Morphol. Jahrb. 131, 347–356.
Southwood, W.F. (1955). The thickness of skin. Plast. Reconstr. Surg. 15, 423–429.
Sparks, J.W., Girard, J.R., Battaglia, F.C. (1980). An estimate of the caloric requirements of the human fetus. Bio. Neonate 38, 113–119.
Spätling, L., Fallenstein, F., Huch, A. (1992). The variability of cardiopulmonary adaptation to pregnancy at rest and during exercise. Br. J. Obstet. Gynaecol. 99 (Suppl. 8), 1–40.
Spiers, F.W., Beddoe, A.H. (1983). Sites of incidence of osteosarcoma in the long bones of man and the beagle. Health Phys. 44 (Suppl. 1), 49–64.
Spitzka, E.A. (1904). A note on the true mass of the human lungs. Am. J. Anat. iii, V.
Stack, M.V. (1964). A gravimetric study of crown growth rate of human deciduous dentition. Biol. Neonat. 6, 197–224.
Steinmann, G.G. (1986). Changes in the human thymus during ageing. In: Muller-Hermelink, H.K. (Ed.), *The Human Thymus. Histopathology and Pathology*. Springer-Verlag, Berlin, Germany, pp. 43–48.
Sterky, G. (1970). Swedish standard curves for intrauterine growth. Pediatrics 46, 7–8.
Stevens-Simon, C., Metlay, L.A., McAnarney, E.R. (1995). Maternal prepregnant weight and weight gain: relationship to placental microstructure and morphometric oxygen diffusion capacity. Am. J. Perinatol. 12, 407–412.

Stolovitz, P., Gisel, E.G. (1991). Circumoral movements in response to three different food textures in children 6 months to 2 years of age. Dysphagia 6, 17–25.
Stornowski, C., Hornchen, H. (1981). Transepidermal water loss in preterm and newborn infants. Monatsschr. Kinderheilkd. 129, 239–244.
Streeter, G.I. (1920). Weight, sitting height, foot length and menstrual age of the human embryo. Contrib. Embryol. 11, 430–470.
Sturgiss, S.N., Dunlop, W., Davison, J.M. (1994). Renal haemodynamics and tubular function in human pregnancy. Best Prac. Clin. Obstet. Gynaecol. 8, 209–234.
Summerling, T.J., Quant, S.P. (1982). Measurements of the human anterior chest wall by ultrasound and estimates of chest wall thickness for use in determination of transuranics nuclides in the lung. Radiat. Prot. Dosim 3, 203–210.
Taha, S.A. (1978). Normal fetal growth in the Sudan. J. Trop. Pediatr. 24, 226–229.
Takeuchi, H., Koyanagi, T., Yoshizato, T., et al. (1994). Fetal urine production at different gestational ages: correlation to various compromised fetuses in utero. Early Hum. Develop. 40, 1–11.
Tan, C.Y., Statham, B., Marks, R., et al. (1982). Skin thickness measurement by pulsed untrasound: its reproducibility, validity, and variability. J. Dermatol. 106, 657–667.
Tanaka, G. (1992). *Reference Japanese. Vol. 1: Anatomical Data. Report NIRS-M-85.* Risk Analysis Unit, National Institute of Radiological Sciences, Chiba, Japan.
Tanaka, G., Kawamura, H. (1979). Reference Japanese man–I. Mass of organs and other characteristics of normal Japanese. Health Phys. 36, 333–346.
Tanaka, G., Kawamura, H. (1996) *Anatomical and Physical Characteristics for Asian Reference Man – Male and Female of Different Ages: Tanaka Model. Report NIRS-M-115*, Division of Radioecology, National Institute of Radiological Sciences, Hitachinaka, Japan.
Tanaka, G.-I., Kawamura, H., Nomura, E. (1981). Reference Japanese men II. Distribution of strontium in the skeleton and in the mass of mineralized bone. Health Phys. 40, 601–614.
Tanner, J.M. (1962). *Growth at Adolescence, 2nd edn.* Blackwell, Oxford, UK.
Tanner, J.M. (1977). *Education and Physical Growth, 2nd edn.* Hodder and Stoughton, London, UK.
Tanner, J.M. (1978). *Foetus into Man–Physical Growth from Conception to Maturity.* Harvard University Press, Cambridge, MA, USA.
Tanner, J.M. (1981). *A History of the Study of Human Growth.* Cambridge University Press, Cambridge, UK.
Thaler, I., Manor, D., Itskovitz, J., et al. (1990). Changes in uterine blood flow during human pregnancy. Am. J. Obstet. Gynecol. 162, 121–125.
Tham, E.B., Nathan, R., Davidson, G.P., et al. (1996). Bowel habits of healthy Australian children aged 0–2 years. J. Paediatr. Child Health 32, 504–507.
Thomsen, J.K., Fogh-Andersen, N., Jaszczak, P., et al. (1993). Atrial natriuretic peptide (ANP) decrease during normal pregnancy as related to hemodynamic changes and volume regulation. Acta Obstet. Gynecol. Scand. 72, 103–110.
Thomson, A.M., Billewicz, W.Z. (1957). Clinical significance of weight trends during pregnancy. BMJ 1, 243–247.
Thomson, A.M., Billewicz, W.Z., Hytten, F.E. (1969). The weight of the placenta in relation to birth weight. J. Obstet. Gynaecol. Br. Commonw. 76, 865–872.
Tindall, V.R., Beazley, J.M. (1965). An assessment of changes in liver function during normal pregnancy using a modified bromsulphtalein test. J. Obstet. Gynaecol. Br. Commonw. 72, 717–737.
Tipton, I.H., Cook, M J. (1969) Weight of total gastrointestinal tract and its subfractions. In: *Health Physics Division Annual Progress Report for Period Ending July 31, 1969. Report ORNL-4446.* Oak Ridge National Laboratory, Oak Ridge, TN, pp. 301–302.
Trolle, D. (1948). Age of fetus determined from its measures. Acta Obstet. Gynaecol. Scand. 27, 327–337.
Uitto, J. (1986). Age-related alterations in collagen and elastin. Dermatol. Clin. 4, 433–446.
Ulijaszek, S.J., Johnston, F.E., Preece, M.A. (Eds.) (1998). *The Cambridge Encyclopedia of Human Growth and Development.* Cambridge University Press, Cambridge, UK.
USEPA, 1999. *Cancer Risk Coefficients for Environmental Exposure to Radionuclides. Federal Guidance Report No. 13. Report EPA 402-R-99-001.* US Environmental Protection Agency, Washington, DC, USA.

Usher, R., McLean, F. (1968). Intrauterine growth of liveborn Caucasian infants at sea level. J. Pediatr. 74, 901–910.
van Oppen, A.C.C., Stigter, R.H., Bruinse, H.W. (1996). Cardiac output in normal pregnancy: a critical review. Obstet. Gynecol. 87, 310–318.
van Oppen, A.C.C., van der Tweel, I., Duvekot, J.J., et al. (1995). Use of cardiac index in pregnancy: is it justified? Am. J. Obstet. Gynecol. 173, 923–928.
Van Otterlo, L.C., Wladimiroff, J.W., Wallenburg, H.C. (1977). Relationship between fetal urine production and amniotic fluid volume in normal pregnancy and pregnancy complicated by diabetes. Br. J. Obstet. Gynaecol. 84, 205–209.
Van Raaij, J.M.A., Peek, M.E.M., Vermaat-Miedema, S.H., et al. (1988). New equations for estimating body fat mass in pregnancy from body density or total body water. Am. J. Clin. Nutr. 48, 24–29.
Vander, A.J., Sherman, J.H., Luciano, D.S. (1980). *Human Physiology. The Mechanisms of Body Function.* McGraw-Hill, New York, NY, USA.
Vickers, L.R. (1996). The gender specific chest wall thickness prediction equations for routine measurements of 239Pu and 241Am within the lungs using HPGe detectors. Health Phys. 70, 346–357.
Vierordt, H. (1906). *Anatomische, Physiologische und Physikalische Daten und Tabellen (Anatomical, Physiological and Physical Data and Tables)*. Gustav Fisher, Jena, Germany.
Voigt, J., Pakkenburg, H. (1983). Brain weight of Danish children. A forensic material. Acta Anat. (Basel) 116, 290–301.
von Stieve, H. (1932). Uber die Neubildung von Muskelzellen in der Wand der Schwangeren menschlichen Gebarmutter. Zentralbl für Gynakol. 56, 434–438.
Wade, O.L., Combes, B., Childs, A.W., et al. (1956). The effect of exercise on the splanchnic blood flow and splanchnic blood volume in normal man. Clin. Sci. 15, 457–463.
Wagner, W.W., Mays, C.W., Lloyd, R.D., et al. (1966) Potassium studies in humans. In: *Research in Radiobiology. Report COO-119-235*, University of Utah, UT, USA, pp.107–136.
Wald, A., Van Thiel, D.H., Hoechstetter, L., et al. (1981). Gastrointestinal transit: the effect of the menstrual cycle. Gastroenterology 80, 1497–1500.
Wald, A., Van Thiel, D.H., Hoechstetter, L., et al. (1982). Effect of pregnancy on gastrointestinal transit. Dig. Dis. Sci. 27, 1015–1018.
Walser, M., Robinson, B.H.B. (1963). Renal excretion and tubular reabsorption of calcium and strontium. In: Wasserman, R.H. (Ed.), *The Transfer of Calcium and Strontium across Biological Membranes*. Academic Press, New York, NY, USA, pp. 305–326.
Wang, J., Chen, R., Zhu, H., et al. (1999). *Data of Anatomical, Physiological and Metabolic Characteristics for Chinese Reference Man.* Atomic Energy Press, Beijing, China.
Wang, Z.Y. (1991). The length of the esophagus measured by SND-1 esophagus detector. Report of 197 cases. Zhonghua Wai Ke Za Zhi 29, 566–590 [in Chinese].
Warsof, T.S. (1977). *Ultrasonic Estimation of Fetal Weight for the Detection of Intrauterine Growth Retardation by Computer Assisted Analysis.* Thesis, Yale University School of Medicine, New Haven, CT, USA.
Warwick, R., Williams, P.L. (Eds.) (1973) *Gray's Anatomy, 35th edn.* W.B. Saunders, Philadelphia, PA, USA.
Watts, E.S. (1986) In: Falkner, F., Tanner, J.M. (Eds.), *Human Growth. A Comprehensive Treatise. Vol. 2: Postnatal Growth, Neurobiology.* Plenum Press, New York, NY, USA, pp. 77–99.
Weaver, L.T., Steiner, H. (1984). The bowel habit of young children. Arch. Dis. Child. 59, 649–652.
Weaver, L.T., Lucas, A. (1993). Development of bowel habit in preterm infants. Arch. Dis. Child. 68, 317–320.
Weigand, D.A., Haygood, C., Gaylor, J.R. (1974). Cell layers and density of Negro and Caucasian stratum corneum. J. Invest. Dermatol. 62, 563–568.
Weinberger, S.E., Weiss, S.T., Cohn, W.R., et al. (1980). Pregnancy and the lung. Am. Rev. Respir. Dis. 121, 559–581.
Westerterp, K.R., Meijer, E.P., Rubbens, M., et al. (2000). Operation Everest III: energy and water balance. Pflugers Arch. 439, 483–488.

White, D.R., Widdowson, E.M., Woodard, H.Q., et al. (1991). The composition of body tissues. Br. J. Radiol. 64, 149–159.
Whitehead, E.M., Smith, M., Dean, Y., et al. (1993). An evaluation of gastric emptying times in pregnancy and the puerperium. Anaesthesia 48, 53–57.
Whiteside, L.A., Simmons, D.J., Lesker, P.A. (1977). Comparison of regional bone blood flow in areas with differing osteoblastic activity in the rabbit tibia. Clin. Orthop. Rel. Res. 124, 267–270.
Whittaker, P.G., Macphail, S., Lind, T. (1996). Serial hematologic changes and pregnancy outcome. Obstet. Gynecol. 88, 33–39.
Whitton, J.T. (1973). New values for epidermal thickness and their importance. Health Phys. 24, 1–8.
Whitton, J.T., Everall, J.D. (1973). The thickness of the epidermis. Br. J. Dermatol. 89, 467–476.
Widdowson, E.M., Dickerson, J.W.T. (1964). Chemical composition of the body. In: Comar, C.L., Bronner, F. (Eds.), *Mineral Metabolism, Vol. 2, Part A*. Academic Press, New York, NY, USA, pp. 2–247.
Widdowson, E.M., Dickerson, J.W.T. (1981). Composition of the body. In: Lentner, C. (Ed.), *Geigy Scientific Tables. Vol. 1: Units of Measurement, Body Fluids, Composition of the Body, Nutrition, 8th edn.* Ciba-Geigy, Basel, Switzerland, pp. 217–227.
Williams, L.R. (1994). *Reference Values for Total Blood Volume and Cardiac Output in Humans. Report ORNL/TM-12814.* Oak Ridge National Laboratory, Oak Ridge, TN, USA.
Williams, L.R., Leggett, R.W. (1989). Reference values for resting blood flow to organs of man. Clin. Phys. Physiol. Meas. 10, 187–217.
Williams, P.L. (Ed.) (1995) *Gray's Anatomy, 38th edn.* Churchill Livingstone, Edinburgh, UK.
Wilmer, H.A. (1940a). Quantitative growth of skin and subcutaneous tissue in relation to human surface area. Proc. Soc. Exp. Biol. Med. 43, 386–388.
Wilmer, H.A. (1940b). Changes in structural components of human body from six lunar months to maturity. Proc. Soc. Exp. Biol. Med. 43, 545–547.
Woessner, J.F., Brewer, T.H. (1963). Formation and breakdown of collagen and elastin in the human uterus during pregnancy and post partum involution. Biochem. J. 89, 75–82.
Wolstenholme, G.E.W., Knight, J. (1972). *Lactogenic Hormones. A Ciba Foundation. Symposium in Memory of Prof. S.J. Folley.* Churchill Livingstone, Edinburgh, UK.
Wong, K.S., Scott, K.E. (1972). Fetal growth at sea level. Biol. Neonate 20, 175–188.
Woodard, H.Q., White, D.R. (1986). The composition of body tissues. Br. J. Radiol. 59, 1209–1218.
Xu, F., Sullivan, K., Houston, R., et al. (1999). Thyroid volumes in US and Bangladeshi schoolchildren. Eur. J. Endocrinol. 140, 498–504.
Yamaguchi, H., Mohri, M., Shiraki, K. (1999). Evaluation of cutaneous insensible water loss during hyperbaric exposure in humans. Aviat. Space Environ. Med. 70, 990–995.
Yamashita, S., Shibata, Y. (1997). *Chernobyl: A Decade. Excerpta Medica International Congress Series 1156.* Elsevier, Amsterdam, The Netherlands.
Young, M., Turnbull, H.M. (1931). An analysis of the data collected by the status lymphaticus investigation committee. J. Pathol. Bacteriol. 34, 213–258.
Ziegler, E.E., O'Donnell, A.M., Nelson, S.E., et al. (1976). Body composition of the reference fetus. Growth 40, 329–341.
Zimmermann, M.B., Molinari, L., Spehl, M., et al. (2001). Toward a consensus on reference values for thyroid volume in iodine-replete schoolchildren: results of a workshop on inter-observer and inter-equipment variation in sonographic measurement of thyroid volume. Eur. J. Endocrinol. 144, 213–220.

FSC
www.fsc.org
MIX
Papier | Fördert gute Waldnutzung
FSC® C083411

Kolibri 360 GmbH
Ferdinand-Jühlke-Straße 7
99095 Erfurt, Deutschland
produktsicherheit@kolibri360.de